THE

PUBLICATIONS

OF THE

Lincoln Record Society

FOUNDED IN THE YEAR

1910

VOLUME 56

FOR THE YEAR ENDING 31ST AUGUST, 1961

RECORDS OF SOME SESSIONS OF THE PEACE IN LINCOLNSHIRE
1381 — 1396

EDITED BY

ELISABETH G. KIMBALL
M.A.(MOUNT HOLYOKE), B.LITT.(OXON.), Ph.D.(YALE)

Volume II

THE PARTS OF LINDSEY

PRINTED FOR

THE LINCOLN RECORD SOCIETY

BY

THE HEREFORD TIMES LIMITED, HEREFORD

1962

THIS VOLUME HAS BEEN PRODUCED
WITH THE ASSISTANCE OF A GRANT
FROM THE BRITISH ACADEMY

TABLE OF CONTENTS

LIST OF ABBREVIATIONS

C.C.R. ..   ..   ..   *Calendar of Close Rolls.*

C.P.R. ..   ..   ..   *Calendar of Patent Rolls.*

Chanc. Misc. ..   ..   Chancery Miscellany.

G. D. R.   ..   ..   Gaol Delivery Roll.

K. B. ..   ..   ..   King's Bench Roll.

L   ..   ..   ..   Lindsey.

Putnam, *Proceedings* ..   *Proceedings before the Justices of the Peace in the Fourteenth and Fifteenth Centuries*, ed. by B. H. Putnam (The Ames Foundation, London, 1938).

RULES FOR TRANSCRIPTION

1. The cases on the peace rolls have been numbered for ease of reference.

2. The only punctuation introduced into the text is a full stop at the end of the session headings, jury lists, and cases, or within a case where it seemed indicated.

3. *I* has been used in preference to *J*. In extending contractions *i* has been used rather than *j* except in the case of *ij*. Initial *v* has been used, otherwise *u*.

4. *Proximo* has been used unless *proxima* is definitely indicated.

5. Place and personal names have been extended only when the abbreviation is within the name or when the extension is certain ; final abbreviations are indicated by '.

6. Round brackets with a superscript i (   )[i] have been used to indicate interlineations ; with a superscript c (   )[c], cancellations. Square brackets [   ] have been used for any additions to the legible text.

7. Dots . . . have been used to indicate illegible words or torn portions of the manuscript.

NOTE OF EXPLANATION

1. The summaries which follow the cases are not intended to be literal translations, but are merely abstracts of the essential facts about the offences.

2. The sessions of the justices of gaol delivery referred to in the footnotes were held to deliver Lincoln gaol. The King's Bench sat at Lincoln in Easter term, 1396 ; otherwise it sat chiefly at Westminster ; Putnam, *Proceedings*, p. 33.

APPENDIX

SESSIONS OF THE PEACE IN LINDSEY, 1381–1388, 1395–1396

Year	Statutory Date	Actual Date	Place	Reference[1]
1381	6–13 Jan.	5 Jan.	Horncastle	p. 149
		8 Jan.	Partney	p. 152
		12 Jan.	Grimsby	p. 152
		16 Jan.	Louth	pp. 155, 161
		26 Jan.	Caistor	p. 179
		7 Feb.	Kirton in Lindsey	pp. 182, 185, 188
	6–13 Mar.	*6–7 Mar.	Caistor	pp. 181, 187
		7 Mar.	Kirton in Lindsey	p. 186
		7 Mar.	Grimsby	pp. 9, 158, 162
		13 Mar.	Caistor	p. 162
		*21–22 Mar.	Horncastle	pp. 132, 162
		28 Mar.	Burton on Stather	p. 185
		1 April	Louth	pp. 156, 159, 161
	2–24 June			
	29 Sept.–6 Oct.			
1382	6–13 Jan.			
	26 Feb.–5 Mar.			
	25 May–24 June			
	29 Sept.–6 Oct.	10 Sept.	Horncastle	pp. 71, 76, 133
		*12 Sept.	Louth	pp. 74, *116*, 136
		*29 Sept.	Gainsborough	pp. 7, *116, 118, 120*, 188
		30 Sept.	Caistor	pp. 164, 192
1383	6–13 Jan.	21 Jan.	Lincoln	pp. 7, 75, 141, 165
	11–18 Feb.	16 Feb.	Spilsby	p. 144
		*26–27 Mar.	Lincoln	pp. 10, *116, 119, 121, 123, 124, 129*, 145, 148, 173, 179, 194, *197*
		7 Apr.	Wainfleet	p. 146.
	10 May–24 June	9 July	Partney	p. 77.
	29 Sept.–6 Oct.	*9 Sept.	Horncastle	pp. 78, *116, 119, 121, 123, 124, 126, 130*, 147, *197*
		11 Sept.	Spital in the Street	pp. 10, *15*, 175
		12 Sept.	Caistor	pp. 13, 177
		*23 Sept.	Lincoln	pp. 15, 115, *117*, 118, *119, 121, 123, 124, 126, 128, 130*, 195, *197*
		*10 Dec.	Horncastle	pp. 120, *121*, 122, *123, 125, 126, 128, 130, 197*
		21 Dec.	Spital in the Street	p. 17
1384	6–13 Jan.	*25 Jan.	Louth	pp. 20, 82, 124, *125*, 126, *127, 128, 130*
		26 Feb.	Burgh in the Marsh	p. 83
	2–9 Mar.			
	29 May–24 June	*7 June	Lincoln	pp. 21, 85, *117, 119*, 128, *130, 132*, 196, *197*
		*26 July	Lincoln[2]	pp. *121, 123*
		*6 Sept.	Lincoln[2]	pp. *125, 127*
	29 Sept.—6 Oct.			

[1] Figures in italics indicate references to sessions; other figures, sessions for which records are extant; * sessions are thought to be general sessions; above, il, pp. xxxi–xxxiv.
[2] There are no records of this session extant.

APPENDIX

Year	Statutory Date	Actual Date	Place	Reference
1385	6–13 Jan.			
	22 Feb.–1 Mar.	21 Mar.	Alford	p. 86
	21 May–24 June	7 Aug.	Lincoln	p. 22
	29 Sept.–6 Oct.	4 Dec.	Horncastle	p. 87
		6 Dec.	Lincoln	pp. 24, 90
		9 Dec.	Caistor	p. 29
		*18–19 Dec.	Lincoln	pp. 127, *128*, 129, *131*, 197, *198*
1386	6–13 Jan.			
	14–21 Mar.	10 Mar.	Horncastle	p. 91
		12 Mar.	Spital in the Street	pp. 32, *41*
		13 Mar.	Caistor	pp. 8, 34
		14 Mar.	Grimsby	p. 37
		16 Mar.	Louth	pp. 38, 92
		*17 Apr.	Horncastle[1]	p. *142*
	10–24 June	*20 Aug.	Lincoln[1]	pp. *129, 131, 198*
	29 Sept.–6 Oct.			
1387	6–13 Jan.			
	27 Feb.–6 Mar.	16 Mar.	Horncastle	p. 94
		18 Mar.	Lincoln	p. 39
		19 Mar.	Kirton in Lindsey	p. 40
		20 Mar.	Caistor	p. 41
		21 Mar.	Grimsby	p. 45
		22 Mar.	Louth	pp. 47, 97
	26 May–24 June	10 June	Lincoln	p. 47
		20 June	Lincoln	p. 48
		8 July	Kirton in Lindsey	p. 49
		10 July	Louth	pp. 53, 100
		11 July	Horncastle	p. 102
		24 July	Caistor	p. 54
	29 Sept.–6 Oct.			
1388	6–13 Jan.	3 Jan.	Horncastle	p. 106
		7 Jan.	Spital in the Street	p. 58
		8 Jan.	Caistor	p. 63
		10 Jan.	Louth	pp. 69, 111
	19–25 Feb.			
	17 May–24 June			
	29 Sept.–6 Oct.			
1395	6–13 Jan.	11 Jan.	Lincoln	pp. 230, 232, 244
		12 Jan.	Spital in the Street	pp. 231, 233, 245
		13 Jan.	Caistor	pp. 233, 246
		14 Jan.	Grimsby	pp. 234, 248
		15 Jan.	Louth	pp. 236, 249
		16 Jan.	Horncastle	pp. 238, 250
	3–10 Mar.	*28–31 Mar.	Lincoln	pp. 239, 252
		1 Apr.	Spital in the Street	pp. 240, 253
		2 Apr.	Caistor	p. 254
		3 Apr.	Louth	pp. 241, 255
		6 Apr.	Horncastle	pp. 243, 256, 259

[1] There are no records of this session extant.

30 May–24 June	28 July	Lincoln	p. 220
	31 July	Glanford Brigg	pp. 222, 256
	3 Aug.	Great Limber	pp. 224, 257
	3 Aug.	Grimsby	p. 225
	4 Aug.	Louth	p. 227
	5 Aug.	Horncastle	pp. 228, 229, 258
	12 Aug.	Horncastle[1]	p. 228
29 Sept.–6 Oct.			

1396	6–13 Jan.	13 Jan.	Lincoln	p. 216
		14 Jan.	Spital in the Street	p. 213
		15 Jan.	Caistor	p. 208
		17 Jan.	Louth	p. 205
		18 Jan.	Horncastle	p. 198
	23 Feb.–1 Mar.			
	21 May–24 June			
	29 Sept.–6 Oct.			

[1] It is possible that in one session heading the date of this session was erroneously given as 12 August instead of 5 August.

THE LINDSEY ROLL

ROLL L

ANCIENT INDICTMENTS 63

The roll of the Lindsey justices of the peace printed in this volume is the longest of the three peace rolls preserved for Lincolnshire for the reign of Richard II. Its bulk is explained by the fact that it covers more years than does either the Kesteven or the Holland roll and by the size of Lindsey which is larger than the other two divisions of the county together. The roll consists of 50 membranes of varying length and shape and is in a good state of preservation except for a few membranes that have been badly damaged. There is considerable evidence to indicate that the present roll was at one time two rolls, one covering the years 1381–1388, the other, 1395–1396. In addition to the modern numbering, 1–50, the roll bears two sets of numbers that appear to have been put on before the rolls were joined together.[1] One of these, j–xx, begins on m. 1 and the other, j–xxiiij, on the present m. 23. Also the roll bears two descriptive endorsements, one on m. 21d., the penultimate and longest membrane of the first part, and the other on m. 50d., the final membrane.[2] Furthermore, the King's Bench treated the two parts of the roll as separate entities. Offenders whose indictments were enrolled on the second portion were summoned for immediate appearance; those indicted on the first portion were dealt with at later sessions.[3] In addition to this concrete evidence there is the fact of the gap of seven years between the last session on the earlier part of the roll and the first session on the later part as well as the difference in the make up of the two rolls which will be discussed shortly.

The earlier portion of the Lindsey roll presents two major problems. The first has to do with its compilation, the second with its organization. The survival of the majority of extant peace rolls has been explained by a visit of the King's Bench to the county concerned. Moreover, it has been pointed out that unless a visit of the bench was imminent formal enrolments were usually not made.[4] While the first portion of the Lindsey roll, as well as the later portion, was before the King's Bench, it seems unlikely that the enrolment was made in anticipation of the visit of the bench to Lincoln in Easter 1396 since enrolments for the years 1388–1394 are lacking. Rather the 1381–1388 portion of the roll was probably

---

[1] A note to L 348 refers to *rotulo decimo*.

[2] There is another endorsement on m. 45 which refers only to the sessions of January 1396; below, p. 219.

[3] K. B. 540, Rex, mm. 19-19d.; m. 32d.; 541, Rex, m. 8; 542, Rex, mm. 21-21d.

[4] Putnam, *Proceedings*, pp. lxviii ff.; xciii ff.

prepared for some other reason. Because it was in the possession of one of the justices or their clerk, it was sent before the bench together with the records of the sessions of 1395–1396 which were undoubtedly put together for the visit of the bench.

An explanation of the preparation of the earlier portion of the roll may lie in an order of 1389 addressed to Lord Robert de Willoughby and his colleagues, late justices of the peace in Lindsey, who were instructed to turn over their records to Sir William Thyrning and his colleagues who had been appointed to replace them.[1] It is possible that Lord Willoughby had the records that form the first portion of the Lindsey roll enrolled in response to this order. These records were kept by Sir William or one of his colleagues or by the clerk, although the new justices do not seem to have made any effort to bring the offenders indicted on them to trial. Thus we probably owe the existence of the earlier portion of the Lindsey roll to Lord Willoughby's scrupulousness in obeying the order of 1389, to the preservation of the material by its recipient, and to the circumstance that the bench came to Lincoln before the roll was lost or destroyed.

The consideration of the second problem, the organization of this portion of the roll, will require a detailed study of its make up. The roll contains records that are, with two exceptions, mm. 16 and 20, in the form of enrolments. Anyone who studies this portion of the roll will be immediately struck by the unchronological order of the sessions and by the fact that records of the same session appear more than once. This apparent confusion is not due merely to a faulty arrangement of membranes for no rearrangement will produce a chronological sequence of sessions. Moreover, this portion of the roll appears to have been in approximately its present form when it was delivered to the King's Bench for the lists of offenders summoned to appear before the bench follow the order of indictments on the peace roll.[2] Some of this confusion is due to the fact that in enrolling the indictments which constitute the bulk of the records recognition was given to the three ridings, north, south, and west, into which Lindsey is divided and some of it to the separate enrolment of indictments and *placita*. Thus one section of the roll contains indictments received from juries representing wapentakes in the south riding, while other sections contain indictments from juries representing wapentakes in the north and south ridings and in the north and west ridings. Because juries from wapentakes in more than one riding, or pair of ridings, sometimes appeared at the same session and because the justices heard indictments and were prepared to hold trials at the same sessions, the records of a session may appear in several places, in one instance, in five.[3] If the roll

[1] *C. C. R.* 1389–1392, p. 40.
[2] K. B. 541, Rex, m. 8 ; 542, Rex, mm. 21-21d.
[3] See table of Lindsey sessions, session of 26-27 March 1383 ; p. ix.

is studied in the light of this policy the majority of the membranes fall into five major units which, it is suggested, were probably prepared as separate entities, perhaps by different clerks. The membranes of what is now the first of these units, present numbering mm. 3–7 (old numbering iij–vij), are also numbered, probably contemporaneously, j–v. These membranes contain indictments received from juries representing wapentakes in the north and west ridings at sessions held in 1383–1388. Within the unit the order of sessions is chronological. Similarly a second unit, the present mm. 10–13 (old numbering x–xiij), also numbered j–iij on mm. 10–12, contains indictments from juries representing wapentakes in the south riding in the same years, arranged chronologically by the sessions at which they were received. At some of these sessions the justices were prepared to try the offenders indicted at the sessions recorded on mm. 17–18, 19, and 21. The records of these *placita* constitute a third unit, at present numbered mm. 14–15 (old numbering xiv–xv). The arrangement of sessions within this unit is also chronological. The two remaining units, mm. 17–18 and mm. 19–21 (old numbering xvj–xix) may be considered together as they present similar problems. The sessions on these membranes cover the years 1381–1383, those on mm. 17 and 18 being attended by juries from wapentakes in the north and south ridings, and those on mm. 19 and 21 by juries from wapentakes in the north and west ridings. On neither set of membranes is the order of the sessions chronological. If, however, the membranes are reversed so that m. 17 follows m. 18 and m. 19 follows m. 21 an approximately chronological order is achieved, except for the sessions of 1381 on mm. 18 and 21. That this was the membrane order intended by the enrolling clerk is indicated by internal evidence. Headings naming the ridings from which the juries came appear on mm. 18 and 21, not on mm. 17 and 19. Also since the first session headings on both mm. 17 and 19 refer to *prefatis iusticiarijs* or *prefatis custodibus* these membranes were probably not intended to begin new sections of the roll. Because, as has already been noted, the lists of summonses for appearance before the King's Bench follow the present order of the indictments, it is probable that the membranes were put together incorrectly when the roll was originally assembled.[1] Thus these five units which contain the bulk of the indictments and all the *placita* appear to have been prepared as separate entities. Within themselves they can be made orderly and systematic in arrangement, although their present order is not chronological.

The remaining membranes of this portion of the roll, mm. 1, 2, 8, 9, 16, 20, and 22 (old numbering xx), with the exception of mm. 16 and 20, do not seem to have any integral connexion with

---

[1] If, as has been suggested, the enrolment was not made until 1389 the lists of summons for appearance before the justices of the peace must have been compiled from the original jury records.

the main sections of the roll or, in most cases, with each other. M.1 contains five indictments received from juries representing wapentakes in the north and west ridings at sessions held in 1382, 1383, and 1386. There is a note after the last entry to the effect that these indictments were sent *in bancum domini regis*. No process on any of these indictments other than that initiated after the visit of the bench to Lincoln in 1396 has been found on the King's Bench rolls. As the offenders were trespassers it is unlikely that they were especially summoned before the bench, although if such a step had been taken it might explain why the indictments were enrolled together. It is, of course, possible that the clerk who prepared this membrane found the material on it after the rest of the enrolments were made, put it together, and added the note which was intended to apply to the whole roll. As the manner of sending the material to the bench was said to be unknown such an explanation seems unlikely. Also the first session heading on this membrane contains the word *adhuc* which would indicate that the membrane was planned as part of a series. If so it may belong after m. 8 or m. 9.

M. 2 contains a single indictment which is also enrolled on m. 18d.[1] Whether this membrane was intended to be part of the formal enrolment or whether it was included by mistake is not evident. Mm. 8 and 9 which contain indictments made by south riding juries at sessions held in 1382 and 1383 seem because of their contents to belong with m. 17. On the other hand, as the offenders indicted on these membranes were not among those summoned for trial before the justices of the peace, as were practically all the offenders indicted on mm. 17–21, these membranes do not appear to have been part of the unit to which m. 17 belongs. Mm. 16 and 20 each contain the record of a single presentment without a session heading or a wapentake designation. These membranes were sewn on m. 17 and m. 19d. respectively, presumably because these indictments were omitted when the enrolments were made.

M. 22 contains indictments by two juries from Kesteven and one jury composed of men from *diuersis wapentacijs de comitatu Linc'* received at three sessions held under the county commission of 21 December 1382. The dorse contains the record of a fourth session at which the justices attempted to bring some of these offenders to trial. This membrane was probably included with the Lindsey records because the division and the county justices, who seem to have worked closely together, employed the same clerk or clerks.[2]

Apparently these various membranes were put with the five main sections of the roll when the records were sent to the new

---

[1] Below, pp. 9, 159.

[2] The relation between the Lindsey justices and the county justices is discussed ; Vol. I, pp. xiii–xv.

justices in 1389. It is probable, because of the size of Lindsey and the resulting bulk of its records, that more than one clerk worked on the enrolments. When the roll was assembled the five major sections with the other membranes were put together more or less as they came to hand without too much regard for the logical sequence of the units and, in the case of mm. 17, 18, 19 and 21, without regard for their intended order. If this analysis of this portion of the Lindsey roll is correct it may help to explain the roll's chaotic chronology and the repetition of sessions. While a logical and partially chronological rearrangement of the membranes of the five main units could be made, it has not been done because of the membranes that would not fit into such a scheme. The table of sessions in the appendix will show the dates and places of the Lindsey sessions of the peace in chronological order.

The second portion of the Lindsey roll, mm. 23–50 (old numbering j–xxiv), presents no such problems as does the first part. As has been said, it was undoubtedly assembled for the visit of the King's Bench to Lincoln in 1396. Its arrangement is orderly and logical, if not entirely chronological, although as so frequently is the case records of later sessions precede those of earlier ones. Mm. 23–46 (j–xx) do not contain formal enrolments but are pieces of parchment of varying sizes. Twenty of these, which are numbered j–xx, are the original records of presentments by juries from wapentakes in all three ridings made at sessions held in January 1396. Each bears the name of the wapentake from which the jurors came. The other four are private bills endorsed as true which were sewn on to the appropriate wapentake records. The twenty presentment records are also numbered on the dorse xix–xxxvj. It is not apparent to what records the numbers j–xviij belonged. It is unlikely that they referred to records of sessions held later in the spring, before the bench came to Lincoln, for m. 45 bears the endorsement *presentamenta capta . . . in vltima sessione.*[1] Furthermore, the list of Lindsey offenders summoned before the King's Bench includes only those on the peace roll as it now stands.[2] It is also unlikely that the numbers refer to some of the original jury records the contents of which are now enrolled on mm. 47–50 because the piece of parchment numbered xix records the latest, not the earliest, of the January sessions. Evidently the clerk did not have time to complete the enrolment before the records had to be sent to the King's Bench and so included the original jury presentments for the sessions of 1396.

Mm. 47–50 (old numbering xxj–xxiiij) contain enrolments of indictments made at sessions held in 1395. Indictments of felons and trespassers are generally separated, although the indictments of trespassers heard at an April session were added at the end of m. 50d. after the felonies. No riding designations were used.

[1] Below, p. 219.   [2] K. B. 540, Rex, mm. 19–19d., 32d.

Under felonies the sessions are chronologically arranged, January
to August. Under trespasses sessions held in July and August
precede those held from January to April.

This second portion of the Lindsey roll was probably prepared
under the supervision of one clerk; certainly there is no evidence
of the composite effort that characterises the earlier portion. As
is apparent in the table of sessions this portion of the roll gives a
clear picture of the activities of the Lindsey justices of the peace
in the short period it covers.

It is not possible to tell when the two portions of the Lindsey
roll were joined together and so whether the union was the work
of a modern archivist or of a medieval King's Bench clerk who was
tidying his records. As the King's Bench dealt separately with the
offenders indicted on the two parts, summoning them to appear
before it at different sessions, it seems likely that the roll was still
two rolls when it went before the bench.

[*m. 1 old numbering j*]

NOTHR'   WESTR'

Placita et indictamenta ad huc coram Iohanne rege Castell'
et Legionis duce Lanc' Roberto de Wylughby Philipo Darcy
Radulpho de Crombwelle Willelmo de Skypwyth' Roberto Haule
Thoma Kydale Willelmo de Burgh' Iohanne de Hawe et Nicholao
Hatclif' iusticiarijs domini regis Ricardi secundi post conquestum
Anglie ad pacem eiusdem regis necnon ad statuta eiusdem domini
regis apud North' Wynton' et Westm' de laborarijs edita conseruanda assignatis in partibus de Lyndesey in comitatu Lincoln'
per comissionem eiusdem domini regis cuius datum est apud Westm'
xxvj die Maij anno regni eiusdem domini regis tercio [1380] et
coram Radulpho Paynell' predictis iusticiarijs associato per comissionem eiusdem domini regis.

Marg: YORDBURGH'

1. xij^{cim} wapentacij predicti iuratores presentant quod
Iohannes de Dyghton' (fecit finem)[1] de Immynghham carpentarius
operabatur cum Iohanne de Otteby apud Keelby a festo natiuitatis
sancti Iohannis baptiste anno regni regis Ricardi secundi tercio pro
xx^{ti} dies proximos sequentes in officio carpentarij et cepit pro labore
suo pro qualibet die quatuor denarios cum prandio suo et sic cepit
in exessu xl d. contra statutum domini regis.

J. de D. (made a fine) of Immingham, carpenter, worked as carpenter
for J. de O. at Keelby for 20 days and took for wages 4*d.* a day with food;
excess, 40*d.*

Marg: COR'

Inquisicio capta apud Gaynesburgh' coram prefatis iusticiarijs
die Lune in festo sancti Michelis archangeli anno regni regis Ricardi
secundi sexto [29 September 1382] per sacramentum Ricardi de
Stoketh' de Estoketh' Radulphi de Halton' de Bliton' Willelmi
Helwys de eadem Thome de Sandale de eadem Willelmi de Steres-
garth' de Springthorp' Roberti de Nuthoun' de Somerby Willelmi
Giffrayson' de Dunstall' Thome Rogerson' de Stoketh' Roberti
Sabolman de Walkereth' Iohannis de Pelham de Yolethorp' Ricardi
at Tounhend de Hopham et Hugonis Saunp' de Scot' iuratorum.

2.   Qui dicunt super sacramentum suum quod Iohannes Louell'
Iohannes Wytil seruientes Petri Notill' die Mercurij proximo post
festum exaltacionis sancte crucis anno regni regis nunc quinto apud
Lee vi et armis in Iohannem de Eton' de Lee insultum fecerunt per
preceptum predicti Petri et ipsum verberauerunt et male vulnerauerunt et brachia et tibias suas fregerunt et ipsum ibidem pro
mortuo reliquerunt contra pacem domini regis et predictum
Iohannem de vita sua de die in diem expresse minantur et in insidijs
pro eo interficiendo iacent. (*Marg:* Transgressio.)

J. L. and J. W., servants of P. N., at Lea, by order of said P. assaulted
J. de E. of Lea, beating and badly wounding him, breaking his arms and
legs, and leaving him for dead ; they threaten him daily and lie in wait to
kill him.

Both to be produced before the King's Bench, Hil., Trin. 1397 ; K. B. 542, Rex,
m. 21 ; 544, Rex, m. 17 ; in exigend in the King's Bench, Trin. 1397 ; *ibid.*, 545,
Rex, m. 3 ; J. L. to be produced before the King's Bench, Mich. 1397, Hil. 1398 ;
ibid., m. 11d. ; 546, Rex, m. 4d.

Placita et indictamenta coram Iohanne rege Castell' et Legi'
duce Lancastr' Roberto de Wylughby Radulpho de Crumbwelle
Iohanne de Worth' Willelmo de Skypwyth' seniori Willelmo de
Wylughby Willelmo Haule Willelmo de Burgh Iohanne Poucher
Willelmo Spaigne Thoma de Themulby Iohanne de Hawe (Iohanne
de Wykes)[i] Iohanne de Feriby Willelmo de Skypwyth' iuniori
Roberto de Westmeles Willelmo Michell' et Thoma de Burnham
iusticiarijs domini regis Ricardi secundi post conquestum Anglie
ad pacem eiusdem domini regis necnon ad statuta eiusdem domini
regis apud Wynton' North' et Westm' de laborarijs edita conseruanda in partibus de Lyndesey assignatis per comissionem
eiusdem domini regis cuius datum est apud Westm' xx⁰ die
Decembris anno regni eiusdem domini regis sexto [1382] (et)[1]
coram Roberto de Haldenby Iohanne de Coton' Roberto de
Wythornwyk' eisdem iusticiarijs associatis per commissionem eiusdem domini regis.

Marg: YORDBURGH'

Inquisicio capta apud Lincoln' die Mercurij proximo ante festum
conuersionis sancti Pauli anno regni regis Ricardi secundi sexto
[21 January 1383] coram prefatis iusticiarijs per sacramentum

Roberti de Kydall' de Horkstowe Iohannis Barde de Northkelsey Willelmi de Wrauby de Barton' Ricardi Tann' de eadem Roberti de Hylle de Wlseby Willelmi de Halderby de eadem Thome filij Alani de Baru Iohannis Wale de eadem Hugonis at Halle de Keleby Iohannis de Neuton' de Stalynburgh' Henrici Martyn de Saxby et Willelmi at Welle de Kelyngholm' iuratorum.

3. Qui dicunt super sacramentum suum quod Iohannes Racy de Halton' die Mercurij in prima septimana xlea anno regni regis Ricardi secundi primo apud Thornton' vi et armis et regali potestate et magno strepitu venit et insultum fecit domino Henrico de Braunston' officiali archidiaconis Lincoln' sedente in tribunali in ecclesia parochie de Thornthon' officio suo ministrando ita quod dictus dominus Henricus non audiuit officium suum ministrare nec rectos iudicare.

J. R. of [East] Halton, at Thornton Curtis, forcibly with royal power and great destruction, assaulted H. de B., official of the archdeacon of Lincoln, who was holding court in the church of Thornton so that the said H. is afraid to hold court.

To be produced before the King's Bench, Hil., Trin. 1397 ; K. B. 542, Rex, m. 21 ; 544, Rex, m. 17 ; in exigend in the King's Bench, Trin. 1397 ; *ibid.*, 545, Rex, m. 3.

Marg: HAWORDESHOWE

Inquisicio capta apud Castr' coram prefatis custodibus pacis die Martis proximo post festum sancti Gregorij pape anno regni regis Ricardi secundi nono [13 March 1386] per sacramentum Iohannis Galay de Foulestowmersk' Iohannis Clerk de eadem Thome de Waltham Nicholai Walle de eadem Roberti Est de Briggesley Willelmi Est de Hatclif' Iohannis West de Bernardby Willelmi North' de Neuton' Iohannis Porson' de Wathe Iohannis de Grene de eadem Iohannis de Grene de Rothewelle Thome Odelyn de Cokewold'.

4. Qui dicunt super sacramentum suum quod Iohannes Curtays de Vetera Neuton' die Iouis proximo ante festum sancti Martini in yeme anno regni regis Ricardi secundi nono venit apud Neuton' ad gregem Rogeri Marchall' de Neuton' et ibidem vnam ouem precij xij (d.)[1] de Willelmo Alisson' de eadem vi et armis cepit et abduxit contra pacem.

J. C. of Newton [le Wold] came to the grange of R. M. of Newton, at Newton, and took a sheep, price 12*d.*, belonging to W. A. of Newton.

5. Item (quod)[1] dicunt Iohannes de Sleford' de Westrandale die Iouis proximo ante festum sancti Nicholai anno regni regis Ricardi (secundi)[1] nono apud Westrandale j porcum precij iiij solidorum de Thoma Smyth de Askeby ibidem cepit et iniuste detinuit contra pacem. Memorandum quod superuenit breue domini regis virtute cuiusdam indictamenta predicta mittebantur in bancum domini regis sed quomodo summonentur ignoratur.[1]

[1] On this note see above, p. 4.

J. de S. of West Ravendale, at West Ravendale, took a pig, price 3*s*., which belonged to T. S. of Ashby [by Fenby].

Note : These indictments were sent to the King's Bench by virtue of a writ but the manner of the summons is unknown.

[*m.* 2 *old numbering* ij]

Presentaciones et indictamenta coram Iohanne rege Castelle et Legionis duce Lancastr' Roberto de Wylughby Philipo Darcy Radulpho de Crombwelle Willelmo de Skipwyth' Roberto Haule Thoma de Kidale Willelmo de Burgh' Iohanne de Hawe et Nicholao Hatclif' iusticiarijs domini regis ad pacem eiusdem domini regis conseruandam etc. necnon ad statuta eiusdem regis apud Wynton' Northampton' et Westm' edita conseruanda etc. in partibus de Lyndesey in comitatu Lincoln' assignatis per commissionem dicti domini regis cuius datum est apud Westm' xxvj^to die Maij anno regni eiusdem domini regis Anglie et Francie tercio [1380] ac coram Radulpho Paynell' iusticiario per associacionem virtute breuis dicti domini regis loco Philipi Darcy exonerati.

Marg: BRADLEE

Inquisicio capta apud Grimesby coram Roberto de Wylughby et socijs suis iusticiarijs domini regis ad pacem in partibus de Lyndesey die Iouis in prima septimana xle^a anno regni regis Ricardi secundi quarto [7 March 1381] per sacramentum Iohannis de Feribrig de Scarthowe Ricardi Walker' de Parua Cot' Thome Douk de Swalowe Roberti Hughson' de Irby Iohannis Ketill' de Humberstane Willelmi Warde de Magna Cotes Roberti West de eadem Willelmi de Tyynton' de Laiceby Willelmo Daulynson' de eadem Iohannis Est de Scarthowe Willelmi Ryuell' de Tetnay et Willelmi Caburn' de Alesby iuratorum.

6. Qui dicunt quod Iohannes de Benyngworth (vtlegatur)[1] de Louth' et alij die Lune proximo post festum sancti Martini in yeme anno regni regis Ricardi secundi quarto venerunt vi et armis et contra pacem domini regis apud Southchelkyngton' et ibidem ceperunt et fugauerunt quadraginta bidentes de Roberto filio Willelmi de Keelby et Henrico de Grene de Irby et eos detenuerunt quousque predicti Robertus et Henricus fecerunt finem cum eis pro predictis bidentibus habendis et sic predicti Iohannes et socij sui ceperunt de predictis Henrico et Roberto per extorsionem iij libras. (*Marg:* Vtlegatur.)

J. de B. (outlawed) of Louth with others, at South Cockerington, stole 40 sheep from R. son of W. of Keelby and H. de G. of Irby [upon Humber] and kept them until the said R. and H. made a fine with them and thus they extorted £3.

Made a fine before the justices of the peace in Lindsey at Lincoln, 23 Sept. 1383 ; below, pp. 117–118. The statement of outlawry must be an error unless the fine was paid for another offence.

[*m. 3 old numbering* iij]

NORTH'   WESTR'

Presentaciones et indictamenta coram Iohanne rege Castelle et
Legionis duce Lanc' Roberto de Wylughby Radulpho de Crombwelle
Iohanne Worth' Willelmo de Skipwyth' seniori Willelmo de Wylughby Willelmo Haule Willelmo de Burgh' Iohanne Pouch' Willelmo
de Spaigne Thoma de Thymelby Iohanne de Hawe Iohanne Wykes
Iohanne de Feriby Willelmo Skipwyth' iuniori Roberto Roberto de
Westmels Willelmo Michell' et Thoma de Brunham iusticiarijs
domini regis ad pacem eiusdem domini regis conseruandam necnon
ad statuta eiusdem regis apud Wynton' Northmpton' et Westm'
edita conseruanda etc. in partibus de Lyndesey in comitatu Lincoln'
assignatis per commissionem dicti domini regis cuius datum est
apud Westm' xx⁰ die Decembris anno regni eiusdem domini regis
Anglie et Francie sexto [1382] ac coram Roberto de Haldanby
Iohanne (de)¹ Coton' Roberto Wythornwyk' iusticiarijs per associacionem virtute breuium dicti domini regis.

Marg: NORTH' APUD LINC'

Inquisicio capta apud Lincoln' die Iouis in septimana Pasche
anno regni regis Ricardi secundi sexto [26 March 1383] coram
Roberto de Wylughby et socijs suis iusticiarijs domini regis ad
pacem in partibus de Lindeseye per sacramentum Petri Breton'
Roberti de Thrynsco Ricardi Walker Roberti de Cokewald Willelmi
de Cadynay Willelmi de Wraghby Iohannis Bard' Willelmi at
Welle Roberti de Kydal Willelmi Daynyl Walteri de Walesby et
Rogeri de Halyngton' iuratorum.

7.   Qui dicunt quod Rogerus Smyth' (iste Rogerus culpabilis et
ponit ad penam)¹ dudum manens in Clee et Iohannes filius Iohannis
de Lincoln' de Immyngham die Dominica proximo post festum
sancti Nicholai episcopi anno regni regis Ricardi secundi sexto
apud Welesby insultum fecit Thome Moyne et ad illum sagittauerunt
duas sagittas et famulum suum contra voluntatem suam abduxerunt.
(*Marg:* Transgressio iste Rogerus Smyth' est culpabilis de felonia et
ponit ad penam.)

R. S. (guilty; to be punished), formerly living in Clee, and J. son of J.
de L. of Immingham, at Weelsby, assaulted T. M., shot 2 arrows at him,
and abducted his servant.

For R. S. see below no. 40. J. son of J. de L. to be produced before the King's
Bench, Hil., Trin. 1397; K. B. 542, Rex, m. 21; 544, Rex, m. 17; in exigend in the
King's Bench, Trin. 1397; *ibid.*, 545, Rex, m. 3.

Marg: LAURIZ

Inquisicio capta apud Hospitale super Strata' die Veneris
proximo post festum natiuitatis beate Marie virginis anno regni
regis Ricardi secundi septimo [11 September 1383] coram Roberto
de Wylughby et socijs suis iusticiarijs domini regis de pace in partibus

de Lyndesey per sacramentum Iohannis Henrison' de Saxilby
Iohannis Ston de Carlton' Iohannis de Whityngton' Willelmi Burdon'
de Carlton' Iohannis Clerk de Carlton' Rogeri Wymerkson' Iohannis
Furry Roberti Breust' Willelmi de Stowe Iohannis de Ormesby
Hugonis Malyn et Walteri Godfray iuratorum.

8. Qui dicunt quod Robertus nuper balliuus de Carleton-
paynell' cum alijs die Iouis proximo post festum sancti Bartholomei
apostoli anno regni regis Ricardi nunc septimo apud Carleton'paynell'
vi et armis in Iohannem Ston insultum fecit et ipsum minatus est
de vita et membris et de arsura domorum suarum et eciam ad
ardendum manerium domini Radulphi Paynell' cum omnibus bonis
et catallis eiusdem Radulphi contra pacem etc. (*Marg:* Transgressio.)

R., former bailiff of [South] Carlton, with others, at Carlton, assaulted
J. S., threatening him and threatening to burn his houses and the manor
of his lord, R. P.

To be produced before the King's Bench, Hil., Trin. 1397; K. B. 542, Rex, m.
21; 544, Rex, m. 17; in exigend in the King's Bench, Trin. 1397; *ibid.*, 545, Rex,
m. 3.

Marg: MANLE

Inquisicio capta apud Hospit' super Strat' die Veneris proximo
post festum natiuitatis beate Marie virginis anno regni regis Ricardi
secundi vij° [11 September 1383] coram R de Wylugh' et socijs suis
custodibus pacis in partibus de Lyndesey per sacramentum Iohannis
de Blactoft Willelmi filij Ricardi Ricardi Cade Iohannis de Malton'
Thome Neel Ricardi Howsom' Iohannis Brystond Iohannis Coke
Willelmi filij Alani Iohannis de Gandby Iohannis Wright et
Iohannis de Maldon' iuratorum.

9. Qui dicunt super sacramentum suum quod Iohannes Buter
de Crull' die Lune proximo post festum sancti Laurencij anno regni
regis Ricardi secundi septimo per noctem in regia strata Henricum
Ledbetter de Crull' Reginaldum Tynkeler de eadem et Iohannem
de Saylles de eadem apud Crull' insultum fecit et ipsos verberauit
vulnerauit et male tractauit et est communis affraiator pacis. (*Marg:*
Transgressio.)

J. B. of Crowle at night on the king's highway, at Crowle, assaulted 3
men all of Crowle, beating, wounding, and maltreating them; he is a common
affrayer of the peace.

To be produced before the King's Bench, Hil., Trin. 1397; K. B. 542, Rex,
m. 21; 544, Rex, m. 17; in exigend in the King's Bench, Trin. 1397; *ibid.*, 545,
Rex, m. 3.

10. Item quod Willelmus Daynyll' de Laxton' et Ricardus de
Grene de Brantyngham die Dominica proximo ante festum sancti
Laurencij anno regni regis Ricardi septimo vi et armis clausum
Iohannis de Malton' de Halton' super Trent fregerunt et ipsum
Iohannem ibidem insultum fecerunt et ipsum verberauerunt vulner-
auerunt et male tractauerunt et sunt communes affraitores pacis.
(*Marg:* Transgressio.)

W. D. of Laxton (Notts *or* Yorks) and R. de G. of Brantingham (Yorks)
forcibly broke into the close of J. de M. of [West] Halton (Yorks) and
assaulted him, beating, wounding, and maltreating him ; they are common
affrayers of the peace.
    Both to be produced before the King's Bench, Hil., Trin. 1397 ; K. B. 542,
Rex, m. 21 ; 544, Rex, m. 17 ; in exigend in the King's Bench, Trin. 1397 ; *ibid.*,
545, Rex, m. 3.

Marg: CORYNGHAM

Inquisicio capta apud Hospit' super Strat' die Veneris proximo
post festum natiuitatis beate Marie virginis anno regni regis Ricardi
secundi vij° [11 September 1383] coram Roberto de W et socijs suis
iusticiarijs domini regis de pace in partibus de Lyndesey per sacramentum Willelmi Duffeld' de Gaynsburgh' Iohannis de Skidgate de
eadem Iohannis Hono' de North' Radulphi Laurence Iohannis
Palm' de Hopham Thome Hariell' de Kirkton' Iohannis Traue de
eadem Roberti filij Ricardi de Aseby Roberti Laundelles Willelmi
de Tetford' Ade Robertson' de Walkeret Radulphi filij Willelmi de
eadem iuratorum.

    11.   Qui dicunt quod die Mercurij proximo post festum natiuitatis
beate Marie virginis anno regni regis Ricardi secundi septimo apud
Coryngham Ricardus Miln' de Parua Coryngham cum vi et armis
insultum fecit super Agnetem Maddy de Manga Coryngham et
dictam Agnetem verberauit et male tractauit contra pacem domini
regis et ad dampnum eiusdem Agnetis x libras etc. (*Marg:* Transgressio.)
    R. M. of Little Corringham, at Corringham, assaulted A. M. of Great
Corringham, beating her ; damages to A., £10.
    To be produced before the King's Bench, Hil., Trin. 1397 ; K. B. 542, Rex, m. 21 ;
544, Rex, m. 17 ; in exigend in the King's Bench, Trin. 1397 ; *ibid.*, 545, Rex, m. 3.

Marg: ASLAKH'

Inquisicio capta apud Hospit' super Strat' die Veneris proximo
post festum natiuitatis beate Marie virginis anno regni regis Ricardi
secundi vij° [11 September 1383] coram Roberto de Wyl' et socijs
suis iusticiarijs domini regis ad pacem in partibus de Lyndeshey
per sacramentum Iohannis de Brun' de Saxby Thome Neue de
Glentham' Willelmi de Whyn' de eadem Thome de Euerthorp'
Willelmi Hyne de Herpeswell' Rogeri Bolyng' de Norton' Roberti
de Sothiby Iohannis Fresthorp' de Ouenby Willelmi Fraunceys de
Wylughto' Petri Cartere de Herpeswell' Willelmi de Normanby de
Snyterby et Walteri Hughson' de Wylughto' iuratorum.

    12.   Qui dicunt quod Iohannes Smyth' de Normanby et
Robertus othe Beks sommonati fuerunt per constabularios villate
de Normanby ad presentandum coram iusticiarijs domini regis de
pace in partibus de Lyndeseye et noluerunt venire ideo in contemptum domini regis etc. (*Marg:* Nichil.)
    J. S. of Normanby [by Spital] and R. othe B., being summoned by the
constables of Normanby to present before the king's justices, refuse to
come ; they are in contempt.

Magna inquisicio de Westr' Iuratores habent diem presentare
vsque alium diem vt patet infernis per iusticiarios etc.¹ Iuratores
de Welle nichil presentant.

The grand jury of the west riding is to present another day as appears
below; the jurors of Well have nothing to present.

Marg: BRADLE

Inquisicio capta apud Castr' die Sabbati proximo post festum
natiuitatis beate Marie virginis anno regni regis Ricardi secundi
septimo [12 September 1383] coram Roberto de Wylugh' et socijs
suis iusticiarijs domini regis de pace in partibus de Lyndesey per
sacramentum Petri filij Roberti de Parua Cotes Ricardi Brand de
Welesby Roberti de Fenby Walteri Clerk de Scarthowe Iohannis
Talifer de Layceby Roberti Nefe Iohannis Est de Scarthowe Roberti
de Tiryngton' Willelmi Reuell' Willelmi de Fenby Henrici del Grene
Roberti Curtays iuratorum.

13. Qui dicunt quod Iohannes filius Roberti de Houton' constabularius de Houton' die Iouis proximo post festum sancti
Laurencij anno regni regis Ricardi secundi vijᵒ precepit Ceciliam
vxorem filij Roberti filij Walteri communem laborariam ad iurandum
quod tenerit statutum domini regis et dicta Cecilia rescusauit iurare
et sic est rebellis contra predictum constabularium. (*Marg:*
Nichil.)

J. son of R. of Holton [le Clay], constable of Holton, ordered C. wife of
the son of R. son of W., common labourer, to swear to obey the statute
[of labourers] but she refused; she is a rebel against the constable.

Marg: WALSHCROFT

Inquisicio capta apud Castr' die Sabbati proximo ante festum
exaltacionis sancte crucis anno regni regis Ricardi secundi septimo
[12 September 1383] coram Roberto de W et socijs suis iusticiarijs
domini regis de pace in partibus de Lyndeseye per sacramentum
Iohannis de Driby Iohannis Lang' Iohannis filij Alani Walteri de
Westhorp' Roberti Hikdon' de Ouresby Iohannis de Bliton' Iohannis
de Riby Willelmi Pryk de Cautthorp' Iohannis de Alwoldby Roberti
Coke de Staynton' Roberti del Grene et Alani del Kerre iuratorum.

14. Qui dicunt quod Robertus Wright de Lincoln' die Dominica
proximo ante festum natiuitatis beate Marie virginis anno regni
regis Ricardi secundi septimo noctanter domum Willelmi Talio'
de Estrasen apud Estrasen intrauit ad graue dampnum ipsius
Willelmi et contra pacem domini regis etc. (*Marg:* Transgressio.)

R. W. of Lincoln at night entered the house of W. T. of Market Rasen,
at Market Rasen.

Outlawry for failure to appear before the justices of the peace in Lindsey on
indictment for felony reported at Lincoln, 18 Dec. 1385; below, p. 128; to
be produced before the King's Bench, Hil., Trin. 1397; K. B. 542, Rex, m. 21;
544, Rex, m. 17; in exigend in the King's Bench, Trin. 1397; *ibid.*, 545, Rex, m. 3.

¹ See below, p. 15.

15. Item quod Emma Dagge et alij sunt communes laborarij et nolunt iurare pro constabulario ad capiendum per diem tempore autumpni secundum ordinacionem statuti set sunt rebelles etc.

E. D. and others, common labourers, are unwilling to take the oath to the constable to take the statutory wages ; they are rebels.

To be produced before the King's Bench, Hil., Trin. 1397 ; K. B. 542, Rex, m. 21 ; 544, Rex, m. 17 ; in exigend in the King's Bench, Trin. 1397 ; *ibid.*, 545, Rex, m. 3.

Marg: MAGNA INQUISICIO NORTHR'

Inquisicio capta apud Castre die Sabbati proximo ante festum exaltacionis sancte crucis anno regni regis Ricardi secundi septimo [12 September 1383] coram Roberto de Wylughby et socijs suis iusticiarijs domini regis de pace (in)[1] partibus de Lyndeseye per sacramentum Willelmi de Garton' Petri Breton' Willelmi de Wrauby Willelmi at Welle Roberti de Thirnsco Willelmi Daynyll' Roberti de Cokewold' Walteri de Walesby Iohannis Galay de Foulestowe Iohannis de Ormesby Iohannis Coke de Couenham Iohannis Barde de Kelsay iuratorum.

16. Qui dicunt quod Robertus Shortrede et Iohannes Shortrede de Byshopthorpe conducti fuerunt ad seruiendum abbati de Humberstane apud Humberstane in officio carucarij et carectarij a festo sancti Martini anno regni regis Ricardi secundi sexto vsque ad eundem festum anno reuolito et predicti Robertus et Iohannes venerunt et steterunt in officio dicti abbatis per spacium dimidij anni et die Veneris proximo ante festum exaltacionis sancte crucis recesserunt in contemptum domini regis et contra ordinacionem statuti etc. (*Marg:* Transgressio.)

R. S. and J. S. of Biscathorpe were hired to serve the abbot of Humberstone, at Humberstone, as ploughman and carter for a year ; they worked for half a year and left.

Both to be produced before the King's Bench, Hil., Trin. 1397 ; K. B. 542, Rex, m. 21 ; 544, Rex, m. 17 ; in exigend in the King's Bench, Trin. 1397 ; *ibid.*, 545, Rex, m. 3.

17. Item quod Iohannes Seman sadeler cum alijs die Iouis in septimana Pentecostes anno regni regis Ricardi secundi sexto apud Lincoln' vi et armis in Walterum de Waynflete taliour insultum fecerunt et ipsum verberauerunt vulnerauerunt et male tractauerunt contra pacem domini regis ita quod vita eius a pluribus disperabatur. (*Marg:* Transgressio.)

J. S., saddler, with others, at Lincoln, assaulted W. de W., tailor, beating, wounding, and maltreating him so that his life was in danger.

To be produced before the King's Bench, Hil., Trin. 1397 ; K. B. 542, Rex, m. 21 ; 544, Rex, m. 17 ; made a fine before the King's Bench, Trin. 1397, for ½ mark ; *ibid.*, 545, Fines, m. 1.

18. Robertus de Lyndwode vt in billa annexa.

This bill has been lost ; marks on the manuscript show that it was once attached here.

Marg: LOUTHBURGH'

Inquisicio capta apud Castre die Sabbati proximo ante festum exaltacionis sancte crucis anno regni regis Ricardi secundi septimo [12 September 1383] coram Roberto de W et socijs suis iusticiarijs domini regis in partibus de Lyndeseye per sacramentum Rogeri de Halyngton' Willelmi Coup' de Louth'burgh' Hugonis Cade Iohannis Couam Willelmi Talio' de Wyhn' Thome West de Vtterby Iohannis Squyer de Ormesby Iohannis de Whyn' Iohannis Donnay Willelmi de Skupholm' Walteri Est de Couam Iohannis de Park-house iuratorum.

19.   Qui dicunt quod Willelmus de Slede de Couam contra formam statuti E nuper regis Anglie aui regis nunc iuit extra villam de Couam tempore autumni anno regni regis Ricardi secundi septimo ad dampnum regis ij s. (*Marg:* Nichil.)

W. de S. of Covenham left Covenham in the autumn, contrary to the statute of labourers; damages to the king, 2s.

20.   Et quod Agnes Myln' de eadem eodem anno regis contra formam statuti predicti tempore autupni iuit extra villam eandem.

A. M. of Covenham left Covenham in the autumn, contrary to the statute of labourers.

Marg: WESTR' INQUISICIO QUI HABUIT RESPONDERE

Inquisicio capta apud Lincoln' die Mercurij proximo post festum sancti Mathei apostoli et ewangelisti anno regni regis Ricardi secundi septimo [23 September 1383] coram Willelmo Skipwyth' seniori et socijs suis custodibus pacis in partibus de Lyndeseye per sacramen-tum Iohannis Neuyll' Willelmi Hales Thome Moigne Iohannis St'okheth' Iohannis Frost Willelmi Westfeld' Iohannis de Coryng-ham Rogeri Hacthorn' Iohannis West Hugonis de Burton' Thome Stag' Willelmi Hannay Walteri Neuyll' iuratorum alias cum custodibus pacis apud Castr'[1] die Veneris proximo post festum natiuitatis beate Marie virginis anno regni regis Ricardi predicti septimo [11 September 1383] modo veniunt.[2]

21.   Et dicunt super sacramentum suum quod Walterus be the Kirk de Welton' die Martis proximo post festum sancti Gregorij anno regni regis nunc sexto apud Welton' iuxta Donham Maluiam vxorem Iohannis Ranlond vi et armis verberauit et male tractauit contra pacem etc. (*Marg:* Transgressio.)

W. be the K. of Welton [by Lincoln], at Welton near Dunham, beat and maltreated M. wife of J. R.

To be produced before the King's Bench, Hil., Trin. 1397; K. B. 542, Rex, m. 21; 544, Rex, m. 17; in exigend in the King's Bench, Trin. 1397; *ibid.*, 545, Rex, m. 3.

22.   Item quod Willelmus de Staynton' iuxta Bolyngton' die Martis in festo natiuitatis beate Marie virginis anno regni regis

---

[1] Read *Hospit' super Strat'*; above, p. 12.
[2] See above, p. 13.

nunc septimo apud Langwath' vi et armis in Walterum Cheuelard
capellanum insultum fecit et ipsum cum vno cultello prosequibatur
in domum suam et ipsum interfecisse voluisset contra pacem etc. et
est communis malefactor et perturbator pacis etc. (*Marg:* Transgressio.)

W. de S. at Langworth, assaulted W. C., chaplain, and pursued him
to his house with a knife, wishing to kill him ; W. de S. is a common evildoer
and disturber of the peace.

To be produced before the King's Bench, Hil., Trin. 1397 ; K. B. 542, Rex, m.
21 ; 544, Rex, m. 17 ; in exigend in the King's Bench, Trin. 1397 ; *ibid.*, 545, Rex,
m. 3.

23. Item quod Willelmus de Marton' de Hilbaldstowe die
Lune proximo post festum decollacionis sancti Iohannis anno regni
regis nunc septimo castrum Lincoln' felonice deburgauit et compedos
quibus ligatus fuit felonice scidit et fregit.   Et quod est communis
latro. (*Marg:* Felonia.)

W. de M. of Hibaldstow feloniously broke out of Lincoln castle cutting
the shackles with which he was bound ; he is a common thief.

In exigend in the King's Bench, Trin. 1396 ; K. B. 541, Rex, m. 8.

24. Item dicunt quod Iohannes Fissher de Gletworth' cum
alijs die Veneris proximo ante festum exaltacionis sancte crucis
anno regni regis nunc septimo apud Glentworthorp' vnum bouem
vnam vaccam et vnum bouettum Alani Bolur precij xx s. felonice
furatus fuerunt et abduxerunt. (*Marg:* Felonia.)

J. F. of Glentworth with others, at Glentworth, feloniously stole an
ox, a cow, and a heifer, price 20*s*., from A. B.

In exigend in the King's Bench, Trin. 1396 ; K. B. 541, Rex, m. 8 ; two other
men were tried for this offence before the justices of gaol delivery, 3 March 1384,
on indictment before the justices of the peace in Lindsey ; acquitted ; G. D. R.
167, m. 68.

25. Item dicunt quod Iohannes Scotte de Norton' die Martis
proximo post festum conuersionis sancti Pauli anno regni regis
nunc quinto apud Norton' domum Willelmi at Kirk' felonice deburgauit et ibidem xij pelles bidentum precij iij s. felonice furatus
fuit et asportauit. (*Marg:* Felonia.)

J. S. of [Bishop] Norton, at Norton, feloniously broke into the house
of W. at K. and stole 12 sheep skins, price 3*s*.

In exigend in the King's Bench, Trin. 1396 ; K. B. 541, Rex, m. 8.

26. Et predictus Iohannes predicto die apud Norton' domum
Willelmi de Lun' felonice deburgauit et ibidem iiij buscellos frumenti
precij ij s. felonice furatus fuit et asportauit. (*Marg:* Felonia.)

The said J., at Norton, feloniously broke into the house of W. de L.
and stole 4 bushels of grain, price 2*s*.

See above no. 25.

27. Item quod Robertus de Rouxby seruiens Willelmi de
Westfeld' die Sabbati proximo post festum sancte Margarete virginis
anno regni regis nunc septimo extra seruicium dicti Willelmi se
elongauit apud Filyngham contra statutum etc. ante finem termini
sui etc.

R. de R., servant of W. de W., left the service of the said W. at Fillingham before the end of his term of service.

In exigend in the King's Bench, Trin. 1396 ; K. B. 541, Rex, m. 8 ; this offender was summoned as a felon, not a trespasser ; above, Vol. I, p. lv.

j^{us} rotulus

[*m. 3d.*]

Marg: ASLACHOWE

Inquisicio capta apud Hospitale super Strata' die Lune in festo sancti Thome apostoli anno regni regis Ricardi secundi septimo [21 December 1383] coram Roberto de Wylugh' et socijs suis iusticiarijs domini regis de pace in partibus de Lyndeseye per sacramentum Walteri Neuill' de Adherby Iohannis Neuyll' de Snyterby Rogeri Clauxby de Hacthorn' Willelmi at Stighle de eadem Thome Fraunceys de Wylughto' Thome Erthorp' de Glentworth' Thome Neue de Glentham Willelmi Wythom de eadem Iohannis Daulyn de Helmswelle et Willelmi Belle de Herpeswelle iuratorum.

28.   Qui dicunt quod Thomas de Holm iuxta Beuerlacu' et alij in vigilia sancti Andree apostoli anno supradicto apud Hospitale super Strata' noctanter felonice interfecerunt Iohannam Skowt de Hospital' super Strata' et Beatricem Skowt sororem suam et bona et catalla earundem asportauerunt et furati fuerunt ad valenciam xx^{ti} solidorum.   Et quod predictus Thomas est latro manifestus. (*Marg:* Felonia.)

T. de H. and others, at Spital in the Street, at night feloniously killed J. S. of Spital and B. S. her sister and stole goods valued at 20*s.* ; the said T. is a known thief.

In exigend in the King's Bench, Trin. 1396 ; K. B. 541, Rex, m. 8.

29.   Item dicunt quod Iohannes Skote de Norton' felonice fregit domum Willelmi at Kirk noctanter et furtiue furatus fuit duodecim pelles ouinas precij ij s.   (*Marg:* Felonia.)

J. S. of [Bishop] Norton at night feloniously broke into the house of W. at K. and stole 12 sheep skins, price 2*s.*

See above no. 25.

30.   Et quod idem Iohannes Skote felonice furatus fuit octodecim denarios in quadam bursa que fuit vxoris Roberti at Williames. (*Marg:* Felonia.)

The said J. feloniously stole 18*d.* from the wife of R. at W.

See above no. 25.

31.   Et quod idem Iohannes Skote felonice furatus fuit quatuor buscellos frumenti precij duorum solidorum qui fuerunt Willelmi de London' de Norton'.   Et quod predictus Iohannes Skote est manifestus latro. (*Marg:* Felonia.)

The said J. feloniously stole 4 bushels of grain, price 2*s.*, from W. de L. of Norton ; he is a known thief.

See above no. 25.

32.   Item dicunt quod Robertus seruiens Iohannis Milnar de Filyngham cum alijs die Sabbati proximo post festum sancti Martini

anno supradicto noctanter et felonice rapuerunt Agnetem filiam
Hugonis Clerk de Cameryngham et eam abduxerunt et bona et
catalla dicti Hugonis apud Cameryngham felonice furati fuerunt
precij centum solidorum. (*Marg:* Felonia.)

R., servant of J. M. of Fillingham, with others at night feloniously
raped A. daughter of H. C. of Cammeringham, abducted her, and stole
goods, price 100s.

In exigend in the King's Bench, Trin. 1396; K. B. 541, Rex, m. 8; J. M., not
his servant, was tried and acquitted of this offence before the justices of gaol delivery,
27 July 1386, on indictment before the justices of peace in Lindsey; G. D. R. 173,
m. 5d.

Marg: LOWYS WELLE

Inquisicio capta apud Hospital' super Strat' die Lune in
festo sancti Thome apostoli anno regni regis Ricardi secundi septimo
[21 December 1383] coram Roberto de Wylugh' et socijs suis iusticiarijs domini regis ad pacem in partibus de Lyndeseye per sacramentum Iohannis de Coryngham Iohannis Neuyll' de Faldyngworth'
Hugonis de Burto' Thome Stag' Thome West Willelmi Hardfissh'
Willelmi Broun Iohannis Freman Iohannis Clerk de Carlton'
Willelmi Hannay de Repham Iohannis Furry et Thome Cook'
iuratorum.

33.   Qui dicunt quod die Dominica proximo ante festum sancti
Thome apostoli anno regni regis predicti vij⁰ quidam Hugo Taskere
de Holm fregit arestum constabularij de Holm pro diuersis amer-
ciamentis dominum regem tangentibus et cultellum suum tractauit
contra pacem etc.

H. T. of Holme, arrested for amercements touching the king, broke
away from the constable of Holme and drew his knife.

34.   Item dicunt quod die Veneris proximo ante festum omnium
sanctorum anno regni regis nunc vij⁰ quidem Iohannes Aky iunior
de Vpton' quondam seruiens Iohannis de Coryngham felonice furatus
est vnam equam precij xx s. Iohannis de Coryngham predicti in
campo de Vpton' contra etc. (*Marg:* Felonia.)

J. A., Jr., of Upton, former servant of J. de C., feloniously stole a mare,
price 20s., from his master in the meadow at Upton.

In exigend in the King's Bench, Trin. 1396; K. B. 541, Rex, m. 8.

Marg: CORYNGHAM

Inquisicio capta apud Hospit' super Strat' die Lune in festo
sancti Thome apostoli anno regni regis Ricardi secundi septimo
[21 December 1383] coram Roberto de W et socijs suis per sacramentum Nicholai at Halle de Coryngham Radulpho Laurans de
Grengham Iohannis Honore de Notthorp' Roberti Richardson' de
Hasby Rogeri Granuill' (de Parua Cor')¹ Iohannis de Colby de
Somerby Iohannis Rogerson' de Parua Cor' Radulphi de Halton'
de Blyton' Willelmi Hardy Willelmi at Bek Willelmi de Warton' et
Willelmi Helwys iuratorum.

35. Qui dicunt quod Ricardus Miln' de Parua Coryngham die
Lune proximo post festum sancte Margarete anno vij° regni regis
Ricardi apud Cor' insultum fecit Iohanni Mabson' de Parua Cor' et
ipsum verberauit vulnerauit et male tractauit etc. contra pacem
domini regis etc. (*Marg:* Transgressio.)

R. M. of Little Corringham, at Corringham, assaulted J. M. of Little
Corringham, beating, wounding, and maltreating him.
See above no. 11.

Marg: MANLE

Inquisicio capta apud Hospital' super Strata' die Lune in festo
sancti Thome apostoli anno regni regis Ricardi secundi vij° [21
December 1383] coram Roberto de Wyl' et socijs suis iusticiarijs
domini regis de pace in partibus de Lyndesey per sacramentum
Iohannis de Grawe Willelmi de Norton' Iohannis de Westeby
Willelmi Fouler Iohannis Chaumpnay Ricardi Rosselyn Willelmi
Gibson' Iohannis Coup' Iohannis de Malton' Willelmi Skynnar
Willelmi Blomet Hugonis Neue iuratorum.

36. Qui dicunt quod Robertus Taskar de Kirketon' die Lune
proximo ante festum sancti Martini in yeme anno regni regis Ricardi
septimo Iohannem atte Welle de Manby in campis de Manby
vulnerauit et verberauit et decem solidos de loculo ipsius Iohannis
furtiue asportauit et est communis latro. (*Marg:* Felonia.)

R. T. of Kirton [in Lindsey] assaulted J. atte W. of Manby in the fields
at Manby, beating and wounding him and stealing 10s. from his pocket ; R. is
a common thief.
In exigend in the King's Bench, Trin. 1396 ; K. B. 541, Rex, m. 8.

Marg: GAYNESBURGH'

Inquisicio capta apud Hospit' super Strat' die Lune in festo
sancti Thome apostoli anno regni regis Ricardi secundi septimo
[21 December 1383] coram Roberto de Wylugh' et socijs suis
iusticiarijs domini regis ad pacem in partibus de Lyndeseye per
sacramentum Iohannis Hamson' de Gaynsburgh' Iohannis de Aseby
de eadem Iohannis Alneth' Iohannis Dallyng' Willelmi Clerk Ricardi
Seint Iames Ricardi Forst' Iohannis de Skidgate Willelmi de Crosseby Walteri Ioy Iohannis Gangy et Iohannis de Marome de eadem
iuratorum.

37. Qui dicunt super sacramentum suum quod die Martis in
festo sancti Michelis archangeli anno regni regis Ricardi secundi
septimo apud Gaynesburgh' Robertus Williamson' Adamson' de
Estoketh' furatus fuit duos boues Willelmi Hull' de Gaynesburgh'
precij xx s. et felonice dictos boues abduxit. (*Marg:* Felonia.)

R. W. A. of East Stockwith, at Gainsborough, feloniously stole 2 oxen,
price 20s., from W. H. of Gainsborough.
In exigend in the King's Bench, Trin. 1396 ; K. B. 541, Rex, m. 8.

Marg: NORTHR'

Inquisicio capta apud Ludam die Lune in festo conuersionis sancti Pauli anno regni regis Ricardi secundi septimo [25 January 1384] coram Roberto de Wylugh' (I Hagh')[1] et socijs suis iusticiarijs domini regis in partibus de Lyndeseye per sacramentum Roberti de Kidall' de Horkstowe Ricardi Tann' de Barton' Iohannis de Kent de eadem Iohannis de Catgrene de Telby Iohannis Colsik de Croxby Roberti Ionson' de Feriby Iohannis Coke de Calthorp' Iohannis Galay de Foulostowe Willelmi de Cadomay de Fenby Willelmi Warde de Hawordby Roberti de Thirnsco et Roberti de Buknall' de Rauendall' iuratorum.

38. Qui dicunt quod Matilda que fuit vxor Ricardi filij Roberti de Magna Lymbergh' die Iouis proximo post festum sancti Andree apostoli anno regni regis Ricardi secundi post conquestum Anglie v^{to} apud Magnam Lymbergh' furata fuit de Henrico de Meltynby de Lymbergh' Iohanne filio Ricardi de eadem et Willelmo Warn' de eadem furtiue sex solidox in pecunia numerata. (*Marg:* Felonia.)

M. widow of R. son of R. of Great Limber, at Great Limber, stole 6*s.* from 3 men all of Limber.

In exigend in the King's Bench, Trin. 1396; K. B. 541, Rex, m. 8.

39. Item dicunt quod Henricus filius Willelmi de Clee die Mercurij in festo sancti Martini in yeme anno regni regis Ricardi secundi septimo apud Thirnsco procurauit cepit et abduxit Iohannem de Panton' seruientem Roberti de Thirnsco contra statutum domini regis.

H. son of W. of Clee, at Thrunscoe, abducted J. de P., servant of R. de T.

40. Item quod Rogerus Smyth' (culpabilis est et ponit ad penam die Veneris proximo post festum sancti Iacobi anno regni regis Ricardi secundi xiiij^o coram W Thirnyng' Ricardo Sydenham iusticiarijs gaole apud Lincoln') dudum comorans in Clee et nunc manens in Westmeles die Lune proximo post festum sancti Martini in yeme anno regni regis Ricardi secundi v^{to} apud Welesby fregit quamdam domum Thome de Rothewelle furtiue et depredauit predictum Thomam de Rothewelle de centum solidis de pecunia numerata et est communis housbirnar. (*Marg:* Felonia Rogerus Smyth' dudum comorans in Cle etc. culpabilis et ponit ad penam vt patet super eius capud in lenea.)

R. S. (guilty; tried before the justices of gaol delivery), formerly living in Clee now living in Ingoldmells, at Weelsby, furtively broke into the house of T. de R. and robbed him of 100*s.*; he is a common house breaker.

Outlawry for failure to appear before the justices of the peace in Lindsey reported at Louth, 25 Jan. 1384; below, p. 126; it was reported to the justices of gaol delivery, 27 July 1386, that he had been mainperned to the vill of Ingoldmells which was amerced 100*s.* because he escaped; G. D. R. 173, m. 5d.; tried before the justices of gaol delivery, 29 July, 1390, on appeal for another offence; remitted to prison; *ibid.*, 177, m. 73d.

Marg: MANLE

Inquisicio capta apud Lincoln' die Martis proximo ante festum corporis Christi anno regni regis Ricardi secundi septimo [7 June 1384] coram Roberto de Wylughby et socijs suis iusticiarijs domini regis de pace in partibus de Lyndeseye per sacramentum Iohannis de Grawe Roberti Margretson' Thome Nelle Thome Kelom Iohannis Clark Iohannis de Malton' Iohannis Randson' Iohannis de Maniton' Ade de Bubwyth' Willelmi de Beuerlay Henrici filij Nicholai et Willelmi Kyng' iuratorum.

41. Qui dicunt quod Iohannes filius Simonis Meldy de Normanby die Lune proximo ante festum conuersionis sancti Pauli anno regni regis Ricardi septimo domum Radulphi Smyth' de Burton' super Stather apud Burton' fregit et decem solidos argenti dicti Radulphi furtiue cepit abduxit et asportauit. (*Marg:* Felonia.)

J. son of S. M. of Normanby broke into the house of R. S. of Burton on Stather, at Burton, and stole 10*s*.

In exigend in the King's Bench, Trin. 1396; K. B. 541, Rex, m. 8.

Marg: NORTHR'

Inquisicio capta apud Lincoln' die Martis proximo post festum sancte trinitatis anno regni regis Ricardi secundi septimo [7 June 1384] coram Roberto de Wylugh' et socijs suis iusticiarijs domini regis de pace in partibus de Lyndeseye per sacramentum Willelmi atte Welle de Kelyngholm' Roberti de Thirnsco Petri de Cotu' Iohannis Talifer Henrici at Persons de Laisceby Walteri Symson' de Walesby Nicholai Wall' de Waltham Iohannis de Bliton' de Osgodby Roberti Hicden' de Ouresby Willelmi Grene de Teelby Benedicti Talifer' et Willelmi at Appulgarth' iuratorum.

42. Qui dicunt quod Iohanna Parleben de Teelby seruiens Iohannis Broun de Teelby in officio garthewoman apud Teelby die Martis in festo sancte Margarete virginis anno regni regis Ricardi secundi sexto recessit a seruicio dicti Iohannis Broun contra voluntatem suam et statutum domini regis et sine causa etc.

J. P. of Tealby, servant of J. B. of Tealby, left his service without cause.

To be produced before the King's Bench, Hil., Trin. 1397; K. B. 542, Rex, m. 21; 544, Rex, m. 17; in exigend in the King's Bench, Trin. 1397; *ibid.*, 545, Rex, m. 3.

Marg: ASLACHOW COR' LAURIZ

Inquisicio capta apud Lincoln' die Martis proximo post festum sancte trinitatis anno regni regis Ricardi secundi septimo [7 June 1384] coram W Skipwyth' et socijs suis iusticiarijs domini regis ad pacem in partibus de Lyndeseye per sacramentum Iohannis West de Carlton' Hugonis de Burton' Walteri Neuyll' Radulphi Lauranz Iohannis Douyland Willelmi de Sandby Willelmi Fraunceys Thome de Iuerthorp' Iohannis in the Croftes Iohannis Henryson' Rogeri Wymerkson' et Iohannis Palmer' iuratorum.

43. Qui dicunt quod Iohannes Waller de Glentworth' die
Lune proximo post festum sancti Laurencij martiris anno regni
regis nunc septimo apud Felyngham xiij trayes pro ouibus Willelmi
Shephird Iohannis de Wythornwyk' clerici precij xviij d. vi et armis
cepit et asportauit contra pacem etc. (*Marg:* Transgressio.)

J. W. of Glentworth, at Fillingham, took 13 sheep hurdles, price 18*d.*,
from W. S. and J. de W., clerk.
To be produced before the King's Bench, Hil., Trin. 1397; K. B. 542, Rex,
m. 21; 544, Rex, m. 17; in exigend in the King's Bench, Trin. 1397; *ibid.*, 545,
Rex, m. 3.

44. Item quod Willelmus Yole de South'gayton' Iohannes
filius Roberti de eadem et Willelmus Childeyting' de eadem cum
alijs die Dominica in medio Quadragesime anno regni regis Ricardi
secundi septimo apud South'gayton' clausum et domos Matillis
Iuesone in aurora diei felonice fregerunt et quemdam fratrem
Iohannem de Lincoln' ordinis Carmelitis quereour ibidem hospitatum
imprisonauerunt et ipsum ibidem de quinque solidis felonice depre-
dati fuerunt et ipsum fratrem Iohannem sic imprisonatum quousque
ipse cum eis finem per quadraginta solidos pro deliberacione sua
habenda fecit eodem die detinuerunt et prefate Matille tales minas
mortis et de incendio domorum suarum imposuerunt quod ipsa a
manso suo et a villa predicta recessit et illuc redire non audet propter
metum minarum predictarum. (*Marg:* Felonia.)

3 men all of Gayton [le Wold], at Gayton, feloniously at dawn broke
into the close and houses of M. I., robbed J. de L., a mendicant of the Carmelite order, of 5*s*. and imprisoned him until he made a fine with them for
40*s*.; they threatened M. with death and arson so that she left the village
and does not dare to return.
All 3 in exigend in the King's Bench, Trin. 1396; K. B. 541, Rex, m. 8; J. son
of R. tried before the King's Bench, Hil. 1397, on indictment before the justices of
the peace in Lindsey; acquitted; *ibid.*, 543, Rex, m. 3d. A fourth man was tried
for this offence before the justices of gaol delivery, 7 April 1385, on indictment
before the justices of the peace in Lindsey; no verdict; G. D. R. 173, m. 2.

Marg: DIUERSA WAPPENTACIA

Inquisicio capta apud Lincoln' die Lune proximo post festum
sancti Petri aduincula anno regni regis Ricardi secundi nono [7
August 1385] coram Iohanne de Hagh' et socijs suis iusticiarijs
domini regis ad pacem in partibus de Lyndesey per sacramentum
Iohannis Gune de Carlton' Iohannis in ye Crofts de Saxilby Iohannis
Henrison' de eadem Alani de Holtham Rogeri Wymerkson' Iohannis
Clerk de Carlto' Roberti Coup' de Risu' Willelmi Belle Iohannis West
Willelmi Lang' Ricardi de Hagham Walteri Penyston' iuratorum.

45. Qui dicunt quod Willelmus Brakenare de Gaynesburgh'
die Lune proximo post festum sancti Petri aduincula anno regni
regis Ricardi secundi nono apud Holflete ij lasta allec' de quodam
nauta dictum allec cariatem in aqua de Trent' forstallauit et
dictum allec ad excessiuum lucrum vendidit apud Newerk et
Notyngham die Martis Mercurij Iouis Veneris et Sabbati proximis

sequentibus quod dictus nauta faciebatur in foro de Gaynesburgh'
quod debuisset et potuisset vendere viij allec' pro j d. vbi dictus
Willelmus vendidit iiij vel iij pro j d. Hugoni de Midford' Nicholao
. . . et alijs de populo domini regis etc. (*Marg:* Transgressio.)

W. B. of Gainsborough, at Houflet, forestalled 2 loads of herring from
the Trent, selling them for a high price at Newark and Nottingham; in the
market at Gainsborough he sold herring, which should sell 8 for 1*d*., at 3
or 4 for 1*d*. to H. de M., N. . ., and others.

To be produced before the King's Bench, Hil., Trin. 1397; K. B. 542, Rex,
m. 21; 544, Rex, m. 17; in exigend in the King's Bench, Trin. 1397; *ibid.*, 545,
Rex, m. 3.

Respice de veredicto huius inquisicionis in rotulo annexo de
die captionis huius inquisicionis.

[*m.* 4 *old numbering iiij*]

Marg: DIUERSA WAPPENTACIA ADHUC

Adhuc de inquisicione capta apud Lincoln' die Lune proximo
post festum sancti Petri aduincula anno regni regis Ricardi secundi
nono [7 August 1385] coram Iohanne de Hagh' et socijs suis iusticiarijs domini regis de pace in partibus de Lyndeseye per sacramentum Iohannis Gune de Carlton' Iohannis in the Crofts de Saxilby
Willelmi[1] Henrison' de eadem Alani de Holtham Rogeri Wymerkson'
Iohannis Clerk de Carlton' Roberti Coup' de Risu' Willelmi Belle
Iohannis West Willelmi Lang' Ricardi de Hagham' et Walteri
Penyston' iuratorum.

46. Qui dicunt quod Thomas Gerard' nuper comorans in
North'Carleton' et modo commorans apud Louth' die Lune proximo
post festum ascensionis domini anno regni regis Ricardi secundi
viijº apud North'Carleton' vnum bidentem et duos agnos Iohannis
Ernays et Willelmi Coke precij iij s. felonice furatus fuit et abduxit.
(*Marg:* Felonia.)

T. G., formerly living in North Carlton and now in Louth, at North
Carlton, feloniously stole 1 sheep and 2 lambs, price 3*s*., from J. E. and
W. C.

In exigend in the King's Bench, Trin. 1396; K. B. 541, Rex, m. 8.

47. Item quod predictus Thomas die Iouis proximo post festum
sancti Marci ewangeliste anno regni regis supradicti viij apud
North'Carleton' columbare Iohannis Ernays felonice deburgauit et
ibidem iiijxx columbas veteres precij xl d. felonice cepit et asportauit
etc. (*Marg:* Felonia.)

The said T., at North Carlton, broke into the dovecot of J. E. and
feloniously stole 80 old pigeons, price 40*d*.

See above no. 46.

48. Item quod cum Ricardus Robard' balliuus de Manle habuit
in mandatum per Willelmum de Spaigne nuper vicecomitem Lincoln'
ad distringendum priorem de Drax quod esset ad comitatum
Lincoln' die Lune proximo post festum natiuitatis sancti Iohannis

[1] Read *Iohannis*.

baptiste anno regni regis Ricardi secundi nono ad respondendum
Waltero de Waynflete de Lincoln' de placito debiti idemque balliuus
die Mercurij proximo post festum inuencionis sancte crucis anno
supradicto apud Roxby dictum priorem per vnam carectam et tres
equos distrinxisset virtute mandati predicti ac pro diuersis amer-
ciamentis in quibus idem prior incidit in diuersis comitatibus ante
dictum diem Mercurij preteritum Iohannes Celererman Robertus
Broun seruientes dicti prioris et alij malefactores et pacis regis
perturbatores predicto balliuo diuersas minas mortis imposuerunt
et carectam et equos predictos eidem balliuo die loco et anno predictis rescusserunt contra pacem in contemptum domini regis etc.
(*Marg:* Transgressio.)

When R. R., bailiff of Manley, was ordered by W. de S., former sheriff
of Lincolnshire, to distrain the prior of Drax to answer W. de W. of Lincoln
in the county court concerning a plea of debt and various amercements
which the prior had incurred in various counties, the bailiff having made the
distraint, at Roxby, by taking a cart and 3 horses as ordered, J. C. and R. B.,
servants of the prior, with other evildoers and disturbers of the peace
threatened to kill the bailiff and rescued the cart and the 3 horses.

J. C. and R. B. to be produced before the King's Bench, Hil., Trin. 1397; K. B.
542, Rex, m. 21; 544, Rex, m. 17; in exigend in the King's Bench, Trin. 1397;
ibid., 545, Rex, m. 3.

Marg: LAURIZ

Inquisicio capta apud Lincoln' die Mercurij in festo sancti
Nicholai anno regni regis Ricardi secundi nono [6 December 1385]
coram Willelmo de Wylughby Iohanne de Hagh' et socijs suis
iusticiarijs domini regis de pace in partibus de Lyndesey per sacramentum Laurencij Charteray de Holm Willelmi Hannay Thome
Stag' Thome Symondson' Hugonis de Burton' Iohannis Clerk de
Carlton' Iohannis Furry Iohannis in the Crofts Iohannis othe Hill'
de Dunham Rogeri Wymerkson' Willelmi Stowe de Brotelby et
Thome Coke de eadem iuratorum.

49.   Qui dicunt quod Robertus Turnour nuper seruiens Roberti
Coup' de Rysom' conductus fuit per predictum Robertum Coup' ad
seruiendum eidem Roberto Coup' apud Rysom' a festo sancti Martini
in yeme anno supradicto vsque idem festum per vnum annum
integrum capiendo salarium et liberaciones secundum formam statuti
de laborarijs prouissa.   Idem Robertus Turno' in seruicium ipsius
Roberti Coup' apud Risom' ad predictum festum sancti Martini
intrauit et sic stetit vsque festum sancti Edwardi tunc proximum
sequens.   In quo festo sancti Edwardi sine causa racionabili et
licencia ipsius Roberti Coup' recessit et laborat per dietas semper
recusans seruire per tempus vsuale.   (*Marg:* Transgressio.)

R. T., former servant of R. C. of Riseholme, was hired by R. C. to serve
at Riseholme for a year at the legal wage and allowance but R. T. left the
service of R. C. before the end of his term without cause ; he worked instead
by the day, refusing to serve for the usual term.

To be produced before the King's Bench, Hil., Trin. 1397; K. B. 542, Rex,
m. 21; 544, Rex, m. 17; in exigend in the King's Bench, Trin. 1397; *ibid.*, 545,
Rex, m. 3.

Marg: WALSCROFT

Inquisicio capta apud Lincoln' die Mercurij in festo sancti
Nicholai anno regni regis Ricardi nono [6 December 1385] coram
Willelmo de Wylughby et socijs suis iusticiarijs domini regis de
pace in partibus de Lyndesey per sacramentum Willelmi Deynylle
Thome de Wyche Gregorij del Chaumbre Iohannis Nelson' Thome
Warde Willelmi Coupere Roberti at Grene Iohannis de Bliton' et
Willelmi Hallay iuratorum.

50.   Qui dicunt quod Willelmus Barker de Wylyngham venit
die Dominica proximo post festum sancti Martini in yeme anno
regni regis Ricardi nono (et)¹ insultum fecit Hugoni Schephird'
venienti de abbathia de Sixhill' et ipsum verberauit vulnerauit et
alia enormia ei intulit contra pacem domini regis.

W. B. of [North] Willingham assaulted H. S. who was coming from the
priory of Sixle, beating and wounding him and doing him other injury.

To be produced before the King's Bench, Hil., Trin. 1397; K. B. 542, Rex,
m. 21; 544, Rex, m. 17; in exigend in the King's Bench, Trin. 1397; *ibid.*, 545, Rex,
m. 3.

51.   Item quod Willelmus Sagher de Teleby felonice furatus
fuit vnum equum precij xl d. apud Risseby de Willelmo Curteys
die Lune proximo ante festum natiuitatis sancti Iohannis baptiste
vltimo preterito. (*Marg:* Felonia.)

W. S. of Tealby feloniously stole a horse, price 40*d.*, at Risby, from
W. C.

In exigend in the King's Bench, Trin. 1396; K. B. 541, Rex, m. 8.

Marg: LINCOLN'

Inquisicio capta apud Lincoln' die Mercurij in festo sancti
Nicholai anno regni regis Ricardi secundi nono [6 December 1385]
coram Willelmo de Wylughby et socijs suis iusticiarijs domini
regis in partibus de Lyndeseye per sacramentum Roberti Lauender
Iohannis de Nettilham Thome Coluille Thome de Leuen Iohannis
de Boston Hugonis Hiklyn Clementis West Roberti de Markham
Iohannis de Rypon Walteri Tapit' Willelmi de Blithe et Simonis
Leuelaunce iuratorum.

52.   Qui dicunt quod Iohannes de Louthe capellanus captus
cum manuopere duorum calicum et diuersorum librorum ad valenciam c s. et in prisona ciuitatis Lincoln' detentus quousque idem
Iohannes prisonam predictam felonice fregit et a dicta prisona
euasit die Martis proximo post festum natiuitatis beate Marie
virginis anno regni regis Ricardi secundi nono. (*Marg:* Felonia.)

J. de L., chaplain, caught with stolen goods, 2 chalices and various
books valued at 100*s.*, and imprisoned at Lincoln, feloniously broke out
of gaol and escaped.

In exigend in the King's Bench, Trin. 1396; K. B. 541, Rex, m. 8.

53.   Item dicunt quod Iohannes Tob de Rysum felonice interfecit Walterum de Whitewelle apud Risum die Iouis proximo post

festum assumpcionis beate Marie anno regni regis Ricardi secundi
sexto. (*Marg:* Felonia.)

J. T. of Riseholme feloniously killed W. de W. at Riseholme.
Outlawry for failure to appear before the justices of the peace in Lindsey
reported at Lincoln, 18 Dec. 1385 ; below, p. 128 ; tried before the King's Bench,
East. 1396, on indictment before the coroner ; pardoned ; K. B. 540, Rex, m. 24 ;
see also G. D. R. 173, m. 8.

54.   Item dicunt quod Iohannes Crok de Oxonoa die Dominica
proximo ante festum sancti Andree apostoli anno regni regis Ricardi
secundi nono apud Lincoln' vnam clocam Thome de Felberthorp' persone ecclesie de Bothiby furtiue cepit et asportauit. (*Marg:* Felonia.)

J. C. of ? Oxford, at Lincoln, furtively stole a cloak from T. de F.,
parson of Boothby.
In exigend in the King's Bench, Trin. 1396 ; K. B. 541, Rex, m. 8.

55.   Item dicunt quod Iohannes seruiens Iohannis de Cumberworth' die Martis proximo post festum sancti Mathei apostoli anno
supradicto apud Lincoln' duos equos eiusdem Iohannis de Cumberworth' precij xx s. furtiue cepit et asportauit. (*Marg:* Felonia.)

J., servant of J. de C., at Lincoln, furtively stole 2 horses, price 20*s.*,
from J. de C.
In exigend in the King's Bench, Trin. 1396 ; K. B. 541, Rex, m. 8.

Marg: WELLE WAPPENTACIUM

Inquisicio capta apud Lincoln' die Mercurij in festo sancti
Nicholai anno regni regis Ricardi secundi nono [6 December 1385]
coram Willelmo de Wylughby et socijs suis iusticiarijs domini
regis de pace in partibus de Lyndesey per sacramentum Iohannis
de Coryngham Iohannis filij Edmundi Willelmi Hardfish' Thome
West Iohannis de Slynd Willelmi Graunt Petri Wright Iohannis
Kymson' Roberti Chetill' Willelmi Ionson' Thome filij Gilberti
Iohannis in the Laund' iuratorum.

56.   Qui dicunt super sacramentum suum quod Ricardus Bryd
de Marto' iuxta Torkesay die Lune proximo post festum sancti
Michelis anno regni regis Ricardi secundi nono vnum equum precij
xiij s. iiij d. apud Gayteburton' de Iohanne Segraff' capellano de
Gayteburton' felonice furatus fuit et pro alijs diuersis felonijs indictatus est. (*Marg:* Felonia.)

R. B. of Marton near Torksey, at Gate Burton, feloniously stole a horse,
price 13*s.* 4*d.*, from J. S., chaplain, of Gate Burton ; he is also indicted for
other felonies.
In exigend in the King's Bench, Trin. 1396 ; K. B. 541, Rex, m. 8.

57.   Item dicunt quod Willelmus Pikeston' de Ketelthorp' die
Mercurij proximo post festum sancti Michelis anno regni regis
Ricardi secundi nono unum equum precij septem solidorum apud
Ketelthorp' de Iohanne Cart' de eadem felonice furatus fuit. (*Marg:*
Felonia.)

W. P. of Kettlethorpe, at Kettlethorpe, feloniously stole a horse, price
7*s.*, from J. C. of Kettlethorpe.
In exigend in the King's Bench, Trin. 1396 ; K. B. 541, Rex, m. 8.

58. Item quod Gilbertus del Graung' nuper comorans apud Fylyngham graung' die Iouis proximo post festum sancti Luce ewangeliste anno regni regis Ricardi secundi nono octotringta oues precij quatuor librarum apud Kameryngham de priore de Kameryngham felonice furatus fuit. (*Marg:* Felonia.)

G. del G., formerly living at Fillingham grange, at Cammeringham, feloniously stole 38 sheep, price £4, from the prior of Cammeringham.
In exigend in the King's Bench, Trin. 1396; K. B. 541, Rex, m. 8.

Marg: MANLE

Inquisicio capta apud Lincoln' die Mercurij in festo sancti Nicholai anno regni regis Ricardi secundi nono [6 December 1385] coram Willelmo de Wylughby et socijs suis iusticiarijs domini regis in partibus de Lyndesey ad pacem per sacramentum Iohannis de Grawe Thome de Howdan Oliueri at Halle Willelmi Necto' Hugonis Neue Willelmi de Wrauby Willelmi de Trauby Thome de Asthorp' Willelmi Fowler Iohannis Sleyght' Thome Neyll' Iohannis de Malton' iuratorum.

59. Qui dicunt super sacramentum suum quod Willelmus Coup' de Manby et Rogerus frater eius de eadem die Iouis in festo sancti Andree anno regni regis Ricardi secundi ix⁰ Ricardum de Riggesby de Manby inter Twygmore et Manby felonice interfecerunt et vnum gladium dicti Ricardi precij xl d. et vnam ollam brasei precij iiij s. de Ricardo Frek de Manby dicto die et loco furtiue depredauerunt et asportauerunt et sunt communes latrones. (*Marg:* Felonia.)

W. C. and his brother, R., both of Manby, feloniously killed R. de R. of Manby between Twigmoor and Manby; they robbed him of a sword, price 40*d.*, and R. F. of Manby of a brass pot, price 4*s.*; they are common thieves.
Both in exigend in the King's Bench, Trin. 1396; K. B. 541, Rex, m. 8.

60. Item dicunt quod Iohannes de Cadenay de Borton' die Iouis in septimana Pentecostes anno regni regis Ricardi secundi octauo Iohannem de Manby de Normanby in Normanby iuxta Bortonstather felonice interfecit. (*Marg:* Felonia.)

J. de C. of Burton feloniously killed J. de M. of Normanby, at Normanby near Burton on Stather.
In exigend in the King's Bench, Trin. 1396; K. B. 541, Rex, m. 8.

61. Item quod Iohannes Togg' capellanus de Arum manens in Frothyngham die Sabbati proximo post festum sancti Martini anno regni regis Ricardi nono Emmam vxorem Iohannis de Holm' de Saltmars ab villa de Grimsby abduxit et bona et catalla dicti Iohannis precium xl s. furtiue cepit et asportauit. (*Marg:* Felonia.)

J. T.,, chaplain of Averham, living in Frodingham, abducted E., wife of J. de H. of Saltmars, from Grimsby and stole goods, price 40*s.*, from the said J. de H.
In exigend in the King's Bench, Trin. 1396; K. B. 541, Rex, m. 8.

Marg: CORYNGH'

Inquisicio capta apud Lincoln' die Mercurij in festo sancti Nicholai anno regni regis Ricardi secundi nono [6 December 1385] coram Willelmo de Wylughby et socijs suis iusticiarijs domini regis de pace in partibus de Lyndesey per sacramentum Iohannis Gange de Gaynesburgh' Willelmi Clerk de de eadem Iohannis Stobet de Kirkton' Iohannis Traue de eadem Thome Hariel de eadem Radulphi Lourans de Grengham Iohannis de Adirby de Northorp' Willelmi Smyth' de Scot' Rogeri Crulle de eadem Willelmi Helwys de Bliton' Bracon Wayt de eadem Willelmi Belle de Morton' Iohannis filij Willelmi de Hopham iuratorum.

62.   Qui dicunt quod Iohannes pip' et wright olim comorans in Gaynesburgh' est socius cum eis qui capti fuerunt apud Madersay pro felonia et est noctanter vagans explorans populum ad depredandum eos. (*Marg:* Felonia.)

J., cask maker and joiner, at one time living in Gainsborough, is a companion of those who were arrested at Mattersey (Notts) for felony ; he wanders at night to rob.

63.   Item quod Iohannes seruiens Rogeri at ye Abotes de Redburne felonice furatus fuit vij bidentes precij septem solidorum die Dominica proximo post festum sancti Michelis anno predicto. (*Marg:* Felonia.)

J., servant of R. at ye A. of Redbourne, feloniously stole 7 sheep, price 7s. In exigend in the King's Bench, Trin. 1396 ; K. B. 541, Rex, m. 8.

64.   Item quod Hugo Wryht olim comorans in Kirketon' in Lyndesay felonice furatus fuit vnam equam Roberti de Holme de Scot' precij iij s. iiij d.   (*Marg:* Felonia.)

H. W. at one time living in Kirton in Lindsey feloniously stole a mare, price 3s. 4d., from R. de H. of Scotter. In exigend in the King's Bench, Trin. 1396 ; K. B. 541, Rex, m. 8.

65.   Item felonice furatus fuit vnum equum Iohannis de Adirby in vigilia Pentecostes anno predicto precij x s.   (*Marg:* Felonia.)

The said H. also stole a horse, price 10s., from J. de A. See above no. 64.

66.   Item dicunt quod Adam Byrde est naturalis latro equorum et boum anno predicto et moratur in Vpton'.   (*Marg:* Felonia.)

A. B. is a natural thief of horses and oxen ; he lives at Upton.

67.   Item dicunt quod Ricardus Byrde de Marton' est naturalis latro equorum et boum anno predicto.   (*Marg:* Felonia.)

R. B. of Marton is a natural thief of horses and oxen. See above no. 56.

68.   Item dicunt quod Ricardus Notyng' est naturalis latro equorum et boum anno predicto et communis affraiator pacis et est vagans in patria. (*Marg:* Felonia.)

R. N. is a natural thief of horses and oxen, a common affrayer of the peace, and a vagrant.

Marg: LOUTH'BURGH'

Inquisicio capta apud Castre die Sabbati proximo post festum concepcionis beate Marie virginis anno regni regis Ricardi secundi nono [9 December 1385] coram Roberto de Wylughby et socijs suis iusticiarijs domini regis in partibus de Lyndeseye per sacramentum Iohannis de Barton' de Ormesby Rogeri de Halyngton' Willelmi de Thornton' Iohannis de Kele de Luth'burgh' Walteri Est de Calthorp' Iohannis Coke de Couenham Roberti del Fraunce de eadem Roberti de Neusted Ricardi South' de Foterby Alani Forma' de Vtterby Iohannis de Parkhous de Wargh'holm' et Walteri de Penyston' iuratorum.

69. Qui dicunt quod Hugo Tasker de Louth' nuper manens in North'ormesby die Sabbati proximo ante festum assumpcionis beate Marie virginis anno regni regis Ricardi secundi octauo apud Ormesby predictam furtiue cepit et asportauit a terra prioris de Ormesby in teritoria eiusdem ville xxx pedes de vna tassa dragij continente per estimacionem ij quarteria dragij precij dimidij marce et est communis latro. (*Marg:* Felonia.)

H. T. of Louth, formerly living in North Ormesby, at North Ormesby, furtively took from the land of the prior of [Nun] Ormesby 30 feet from a rick of corn, estimated at 2 quarters of corn, price ½ mark ; he is a common thief.

In exigend in the King's Bench, Trin. 1396 ; K. B. 541, Rex, m. 8.

70. Item dicunt quod Willelmus de Patrington' de Grimesby cum alijs forstallauerunt ij^e last allec' retentij die Lune proximo ante festum sancti Luce ewangeliste anno regni regis Ricardi nono (apud Grymesby)[1] ita quod tota patria circa Grimesby predictam non potuit seruire propter forstallatoriam eorundem ad dampnum populi domini regis in partibus de Lyndesey c. librarum et ipse (cum alijs)[1] est communis forstallator allec' et aliorum victualium ibidem. (*Marg:* Transgressio.)

W. de P. of Grimsby with others forestalled 2 loads of herring, at Grimsby, so that the whole region around Grimsby was affected and the people of Lindsey damaged to the amount of £100 ; he and the others are common forestallers of herring and other victuals.

In exigend in the King's Bench, Trin. 1396 ; K. B. 541, Rex, m. 8 ; this is probably an error for as a trespasser he was also to be produced before the King's Bench, Hil., Trin. 1397 ; *ibid.*, 542, Rex, m. 21 ; 544, Rex, m. 17 ; in exigend in the King's Bench, Trin. 1397 ; *ibid.*, 545, Rex, m. 3.

71. Item quod dictus Willelmus de Patrington' cum alijs emit (apud Grymesby)[1] die Lune proximo post festum sancti Luce ewangeliste anno regni regis Ricardi ix^o ij^e last' allec' pro quolibet last ij marcis et vendidit quodlibet last pro ix marcis diuersis hominibus in excessum cuiuslibet last iiij marcas. (*Marg:* Transgressio.)

The said W. de P. with others, at Grimsby, bought 2 loads of herring for 2 marks a load and sold each load for 9 marks to various men ; excess for each load, 4 marks.

See above no. 70.

ijus rotulus

[*m. 4d.*]

Marg: HAWORDSHOU

Inquisicio capta apud Castre die Sabbati proximo post festum concepcionis beate Marie virginis anno regni regis Ricardi secundi nono [9 December 1385] coram Roberto de Wylughby et socijs suis iusticiarijs domini regis in partibus de Lyndeseye per sacramentum Willelmi de Cadenay de Fenby Iohannis Galay Iohannis Heruy Iacobi de Bernolby Stephani de Patrington' Willelmi de North'cotes Roberti de Bochenal Thome de Wath' de Waltham Nicholai Wall' Iohannis filij Willelmi Hatclif' Iohannis filij Petri de Wathe Thome de Swen de Foulstowe iuratorum.

72. Qui dicunt quod Margareta vxor Iohannis de Lincoln' comorans in Waltham furtiue cepit tres aucas de Rogero Talior et de Auica de Crantton' hoc anno precij octo denariorum. (*Marg:* Felonia.)

M. wife of J. de L. living in Waltham furtively stole 3 geese, price 8*d.*, from R. T. and A. de C.

In exigend in the King's Bench, Trin. 1396; K. B. 541, Rex, m. 8.

Marg: BRADLE

Inquisicio capta apud Castre die Sabbati proximo post festum concepcionis beate Marie virginis anno regni regis Ricardi secundi nono [9 December 1385] coram Roberto de Wylughby et socijs suis iusticiarijs domini regis in partibus de Lyndeseye per sacramentum Roberti de Tiryngton' de Irby Iohannis Talifer de Laiceby Willelmi Laund' de eadem Henrici Raulynson' de Houton' Iohannis at Crosse de eadem Iohannis Donceson' de Humberstan Henrici Damannasson' de Alesby Iohannis at Kirk de Helyng' Willelmi de Skalby de Irby Iohannis Est de Scarthowe Iohannis filij Roberti de Houton' Iohannis Margerison' de Houton' iuratorum.

73. Qui dicunt quod Ricardus Talio' dudum seruiens Willelmi Malet die Lune proximo post festum sancte trinitatis anno regni regis Ricardi secundi viij° apud Swalowe furtiue furatus fuit de Willelmo de Hill' et Willelmo Baron' de Swalowe v marcas in pecunia numerata. (*Marg:* Felonia.)

R. T., former servant of W. M., furtively stole 5 marks from W. de H. and W. B. of Swallow, at Swallow.

In exigend in the King's Bench, Trin. 1396; K. B. 541, Rex, m. 8.

74. Item dicunt quod Willelmus de Lullyngton' dudum seruiens Willelmi de Fenby de Houton' apud Houton' furtiue fregit domum Amye vxoris Galdi' et depredauit predictam Amyam de v denarijs obulo. (*Marg:* Felonia.)

W. de L., former servant of W. de F. of Holton [le Clay], at Holton, furtively broke into the house of A. wife of G. and robbed her of 5½*d.*

In exigend in the King's Bench, Trin. 1396; K. B. 541, Rex, m. 8.

75. Item quod Willelmus de Patringto' Iohannes at Halle Robertus de Bolyngton' cum alijs die Iouis proximo post festum

sancti Michelis anno supradicto forstallauerunt xx naues carcatas cum allec' videlicet c last apud Grimesby ita quod homines de patria non potuerunt habere prandium suum et sunt communes forstallatores victualium etc.

3 men with others forestalled 20 boats loaded with herring, that is 100 loads, at Grimsby, so that people could not get their food ; they are common forestallers of victuals.

For W. de P. see above no. 70 ; J. at H. to be produced before the King's Bench, Hil., Trin. 1397 ; K. B. 542, Rex, m. 21 ; 544, Rex, m. 17 ; in exigend in the King's Bench, Trin. 1397 ; *ibid.*, 545, Rex, m. 3 ; made a fine before the King's Bench, Mich. 1397, for 20*s.* ; *ibid.*, 546, Fines, m. 1d. ; R. de B. to be distrained for appearance before the King's Bench, Hil. 1397 and subsequently ; *ibid.*, 542, Rex, m. 6d. ; 543, Rex, m. 2d. ; 544, Rex, m. 12d. ; 546, Rex, m. 14d.

Marg: YORDESB'

Inquisicio capta apud Castre die Sabbati proximo post festum concepcionis beate Marie virginis anno regni regis Ricardi secundi nono [9 December 1385] coram Roberto de Wyl' et socijs suis iusticiarijs domini regis in partibus de Lyndesey per sacramentum Roberti de Gastrik' Iohannis de Kend' Ricardi Stauor Willelmi Faxflot Ricardi Spens' Iohannis de Crol Iohannis Raskal Roberti Shepherd Willelmi Saltemerssch' Iohannis Harp' Roberti Smyth' Iohannis de Maunton' iuratorum.

76. Qui dicunt quod Iohannes Mathen de Kirlyngham die Mercurij proximo post festum sancti Petri aduincula anno regni regis Ricardi secundi nono apud Haburgh' cameram Iohannis filij Ricardi de Haburgh' intrauit et septemdecim solidos sterlyngorum furtiue cepit et asportauit. (*Marg:* Felonia.)

J. M. of Killingholme entered the chamber of J. son of R. of Habrough, at Habrough, and furtively stole 17*s.*

In exigend in the King's Bench, Trin. 1396 ; K. B. 541, Rex, m. 8.

77. Item quod Willelmus de Barton' nuper seruiens Willelmi Bret de Bondby cum alijs die Dominica in festo sancte trinitatis anno regni regis Ricardi secundi octauo apud Bondby clausum Iohannis de Feriby escaetoris domini regis in comitatu Linc' intrauit et fregit et in Iohannem Harpo' et Robertum Cady de Bondby seruientes dicti Iohannis de Feriby insultum fecit et ipsos verberauit vulnerauit et male tractauit per quod dictus Iohannes de Feriby seruicium predictorum Iohannis et Roberti amisit a predicta die Dominica vsque festum sancti Michelis tunc proximum sequens et in bladia et herbas dicti Iohannis de Feriby apud Bondby nuper crescenta ad valenciam c s. cum aueris depastiuerunt et conculcauerunt et consumpserunt et alia enormia ei intulerunt ad graue dampnum ipsius Iohannis de Feriby et contra pacem. Et conspiratum fecerunt versus predictum Iohannem de Feriby colligendo tallagium ad manutenendum transgressiones suas ergo dictum Iohannem etc.

W. de B., former servant of W. B. of Bonby, with others, at Bonby, broke into the close of J. de F., escheator of Lincolnshire, assaulted J. H.

and R. C. of Bonby, servants of J. de F., beating, wounding, and maltreating
them so that J. de F. lost their services; they depastured standing crops
and hay, valued at 100s., and committed other damage; also they conspired
against J. de F., collecting money to support their trespasses.

To be produced before the King's Bench, Hil., Trin. 1397; K. B. 542, Rex,
m. 21; 544, Rex, m. 17; in exigend in the King's Bench, Trin. 1397; *ibid.*, 545,
Rex, m. 3; on 14 Nov. 1385, on complaint of J. de F., a commission of oyer and
terminer was appointed to investigate this trespass; *C. P. R.* 1385–1389, p. 87.

78. Item quod Iohannes de Stokbrig' de Barowe die Dominica
proximo post festum apostolorum Petri et Pauli anno regni regis
Ricardi secundi nono in Iohannam de Cotes de Bondby apud Bondby
insultum fecit verberauit vulnerauit et male tractauit et ipsam
Iohannam rapuisse voluit contra voluntatem et contra pacem domini
regis.

J. de S. of Barrow [on Humber], at Bonby, assaulted J. de C. of Bonby,
beating, wounding, maltreating, and wishing to rape her.

To be produced before the King's Bench, Hil., Trin. 1397; K. B. 542, Rex,
m. 21; 544, Rex, m. 17; in exigend in the King's Bench, Trin. 1397; *ibid.*, 545,
Rex, m. 3.

79. Item quod Agnes seruiens Thome Clerk de Barton' (cum
alijs)[1] die Lune proximo ante festum sancti Martini in yeme anno
regni regis Ricardi secundi octauo apud Barton' carnes bouinas
porcinas et alia bona et catalla ad valenciam quadraginta denariorum
de dicto Thoma Clerk balliuo de Barton' cepit et asportauit contra
pacem et contemptum domini regis etc.

A., servant of T. C. of Barton [on Humber] with others, at Barton,
took the flesh of oxen and pigs and other goods, valued at 40d., from said
T., bailiff of Barton.

To be produced before the King's Bench, Hil., Trin. 1397; K. B. 542, Rex, m. 21;
544, Rex, m. 17; in exigend in the King's Bench, Trin. 1397; *ibid.*, 545, Rex,
m. 3.

80. Item dicunt quod Iohannes de Barwe filius Alicie de Barwe
de Barton' die Martis proximo ante festum exaltacionis sancte
crucis anno regni regis Ricardi secundi octauo apud Barton' frumentum ordeum et piseum in garbas existenta ad valenciam quadraginta
solidorum de Willelmo de Cresby de Barton' et alijs felonice furatus
fuit furtiue cepit et asportauit. (*Marg:* Felonia.)

J. de B. son of A. de B. of Barton [on Humber], at Barton, feloniously
stole barley and pease in sheaves, valued at 40s., from W. de C. of Barton
and others.

In exigend in the King's Bench, Trin. 1396; K. B. 541, Rex, m. 8.

Marg: MANLE

Inquisicio capta apud Hospit' super Strat' die Lune in festo
sancti Gregorij pape anno regni regis Ricardi secundi nono [12
March 1386] coram Roberto de Wylugh' et socijs suis iusticiarijs
domini regis in partibus de Lyndesey per sacramentum Iohannis de
Grawe Willelmi de Trauby Walteri Baily Ade de Bubwyth' Thome
at Brig' Roberti de Hidilston' Iohannis de Malton' Ricardi de
Carthorp' Roberti Prodhom Iohannis Cobbe Iohannis at Welle
iuratorum.

81. Qui dicunt quod Robertus de Langton' de Wynteryngham die Dominica proximo ante festum purificacionis beate Marie virginis anno regni regis Ricardi secundi nono Willelmum Fouler de Berghton' apud Wynteryngham felonice interfecit. (*Marg:* Felonia.)

R. de L. of Winteringham feloniously killed W. F. of Broughton, at Winteringham.

In exigend in the King's Bench, Trin. 1396 ; K. B. 541, Rex, m. 8.

82. Item quod Nicholaus de Skalby de Laghton' die Veneris proximo ante festum sancti Mathei appostoli anno regni regis Ricardi ix° vnum equum precij x s. de Radulpho cappellano de Skoter apud Skoter furtiue cepit et abduxit et est communis latro. (*Marg:* Felonia.)

N. de S. of Laughton furtively stole a horse, price 10s., from R., chaplain, of Scotter, at Scotter ; he is a common thief.

In exigend in the King's Bench, Trin. 1396 ; K. B. 541, Rex, m. 8.

Marg: COR'

Inquisicio capta apud Hospit' super Strat' die Lune in festo sancti Gregorij pape anno regni regis Ricardi secundi ix° [12 March 1386] coram Roberto de Wylughby et socijs suis iusticiarijs domini regis de pace in partibus de Lyndesey per sacramentum Iohannis Hamson' de Gaynesburgh' Iohannis filij Willelmi de Northorp' Roberti Laundels Ade de Tyburnell' Thome Hariell' Iohannis Talio' de Greyngham Thome Rog' Iohannis de Colby de Somerby Willelmi at Welle de Springthorp' Ricardi at Touneshend Iohannis Tasker de Suthorp' Radulphi Gibson' de Aseby iuratorum.

83. Qui dicunt quod Iohannes filius Mathei Drap' de Gaynes-burgh' die Veneris in festo purificacionis beate Marie virginis anno regni regis Ricardi secundi nono apud Gaynesburgh' felonice fregit quemdam domum Walteri Ioy de Gaynesburgh' et duas cistas ipsius Walteri et furtiue furatus fuit vnam libram piperis precij xiiij d. vnum anulum argenti precij ij. d.   (*Marg:* Felonia.)

J. son of M. D. of Gainsborough, at Gainsborough, feloniously broke into the house of W. J. of Gainsborough and into 2 chests, furtively stealing a lb. of pepper, price 14d., and a silver ring, price 2d.

In exigend in the King's Bench, Trin. 1396 ; K. B. 541, Rex, m. 8.

84. Item quod Nicholaus de Scalby commorans in Laghton' die Lune proximo ante festum purificacionis beate Marie virginis anno regni regis Ricardi secundi ix° apud Scotre furtiue furatus fuit vnum equum Walteri de Scotre capelloni precij vj s. viij. d. Et quod est communis latro. (*Marg:* Felonia.)

N. de S., living in Laughton, at Scotter, furtively stole a horse, price 6s. 8d., from W. de S., chaplain ; he is a common thief.

See above no. 82.

85. Item quod idem Nicholaus et Thomas de Fletham de Miston' die Lune proximo ante festum sancti Michelis archangeli

c

anno regni regis Ricardi secundi ix° apud Scotton' furtiue furati
fuerunt xvj boues precij viij marcarum de Thoma de Cresy de Fery
Willelmo Pynchost et Iohanne Denyes de Fery. (*Marg:* Felonia.)
The same N. and T. de F. of Misterton (Notts), at Scotton, furtively
stole 16 oxen, price 8 marks, from 3 men.
For N. de S. see above no. 82 ; T. de F. in exigend in the King's Bench, Trin.
1396 ; K. B. 541, Rex, m. 8.

Marg: LAURIZ

Inquisicio capta apud Hospitale super Strat' die Lune in festo
sancti Gregorij pape anno regni regis Ricardi secundi ix° [12 March
1386] coram Roberto de Wyl' et socijs suis iusticiarijs domini regis
in partibus de Lyndesey per sacramentum Iohannis Neuyll' de
Faldyngworth' Thome Stag' Willelmi Hanay Hugonis de Burton'
Nicholai Chaumpnay Iohannis Clerk de Carlton' Thome Symson'
de Thorp' Iohannis del Hille Simonis Glask' Roberti Coupere Thome
Cook' Iohannis de Ourisby Willelmi Howeson' iuratorum.

86.   Qui dicunt quod Robertus Tewere seruiens Iohannis filij
Alexandri de Estrasen verberauit vulnerauit et male tractauit
Iohannem Smyth' de Faldyngworth' apud Faldyngworth' ad graue
dampnum ipsius Iohannis et contra pacem domini regis die Martis
in festo omnium sanctorum anno dicti regis Ricardi nono.
R. T., servant of J. son of A. of Market Rasen, beat, wounded, and mal-
treated J. S. of Faldingworth, at Faldingworth, doing him serious injury.
To be produced before the King's Bench, Hil., Trin. 1397 ; K. B. 542, Rex,
m. 21 ; 544, Rex, m. 17 ; in exigend in the King's Bench, Trin. 1397 ; *ibid.*, 545,
Rex, m. 3.

Iurata wappentacij de Aslachowe non concordante ideo veredictum (clausitur)[1] sub sigillo iusticiariorum vsque proximam
sessionem et dismisitur iurata.[1] (*Marg:* Memorandum.)
The jurors of the wapentake of Aslacoe do not agree on their report so
it is sealed by the justices until the next session and the jury dismissed.

Marg: BRADLE

Inquisicio capta apud Thwangcastr' die Martis proximo post
festum sancti Gregorij pape anno regni regis Ricardi secundi ix°
[13 March 1386] coram Roberto de Wylugh' et socijs suis iusticiarijs
domini regis de pace in partibus de Lyndeshy per sacramentum
Iohannis Talifer de Laiceby Iohannis Eleon de eadem Willelmi de
Calby de Irby Henrici Talio' de Clee Ricardi Brande de Welesby
Willelmi Reuell' Roberti Sugur de Humberstane Roberti Payne de
eadem Iohannis Coup' de Parua Cotes Henrici Damannasson'
Walteri Clerk de Scarthowe Willelmi Hyll' de Swalowe iuratorum.

87.   Qui dicunt quod Agnes vxor Iohannis Cart' seruientis
Henrici de Rotteforth' apud Irby nunc die Martis proximo ante
festum purificacionis beate Marie virginis anno regni regis Ricardi
secundi ix° venit apud Irby et intrauit clausuram Willelmi Talio'

───────────

[1] For presentments by this jury see below, p. 41.

de Irby et ibidem cepit furtiue vnum lynthiamen precij v d. et
vnam gallinam precij j d. et asportauit in contemptum domini regis
et contra pacem. (*Marg:* Felonia.)

A. wife of J. C., servant of H. de R., at Irby [upon Humber] entered the
close of W. T. of Irby and took a sheet, price 5*d.*, and a hen, price 1*d.*

In exigend in the King's Bench, Trin. 1396; K. B. 541, Rex, m. 8.

Marg: HAWARDOSH'

Inquisicio capta apud Castre die Martis proximo post festum
sancti Gregorij pape anno regni regis Ricardi secundi ix° [13 March
1386] coram Roberto de Wylugh' et socijs suis iusticiarijs domini
regis de pace in partibus de Lyndesey per sacramentum Iohannis
Galay de Fulstowemersh' Iohannis Clerk de eadem Thome de
Wathe de Waltham Nicholai Walle Roberti Est de Brigsley Willelmi
Est de Hatclif Iohannis West de Bernarby Willelmi North' de
Neuton' Iohannis Perisson' de Wathe Iohannis de Grene de eadem
Iohannis de Grene de Rothewelle Thome Odelyn de Cokewold
iuratorum.

88.   Qui dicunt quod Iohannes Derwant de Vlseby in festo
sancti Pauli apostoli anno regni regis Ricardi secundi ix° noctanter
venit ad placeam Willelmi de Belesby chiualer apud Belesby et
ibidem Aliciam ancillam dicti Willelmi vi et armis cepit et abduxit
contra pacem. (*Marg:* Transgressio.)

J. D. of Ulceby came to the residence of W. de B., kt., at Beelsby and
forcibly abducted A., his handmaiden.

To be produced before the King's Bench, Hil., Trin. 1397; K. B. 542, Rex,
m. 21; 544, Rex, m. 17; in exigend in the King's Bench, Trin. 1397; *ibid.*, 545,
Rex, m. 3.

89.   Item quod Iohannes Houlet de North'cotes die Sabbati
proximo ante festum sancti Petri cathedra anno regni regis Ricardi
secundi nono apud North'cotes Iohannem de Water' de eadem ibidem
interfecit se ipso defendente. (*Marg:* Felonia.)

J. H. of North Cotes, at North Cotes, killed J. de W. of North Cotes
in self defence.

In exigend in the King's Bench, Trin. 1396; K. B. 541, Rex, m. 8.

[*m. 5 old numbering* v]

Marg: YORDESBURGH'

Inquisicio capta apud Thwangcastre die Martis proximo post
festum sancti Gregorij pape anno regni regis Ricardi secundi nono
[13 March 1386] coram Roberto de Wylughby et socijs suis iustici-
arijs domini regis in partibus de Lyndesey per sacramentum Ricardi
Tanno' de Barton' Iohannis Warde de Roxton' Iohannis Fouler
iunioris de Croxton' Henrici Martyn de Saxby Rogeri Long de
Wodton' Roberti de Cokewold (de Kirnynt')[1] Henrici Kyng de de
Wodton' Iohannis Hicson' de Ounby Iohannis Williamson' de
Barowe Iohannis Vlsby de Bondby Ricardi Champeon et Roberti
Fordam de Nettilton' iuratorum.

90. Qui dicunt super sacramentum suum quod Thomas Cart'
de Alesby nuper seruiens Willelmi Skrewan de Girsby venit apud
Barton' in festo sancti Pauli anno regni regis Ricardi secundi ix°
et recepit de Iohanne filio Willelmi de Girsby vij s. vj d. et asportauit furtiue noctanter et contra voluntatem magistri sui se
abstraxit a seruicio suo ad graue [dampnum] ipsius Willelmi magistri
sui vj s. viij d. (*Marg:* Felonia.)
    T. C. of Aylesby, former servant of W. S. of Girsby, came to Barton
[on Humber] and received 7s. 6d. from J. son of W. of Girsby; this he took
away at night; also he left the service of his master; damages, 6s. 8d.
    In exigend in the King's Bench, Trin. 1396; K. B. 541, Rex, m. 8.

91. Item dicunt quod Robertus de Bradsall' capellanus die
Lune proximo post festum assumpcionis beate Marie virginis anno
supradicto venit noctanter apud Wraghby ad domum Thome
Fleshewer de Wraghby et furtiue cepit de bouis et catallis dicti
Thome ad valenciam xx solidorum de pecunia numerata et de vj
vlnis panni linei in contemptum domini regis et contra pacis.
(*Marg:* Felonia.)
    R. de B., chaplain, at night at Wrawby, entered the house of T. F. of
Wrawby and furtively stole goods valued at 20s. and 6 ells of linen cloth.
    In exigend in the King's Bench, Trin. 1396; K.B. 541, Rex, m. 8.

Marg: WASHCROFT

Inquisicio capta apud Castre die Martis proximo post festum
sancti Gregorij pape anno regni regis Ricardi secundi nono [13
March 1386] coram Roberto de Wyl' et socijs suis iusticiarijs domini
regis de pace in partibus de Lyndesey per sacramentum Willelmi
del Grene de Teuelby Thome Graunt Roberti de Grene Iohannis de
Bliton' Iohannis de Louth' Gilberti de Frisby Iohannis Smert
Iohannis de Colisyk Willelmi de Melton' Iohannis Est Gilberti
Vmfrey et Iohannis Gyrane de Wolyngham iuratorum.

92. Qui dicunt quod Willelmus Sacher de Teuelby die Lune
proximo post festum sancti Luce ewangeliste anno regni regis
Ricardi secundi nono furtiue furatus fuit et abduxit vnum equum
precij x s. de Radulpho Curteys de Otby apud Otby. Et dicunt
quod est communis latro. (*Marg:* Felonia.)
    W. S. of Tealby furtively stole a horse, price 10s., from R. C. of Otby,
at Otby; he is a common thief.
    See above no. 51.

Marg: MAGNA INQUISICIO NORTHR'

Inquisicio capta apud Castr' die Martis proximo post festum
sancti Gregorij pape anno regni regis Ricardi secundi nono [13
March 1386] coram Roberto de Wylugh' et socijs suis iusticiarijs
domini regis in partibus de Lyndesey per sacramentum Willelmi
Daynyll' Willelmi de Gayton' de Barto' Roberti Kidall' Willelmi at
Welle Thome Moigne Iohannis Comyn Ricardi de Irford Iohannis

Heruy Oleuiery de Askby Thome de Seynt Mariland Iohannis
Donseson' et Rogeri Est iuratorum.

93.   Qui dicunt quod Robertus de Birdesall' de Thorp' in the
More capellanus nuper comorans cum Iohanne de Yorke de Wrauby
die Veneris proximo post festum natiuitatis beate Marie virginis
anno predicti regis nono apud Wrauby clausum et domos Thome
Flexshewer de Wrauby noctanter fregit et intrauit et Agnetem
filiam predicti Thome Flexshewer violenter violauit et rapuit et
alia enormia ei intulit contra pacem domini regis ad dampnum dicti
Thome xl s.   (*Marg:* Felonia.)

R. de B. of Kettleby Thorpe, chaplain, formerly living with J. de Y.
of Wrawby, at Wrawby, at night broke into the close and house of T. F.
of Wrawby, raped A. daughter of T. F., and did other damage to the extent
of 40*s.*
See above no. 91.

Marg: GRIMESBY

Inquisicio capta apud Grimesby die Mercurij proximo post
festum sancti Gregorij pape anno regni regis Ricardi secundi nono
[14 March 1386] coram Roberto de Wylughby et socijs suis iusticiarijs domini regis ad pacem in partibus de Lyndesey per sacramentum Iohannis de Newland Iohannis de Cotes Walteri de Slotheby
Stephani del Haue' Iohannis Pogge Roberti de Burton' Simonis de
Patrington' Simonis de Randby Roberti de Grene Roberti Baghster
Iohannis Pernant et Willelmi Duffold' iuratorum.

94.   Qui dicunt quod Iohannes Howlot de North'cotes die
Sabbati proximo ante festum cathedra sancti Petri anno predicti
regis Ricardi nono apud Nortcotes noctanter felonice interfecit
Iohannem de Water'.   (*Marg:* Felonia.)

J. H. of North Cotes, at North Cotes, at night feloniously killed J. de W.
See above no. 89.

95.   Item dicunt quod Robertus de Bolyngton' de Grimesby
die Mercurij proximo post festum sancti Mathie apostoli anno
predicti regis ix° vi et armis clausum Willelmi de Belesby apud
Grymesby intrauit et ibidem insultum fecit predicto Willelmo de
Belesby et Sibilla vxori dicti Willelmi de Belesby verberauit vulnerauit et male tractauit contra pacem domini regis etc.   (*Marg:*
Transgressio.)

R. de B. of Grimsby entered the close of W. de B., at Grimsby, and
assaulted him and S. his wife, beating, wounding, and maltreating them.
See above no. 75.

96.   Item quod Thomas de Feriby de Grymesby cum alijs
die Lune proximo ante festum annunciacionis beate Marie virginis
anno predicti regis septimo apud Hotoft Andirby Saltflethaue' et
alibi in comitatu Linc' cepit per extorsionem de Alcok de Tetnay
xl d. de Iohanne de Tetnay iij s. iiij d. de Ada Sareson' viij s. viij d.
de Waltero Morsot xl d. de Iohanne Scaldgrys **xl** d. de Gilberto
Raswyff' xl d. de Willelmo Rust xl d. de Willelmo Swott iiij s.

iiij d. de Iohanne Blades xl d. de Willelmo de Rig' iiij s. iiij d. de
Thoma Fowler viij s. viij (d.)[1] de Ricardo Dyon' iiij s. iiij d. de
Iohanne Hauberman xl d. de Willelmo Stoter viij s. viij d. de
Iohanne de Appilby xviij d. et de multis alijs et sic leuauerunt x
libras in contemptum regis et decepcionem nauigij sui ad cc libras.
(*Marg:* Transgressio.)

   T. de F. of Grimsby with others at Huttoft, Anderby, Saltfleet Haven,
and elsewhere in Lincolnshire extorted various sums from 15 people and many
others; they collected £10 in contempt of the king and £200 on the pretence
of taking ship money.
   To be produced before the King's Bench, Hil., Trin. 1397; K. B. 542, Rex,
m. 21; 544, Rex, m. 17; in exigend in the King's Bench, Trin. 1397; *ibid.*, 545,
Rex, m. 3.

Marg: LOUGH'BURGH'

Inquisicio capta apud Louth' die Veneris proximo post festum
sancti Gregorij pape anno regni regis Ricardi secundi nono [16
March 1386] coram Roberto de Wylugh' et socijs suis iusticiarijs
domini regis de pace in partibus de Lyndesey per sacramentum
Iohannis de Barton' Rogeri Coup' de Vtterby Radulphi Prest
Hugonis Cade de Luthburgh' Iohannis Donnay de Foterby Iohannis
Rak Iohannis de Parkhous Roberti Gask de Waragholm' et Roberti
de Newsted' iuratorum.

97.   Qui dicunt quod Hugo de Kelstn' quondam canonicus
abbatie de Nunormesby die Lune proximo ante Pentecostes anno
regni regis Ricardi septimo apud Ormesby predictam furtiue cepit
et abduxit vnum equum Roberti de Neusted' de Ormesby cum cella
precij xvj s. (*Marg:* Felonia.)

   H. de K., once canon of the priory of Nun Ormsby, at [North] Ormsby,
furtively stole a horse with a saddle, price 16*s.*, from R. de N. of Ormsby.
   In exigend in the King's Bench, Trin. 1396; K. B. 541, Rex, m. 8.

98.   Item quod Iohannes filius Emme Milner quondam warren-
narius de Vtterby die Dominica proximo post festum sancti Martini
in yeme anno regni regis Ricardi viij° apud Couenham furtiue
furatus fuit et asportauit vnam securam et j furcam pro feno Iohannis
be Wat' de Couenham precij xij d. (*Marg:* Felonia.)

   J. son of E. M., once warrener of Utterby, at Covenham, furtively stole
an axe and a hay fork, price 12*d.*, from J. be W. of Covenham.
   In exigend in the King's Bench, Trin. 1396; K. B. 541, Rex, m. 8.

99.   Item quod Ricardus Hakett de Yerburgh' die Veneris
proximo ante festum sancti Gregorij pape anno regni regis Ricardi
nunc nono apud Yerburgh' noctanter felonice fregit et intrauit
domum Thome Palm' de Yerburgh' et ibidem furtiue cepit et
asportauit decem libras monete et alia catalla diuersa dicti Thome
et aliorum ad valenciam decem librarum et est communis latro.
(*Marg:* Felonia.)

   R. H. of Yarborough, at Yarborough, at night feloniously broke into
the house of T. P. of Yarborough and stole £10 and chattels valued at £10
from the said T. and others; he is a common thief.
   In exigend in the King's Bench, Trin. 1396; K. B. 541, Rex, m. 8.

Marg: LAURIZ

Inquisicio capta apud Lincoln' die Lune proximo post festum
sancti Gregorij pape anno regni regis Ricardi secundi decimo
[18 March 1387] coram Roberto de Wylughby et socijs suis
iusticiarijs domini regis de pace in partibus de Lyndesey per
sacramentum Willelmi Hannay Iohannis de Kelfeld' Iohannis de
Hill' Iohannis filij Henrici Willelmi Burdon' Thome Talio'
Iohannis Ernays Willelmi Lang' Rogeri Wymerkson' Willelmi filij
Hugonis Iohannis Leueryk' et Iohannis Talio' de Scampton' iuratorum.

100. Qui dicunt quod Ricardus de Lancastrechire seruiens
prioris de Torkesay die Dominica proximo ante festum sancti
Gregorij pape anno regni regis Ricardi secundi x⁰ apud Torkesay
vnam ollam eream precij xij d. prioris de Torkesay et xij d. in
pecunia numerata Thome Oxhird' ibidem inuenta felonice furatus
fuit et furtiue asportauit etc. (*Marg:* Felonia.)

R. de L., servant of the prior of Torksey, at Torksey, feloniously stole
a brass pot, price 12*d.*, from the prior of Torksey and 12*d.* from T. O.

In exigend in the King's Bench, Trin. 1396; K. B. 541, Rex, m. 8.

101. Item quod Iohannes Spendeluf mylner modo commorans
apud Pilham Myln' die Iouis proximo post festum sancti Edwardi
regis anno regni regis Ricardi secundi apud Burton' iuxta Lincoln'
molendinum capitali Lincoln' noctanter deburgauit et ibidem iiij
busscellos frumenti pisarum precij xiiij d. felonice furatus fuit et
asportauit. (*Marg:* Felonia.)

J. S., miller, now living in Pilham, at Burton by Lincoln, at night broke
into the mill belonging to the chapter of Lincoln Cathedral and feloniously
stole 4 bushels of pease, price 14*d.*

In exigend in the King's Bench, Trin. 1396; K. B. 541, Rex, m. 8.

102. Item quod Robertus de Wharrom capellanus commorans
cum vicario de Leggesby die Mercurij proximo ante festum sancti
Petri in cathedra anno regni regis Ricardi secundi x⁰ apud prioratum
sancte Katerine extra Lincoln' vnum calicem et alia iocalia auri et
argenti precij c s. ibidem inuenta felonice furatus fuit et asportauit
etc. (*Marg:* Felonia.)

R. de W., chaplain, living with the vicar of Legsby, feloniously stole
a chalice and other gold and silver objects, price 100*s.*, from the priory of
St Katherine Lincoln.

In exigend in the King's Bench, Trin. 1396; K. B. 541, Rex, m. 8.

103. Item dicunt quod Robertus filius Iohannis Herre de
Braitoft die Veneris proximo ante festum sancti Iacobi apostoli
anno regni regis Ricardi secundi decimo apud Braitoft domum
Henrici Stewar' de Braitoft fregit et decem marcas felonice abduxit.
(*Marg:* Felonia.)

R. son of J. H. of Bratoft, at Bratoft, broke into the house of H. S.
of Bratoft and feloniously stole 10 marks.

Marg: MANLE

Inquisicio capta apud Kirkton' in Lyndesey die Martis proximo ante festum anunciacionis beate Marie virginis anno regni regis Ricardi secundi x° [19 March 1387] coram Roberto de W et socijs suis iusticiarijs domini regis in partibus de Lyndeseye per sacramentum Willelmi de Trauby Thome at Brig Walteri Bailly Willelmi filij Alani Willelmi de Wrauby Willelmi Skynn' Ricardi Crust Thome Nelle Ricardi Mundson' Iohannis de Brayton' Ricardi Northiby Ricardi Roselyn Henrici filij Nicholai iuratorum.

104.   Qui dicunt quod Willelmus Coup' de Manby die Iouis in festo sancti Andree anno regni regis Ricardi nono vnam ollam braseam precij iij s. vj d. et vnum gladium precij ij s. de Ricardo de Ryggesby de Manby apud Manby furtiue cepit et asportauit et est communis affraiator pacis. (*Marg:* Felonia.)

W. C. of Manby, at Manby, furtively stole a brass pot, price 3s. 6d., and a sword, price 2s., from R. de R. of Manby ; he is a common affrayer of the peace. See above no. 59.

105.   Item dicunt quod Edwardus Hacsalt de Hornsee et Ricardus Mawher de Stokwyk die Martis proximo ante festum sancti Gregorij anno regni regis Ricardi secundi decimo duos equos precij xx s. de Iohanne Qwytlamb de Messyngham in communem pasturam de Messyngham furtiue ceperunt et abduxerunt et sunt communes latrones. (*Marg:* Felonia.)

E. H. of Hornsea (Yorks) and R. M. of [East] Stockwith furtively stole 2 horses, price 20s., from J. Q. of Messingham out of the common pasture at Messingham ; they are common thieves.

Both in exigend in the King's Bench, Trin. 1396 ; K. B. 541, Rex, m. 8.

Marg: ASLAKHOWE

Inquisicio capta apud Kirkton' in Lyndesay die Martis proximo ante festum anunciacionis beate Marie virginis anno regni regis Ricardi secundi x° [19 March 1387] coram Roberto de Wylugh' et socijs suis iusticiarijs domini regis in partibus de Lyndesey per sacramentum Walteri Neuill' de Norton' Rogeri Bolyng' de eadem Willelmi Hughson' de Snyterby Iohannis Wytkirk' de Athirby Petri Ionson' de Spridlyngton' Iohannis Daulyn' de Helmswell Iohannis de Westfeld Iohannis Wyles de Filyngham Willelmi Clerk de Ingham Iohannis filij Petri de Glentworth' Willelmi Hughson' de Bliburgh' et Iohannis de Asgarby iuratorum.

106.   Qui dicunt quod Iohannes Sparhauk de Filyngham die Sabbati proximo post festum purificacionis beate Marie virginis anno regni regis nunc nono abduxit Iacobum seruientem Iohannis de Cletham de Filyngham et alia bona et catalla predicti Iohannis ad valenciam xx s. furtiue cepit et asportauit apud Filyngham. (*Marg:* Felonia.)

J. S. of Fillingham, at Fillingham, abducted J., servant of J. de C. of Fillingham, and other goods of the said J. valued at 20s.

In exigend in the King's Bench, Trin. 1396 ; K. B. 541, Rex, m. 8.

107. Item quod Emma Bullok' comorans cum Iohanne de
Cletham de Fylyngham die Dominica proximo post festum epiphanie
anno regni regis Ricardi nunc nono apud Filyngham certa bona et
catalla precij dimidij marce dicti Iohannis dicti Iohannis de Cletham
de Filyngham furtiue cepit et asportauit. (*Marg:* Felonia.)

E. B., living with J. de C. of Fillingham, at Fillingham, furtively stole
goods, price ½ mark, from the said J.

In exigend in the King's Bench, Trin. 1396; K. B. 541, Rex, m. 8.

108. Item quod Robertus Pyper de Fylyngham die Mercurij
proximo post festum sancti Petri aduincula anno regni regis nunc
nono furtiue cepit apud Filyngham vnum bouem precij iiij s. de
Willelmo de Westfeld' de Willelmo de Westfeld et asportauit.
(*Marg:* Felonia.)

R. P. of Fillingham, at Fillingham, furtively stole an ox, price 4*s.*, from
W. de W.

In exigend in the King's Bench, Trin. 1396; K. B. 541, Rex, m. 8.

109. Item quod Iohannes Semanson' de Barton' de Gloum-
forchbrig' cepit per torsionem de villata de Ingham die Sabbati
proximo post festum purificacionis beate Marie virginis anno regni
regis nunc x⁰ et in pluribus locis in wappentacium de Askalhowe
xij d. (*Marg.:* Transgressio.)

J. S. of Barton [on Humber] of Glanford Brigg extorted from the village
of Ingham and other places in Aslacoe wapentake 12*d.*

To be produced before the King's Bench, Hil., Trin. 1397; K. B. 542, Rex,
m. 21; 544, Rex, m. 17; in exigend in the King's Bench, Trin. 1397; *ibid.*, 545,
Rex, m. 3.

Marg: ASLAKHOWE

Iurata de Aslahowe que habuit veredictum clausum sub sigillo
iusticiariorum die Lune in festo sancti Gregorij anno ix⁰ [12 March
1386] vsque proximo modo venit per districtionem etc.[1]

The jurors of the wapentake of Aslacoe who had a sealed report now
come under distraint.

Inquisicio capta est apud Castr' die Mercurij proximo ante
festum annunciacionis beate Marie virginis anno regni regis Ricardi
secundi decimo [20 March 1387] coram Roberto de Wylughby et
socijs suis iusticiarijs domini regis in partibus de Lyndeseye per
sacramentum Iohannis de Asgarby de Bliburgh' Hugonis Thurmeston' de eadem Willelmi filij Rogeri de eadem Willelmi Fraunces
de Wylughton' Iohannis filij Petri de Glentworth' Thome de Erthorp'
de eadem Willelmi Clerk de Ingham Iohannis de Fresthorp' de
Owneby Rogeri de Claxby de Hakthorn' Iohannis Colsyk de Cameryngham Willelmi de Normanby de Snyterby Petri Ionson' de Spridlyngton' iuratorum.

110. Qui dicunt quod die Sabbati proximo post festum purificacionis beate Marie virginis anno regni regis predicti ix⁰ Iohannes

[1] See above, p. 34.

Sparhauk apud Filyngham abduxit Iacobum seruientem Iohannis
de Cletham et bona et catalla ipsius furatus fuit ad valenciam xx s.
(*Marg:* Felonia.)

J. S., at Fillingham, abducted J., servant of J. de C., and furtively
stole goods valued at 20*s.*
See above no. 106.

111. Item dicunt quod die Dominica proximo post epiphaniam
anno regni regis predicti nono Emma Bullok furata fuit apud
Filyngham bona et catalla Iohannis de Cletham ad valenciam dimidij
marce. (*Marg:* Felonia.)

E. B., at Fillingham, stole goods valued at ½ mark from J. de C.
See above no. 107.

112. Item quod die Dominica proximo post epiphaniam anno
supradicto apud Filyngham Robertus Pip' de eadem furatus fuit
bona et catalla Willelmi de Westfeld' ad valenciam iiij s. (*Marg:*
Felonia.)

R. P., at Fillingham, stole goods valued at 4*s.* from W. de W.
See above no. 108.

iij^{us} rotulus

[*m. 5d.*]

Marg: ASLAKHOU ADHUC

Inquisicio capta apud Castre die Mercurij proximo ante festum
anunciacionis beate Marie virginis anno regni regis Ricardi secundi
decimo [20 March 1387] coram Roberto de Wylugh' et socijs suis
iusticiarijs domini regis in partibus de Lyndesey per sacramentum
(eorundem iuratorum scilicet)[1] Iohannis de Asgarby de Bliburgh'
Hugonis de Thurmeston' (de eadem)[1] Willelmi filij Rogeri de eadem
Willelmi Fraunces de Wylughton' Iohannis Pereson de Glentworth'
Thome de Euerthorp' de eadem Willelmi Clerk de Ingham Iohannis
de Fresthorp' de Owneby Rogeri de Claxby de Hacthorn' Iohannis
Colsyk' de Cameryngham Willelmi filij Hugonis de Snyterby et
Petri Ionson' de Spridlyngton' iuratorum.

113. Qui dicunt quod die Sabbati proximo post festum purificacionis beate Marie virginis anno vt supra Iohannes Sparhauk
apud Filyngham abduxit Iacobum seruientem Iohannis de Cletham
et bona et catalla ipsius furatus fuit ad valenciam xx s. (*Marg:*
Felonia.)

J. S., at Fillingham, abducted J., servant of J. de C., and stole goods
valued at 20*s.*
See above no. 106.

114. Item dicunt quod die Dominica proximo post epiphaniam
domini anno supradicto Emma Bullok' furata fuit apud Filyngham
bona et catalla Iohannis de Cletham ad valenciam dimidij marce.
(*Marg:* Felonia.)

E. B., at Fillingham, stole goods valued at ½ mark from J. de C.
See above no. 107.

115. Item dicunt quod die Dominica proximo post epiphaniam domini anno supradicto apud Filyngham Robertus Pip' de eadem furatus fuit bona et catalla Willelmi de Westfeld' ad valenciam iiij s. (*Marg:* Felonia.)

R. P., at Fillingham, stole goods valued at 4s. from W. de W. See above no. 108.

Marg: YORDB'

Inquisicio capta apud Castre die Mercurij proximo [? ante] festum annunciacionis beate Marie virginis anno regni regis Ricardi secundi decimo [? 20 March 1387] coram Roberto de W et socijs suis iusticiarijs domini regis in partibus de Lyndesey per sacramentum Iohannis Fouler Ricardi Walker Iohannis Marschall' de Barowe Iohannis Oucy Iohannis Cristianson Ranulphi Wright Alani Bernard' Willelmi Smyth' de Bondby Simonis de Messyngham de Saxby Iohannis Malton' Benedicti Talifer et Willelmi de Croxston' iuratorum.

116. Qui dicunt quod Isolda Strynger die Sabbati proximo post festum natalis domini anno regni regis Ricardi secundi decimo in seruicio Roberti de Beuerlay apud Elsham retenta infra terminum suum sine causa racionabili a seruicio suo recessit contra (formam)[1] statuti etc. (*Marg:* Transgressio.)

I. S. left the service of R. de B. at Elsham before the end of her term without cause.

To be produced before the King's Bench, Hil., Trin. 1397; K. B. 542, Rex, m. 21; 544, Rex, m. 17; in exigend in the King's Bench, Trin. 1397; *ibid.*, 545, Rex, m. 3.

117. Item quod Radulphus de Gousyll' die Lune proximo ante festum omnium sanctorum anno regni regis supradicti nono in seruicio Roberti de Beuerlay apud Elsham retentus infra terminum suum a seruicio suo sine causa racionabili recessit contra formam statuti etc. (*Marg:* Transgressio.)

R. de G. left the service of R. de B. at Elsham before the end of his term without cause.

To be produced before the King's Bench, Hil., Trin. 1397; K. B. 542, Rex, m. 21; 544, Rex, m. 17; in exigend in the King's Bench, Trin. 1397; *ibid.*, 545, Rex, m. 3.

Marg: WALSHCROFT

Inquisicio capta apud Castre die Mercurij proximo ante festum anunciacionis beate Marie virginis anno regni regis Ricardi secundi decimo [20 March 1387] coram Roberto de W et socijs suis iusticiarijs domini regis de pace per sacramentum Willelmi Marschall' Iohannis Dryby Iohannis de Bliton' Iohannis de Louth' Willelmi Paitfyn Iohannis Smert Iohannis Borell' Willelmi Coup' Iohannis Est Roberti othe Grene Iohannis West Alani othe Kerre iuratorum.

118. Qui dicunt super sacramentum suum quod Robertus filius Galfridi West arestatus fuit ad pacem per constabularios villate de Swalowe pro vno affray facto contra pacem venit quidam

Willelmus Lawys de Walesby de Cokewald' die Dominica proximo ante purificacionis beate Marie virginis apud Swalowe anno supradicto in ipsum Robertum sic arestatum insultum fecit et ipsum verberauit vulnerauit et male tractauit contra pacem etc.

R. son of G. W., arrested by the constables of Swallow for an affray against the peace, was assaulted by W. L. of Walesby of Cuxwold who beat, wounded, and maltreated him.

W. L. to be produced before the King's Bench, Hil., Trin. 1397; K. B. 542, Rex, m. 21; 544, Rex, m. 17; in exigend in the King's Bench, Trin. 1397; *ibid.*, 545, Rex, m. 3.

Marg: MAGNA INQUISICIO NORTH'

Inquisicio capta apud Castre die Mercurij proximo ante festum annunciacionis beate Marie virginis anno regni regis Ricardi secundi x° [20 March 1387] coram Roberto de W et socijs suis iusticiarijs domini regis de pace in partibus de Lyndesey per sacramentum Roberti de Kyal de Horkstowe de Minll' de Thornton' Willelmi at Welle de Kelyngholm' Roberti de Thirnsco Ioachimi de Feriby Iohannis Damp' de Kelsay Thome Hicdon' Iohannis Cokhed de Kirnyngton' Ricardi de Irford de Waldneuton' Willelmi de Keleby de Keleby Thome de Wolrykby de Wolrikby et Hugonis Gentilma' iuratorum.

119. Qui dicunt quod Iohannes Shephird' nuper seruiens prioris de Thornholm' apud Rydyngs die Lune proximo ante festum purificacionis beate Marie virginis anno regni regis Ricardi secundi viij° furtiue furatus fuit de dicto priore decem bidentes precij decem solidorum. (*Marg:* Felonia.)

J. S., former servant of the prior of Thornholme, at Rydyngs furtively stole 10 sheep, price 10s., from the prior.

In exigend in the King's Bench, Trin. 1396; K. B. 541, Rex, m. 8.

120. Item quod predictus Iohannes Shephird' predictis die loco et anno furatus fuit de dicto priore duo quarteria ordeia precij v solidorum. (*Marg:* Felonia.)

The said J. S. stole a quarter of barley, price 5s., from the said prior. See above no. 119.

121. Item dicunt quod Iohannes de Croxton' de Seuerby die Sabbati proximo post festum sancti Luce ewangeliste anno regni regis Ricardi secundi decimo apud Seuerby furtiue furatus fuit vnam vaccam precij decem solidorum de Roberto Smythe de Thorp'. (*Marg:* Felonia.)

J. de C. of Searby, at Searby, furtively stole a cow, price 10s., from R. S. of [Kettleby] Thorpe.

In exigend in the King's Bench, Trin. 1396; K. B. 541, Rex, m. 8; tried before the King's Bench, Hil. 1397, on indictment before the justices of the peace in Lindsey; acquitted; *ibid.*, 543, Rex, m. 3d.

122. Item dicunt quod Ricardus (Milner)[1] nuper seruiens Henrici Miln' de Vlsby apud Crokemylne tunc comorans in Thornton' die Lune proximo ante festum sancti Petri quod dicitur aduincula anno regni regis Ricardi secundi ix° apud Crokemyln' furtiue furatus

fuit dimidium quarterij frumenti precij xx d. de Willelmo de Elsham et Walteri Horn et Thoma Iacson' et alijs et est communis latro. (*Marg:* Felonia.)

R. M., former servant of H. M. of Ulceby, then living in Thornton, at Crokemylne furtively stole a half quarter of grain, price 20*d.*, from 3 men and others.

In exigend in the King's Bench, Trin. 1396; K. B. 541, Rex, m. 8.

123. Item dicunt quod dictus Ricardus Miln' die Martis proximo post festum Pentecostes anno regni regis Ricardi secundi ix⁰ apud Crokemyln' insidiatus fuit Henricum Budde de Immyngham et ei insultauit vi et armis et eum verberauit vulnerauerit et male tractauit et maemiauit super brachium destrum ita quod de vita eius disperabatur in contemptum domini regis et pacis.

The said R., at Crokemylne, waylaided H. B. of Immingham and assaulted him, beating, wounding, maltreating him, and committing mayhem on his right arm so that his life was in danger.

To be produced before the King's Bench, Hil., Trin. 1397; K. B. 542, Rex, m. 21; 544, Rex, m. 17; in exigend in the King's Bench, Trin. 1397; *ibid.,* 545, Rex, m. 3.

124. Item quod Iohannes Gont et Willelmus Oxhird nuper seruiens Thome de Haygh' die Dominica proximo ante festum sancti Leonardi anno regni regis Ricardi secundi decimo apud Keelby felonice interfecit Aliciam vxorem Ricardi Tasker'. (*Marg:* Felonia.)

J. G. and W. O., former servant of T. de H., at Keelby, feloniously killed A. wife of R. T.

Both in exigend in the King's Bench, Trin. 1396; K. B. 541, Rex, m. 8.

125. Item quod Iohannes Preston' de Wyhu' die Lune proximo ante festum sancti Michelis anno regni regis Ricardi secundi x⁰ apud Waldnewton' conductus fuit ad seruiendum Ricardo de Irford apud Waldneuton' in officio carectarij et carucarij capiendo salario secundum formam statuti a festo sancti Michelis anno predicto vsque idem festum anno reuoluto et predictus Iohannes venit et stetit in officio dicti Ricardi per spacium vnius mensis et postea in vigilia omnium sanctorum dictus Iohannes a seruicio dicti Ricardi recessit sine causa racionabili noctanter recessit contra statutum domini regis etc. (*Marg:* Transgressio.)

J. P. of Wyham, having been hired to serve R. de I. at Newton le Wold as carter and ploughman for a year at the legal salary, left after one month without cause at night.

To be produced before the King's Bench, Hil., Trin. 1397; K. B. 542, Rex, m. 21; 544, Rex, m. 17; in exigend in the King's Bench, Trin. 1397; *ibid.,* 545, Rex, m. 3.

Marg: Grimesby

Inquisicio capta apud Grymesby die Iohannis[1] in festo sancti Benedicti anno regni regis Ricardi secundi x⁰ [21 March 1387] coram Roberto de Wylugh' et socijs suis iusticiarijs domini regis de pace in partibus de Lyndesey per sacramentum Walteri de

---

[1] Read *Iouis.*

Slotheby Willelmi Duffeld Ricardi Coup' Simonis White Iohannis Helyng' Ricardi Bakst' Roberti Person' Gilberti de Wathe Iohannis Pernant Simonis de Randby Ade Sareson' et Simonis de Patrington iuratorum.

126. Qui dicunt super sacramentum suum quod Thomas Brasier de Saltflethauen' die Dominica proximo post festum sancti Bartholomei proximum preterito infra noctem insultum fecit Iohanni Castre clerico et ipsum verberauit contra pacem domini regis cum vno baculo.

T. B. of Saltfleet Haven at night assaulted J. C., clerk, and beat him with a stick.

To be produced before the King's Bench, Hil., Trin. 1397; K. B. 542, Rex, m. 21; 544, Rex, m. 17; in exigend in the King's Bench, Trin. 1397; *ibid.*, 545, Rex, m. 3.

127. Item dicunt quod Willelmus Curnays capellanus est communis transgressor et viator noctanter contra pacem domini regis.

W. C., chaplain, is a common trespasser and vagrant at night.

Tried before the justices of gaol delivery for a specific offence and as a common thief, 31 July 1387, on indictment before the justices of the peace in Lindsey; guilty; plea of clergy allowed; released to the bishop of Lincoln; G. D. R. 173, m. 9.

Marg: BRADLE

Inquisicio capta apud Grimesby die Iouis proximo ante festum annunciacionis beate Marie virginis anno regni regis Ricardi secundi x° [21 March 1387] coram Roberto de Wyl' et socijs suis iusticiarijs domini regis de pace in partibus de Lyndesey per sacramentum Roberti de Thirnsco Iohannis Donceson' Willelmi Nicolson' de Magna Cotes Ricardi Brand de Welesby Willelmi Curtays de Thirnsco Iohannis Coup' de Parua Cotes Roberti de Laiseby de Itterby Willelmi Smyth' de Clee Henrici del Grene de Irby Iohannis Est de Magna Cotes Roberti Hugh'son' de Irby et Thome de Wolrikby iuratorum.

128. Qui dicunt super sacramentum suum quod Willelmus de Paule de Stalyngburgh' mason' die Sabbati proximo post festum sancti Gregorij pape anno regni regis Ricardi secundi ix° insultum fecit Willelmo de Paule de Grimesby mason' apud Grimesby cum cultello extracto et ipsum percussit in brachio et dictus Willelmus de Paule de Grimesby in saluacione vite sue percussit dictum Willelmum de Paule de Stalyngburgh' in pectore vnde habuit mortem. (*Marg:* Felonia.)

W. de P. of Stallingborough, mason, at Grimsby, assaulted W. de P. of Grimsby, mason, with a drawn knife and struck him on the arm; W. de P. of Grimsby, to save his own life, struck W. de P. of Stallingborough in the breast and killed him.

W. de P. of S. in exigend in the King's Bench, Trin. 1396; K. B. 541, Rex, m. 8.

129. Item dicunt quod Willelmus seruiens Iohannis Est de Magna Cotes die Martis in festo sancti Gregorij pape anno regni

regis Ricardi secundi x⁰ intrauit domum Willelmi de Kele noctanter bona et catalla dicti Willelmi de Kele ad valenciam vj d. contra voluntatem suam cepit et abduxit et vxorem suam carnaliter cognouit. (*Marg:* Transgressio.)

W., servant of J. E. of Great Cotes, entered the house of W. de K. at night, took goods valued at 6*d.*, and lay with the wife of W. de K.

To be produced before the King's Bench, Hil., Trin. 1397; K. B. 542, Rex, m. 21; 544, Rex, m. 17; in exigend in the King's Bench, Trin. 1397; *ibid.*, 545, Rex, m. 3.

Marg: Louth'burgh'

Inquisicio capta apud Luda' die Veneris proximo ante festum annunciacionis beate Marie virginis anno regni regis Ricardi secundi x⁰ [22 March 1387] coram Roberto de W et socijs suis iusticiarijs domini regis in partibus de Lyndesey per sacramentum Iohannis de Barton' de Ormesby Roberti de Neusted de eadem Iohannis de Whyum de eadem Walteri Est de Calthorp' Iohannis de Houton' de eadem Iohannis Coke de Couenham Radulphi de Vtterby Iohannis de Parkhous de Wargholm' Iohannis Donnay de Foterby Ricardi South' de eadem Willelmi Ranyer' de eadem Willelmi Scupholm' de eadem iuratorum.

130. Qui dicunt quod Alicia Mannyng' nuper seruiens vicarij ecclesie de Nunhormesby die Dominica proximo ante festum sancti Michelis archangeli anno regni regis Ricardi nunc decimo apud Nunhormesby vi et armis abduxit Iohannam seruientem Iohannis de Wyhum de Nunhormesby absque licencia seu voluntate dicti Iohannis ad graue dampnum dicti Iohannis xl s. et contra ordinacionem statuti domini regis etc. (*Marg:* Transgressio.)

A. M., former servant of the vicar of North Ormsby, at North Ormsby, abducted J., servant of J. de W. of North Ormsby; damages to the said J. de W., 40*s.*

To be produced before the King's Bench, Hil., Trin. 1397; K. B. 542, Rex, m. 21; 544, Rex, m. 17; in exigend in the King's Bench, Trin. 1397; *ibid.*, 545, Rex, m. 3.

131. Item dicunt quod Ricardus Haket' de Yerburgh' xx⁰ die Ianuarij anno regni regis Ricardi nunc decimo apud Yerburgh' furtiue et felonice fregit stablium Thome Palm' de Yerburgh' et cepit ibidem et abduxit duos equos dicti Thome precij xxx s. ac eciam vnam cellam cum freno Thome Straung' de Yerburgh' precij v s. furtiue cepit et asportauit et est communis latro. (*Marg:* Felonia.)

R. H. of Yarborough, at Yarborough, feloniously broke into the stable of T. P. of Yarborough and stole 2 horses, price 30*s.*, from the said T. and a saddle with a bridle, price 5*s.*, from T. S. of Yarborough; he is a common thief.

See above no. 99.

Marg: Lincoln'

Inquisicio capta apud Lincoln' die Lune proximo ante festum sancti Barnabe apostoli anno regni regis Ricardi secundi decimo

[10 June 1387] coram Thoma Brunham et socijs suis iusticiarijs
domini regis de pace in partibus de Lyndesey per sacramentum
Henrici Harwode de Linc' Gilberti de Kyme de eadem Iohannis
Chipma' Iohannis Siklyng' Ricardi de Bliton' Willelmi de Halton'
Iohannis de Ripon' Iohannis Fuyst' de eadem Iohannis Kellos Ade
Toller Iohannis de Tiryngton' Iohannis de Askham de Linc' iurato-
rum.

132.   Qui dicunt quod Iohannes de Caue de South'cauethorp'
laborarius et carucarius die Mercurij proximo post festum sancti
Iohannis ante portam latinam anno regni regis Ricardi secundi
decimo apud Lincoln' cepit et asportauit j blanket j lynthiamen
precij ij s. Ade Toller de Lincoln' contra pacem domini regis et
contra dicti Ade voluntatem. (*Marg:* Transgressio.)

   J. de C. of South Cawthorpe, labourer and ploughman, at Lincoln, took
a blanket and a sheet, price 2s., from A. T. of Lincoln.
   To be produced before the King's Bench, Hil., Trin. 1397 ; K. B. 542, Rex,
m. 21 ; 544, Rex, m. 17 ; in exigend in the King's Bench, Trin. 1397 ; *ibid.*, 545,
Rex, m. 3.

133.   Item quod Willelmus de Glentham quondam seruiens
Willelmi de Louth' de Lincoln' fleshewer manens in Gaynesburgh'
die Lune proximo post octabas Pasche anno regni regis Ricardi
secundi vijº et alijs diebus sequentibus in eodem anno cepit et
asportauit iij s. iiij d. in pecunia numerata de dicto Willelmo de
Louth' fleshewer contra pacem domini regis et contra voluntatem
dicti Willelmi de Louth' apud Lincoln'. (*Marg:* Transgressio.)

   W. de G., former servant of W. de L. of Lincoln, butcher, living in
Gainsborough, over a period of time took 3s. 4d. from his master, at
Lincoln.
   To be produced before the King's Bench, Hil., Trin. 1397 ; K. B. 542, Rex,
m. 21 ; 544, Rex, m. 17 ; in exigend in the King's Bench, Trin. 1397 ; *ibid.*, 545,
Rex, m. 3.

134.   Item quod Robertus Polay seruiens Thome de Leue de
Lincoln' cordwaner die Lune proximo post festum sancti Michelis
anno regni regis Ricardi secundi xº apud Lincoln' cepit et asportauit
vnum cocliarium argenti de Clemente West de Linc' cordwaner
contra pacem domini regis. (*Marg:* Transgressio.)

   R. P., servant of T. de L. of Lincoln, shoemaker, at Lincoln, took a
silver spoon from C. W. of Lincoln, shoemaker.
   To be produced before the King's Bench, Hil., Trin. 1397 ; K. B. 542, Rex,
m. 21 ; 544, Rex, m. 17 ; in exigend in the King's Bench, Trin. 1397 ; *ibid.*, 545,
Rex, m. 3.

135.   Item quod idem Robertus Polay die Lune proximo post
octabas Pasche anno regni regis Ricardi secundi nono apud Lincoln'
j couerlit precij xviij d. de Thoma Cauen' de Lincoln' cepit et asportauit contra pacem domini regis etc.

   The said R., at Lincoln, took a coverlet, price 18d., from T. C. of Lincoln.
See above no. 134.

[*upside down*] Northr' Westr'

[*m. 6 old numbering* vj]

Marg: DIUERSA WAPPENTACIA

Inquisicio capta apud Lincoln' die Iouis proximo ante festum natiuitatis sancti Iohannis baptiste anno regni regis Ricardi secundi decimo [20 June 1387] coram Willelmo de Skipwyth' et socijs suis iusticiarijs domini regis ad diuersas felonias et transgressiones in partibus de Lyndesey audiendas et terminandas assignatis per sacramentum Roberti Gastrik' Roberti Kidale Willelmi Hales Willelmi Daynyll' Iohannis de Theleby Gilberti de Byngham Iohannis Forstere Thome de Melton' Thome Stag' Iohannis Trauers Oliueri at Halle et Willelmi Colt iuratorum.

136. Qui dicunt quod Robertus Tauern' de Grimesby die Dominica proximo ante festum sancti Barnabe apostoli anno supradicto noctanter apud Barton' felonice duo coffera Ade Fraunceys chiualer cum centum marcis in auro et perrura ac alijs iocalibus in eisdem coferis ad valenciam centum librarum existentibus felonice cepit et asportauit. (*Marg:* Felonia.)

R. T. of Grimsby at night, at Barton [on Humber] feloniously stole 2 chests containing 100 marks and precious stones and other valuables valued at £100 from A. F., kt.

In exigend in the King's Bench, Trin. 1396; K. B. 541, Rex, m. 8.

Marg: LAURIZ

Inquisicio capta apud Kirkton' in Lyndesey die Lune proximo post festum translacionis sancti Thome martiris anno regni regis Ricardi secundi vndecimo [8 July 1387] coram Roberto de Haldenby et Thoma de Brunham iusticiarijs domini regis de pace in partibus de Lyndesey per sacramentum Iohannis Neuyll' de Snartford' Thome Stag' de Dunham Willelmi Hannay de Repham Willelmi Pye de Faldyngworth' Iohannis de Kelfeld' de Torkesay Willelmi Burdon' de Risu' Ricardi de Stayn de eadem Iohannis Driby de Asthorp' Iohannis othe Hill' de Dunham Rogeri Wymerkson' de Burton' Thome Symson' de Thorp' in ye Falaws et Willelmi Hernes de Carlton' iuratorum.

137. Qui dicunt quod Iohannes nuper seruiens Ricardi atte Welle de Chery Wylyngham die Sabbati in vigilia apostolorum Petri et Pauli anno regni regis Ricardi secundi post conquestum Anglie vndecimo apud Gretwell' furtiue furatus fuit vnum bidentem precij xvj d. extra ouile Radulpho Basset milite. (*Marg:* Felonia.)

J., former servant of R. atte W. of Cherry Willingham, at Greetwell, furtively stole a sheep, price 16*d.*, from the sheepfold of R. B., kt.

In exigend in the King's Bench, Trin. 1396; K. B. 541, Rex, m. 8.

138. Item quod Iohannes Cotu' de Snartford requisit Matillem (finem)[1] filiam Ricardi Neuyll' (finem)[1] de Snartford tanquam vagibundam ad seruiendem ei in officium filatricis apud Snartford videlicet a festo Pasce anno regni regis Ricardi secundi x° vsque

D

idem festum proximum sequens per j annum integrum et predicta
Matillis intrauit in seruicium dicti Iohannis et per procuracionem
Iohannis Schipman de Lincoln' skynner predicta Matillis recessit a
seruicio dicti Iohannis de Cotu' infra terminum predictum contra
statutum et intrauit in seruicium dicti Iohannis Shipman. (*Marg:
erasure.*)

J. C. of Snarford asked M. (made a fine) daughter of R. N. of Snarford,
a vagrant, to serve him as spinner, at Snarford, for a year; M. entered his
service but left it before the end of the year for the service of J. S. of Lincoln,
skinner.

Marg: GAYNESBURGH'

Inquisicio capta apud Kirkton' die Lune proximo post festum
translacionis sancti Thome martiris anno regni regis Ricardi xj°
[8 July 1387] coram Roberto de Wylughby et socijs suis iusticiarijs
domini regis de pace in partibus de Lyndesey per sacramentum
Iohannis Hampson' de Gaynesburgh' Iohannis Turno' Iohannis
Gangy Willelmi de Raycthedale Willelmi de Crosseby Willelmi
Barker Roberti de Skidgate Iohannis de Coryngham Walteri Thorald
Rogeri Webst' Ricardi Skynn' et Ade Horn iuratorum.

139. Qui dicunt quod Robertus Custe de Gaynesburgh' die
Lune proximo post festum Pentecostes anno regis supradicto in
eadem villa de Gaynesburgh' noctanter vi et armis contra pacem
cepit et asportauit anguillas recenties Walteri Symson' et Iohannis
Iolan de Gaynesburgh' precij x d. (*Marg:* Transgressio.)

R. C. of Gainsborough, at Gainsborough, at night took eels, price 10*d.*,
from W. S. and J. J. of Gainsborough.

Made a fine before the King's Bench, Hil. 1397, for 2*s.*; K. B. 543, Fines, m. 2;
also to be produced before the King's Bench, Hil., Trin. 1397; *ibid.*, 542, Rex,
m. 21; 544, Rex, m. 17; in exigend in the King's Bench, Trin. 1397; *ibid.*, 545,
Rex, m. 3; he was probably accused of more than one offence.

140. Item quod Willelmus Galian de Kynneardfery est communis forstallator salmonis capti in aqua de Trent et Hows venience
ad forum de Gaynesburgh' et ad alia fora in partibus de Lyndesey.
(*Marg:* Transgressio.)

W. G. of [East] Kinnard's Ferry is a common forestaller of salmon taken in
the Trent and the Ouse which he sold in the markets of Gainsborough and
elsewhere in Lindsey.

To be produced before the King's Bench, Hil., 1397; K. B. 542, Rex, m. 21;
made a fine before the King's Bench, Hil. 1397, for 40*d.*; *ibid.*, 543, Fines, m. 1d.

Marg: MANLE

Inquisicio capta apud Kirkton' in Lyndsey die Lune proximo
post festum translacionis sancti Thome martiris anno regni regis
Ricardi secundi vndecimo [8 July 1387] coram Roberto de Wylughby
et socijs suis iusticiarijs domini regis in partibus de Lyndesey per
sacramentum Olyueri atte Halle Iohannis de Graue Willelmi Grome
Willelmi Alanson' Roberti de Wrauby Ricardi Coyll' Iohannis

Rogerson' Thome Neill' Ricardi Croft Iohannis de Malton' Willelmi
Fissher et Thome de Crosseby iuratorum.

141. Qui dicunt quod Thomas Burr' nuper seruiens Roberti
de Grenfeld de Estboterwyk' xij cocliaria precij xxiiij s. et vnum
ciffum de macer precij j marce die Lune proximo post festum
inuencionis sancte crucis anno regni regis Ricardi x⁰ Rogeri quondam seruientis dicti Roberti apud Estboterwyk' felonice cepit et
asportauit et est communis latro. (*Marg:* Felonia.)

    T. B., former servant of R. de G. of East Butterwick, feloniously stole
12 spoons, price 24*s.*, and a measure of mace, price 1 mark, from R., former
servant of the said R., at East Butterwick; he is a common thief.
    In exigend in the King's Bench, Trin. 1396; K. B. 541, Rex, m. 8.

Marg: ASLACHOWE

Inquisicio capta apud Kirkton' die Lune proximo post festum
translacionis sancti Thome martiris anno regni regis Ricardi secundi
xj⁰ [8 July 1387] coram Roberto de Haldenby et socijs suis iusti-
ciarijs domini regis de pace in partibus de Lyndesey per sacramentum
Walteri Neuyle de Norton' Willelmi Wyhu' de Glentham Thome de
Yuerthorp' Willelmi Fraunces Ricardi Warde de Wylughton'
Iohannis de Asgarby Iohannis Walt' de Helmswelle Iohannis de
Breune Roberti de Sothiby Nicholai Cok' de Normanby Iohannis
Lowys de Hakthorn' et Iohannis de Gayton' iuratorum.

142. Qui dicunt quod Iohannes Langeric capellanus die Veneris
ante festum translacionis sancti Thome anno regni regis nunc xj⁰
apud Lincoln' vnam Iohannam vxorem Hugonis atte Barrs de
Lincoln' felonice rapuit et alia bona et catalla ipsius Hugonis ad
valenciam xl s. ibidem inuenta felonice cepit et abduxit. (*Marg:*
Felonia.)

    J. L., chaplain, at Lincoln, feloniously raped J. wife of H. atte B. of
Lincoln; he also feloniously stole goods valued at 40*s.* from the said H.
    In exigend in the King's Bench, Trin. 1396; K. B. 541, Rex, m. 8.

143. Item quod Petrus Dawson' de Glentworth' in festo
sancti Augustini episcopi anno regni regis nunc apud Filyngham
vnam ouem precij ij s. de Iohanne de Croxby felonice cepit et
asportauit. Et dicunt quod est communis latro. (*Marg:* Felonia.)

    P. D. of Glentworth, at Fillingham, feloniously stole a sheep, price 2*s.*,
from J. de C.; he is a common thief.
    In exigend in the King's Bench, Trin. 1396; K. B. 541, Rex, m. 8.

144. Item quod Iohannes Nepe capellanus de Hanworth' die
Lune proximo post festum trinitatis anno regni regis nunc x⁰ apud
Hanworth' in vnum Iohannem Kane de eadem et Iohannem Lenyng'
vi et armis insultum fecit ipsos verberauit vulnerauit et male
tractauit contra pacem domini regis etc.

    J. N., chaplain of [Cold] Hanworth, at Hanworth, assaulted J. K. of
Hanworth and J. L., beating, wounding, and maltreating them.
    To be produced before the King's Bench, Hil., Trin., 1397; K. B. 542, Rex, m. 21;
544, Rex, m. 17; in exigend in the King's Bench, Trin. 1397; *ibid.*, 545, Rex, m. 3.

Marg: CORYNGHAM

Inquisicio capta apud Kirkton' in Lyndshey die Lune proximo post festum translacionis sancti Thome martiris anno regni regis Ricardi secundi xj° [8 July 1387] coram Roberto de Haldenby et socijs suis iusticiarijs domini regis in partibus de Lyndesey per sacramentum Nicholai at Halle de Coryngham Willelmi de Saundby de Northorp' Ade Tiburnell' de Lee Roberti Laundele de eadem Iohannis Denyes de Fery Willelmi Geffrayson' de Dunstall' Iohannis de Colby de Somerby Willelmi Pynchest de Fery Roberti de Lounde de Laghton' Iohannis Whightman de Scotton' Iohannis filij Willelmi de South'thorp' Ricardi at Barre de Laghton' iuratorum.

145.   Qui dicunt quod Ricardus de Botesford die Sabbati in vigilia natiuitatis sancti Iohannis baptiste anno regni regis Ricardi secundi xj° apud Magnam Coryngham vi et armis insultum fecit Roberto Coup' de Magna Coryngham noctanter et Agnetem filiam predicti Roberti abduxit contra pacem domini regis etc. (*Marg:* Transgressio.)

R. de B., at Great Corringham, assaulted R. C. of Great Corringham and abducted A. his daughter.

To be produced before the King's Bench, Hil., Trin. 1397 ; K. B. 542, Rex, m. 21 ; 544, Rex, m. 17 ; in exigend in the King's Bench, Trin. 1397 ; *ibid.*, 545, Rex, m. 3.

Marg: WELLE

Inquisicio capta apud Kirkton' die Lune proximo post festum translacionis sancti Thome martiris anno regni regis nunc xj° [8 July 1387] coram Roberto de Aldenby et socijs suis iusticiarijs domini regis in partibus de Lyndeseye per sacramentum Iohannis Edmondson' de Vpton' Willelmi Hardfissh' de Kesby Iohannis Frema' de Wylyngh' Roberti Claypole de Lauterton' Iohannis in ye Lane de Neuton' Walteri de Glentworthorp' Henrici Chapma' de eadem Willelmi de Broughton' Iohannis Chapman de Marton' Roberti Anthe de eadem Willelmi Broun de Braumpton' et Hugonis Oueray de Burton' iuratorum.

146.   Qui dicunt quod Thomas Mortimer de Wylyngham die Sabbati in festo sancti Petri anno regni regis nunc xj° apud Wylyngh' in vnum Ricardum Maundell' vi et armis insultum fecit ipsum verberauit vulnerauit et male tractauit ad graue dampnum ipsius et contra pacem domini regis etc. (*Marg:* Transgressio.)

T. M. of Willingham [by Stow], at Willingham, assaulted R. M., beating, wounding, and maltreating him.

To be produced before the King's Bench, Hil., Trin. 1397 ; K. B. 542, Rex, m. 21 ; 544, Rex, m. 17 ; in exigend in the King's Bench, Trin. 1397 ; *ibid.*, 545, Rex, m. 3.

147.   Item quod Willelmus Salker nuper comorans in Scarle die Martis in septimana Pasche anno regni regis nunc decimo apud

Scotere vnum equum precij iiij s. de Willelmo Godeshelp' de Scotere
felonice cepit et abduxit. (*Marg:* Felonia.)

W. S. formerly living in [North] Scarle, at Scotter, feloniously stole
a horse, price 4s., from W. G. of Scotter.
In exigend in the King's Bench, Trin. 1396 ; K. B. 541, Rex, m. 8.

Marg: LOUTH'BURGH'

Inquisicio capta apud Ludam die Mercurij proximo post festum
translacionis sancti Thome martiris anno regni regis Ricardi secundi
vndecimo [10 July 1387] coram Roberto de Wylughby et socijs
suis iusticiarijs domini regis in partibus de Lyndesey per sacramentum Rogeri de Halyngton' de Lotheburgh' Iohannis de Kele
de eadem Hugonis Cade de eadem Walteri Est de Calthorp' Iohannis
de Houton' de eadem Iohannis Coke de Couenham Iohannis Ranyer
de Vtterby Iohannis de Wyhu' de Ormesby Roberti Gask' de
Wargholm' Iohannis de Parkho' Willelmi West de Foterby et
Willelmi Talio' de Wyhu' iuratorum.

148. Qui dicunt quod Robertus de Eynesham tauerner de
Grimesby de felonia indictatus et ea de causa in gaola ville de
Grimesby detentus die Dominica in festo translacionis sancti Thome
martiris anno regni regis Ricardi secundi xjᵒ dictam gaolam felonice
fregit. Et Emma de Derby seruiens dicti Roberti frater Thomas de
Barton' frater ordinis sancti Augustini de Grimesby et frater
Thomas Mason' confrater eiusdem fratris Thome de Barton' fuerunt
de consensu et confederacione ad dictam feloniam faciendam apud
Grimesby die et anno predictis. (*Marg:* Felonia.)

R. de E., tavern keeper of Grimsby, indicted and in Grimsby gaol,
feloniously broke out of gaol ; E. de D., his servant, brother T. de B. of the
order of Augustinian canons at Grimsby, and brother T. M. were accessories
to this felony.
For R. de E. see above no. 136 ; E. de D., T. de B., and T. M. to be produced
before the King's Bench, East. 1397 and subsequently ; K. B. 543, Rex, m. 5d. ;
544, Rex, m. 15 ; 546, Rex, m. 8.

149. Item quod Ricardus at Halle de Beseby et Thomas Coup'
seruiens eius die Mercurij proximo post festum natiuitatis sancti
Iohannis baptiste vltimo elapsum apud Vtterby vi et armis fregerunt
et intrauerunt domum quam Alanus Forman de Vtterby tenet de
Richilda relicta Willelmi de Beseby et ibidem ceperunt et abduxerunt
vnam vaccam dicti Alani precij x s. ad graue dampnum dicti Alani
c s. et contra pacem domini regis. (*Marg:* Transgressio.)

R. at H. of Beesby and T. C. his servant, at Utterby, forcibly broke
into the house that A. F. of Utterby holds of R. widow of W. de B. and
took a cow, price 10s. ; damages, 100s.
R. at H. made a fine before the King's Bench, East. 1396, for 10s. ; K. B. 540,
Fines, m. 2d. ; T. C. to be produced before the King's Bench, Hil., Trin. 1397 ; *ibid.*,
542, Rex, m. 21 ; 544, Rex, m. 17 ; in exigend in the King's Bench, Trin. 1397 ;
ibid., 545, Rex, m. 3.

150. Item quod Iohannes de Kesteue' de Waragholm' in
festo sancti Petri quod dicitur aduincula anno regni regis Ricardi

x° apud Wargholm' exiuit dictam villam de Wargholm' et comoratus
fuit extra dictam villam vsque festum sancti Michelis extunc
proximum sequens pro excessiuo stipendio capiendo ad graue dampnum diuersorum hominum dicte villate c s. et contra statutum
etc.

J. de K. of Wragholme, at Wragholme, left the village and lived elsewhere for a year, taking excessive wages; damages to the men of the village,
100s.

To be produced before the King's Bench, Hil., Trin. 1397; K. B. 542, Rex, m.
21; 544, Rex, m. 17; in exigend in the King's Bench, Trin. 1397; *ibid.*, 545, Rex,
m. 3.

151. Item dicunt quod Iohannes Clement (Memorandum coram
iusticiarijs gaole)¹ de Parua Carleton' furtiue furatus fuit vj bidentes
Nicholai filij Henrici de Parua Carleton' precij vj s. (*Marg :* Memorandum Felonia coram iusticiarijs gaole.)

J. C. (before the justices of gaol delivery) of Little Carlton furtively
stole 6 sheep, price 6s., from N. son of H. of Little Carlton.

Outlawed for failure to appear before the justices of gaol delivery for trial,
3 March 1391; G. D. R. 177, m. 77.

rotulus iiij

[*m. 6d.*]

Marg: BRADLE

Inquisicio capta apud Castre die Mercurij in vigilia sancti
Iacobi anno regni regis Ricardi secundi vndecimo [24 July 1387]
coram Roberto de Wylugh' et socijs suis iusticiarijs domini regis
de pace in partibus de Lyndesey per sacramentum Thome Moigne
de Clee Roberti de Thirnsco Iohannis Talifer de Laiceby Willelmi
Launde de eadem Willelmi de Toynton' de eadem Iohannis
Person' de eadem Iohannis Coup' de Parua Cotes Iohannis at
Persons de Swalowe Willelmi at Hille de eadem Iohannis at Kirk
de Helyng' Willelmi Talio' de Irby et Thome de Wolrikby iuratorum.

152. Qui dicunt quod Iohannes de Water dudum seruiens
Henrici de Roddsford' chiualer apud Irby in officio balliui manerij
die Dominica proximo post festum apostolorum Petri et Pauli anno
regni regis Ricardi secundi xj° recessit a seruicio dicti Henrici contra
voluntatem suam et statutum domini regis.

J. de W. former bailiff of H. de R., kt., on the manor of Irby [upon
Humber] left the service of the said H.

To be produced before the King's Bench, Hil., Trin. 1397; K. B. 542, Rex,
m. 21; 544, Rex, m. 17; in exigend in the King's Bench, Trin. 1397; *ibid.*, 545,
Rex, m. 3.

153. Item dicunt quod Willelmus Cocer dudum nethird ville
de Alesby nunc comorans in Parua Grimesby die Lune proximo
post festum ascencionis domini anno regni regis Ricardi secundi
decimo apud Laiceby furtiue furatus fuit de Henrico filio Rogeri

et Roberto Paitfyn de Laiceby duos equos precij viginti solidorum.
(*Marg:* Felonia.)

W. C., former neatherd of Aylesby now living in Little Grimsby, at
Laceby, furtively stole 2 horses, price 20s., from H. son of R. and R. P. of
Laceby.

In exigend in the King's Bench, Trin. 1396 ; K. B. 541, Rex, m. 8.

154. Item dicunt quod vbi quidam Robertus Tauerner
prisonus cepit ecclesiam fratrum sancti Augustinensis de Grimesby
die Dominica in festo translacionis sancti Thome martiris anno
regni regis Ricardi secundi xj° causa racionabili quidam Gilbertus
Smyth' et Willelmus Daudson' de Grimesby die loco et anno supradictis venerunt vi et armis in ecclesiam predictam et in predictum
Robertum insultum fecerunt et ipsum verberauit et per crines
suos dictum Robertum tractauerunt contra pacem domini regis
et in deterioracionem ecclesie predicte.

When R. T., prisoner, took [sanctuary in] the church of the Augustinian
canons at Grimsby, G. S. and W. D. of Grimsby forcibly entered the church
and assaulted R. T., beating him, dragging him by the hair, and desecrating
the church.

For R. T. see above nos. 136, 148 ; G. S. and W. D. made fines before the King's
Bench, Hil. 1397, for 1 mark each ; K. B. 543, Fines, m. 2 ; they were bailiffs of
Grimsby ; below no. 165.

155. Item dicunt quod Robertus Bere de Menyngsby die
Mercurij proximo ante festum sancti Mathie apostoli anno regni
regis Ricardi secundi x° apud Kirkebipark' in Robertum Heryngher
de Kirkeby vi et armis insultum fecit et ipsum verberauit vulnerauit
et male tractauit et brachium dextrum dicti Roberti Heryngher
fregit et maemeauit contra pacem domini regis et catalla ipsius
Roberti Heryngher videlicet carnes et allec ad valenciam xij d.
furtiue cepit et asportauit. (*Marg:* Felonia.)

R. B. of Miningsby, at East Kirkby, assaulted R. H. of Kirkby, beating,
wounding, maltreating him, breaking his right arm, and committing mayhem ; he also furtively stole meat and herring valued at 12d.

In exigend in the King's Bench, Trin. 1396 ; K. B. 541, Rex, m. 8.

Marg: WALSHCROFT

Inquisicio capta apud Castr' die Mercurij in vigilia sancti
Iacobi anno regni regis Ricardi secundi xj° [24 July 1387] coram
Roberto de Wyl' et socijs suis iusticiarijs domini regis in partibus
de Lyndesey per sacramentum per sacramentum Willelmi Daynyll'
de Thornto' Georgij de Camera Willelmi Marschall' de Teuelby
Petri Raulyn de Bynbroke Rogeri Myln' de eadem Iohannis de
Bliton' Iohannis de Otby de Kelsay Iohannis Marschall' de Staynton'
Iohannis West de Walesby Iohannis Colisyk de Croxby Iohannis
de Louth' de Kelsay Thome Warde de Otby iuratorum.

156. Qui dicunt quod quedam Alicia de Hemmyngham que
fuit seruiens Iohannis filij Iacobi de Estrasen' furtiue cepit in
domo dicti Iohannis apud Estrason vj d. argenti die Lune proximo

post festum sancte Margarete virginis anno regni regis Ricardi nunc x°. (*Marg:* Felonia.)

A. de H., former servant of J. son of J. of Market Rasen, furtively took 6*d*. from the house of the said J., at Market Rasen.

In exigend in the King's Bench, Trin. 1396; K. B. 541, Rex, m. 8.

157. Item quod quidam Rogerus at Bek de Bynbrok cooperator capit per diem iij d. et recedit extra villam contra preceptum constabularij et sic capit die Lune proximo ante festum sancti Laurencij in anno regni regis Ricardi nunc xj° de Petro Hurt iiij d.

R. at B. of Binbrook, thatcher, takes 3*d*. a day; he left the village contrary to the order of the constable; he takes 4*d*. a day from P. H.

To be produced before the King's Bench, Hil., Trin. 1397; K. B. 542, Rex, m. 21; 544, Rex, m. 17; in exigend in the King's Bench, Trin. 1397; *ibid.*, 545, Rex, m. 3.

158. Item quod quidam Ricardus Thekar de Ouresby recedit extra villam de Ouresby capiendo die Mercurij proximo ante festum sancte Katerine de Henrico Bolle per diem iij d. in anno regni regis Ricardi nunc x°.

R. T. of Owersby left Owersby, taking 3*d*. a day from H. B.

To be produced before the King's Bench, Hil., Trin. 1397; K. B. 542, Rex, m. 21; 544, Rex, m. 17; in exigend in the King's Bench, Trin. 1397; *ibid.*, 545, Rex, m. 3.

159. Item quidam Adam Carpentarius de Ouresby recedit extra villam de Ouresby die Martis ante festum sancti Iohannis et sic cepit de Waltero Sote iij d. per diem in diuersis locis capiendo iij d. per diem in anno regni regis Ricardi nunc x° et xj°.

A. C. of Owersby left Owersby and took 3*d*. a day from W. S.; in various places for 2 years he took 3*d*. a day.

To be produced before the King's Bench, Hil., Trin. 1397; K. B. 542, Rex, m. 21; 544, Rex, m. 17; in exigend in the King's Bench, Trin. 1397; *ibid.*, 545, Rex, m. 3.

160. Item quod Willelmus Hallay de Bynbroke et Radulphus Fulsu' citati fuerunt pro constabularijs ad essendum coram iusticiarijs et non comparuerunt sed sunt rebelles constabularijs etc.

W. H. of Binbrook and R. F. were summoned by the constables to appear before the justices; they did not come and are rebels against the constables.

Marg: HAWORDSHOU

Inquisicio capta apud Castr' die Mercurij proximo post festum sancte Marie Magdal' anno regni regis Ricardi secundi vndecimo [24 July 1387] coram Roberto de Wylugh' et socijs suis iusticiarijs domini regis de pace in partibus de Lyndesey per sacramentum Willelmi de Cadnay Ricardi de Irford' Thome de Wathe Willelmi de Norcotes Gilberti Ybry Nicholai de Waglle Willelmi Clerk Alani Haukyn Iohannis Peresson' Willelmi de Howton' Iohannis Frankys et Thome West iuratorum.

161. Qui dicunt quod Robertus Procto' de Thoreswey die Lune proximo post festum translacionis sancti Thome martiris

anno regni regis Ricardi secundi xj° clausum Willelmi de Skipwyth'
apud Thoreswey vi et armis intrauit et in Hugonem de Rothewell'
seruientem predicti Willelmi insultum fecit contra pacem domini
regis et est communis perturbator pacis domini regis etc.

R. P. of Thoresway forcibly entered the close of W. de S. at Thoresway
and assaulted H. de R., servant of the said W.; he is a common disturber
of the peace.

To be produced before the King's Bench, Hil., Trin. 1397 ; K. B. 542, Rex, m. 21 ;
544, Rex, m. 17 ; in exigend in the King's Bench, Trin. 1397 ; *ibid.*, 545, Rex, m. 3.

Marg: YORDESBURGH'

Inquisicio capta apud Castr' die Mercurij proximo ante festum
sancti Iacobi apostoli anno regni regis Ricardi secundi xj° [24 July
1387] coram Roberto de Wylugh' et socijs suis iusticiarijs domini
regis de pace in partibus de Lyndesey per sacramentum Roberti
de Gastrike Willelmi de Wrauby Ricardi Tann' Roberti Pusson'
de Feriby Thome de Wotton' Ricardi de Humbulton' Thome
Neuyll' Iohannis Hiddu' Iohannis Houty Willelmi Iode Ricardi
Campion' et Willelmi at Welle iuratorum.

162.   Qui dicunt quod Simon Smyt de Somerby et Hebun[1] filius
Thome de Croft de Grisby seruiens eiusdem Simonis die Veneris
in festo inuencionis sancte crucis anno nunc regis decimo apud
Somerby venerunt noctanter et Agnetem vxorem Thome Taliur de
Somerby abduxerunt et bona et catalla ipsius Thome ad valenciam
xx s. ibidem inuenta et sexdecim solidos argenti furtiue ceperunt et
asportauerunt.   (*Marg:* Felonia.)

S. S. of Somerby [by Brigg] and H. son of T. de C. of Grasby, servant of S.,
at Somerby, at night abducted A. wife of T. T. of Somerby and furtively stole
goods valued at 20s. and 16s. in silver.

Both in exigend in the King's Bench, Trin. 1396 ; K. B. 541, Rex, m. 8.

163.   Item quod Willemus Pakot de Netilton' die Sabbati in
prima septimana Quadragesime anno nunc regis decimo apud
Netilton' domum Roberti de Herwyk noctanter intrauit et Beatricem
vxorem Roberti de Heryewyk de Netilton' felonice rapuit et abduxit.
(*Marg:* Felonia.)

W. P. of Nettleton, at Nettleton, at night entered the house of R. de
H. and feloniously raped and abducted B. wife of the said R.

In exigend in the King's Bench, Trin. 1396 ; K. B. 541, Rex, m. 8.

164.   Item quod Philipus Sarpe de Cadinay die Dominica
proximo ante festum sancte Margarete virginis anno nunc regis xj°
apud Cadinay felonice interfecit Lambertum Hannay.   (*Marg:*
Felonia.)

P. S. of Cadney, at Cadney, feloniously killed L. H.

In exigend in the King's Bench, Trin. 1396 ; K. B. 541, Rex, m. 8.

165.   Item dicunt quod Robertus Tauern' et burgensis de
Grimesby die Dominica proximo post festum corporis Christi anno
regni regis nunc x° apud Barton' noctanter venit in clausum Iohanne

---

[1] *Sic.*

relicte Willelmi Dauit de Barton' et cameram dicte Iohanne felonice
fregit et c libras auri et monete et iocalia et alia bona et catalla
Ade Fraunces de London' militis ad valenciam ij^c librarum furtiue
cepit et asportauit et apud Grimesby cum predictis auro bonis et
catallis fugauit et transiuit et ibidem arestatus fuit per Gilbertum
Smyt et Willelmum Daudsone tunc balliuos de Grymesby causa
predicta. (*Marg:* Felonia.)

R. T., burgess of Grimsby, at Barton [on Humber], at night feloniously
broke into the close and chamber of J. widow of W. D. of Barton and stole
£100 in money and valuables and other goods valued at £200 from A. F.,
kt., of London; he fled to Grimsby and was arrested by G. S. and W. D.,
bailiffs of Grimsby.

See above nos. 136, 148, 154.

Marg: ASLAKHOU[1]

Inquisicio capta apud Hospital' super Strat' die Martis proximo
post festum epiphanie domini anno regni regis Ricardi secundi
vndecimo [7 January 1388] coram Willelmo Michell' et Roberto
Haldenby iusticiarijs domini regis de pace in partibus de Lyndesey
per sacramentum Roberti de Stokhith' Willelmi Drap' de Laghton'
Roberti de Lounde Willelmi Helwys Roberti Carbonell' de Bliton'
Ricardi atte Tounhend de Hepham Ade Tiburnell' de Lee Thome
Batema' Iohannis filij Roberti de Parua Cor' Willelmi Geffraison'
de Dunstall' Iohannis de Colby Willelmi at Bek de Springthorp'
iuratorum.

166. Qui dicunt quod Willelmus Nayler de Brunby in anno
regni regis Ricardi secundi xj° vendit vnum cadum plenum de terre
Iohanni Hono' de Northorp' et alijs diuersis hominibus apud Kirketon' in Lyndesey pro xl s. et emit predictum cadum pro xiiij s. et
sic cepit in excessu xxvj s.

W. N. of Brumby sold a cask of tar to J. H. of Northorpe and others
at Kirton in Lindsey for 40*s.* which he had bought for 14*s.*; excess, 26*s.*

To be distrained for appearance before the King's Bench, Hil. 1397 and subsequently; K. B. 542, Rex, m. 6d.; 543, Rex, m. 2d.; see also below no. 179.

Marg: ASLACHOU

Inquisicio capta apud Hospit' super Strat' die Martis proximo
post festum epiphanie domini anno regni regis Ricardi secundi
xj° [7 January 1388] coram Roberto de Wyl' et socijs suis iusticiarijs
domini regis in partibus de Lyndesey per sacramentum Henrici
Mariot de Norton' Thome de Euerthorp' de Gletworth' Iohannis
Duffeld' de eadem Iohannis Perisson' de eadem Willelmi Batson'
de Hanworth' Willelmi Belle de Herpeswelle Petri Ionson' de
Spridlyngton' Willelmi Clerk de Yngham Iohannis Asgerby Iohannis
Walt' Rogeri de Claxby Andree Lilly de Spridlyngto' iuratorum.

167. Qui dicunt quod Iohannes Burgh' nuper comorans in
Hakthorn' in festo sancti Stephani martiris anno regni regis Ricardi
secundi xj° vi et armis venit apud Hakthorn' et ibidem insultum

---

[1] Read *Coryngham*.

fecit in Willelmum Sterup' ipsum verberauit vulnerauit et male tractauit et predium minatus fuit ad comburandum contra pacem.

J. B. formerly living in Hackthorn, at Hackthorn, assaulted W. S., beating, wounding, and maltreating him, and threatening him with arson.

To be produced before the King's Bench, Hil., Trin. 1397; K. B. 542, Rex, m. 21; 544, Rex, m. 17; in exigend in the King's Bench, Trin. 1397; *ibid.*, 545, Rex, m. 3.

168. Item quod Radulphus Bolur de Glentworth'thorp' die Lune proximo ante festum sancti Petri anno regni regis Ricardi secundi vndecimo apud Glentworth' vnum agnum precij iiij d. felonice cepit et abduxit de Iohanne Duffeld' de Glentworth'. (*Marg:* Felonia.)

R. B. of Glentworth, at Glentworth, feloniously stole a lamb, price 4*d.*, from J. D. of Glentworth.

In exigend in the King's Bench, Trin. 1396; K. B. 541, Rex, m. 8.

169. Item quod Robertus nuper seruiens Iohannis Salt' de Hanworth' in festo sancti Thome martiris anno regni regis Ricardi secundi xj° apud Hanworth' Margaretam vxorem Willelmi Lenyng' de Hanworth' vi et armis rapuit concubuit et violauit contra pacem nostram. (*Marg:* Felonia.)

R., former servant of J. S. of [Cold] Hanworth, at Hanworth, raped M. wife of W. L. of Hanworth.

In exigend in the King's Bench, Trin. 1396; K. B. 541, Rex, m. 8.

Marg: LAURIZ

Inquisicio capta apud Hospit' super Strat' die Martis proximo post festum epiphanie domini anno regni regis Ricardi secundi xj° [7 January 1388] coram Roberto de Wylugh' et socijs suis iusticiarijs domini regis in partibus de Lyndesey per sacramentum Iohannis de Kelfeld de Torksay Iohannis Henrison' de Saxilby Iohannis Furry de Faldyng' Willelmi Burdo' de Risu' Thome Neuyill' de Snartford' Thome Tailio' de Scothorn' Simonis Tailio' de Langworth' Iohannis Ouresby de Holm' Petri de Thorp' Rogeri Tomasson' de Burto' Roberti Greyme de eadem et Thome Symondson' de Thorp' iuratorum.

170. Qui dicunt quod Willelmus Cotes de Lincoln' die Veneris proximo post festum sancti Martini in yeme anno regni regis Ricardi secundi xj° apud Lincoln' vendidit Thome Tailio' de Scothorn' pyk et tarra mixtura in forma puri tarri videlicet j lagenam pro ij solidis et alijs diuersis hominibus per diuersos vicinos contra assisam in decepcionem populi domini regis etc.

W. C. of Lincoln, at Lincoln, sold to T. T. of Scothorne and others a mixture of pitch and tar in place of pure tar, at 2*s.* a gallon, contrary to the assize in deception of the public.

To be produced before the King's Bench, Hil., Trin. 1397; K. B. 542, Rex, m. 21d.; 544, Rex, m. 17; in exigend in the King's Bench, Trin. 1397; *ibid.*, 545, Rex, m. 3.

171. Item dicunt quod Thomas nuper seruiens rectoris de Sudbrok' die Dominica proximo post festum sancti Nicholai anno

regni regis Ricardi secundi vndecimo apud Sudbrok' cameram Iohannis de Braunceton' capellani felonice fregit et vnam togam precij viginti solidorum felonice cepit et abduxit. (*Marg:* Felonia.)

T., former servant of the rector of Sudbrooke, at Sudbrooke, feloniously broke into the chamber of J. de B., chaplain, and stole a cloak, price 20s.
In exigend in the King's Bench, Trin. 1396; K. B. 541, Rex, m. 8.

172. Item quod Walterus Fox de Fresthorp' die Veneris proximo post festum apostolorum Petri et Pauli anno regni regis Ricardi secundi xj° apud Fresthorp' in vnam Elenam vxorem Warini de Wassyngburgh' insultum fecit vi et armis ipsam verberauit vulnerauit et male tractauit et alia enormia ei intulit ad graue dampnum ipsius Elene et contra pacem nostram etc.

W. F. of Friesthorpe, at Friesthorpe, assaulted E. wife of W. de W., beating, wounding, and maltreating her, and doing her serious injury.
To be produced before the King's Bench, Hil., Trin. 1397; K. B. 542, Rex, m. 21d.; 544, Rex, m. 17; in exigend in the King's Bench, Trin. 1397; *ibid.*, 545, Rex, m. 3.

173. Item quod Edmundus Miln' de Snelland' nuper comorans in Snelland' die Lune proximo ante festum natalis domini anno regni regis Ricardi secundi vndecimo apud Frisby in the merssche duos equos precij centum solidorum de Iohanne de Saxilby de Frisby felonice furatus fuit et abduxit. (*Marg:* Felonia.)

E. M. of Snelland formerly living in Snelland, at Firsby in the marsh, feloniously stole 2 horses, price 100s., from J. de S. of Firsby.
In exigend in the King's Bench, Trin. 1396; K. B. 541, Rex, m. 8.

174. Item dicunt quod (Memorandum Quietus)[1] Robertus Whytyng (Memorandum coram iusticiarijs gaole)[1] de Braitoft est receptor et hospitauit predictum Edmundum sciens ipsum fecisse feloniam predictam. (*Marg:* Memorandum Felonia coram iusticiarijs gaole.)

R. W. (before the justices of gaol delivery) of Bratoft received the said E., knowing he had committed the aforesaid felony.
I have been unable to find a record of this trial on any extant gaol delivery roll.

[*m.* 7 *old numbering* vij]

Marg: MANLE

Inquisicio capta apud Hospital' super Strat' die Martis proximo post festum epiphanie domini anno regni regis Ricardi secundi xj° [7 January 1388] coram Roberto de Wylughby et socijs suis iusticiarijs domini regis in partibus de Lyndesey per sacramentum Simonis de Beltoft Willelmi de Trauby Iohannis Sleyght Ricardi de Barowe Thome Neyll' Philipi Coup' Iohannis at Halle Iohannis Rogerson' Ricardi Rosselyn Willelmi Grome Iohannis de Laxston' Hugonis Noue iuratorum.

175. Qui dicunt quod Willelmus Paitfyn de Strytton' de parochia de Skalby die Iouis proximo post festum omnium sanctorum

anno regni regis Ricardi secundi vndecimo xxiiij^{or} bidentes precij
xx s. de Iohanne Wythlamb de Messyngham apud Hybaldstowe
furtiue cepit et abduxit et est communis latro. (*Marg:* Felonia.)

W. P. of Sturton by Scawby furtively stole 24 sheep, price 20s., from
J. W. of Messingham, at Hibaldstow; he is a common thief.

In exigend in the King's Bench, Trin. 1396; K. B. 541, Rex, m. 8.

176. Item dicunt quod Alexander de Cumberton' de Belton'
in Insula die Lune proximo ante festum natalis domini anno regni
regis Ricardi secundi ix^o ortum Thome Wylforth' persone ecclesie
de Belton' intrauit et ibi Aliciam seruientem dicti Thome verberauit
vulnerauit et male tractauit contra pacem domini regis et est communis affraiator pacis etc.

A. de C. of Belton entered the garden of T. W., parson of Belton, and
beat, wounded, and maltreated A., servant of the said T.; he is a common
affrayer of the peace.

To be produced before the King's Bench, Hil., Trin. 1397; K. B. 542, Rex,
m. 21d.; 544, Rex, m. 17; in exigend in the King's Bench, Trin. 1397; *ibid.*, 545,
Rex, m. 3.

177. Item quod Robertus Dogode capellanus et Robertus
Fraunceys de Wynterton' die Martis in crastino sancti Martini
anno regni regis Ricardi secundi vndecimo apud Wynterton' vi et
armis clausum et domum Iohannis Sleyght de Wynterton' intrauerunt et Katerinam Fraunceys seruientem predicti Iohannis in seruicio
suo ibidem ceperunt et abduxerunt contra pacem domini regis.

R. D., chaplain, and R. F. of Winterton, at Winterton, forcibly entered
the close and house of J. S. of Winterton and abducted K. F., servant of
the said J.

R. D. to be produced before the King's Bench, Hil., Trin. 1397; K. B. 542,
Rex, m. 21d.; 544, Rex, m. 17; in exigend in the King's Bench, Trin. 1397; *ibid.*,
545, Rex, m. 3; R. F. to be produced before the King's Bench, Hil. 1397; *ibid.*, 542,
Rex, m. 21d.; made a fine before the King's Bench, Hil. 1397, for 2s.; *ibid.*, 543,
Fines, m. 1d.

178. Item quod Iohannes Crake de Wadyngham die Lune
proximo ante festum omnium sanctorum anno regni regis Ricardi
secundi x^o duos bidentes Thome Neyll' de Wadyngham apud
Wadyngham cepit et signum suum super eos posuit prout proprijs
catallis eos consignauit contra pacem domini regis.

J. C. of Wadingham took 2 sheep from T. N. of Wadingham, at Wadingham, and placed his own brand on them.

To be produced before the King's Bench, Hil., Trin. 1397; K. B. 542, Rex,
m. 21d.; 544, Rex, m. 17; in exigend in the King's Bench, Trin. 1397; *ibid.*, 545,
Rex, m. 3.

179. Item quod Willelmus Irnmangar de Brunby et Ricardus
Soutar de Appilby et Iohannes Coup' de Skot' die Lune proximo ante
festum sancti Michelis anno regni regis Ricardi secundi xj^o vnam
laginam butuminis Petro Briket milite et multis alijs ad excessiuum
lucrum quilibet eorundem vendiderunt et sunt communes forstallatores.

3 men sold a gallon of sheep salve to P. B., kt., and many others at an
excessive price; they are common forestallers.

W. I. to be distrained for appearance before the King's Bench, Hil. 1397 and subsequently; K. B. 542, Rex, m. 6d.; 543, Rex, m. 2d.; made a fine before the King's Bench, Hil. 1397, for ½ mark; *ibid.*, Fines, m. 1d. According to this entry W. I. and W. N., above no. 166, were the same man. R. S. and J. C. to be produced before the King's Bench, Hil., Trin. 1397; K. B. 542, Rex, m. 21d.; 544, Rex, m. 17; in exigend in the King's Bench, Trin. 1397; *ibid.*, 545, Rex, m. 3; J. C. made a fine before the King's Bench, Trin. 1397, for 2*s.*; *ibid.*, Fines, m. 1d.

Marg: MAGNA INQUISICIO WESTR'

Inquisicio capta apud Hospit' super Strat' die Martis proximo post festum epiphanie domini anno regni regis Ricardi secundi xj° [7 January 1388] coram Roberto de Wylughby et socijs suis iusticiarijs domini regis de pace in partibus de Lyndesey per sacramentum Thome de Bekyngham Ricardi Daynyll' de Gerylthorp' Thome Moigne de Appilby Willelmi Hannay Thome Stag' Willelmi Westfeld Walteri Neuyll' de Athirby Iohannis de Cletham de Fylyngham Thome Ionecson' de Scotre Willelmi Smyth' de Berghton' Iohannis de Stokhet Thome Hariell' de Kirkton' iuratorum.

180. Qui dicunt quod die Iouis proximo post festum sancti Martini anno supradicto Willelmus Paytfyn de Stirton' iuxta Scalby felonice cepit et abduxit xl bidentes apud Hilbaldstowe precij xl solidorum de Iohanne Wytlamb de Messyngham. (*Marg:* Felonia.)

W. P. of Sturton by Scawby feloniously stole 40 sheep, price 40*s.*, at Hibaldstow, from J. W. of Messingham.
See above no. 175.

181. Item dicunt quod Iohannes Supp' de Wynterton' et Willelmus Slair' de eadem bercatores vendiderunt corea Roberto Sowtt' de Burton'stayer' ad excessiuum lucrum quilibet eorum x s.

J. S. and W. S., both of Winterton, shepherds, sold hides to R. S. of Burton on Stather at the excessive price of 10*s.* each.
Both to be produced before the King's Bench, Hil., Trin. 1397; K. B. 542, Rex, m. 21d.; 544, Rex, m. 17; in exigend in the King's Bench, Trin. 1397; *ibid.*, 545, Rex, m. 3; J. S. made a fine before the King's Bench, Trin. 1397, for ½ mark; *ibid.*, Fines, m. 1d.

182. Item dicunt quod Ricardus de Chypsey de Kirkton' Willelmus Irnmagar de Burneby Iohannes Irnemanger de Glamforbrig' Iohannes de Wassyngburgh' de Lincoln' Iohannes de Swaby de Lincoln' et Ang' de Refham vxor dicti Iohannis Iohannes Andrew de Stowe die Lune proximo post festum sancti Martini anno supradicto vendiderunt ter pro ouibus ad excessiuum lucrum quilibet eorum dimidij marce Willelmo de Westfeld et aliijs anno supradicto.

6 men and 1 woman sold sheep tar at an excessive price, each charging ½ mark, to W. W. and others.
For W. I. see above no. 179; J. I., J. de W., J. de S., A. de R. to be produced before the King's Bench, Hil., Trin. 1397; K. B. 542, Rex, m. 21d.; 544, Rex, m. 17; in exigend in the King's Bench, Trin. 1397; *ibid.*, 545, Rex, m. 3; J. A. made a fine before the King's Bench, Mich. 1396, for 40*d.*; *ibid.*, 542, Fines, m. 2; to be distrained for appearance before the King's Bench, Hil., Trin. 1397; *ibid.*, Rex, m. 6d.; 543, Rex, m. 2d. More than one offence may have been involved.

183. Item quod Iohannes de Catby de Ryland' Willelmus
Sout' de Ingham vendiderunt sotulares Iohanni de Cletham de
Filyngham et alijs.

J. de C. of Ryland and W. S. of Ingham sold shoes to J. de C. of Fillingham
and others.

184. Item quod Ricardus de Messyngham de Feriby die
Veneris in festo sancti Iohannis ewangeliste anno regni regis Ricardi
nunc vndecimo apud Wynterto' a seruicio Iohannis de Feriby sine
causa racionabili recessit contra formam ordinacionis in contemptum domini regis.

R. de M. of [South] Ferriby, at Winterton, left the service of J. de F.
without cause.

To be produced before the King's Bench, Hil., Trin. 1397; K. B. 542, Rex,
m. 21d.; 544, Rex, m. 17; in exigend in the King's Bench, Trin. 1397; *ibid.*, 545,
Rex, m. 3.

185. Item quod Thomas de Snayth' die Veneris in festo
Iohannis ewangeliste anno predicto apud Wynterton' a seruicio
predicti Iohannis sine causa racionabili recessit contra statutum.

T. de S., at Winterton, left the service of the said J. without cause.

186. Item quod Willelmus Ionseruant of Feriby die Iouis
proximo proximo ante festum sancti Thome apostoli anno regni
regis Ricardi nunc vndecimo apud Wynterton' a seruicio predicti
Iohannis sine causa racionabili recessit contra statutum etc.

W. J. of [South] Ferriby, at Winterton, left the service of the said J.
without cause.

To be produced before the King's Bench, Hil., Trin. 1397; K. B. 542, Rex, m.
21d.; 544, Rex, m. 17; in exigend in the King's Bench, Trin. 1397; *ibid.*, 545,
Rex, m. 3.

187. Item dicunt quod vbi Willelmus de Cokewald' balliuus
de Bradle habuit in mandatum de thrithyng' vicecomite ad distringendum Robertum Smyth' de Alesby quod esset ad proximum
thrythyng' apud Castr' die Sabbati proximo post festum sancti
Andree apostoli anno xj° etc. ad respondendum Roberto Sap' de
Lymbergh' de placito transgessionis predictus balliuus cepit duas
hamers nomine districtionis et predictus Robertus vi et armis recussum fecit predicto balliuo apud Alesby die Iouis proximo ante festum
sancti Andree apostoli anno xj° in contemptum domini regis etc.

When W. de C., bailiff of Bradley, was ordered by the sheriff in the
riding to distrain R. S. of Aylesby to appear at the next riding court to
respond to R. S. of Limber concerning a plea of trespass, the bailiff took
2 hammers in distraint; thereupon the said R. assaulted the bailiff at
Aylesby.

R. Smyth to be produced before the King's Bench, Hil., Trin. 1397; K. B.
542, Rex, m. 21d.; 544, Rex, m. 17; in exigend in the King's Bench, Trin. 1397;
ibid., 545, Rex, m. 3; made a fine before the King's Bench, Mich. 1397, for
½ mark; *ibid.*, 546, Fines, m. 4.

Marg: WALSCROFT

Inquisicio capta apud Castre die Mercurij proximo post epiphaniam domini anno regni regis Ricardi secundi xj° [8 January

1388] coram Roberto de Wylugh' et socijs suis iusticiarijs domini
regis de pace in partibus de Lyndesey per sacramentum Iohannis
de Halyngto' de Osgotby Iohannis Nelson' de eadem Iohannis de
Bliton' Iohannis Mustard' de eadem Thome de Brigslay Iohannis
Marschall' de Staynto' Thome Belle de Croxby Iohannis Colisyl
de eadem Willelmi Coup' de Wylughton' Iohannis de Catgrene
Rogeri Miln' de Bynbroke Roberti Harth' de Risby iuratorum.

188. Qui dicunt quod quidam Iohannes Calou textor panni
linei manens in Estrasen cepit de Alano de Otby de Wylynghan
pro texacione xl vlnarum panni linei pro qualibet vlna j denarium
in anno regni regis Ricardi xj° contra statutum vnde excessu
xviij d.

J. C., weaver of linen cloth, living in Market Rasen took from A. de O
of [North] Willingham for weaving 40 ells of linen cloth, 1d. for each ell
excess, 18d.

To be produced before the King's Bench, Hil., Trin. 1397; K. B. 542, Rex
m. 21d.; 544, Rex, m. 17; in exigend in the King's Bench, Trin. 1397; *ibid.*, 545
Rex, m. 3.

189. Item quod quidam Ricardus de Marcham manens ii
Esby venit in domum Iohannis de Caburn' apud Esby die Dominic:
proximo ante [festum] natalis domini vltimo preterito anno regn
regis Ricardi secundi xj° et bona et catalla ipsius Iohannis de
Caburn' asportauit ad valenciam xl s.

R. de M. living in Ashby came to the house of J. de C. at Ashby and
took goods valued at 40s.

To be produced before the King's Bench, Hil., Trin. 1397; K. B. 542, Rex
m. 21d.; 544, Rex, m. 17; in exigend in the King's Bench, Trin. 1397; *ibid.*, 545
Rex, m. 3.

190. Item quod dictus Ricardus de Marcham die Sabbat
proximo post festum sancti Michelis vltimo preterito anno regn
regis Ricardi secundi xj° in campis de Eseby obuiauit Roberto filie
Osberti de eadem et insultum fecit in dicto Roberto et Iohanne
filie sue et ipsos minauit contra pacem domini regis.

The said R. in the fields of Ashby met R. son of O. of Ashby assaultec
him and his daughter J., and threatened them.

See above no. 189.

Marg: HAWORDESH'

Inquisicio capta apud Castr' die Mercurij proximo post festun
epiphanie domini anno regni regis Ricardi secundi xj° [8 January
1388] coram Roberto de Wylughby et socijs suis in partibus de
Lyndesey per sacramentum Stephani de Patrington' de Thoresby
Willelmi de Nortcotes Roberti Est de Brigslay Iohannis filij Petr
de Wathe Semanni de Brigslay Iohannis de Haynt' de Neuton
Willelmi Clerk de Hawordby Walteri othe Crofts de Askby Robert
de Bokenal de Rauendal Iohannis Vlceby de Rothowell' Thome
Odlyn de Cokewald' Roberti Coke de Graynesby iuratorum.

191. Qui dicunt quod Thomas North' taliour de Briggeslay
die Sabbati in festo innocencium vltimo iam elapso apud Briggeslay

fuit rebellis Henrico Smyth' constabulario villate et alijs diuersis hominibus dicte villate videlicet vi et armis (cum)[1] gladio tractato et noluit inuenire plegios de pace in contemptum domini regis et contra pacem domini regis et dictus Thomas est communis perturbator pacis ibidem.

T. N., tailor of Brigsley, at Brigsley forcibly rebelled against H. S., constable of the village, and other men and refused to find pledges for keeping the peace; he is a common disturber of the peace.

To be produced before the King's Bench, Hil., Trin. 1397; K. B. 542, Rex, m. 21d.; 544, Rex, m. 17; in exigend in the King's Bench, Trin. 1397; *ibid.*, 545, Rex, m. 3; made a fine before the King's Bench, Mich. 1397, for 1 mark; *ibid.*, 546, Fines, m. 4.

192. Item dicunt quod Robertus de Bolyngton' Iohannes de Bolyngt' de Grimesby x⁰ die Octobris anno regni regis Ricardi xj⁰ apud Grimesby noctanter in portu ibidem forstallauerunt de Roberto de Kele et alijs et elongauerunt cum batello et nauiculis x last' allec' recentis ita quod Willelmus Talio' de Lotheburgh' et alij diuersi homines patrie de Lyndsey non potuerunt habere allec' pro victualio suo ad graue dampnum dicti Willelmi et aliorum hominum patrie predicte c s. et contra statutum.

R. de B. and J. de B. of Grimsby, at the port of Grimsby, at night forestalled from R. de K. and others, removing 10 loads of fresh herring so that W. T. of Ludborough and other men of Lindsey could not have herring to eat; damages, 100*s.*

For R. de B. see above no. 75; J. de B. to be distrained for appearance before the King's Bench, Hil. 1397 and subsequently; K. B. 542, Rex, m. 6d.; 544, Rex, m. 12d.; 545, Rex, m. 1; 546, Rex, m. 14d.

193. Item quod Willelmus Elmsall' Petrus de Askby de Grimesby Iohannes de Neuland de eadem iiijᵗᵒ die Octobris anno regni regis Ricardi xj⁰ apud Grimesby venditi allec' recens iiij nauibus ibidem impediuerunt Iohannem Riplay de Waltham et alios diuersos homines patrie de Lyndesey ad emendum allec' pro victualibus eorundem ad graue dampnum dicti Iohannis et hominum dicte patrie x libras et sic habuerunt in excessiuum lucrum in vendicionem eiusdem allec' x libras et contra statutum et predicti Willelmus Petrus Iohannes de Neuland eodem die loco et anno fuerunt forstallatores allec' videlicet virgandurs non prostrati contra statutum ad graue dampnum c s.

3 men selling 4 boat loads of fresh herring prevented J. R. of Waltham and other men of Lindsey from buying herring to eat; damages, £10. They took in excess for these herrings £10; they are forestallers of herring; damages, 100*s.*

W. E. and P. de A. made fines before the King's Bench, Hil. 1397, for 40*s.* each; K. B. 543, Fines, m. 2.

Marg: BRADLE

Inquisicio capta apud Castre die Mercurij proximo post festum epiphanie domini anno regni regis Ricardi secundi vndecimo [8 January 1388] coram Roberto de Wylughby et socijs suis iusticiarijs domini regis de pace in partibus de Lyndesey per sacramentum

E

Henrici at Persons de Swalowe Willelmi de Toynton' de Laiceby
Iohannis Talifer Roberti de Tyhyngton' de Irby Iohannis Sokburn'
de eadem Petri Robertson' de Parua Cotes Roberti de Askby
Iohannis Coup' de Parua Cotes Willelmi Launde de Bradle Iohannis
at Persons de Swalowe Roberti Rogerson de Alesby Andree de
Welesby iuratorum.

194.   Qui dicunt quod Willelmus de Kele de Magna Cotes
nunc manens in Scarthow die Dominica in festo sancti Michelis
archangeli anno regni regis Ricardi xj⁰ apud Magnam Cotes erat
vacabundus et extra quolibet seruicium et requisitus fuit per
Iohannem Alas balliuum Edmundi Iperound' anno eodem die et
festo ad seruiendo ei in officio carucarij.   Qui quidem Willelmus
arestatus fuit per constabularium predicte ville de Magna Cotes
qui quidem Willelmus devillauit et fregit arestum contra statutum
et formam etc.

W. de K. of Great Cotes now living in Scartho, a vagrant at Great
Cotes and out of work, was requested by J. A., bailiff of E. I., to serve as
ploughman.   The said W. was arrested by the constable of Great Cotes
but he left the village and broke his arrest.

To be produced before the King's Bench, Hil., Trin. 1397 ; K. B. 542, Rex,
m. 21d. ; 544, Rex, m. 17 ; in exigend in the King's Bench, Trin. 1397 ; *ibid.*, 545,
Rex, m. 3.

195.   Item dicunt quod Simon Ionseruant of Welonton' de
Stalyngburgh' die Dominica proximo post festum sancti Iohannis
baptiste anno regni regis Ricardi secundi xj⁰ existens vacabundus
et extra quolibet seruicium requisitus fuit eodem die apud Magnam
Cotes per Walterum Drowry balliuum Gregorij Mille ad seruiendum
ei apud Helyng' in officio carucarij.   Qui quidem Willelmus recusauit
et adhuc recusat scilicet exiuit in patriam ad falcandum et alia
opera facienda cum diuersis hominibus patrie pro maiori lucro
habendo contra formam statuti etc.

S. J. of Welton [le Wold] of Stallingborough being a vagrant and out
of work was requested by W. D., bailiff of G. M., to work at Healing as a
ploughman ; he refused and left the neighbourhood to mow and do other
work for various men at higher wages.

To be produced before the King's Bench, Hil., Trin. 1397 ; K. B. 542, Rex,
m. 21d. ; 544, Rex, m. 17 : in exigend in the King's Bench, Trin. 1397 ; *ibid.*, 545,
Rex, m. 3.

196.   Item quod Iohannes Gaunte de Alesby die Lune proximo
post festum natiuitatis beate Marie virginis anno regni regis Ricardi
ix⁰ apud Alesby bladium Benedicti filij Rogeri de Alesby in garbis
existentem vi et armis cepit et asportauit et in Iohannam vxorem
dicti Benedicti eodem die et anno insultum fecit contra pacem
domini regis etc.

J. G. of Aylesby, at Aylesby, took sheaves of grain from B. son of R.
of Aylesby and assaulted J. wife of the said B.

To be produced before the King's Bench, Hil., Trin. 1397 ; K. B. 542, Rex, m.
21d. ; 544, Rex, m. 17 ; in exigend in the King's Bench, Trin. 1397 ; *ibid.*, 545,
Rex, m. 3 ; made a fine before the King's Bench, Mich. 1397, for ½ mark ; *ibid.*,
546, Fines, m. 1d.

197. Item dicunt quod Alicia filia Iohannis filij Alicie de Cokryngton' die Martis in prima septimana Quadragesime anno x° apud Laiceby a seruicio Iohannis Talifer' de Laiceby sine causa racionabili exiuit et recessit in graue dampnum dicti Iohannis Talifer' et contra formam in huiusmodi casu prouisam.

A. daughter of J. son of A. of Cockerington, at Laceby, left the service of J. T. of Laceby without cause to the damage of J. T.

To be produced before the King's Bench, Hil., Trin. 1397; K. B. 542, Rex, m. 21d.; 544, Rex, m. 17; in exigend in the King's Bench, Trin. 1397; *ibid.*, 545, Rex, m. 3.

198. Item dicunt quod Robertus de Boynton' de Layceby die Lune in epiphania domini anno xj° apud Laiceby Iohanni Tredgold' persone ecclesie de Laceby in hominibus suis et tocius communitatis eiusdem ville fecit affraiam pacis et est communis perturbator pacis domini regis.

R. de B. of Laceby, at Laceby, made an affray of the peace against J. T., parson of Laceby, his men, and the whole community; he is a common disturber of the peace.

To be produced before the King's Bench, Hil., Trin. 1397; K. B. 542, Rex, m. 21d.; 544, Rex, m. 17; in exigend in the King's Bench, Trin. 1397; *ibid.*, 545, Rex, m. 3; made a fine before the King's Bench, Mich. 1397, for 40d.; *ibid.*, 546, Fines, m. 4.

v rotulus

[*m. 7d.*]

Marg: YHORD'

Inquisicio capta apud Castre die Mercurij proximo post festum epiphanie domini anno regni regis Ricardi secundi xj° [8 January 1388] coram Roberto de Wylugh' et socijs suis iusticiarijs domini regis de pace in partibus de Lyndesey per sacramentum Roberti de Cotes de Elsham Hugonis Gentilman de eadem Roberti de Cokewald de Kirnyngt' Roberti Kirk de Lymbergh' Roberti Storo' de Elsham Willelmi atte Appilgarth' de Kylyngholm' Iohannis Fouler de Croxston' iunioris Thome Neuyll' de Wolriby Radulphi filij Ricardi de Wraughby Iohannis Coke de Elsham Iohannis Dey de Bernetby et Willelmi Fox de Ketilby iuratorum.

199. Qui dicunt quod Iohannes Tornur de Cadenay die Lune in festo sancte Katerine virginis anno regni regis Ricardi secundi vndecimo vi et armis insultum fecit Iohanne vxori Iohannis at Welle apud Cadenay et dictam Iohannam verberauit vulnerauit et male tractauit et alia enormia ei intulit contra pacem domini regis ita quod de vita sua disp[er]abatur.

J. T. of Cadney assaulted J. wife of J. at W., at Cadney, beating, wounding, maltreating her, and doing her other injury so that her life was in danger.

To be produced before the King's Bench, Hil., Trin. 1397; K. B. 542, Rex, m. 21d.; 544, Rex, m. 17; in exigend in the King's Bench, Trin. 1397; *ibid.*, 545, Rex, m. 3.

200. Item dicunt quod Thomas nunc vicarius de Kirnyngton' die Martis proximo post festum epiphanie domini anno regni regis

Ricardi secundi post conquestum Anglie vndecimo venit ad domum Walteri Slefe de Kirnyngton' noctanter vi et armis et Katerinam vxorem dicti Walteri Slef' cepit et abduxit per totam noctem integram et dictus Walterus precepit vxorem suam domum venire et dictus Thomas vicarius noluit permittere eam venire set eam detinuit vi et armis contra pacem regis.

T., vicar of Kirmington, at night abducted K. wife of W. S. of Kirmington from W.'s house for a whole night ; W. S. ordered his wife to return but the said T. would not allow her to do so.

To be produced before the King's Bench, Hil., Trin. 1397 ; K. B. 542, Rex, m. 21d. ; 544, Rex, m. 17 ; in exigend in the King's Bench, Trin. 1397 ; *ibid.*, 545, Rex, m. 3.

201. Item dicunt quod Ricardus Smyth' de Seuerby die Lune proximo post festum sancti Thome martiris anno regni regis Ricardi secundi sexto apud Seuerby insultum fecit Iohanni de Grene de Seuerby et dictum Iohannum verberauit vulnerauit male tractauit et alia enormia ei intulit contra pacem domini regis.

R. S. of Searby, at Searby, assaulted J. de G. of Searby, beating, wounding, maltreating him, and doing him other injury.

To be produced before the King's Bench, Hil., Trin. 1397 ; K. B. 542, Rex, m. 21d. ; 544, Rex, m. 17 ; in exigend in the King's Bench, Trin. 1397 ; *ibid.*, 545, Rex, m. 3.

202. Item dicunt quod Rogerus Paytfyn de Kylyngholm' dudum seruiens Iohannis Mundy conductus fuit ad seruiendum dicto Iohanni in officio carucarij et carectarij apud Kylyngholm' a festo sancti Martini in yeme anno nunc regis ix° vsque idem festum tunc proximum sequens per annum integrum et cepit de dicto Iohanne pro stipendio suo xvj s. et prandium suum etc.

R. P. of Killingholme, former servant of J. M., who was hired to serve J. M. at Killingholme, for a year, took for his wages 16s. and food.

To be produced before the King's Bench, Hil. 1397 ; K. B. 542, Rex, m. 21d. ; in the meantime made a fine before the King's Bench, Mich. 1396, for 2s. ; *ibid.*, Fines, m. 2.

Marg: MAGNA INQUISICIO NORTHR'

Inquisicio capta apud Castre die Mercurij proximo post festum epiphanie domini anno regni regis Ricardi secundi vndecimo [8 January 1388] coram Willelmo de Skipwyth' iuniori et socijs suis iusticiarijs domini regis in partibus de Lyndesey per sacramentum Roberti de Kydale Iohannis de Arundell' Iohannis Rawlyn Willelmi Danyll' Thome Moigne Ricardi de Irford' Iohannis de Cotes Iohannis de Kent Willelmi Marsshall' Ricardi Tannur Thome de Wotton' Thome de Holkek' iuratorum.

203. Qui dicunt super sacramentum suum quod Iohannes de Midelton' (vtlegatur)[1] de Grimesby die Lune proximo ante festum sancti Laurencij anno xj° regis nunc vendidit diuersis hominibus patrie per parcellas quinque lagenas videlicet quamlibet lagenam de terre pro xx d. vbi emebat lagenam pro vj d. et sic cepit in excessu ad quamlibet lagenam xviij d. ad dampnum patrie. (*Marg:* Vtlegatur.)

J. de M. (outlawed) of Grimsby sold to various men at retail 5 gallons of tar at 20*d*. a gallon ; this he had bought for 6*d*. a gallon ; excess, 18*d*. per gallon.

204.   Item quod Willelmus Chapman de Marketrasen et Iohannes de Etteby de Kelsey vbi lagena de terre ad festum sancti Michelis anno xj° regis nunc continuiter vendebatur pro viij d. vendebant diuersis hominibus de partibus de Lyndesey die Martis proximo ante festum sancti Thome martiris anno xj° supradicto viij lagenas de terre videlicet quamlibet lagenam pro xl d. sic ceperunt in excessu xx s.

W. C. of Market Rasen and J. de E. of Kelsey, when a gallon of tar regularly sold for 8*d*., sold to various men in Lindsey 8 gallons at 40*d*. a gallon ; excess, 20*s*.

W. C. to be produced before the King's Bench, Hil. 1397 ; K. B. 542, Rex, m. 21d. ; in the meantime made a fine before the King's Bench, Mich. 1396, for ½ mark ; *ibid*., Fines, m. 2 ; J. de E. to be produced before the King's Bench, Hil., Trin. 1397 ; *ibid*., Rex, m. 21d. ; 544, Rex, m. 17 ; in exigend in the King's Bench, Trin. 1397 ; *ibid*., 545, Rex, m. 3.

205.   Item dicunt quod Iohannes Pernant de Grymesby Galfridus Barker de Thornton' Iohannes Barker de Neuson' sunt communes tannatores et vbi emerunt pelles bouinas videlicet quamlibet pellem pro x d. xij d. et viij d. in foris de Castre Barton' Glaumfordbrig et Lymbergh' in annis viij ix et x vendiderunt Hugoni Drake et alijs diuersis sutoribus patrie diuersa coria tannata videlicet vnum corium pro xvj d. Et quilibet eorum cepit in excessu de hominibus predictis vj d. ad dampnum patrie etc.

3 men are common tanners who have bought ox hides at 10*d*., 12*d*., and 8*d*. in the markets of Caistor, Barton [on Humber], Glanford Brigg, and Limber for 3 years and sold them to H. D. and other cobblers at 16*d*. a hide ; excess, 6*d*.

J. P. to be distrained for appearance before the King's Bench, Hil. 1397 and subsequently ; K. B. 542, Rex, m. 6d. ; 543, Rex, m. 2d. ; 544, Rex, m. 12d. ; 545, Rex, m. 1 ; 546, Rex, m. 14d. ; 547, Rex, m. 2d. ; G. B. and J. B. to be produced before the King's Bench, Hil. 1397 ; *ibid*., 542, Rex, m. 21d. ; in the meantime made fines before the King's Bench, Mich. 1396, for 1 mark each ; *ibid*., Fines, m. 1d.

206.   Item dicunt quod die Lune proximo post festum sancti Martini in yeme anno regni regis Ricardi secundi vndecimo Thomas Forster' de Lincoln' Thomam Skepper de Lincoln' apud Lincoln' felonice interfecit.   (*Marg*: Felonia.)

T. F. of Lincoln feloniously killed T. S. of Lincoln, at Lincoln.

Marg: LOTHEBURGH'

Inquisicio capta apud Ludam die Veneris proximo ante festum sancti Hillarij anno regni regis Ricardi secundi vndecimo [10 January 1388] coram Roberto de Wylugh' et socijs suis custodibus pacis in partibus de Lyndesey per sacramentum Iohannis de Barton' de Ormesby Rogeri de Halyngton' de Lotheburgh' Iohannis de Touse Kelsth' Walteri Est de Calthorp' Iohannis de Houto' de eadem Willelmi Ranyer de Foterby Iohannis de Parkhous de Wargholm' Radulphi Prest de Vtterby Iohannis Ranyer' de eadem

Roberti Neusted de Ormesby Willelmi Britt' de Couenham Philipi Ranyer' de Foterby iuratorum.

207. Qui dicunt Ranulphus de Gayton' de Wargholm' in festo sancti Petri quod dicitur aduincula anno regni regis Ricardi xj⁰ apud Wargholm' exiuit villam de Wargholm' tempore autumpnali tunc proximo sequente videlicet per vj septimanas pro excessiuo lucro exinde capiendo et dictus Ranulphus non wlt laborare infra predictam villam tempore autumpnali pro excessiuo salario capiendo et non vult laborare dietim minus iiij d. et mensem ad graue dampnum dicte villate de Wargholm' c s. et contra statutum etc.

R. de G. of Wragholme, at Wragholme, left the village in the autumn, taking higher wages for 6 weeks; he is unwilling to work in the village in the autumn except for higher wages and he refuses to work by the day for less than 4d. and food; damages to the village of Wragholme, 100s.

To be produced before the King's Bench, Hil., Trin. 1397; K. B. 542, Rex, m. 21d.; 544, Rex, m. 17; in exigend in the King's Bench, Trin. 1397; *ibid.*, 545, Rex, m. 3.

208. Item quod Iohannes de Bolyngton' de Grimesby Robertus de Bolyngton' de eadem et Petrus de Askby de eadem sexto die Octobris anno regni regis Ricardi xj⁰ apud portum de Skegnes iuxta Grimesby extra libertatem eiusdem forstallauerunt vnam navem de Wilgrip cum xij last' allec' recentis in eidem existentibus noctanter et dictum allec' elongauerunt noctanter cum batellis et nauiculis suis ita quod Robertus de Neusted victualarius prioris de Ormesby et Ricardus Seriaunt victualarius Margarete relicte Willelmi Fraunk' chiualer et alij quam plures et diuersi homines patrie de Lyndesey non potuerunt emere nec habere victualia pro se et magistris suis ad graue dampnum eorundem x libras et contra statutum et sunt ibidem communes forstallatores.

3 men, all of Grimsby, at Skegness outside the liberty of Grimsby, forestalled a boat with 12 loads of fresh herring at night and took the herring so that R. de N., victualler of the prior of [North] Ormsby, and R. S., victualler of M. widow of W. F., kt., and others of Lindsey could not buy food for themselves and their masters; damages, £10; they are common forestallers.

For J. de B. see above no. 192; for R. de B., above no. 75; for P. de. A., above no. 193.

209. Item dicunt quod Robertus de Barowe de Lud' habuit de Roberto Smyth' de Calthorp' capellano Waltero Est de eadem Willelmo Grayne de eadem Iohanne Smyth' de eadem et alijs diuersis hominibus dicte ville quarto die mensis Iunij anno regni regis Ricardi secundi xj⁰ apud Calthorp' xiij petras lane pro xij petris lane vnde habuit in excessu j petram lane precij petre v s. per falsa pondera et sic continue predictus Robertus in omnibus locis patrie de Lyndesay anno regni regis Ricardi predicto vtitur falsis ponderibus.

R. de B. of Louth bought from various men of Louth 13 stone of wool instead of 12 stone, whence he had an extra stone, price 5s., by false weight; the said R. continually throughout Lindsey uses false weights.

210. Item quod Alanus Humberstan Thomas de Humberstan Stephanus Alanson' Robertus Belle Iohannes Hulbulday Iohannes Belle senior Iohannes filius Willelmi Belle die Lune proximo post Dominicam qua cantant officium quasi modo geniti anno regni regis Ricardi secundi nunc nono apud Foulestowe quamdam seweram apud Nowtomholm' et Holtu' Stephani Leteson' super separalem terram Rogeri Newtom ipsius Stephani vi et armis et manuforti obstruxerunt contra pacem domini regis et contra voluntatem ipsorum Rogeri et Stephani per quod terre prata et pasture dominorum et tenencium de Foulestowe inundantur et communem obstructatem iniuste adhuc manutenent.

7 men, at Fulstow, obstructed the sewer that divides the land of S. L. from that of R. N. so that meadows and pastures of the lords and tenants of Fulstow were inundated and an obstruction maintained.

All 7 to be produced before the King's Bench, Hil., Trin. 1397; K. B. 542, Rex, m. 21d.; 544, Rex, m. 17; in exigend in the King's Bench, Trin. 1397; *ibid.*, 545, Rex, m. 3; R. B. and J. B., Sr., made fines before the King's Bench, Mich. 1397, for 40*d.* each, A. H. and S. A. for 2*s.* each; *ibid.*, 546, Fines, mm. 4d., 1d.

[*m.* 8 *old numbering* viij]

SOUTHR'

Placita indictamenta coram Iohanne rege Castell' et Leg' duce Lancastr' Roberto de Wylughby Philipo Darcy Radulpho Crumbwelle Willelmo de Skypwyth' Roberto Haule Thoma de Kydall' Willelmo de Burgh' Iohanne de Hawe et Nicholao de Hatclyf' iusticiarijs domini regis Ricardi secundi post conquestum Anglie ad pacem eiusdem domini regis necnon ad statuta eiusdem domini regis apud Wynton' North' et Westm' de laborarijs edita conseruanda assignatis in partibus de Lyndesey in comitatu Lincoln' per commissionem eiusdem domini regis cuius datum est apud Westm' xxvj° die Maij anno regni regis eiusdem domini regis tercio [1380] et coram Radulpho Paynell' predictis iusticiarijs associato per commissionem eiusdem domini regis.

Marg: HORNCASTR'

Inquisicio capta coram prefatis iusticiarijs apud Horncastr' die Mercurij proximo post festum natiuitatis beate Marie virginis anno regni regis Ricardi secundi sexto [10 September 1382] per sacramentum Iohannis filij Radulphi de Maring Iohannis Sturmy de Maru Willelmi Toly de Enderby Iohannis de Burgh' de eadem Stephani de Haryngton' de Maryng' Simonis Bosse de eadem Thome Sissor' de eadem Iohannis de Dylliot de Wylkesby Ricardi Derman de eadem Willelmi de Scrayfeld' de Holtham Iohannis Skyrme de Conyngesby et Alani filij Gilberti de Askeby iuratorum.

211. Qui dicunt super sacramentum suum quod Willelmus filius Thome de Haghneby de Wylkesby venit in campum de de Maru' die Sabbati proximo post festum sancti Petri apostoli anno regni regis Ricardi secundi a conquestu v^{to} et ibidem vi et armis

insultum fecit et quemdam Thomam filium Thome Baker de
Skryuylby verberauit vulnerauit et male tractauit ita quod de
vita ipsius diperabatur. (*Marg:* Transgressio.)

W. son of T. de H. of Wilksby, at Mareham, assaulted T. son of T. B. of
Scrivelsby, beating, wounding, and maltreating him so that his life was in
danger.

To be produced before the King's Bench, Hil., Trin. 1397; K. B. 542, Rex,
m. 21d.; 544, Rex, m. 17; in exigend in the King's Bench, Trin. 1397; *ibid.*, 545,
Rex, m. 3.

212. Item quod Matillis de North' de Horncastr' at alij
textores lanei et linij capiunt contra statutum de Stephano de
Dalby (fecit finem d.)[1] de Horncastr' et alijs hominibus de patria
videlicet pro vlna lanij ij d. et et pro vlna linij j d. isto anno supradicto excessu cuiuslibet xl d. (*Marg:* Transgressio.)

M. de N. of Horncastle and other weavers of woollen and linen cloth
charge S. de D. (made a fine) and others of Horncastle 2*d.* for each ell of
woollen cloth and 1*d.* for each ell of linen cloth; excess, 40*d.*

M. de N. to be produced before the King's Bench, Hil., Trin. 1397; K. B. 542,
Rex, m. 21d.; 544, Rex, m. 17; in exigend in the King's Bench, Trin. 1397; *ibid.*,
545, Rex, m. 3.

Marg: BOLYNGBROK'

Inquisicio capta apud Horncastr' die Mercurij proximo post
festum natiuitatis beate Marie virginis anno regni regis Ricardi
secundi sex[to] [10 September 1382] coram prefatis iusticiarijs per
sacramentum Iohannis Walays de Sibsey Simonis at Fen Willelmi
Skelles Thome Warn' Hugonis de Hareby Iohannis filij Walteri
Iohannis at House Iohannis Freman Iohannis filij Willelmi Iohannis
North' Roberti Ferro' et Stephani filij Roberti iuratorum.

213. Qui dicunt super sacramentum suum quod Iohn' Shephd'
(vtlegatur)[1] de Goudby ovesqe autres gentes de noumbre descounes
le Ieosdy prochen deuant le fest de la decollacoun saynt Iohn'
baptistre lan du reigne le roy Richard post le conquet seyme a
Osgodby Bardeney Boteyate tenderent a force et armes cest assaunt
arkes setes espees et bokelers et in Iohn' (at ces)[1] assant firount lui
bateront mansierount et malement treterount et ses bienes et chateux
cest assaunt fourment orge aueyns fenes et seynes a la value de
xx lieurs illoqes troues pristeront et enporteront et autres ledes
luitfierount a tort et en countre la pees nostre seigneur le roy et
a damage le dit Iohn' at see de xl lieurs dount il prie remedie.
(*Marg:* Vtlegatur.)

J. S. (outlawed) of Goulceby with others at Osgodby, Bardney, and
Butyate, fully armed, assaulted J. and others, beating, wounding, and maltreating them, and taking goods valued at £20; they committed damages
against the said J. to the amount of £40 for which he seeks remedy.

Marg: MAGNA INQUISICIO

Inquisicio capta ibidem coram prefatis iusticiarijs die Mercurij
proximo post festum natiuitatis beate Marie virginis anno regni
regis Ricardi secundi vj° [10 September 1382] per sacramentum

Iohannis Amory Iohannis at See Willelmi Leueryk' Willelmi Hardben
Willelmi de Braytoft Willelmi de Peticlerk Iohannis Wace Thome
Tours' Willelmi at Halle Roberti Tours' Iohannis Bedes et Walteri
de Baunburgh' iuratorum.

214. Qui dicunt super sacramentum suum quod Iohannes
Fleeght' de Sebsay die Lune proximo post festum sancti Laurencij
anno regni regis Ricardi secundi sexto apud Sybsey cuidam Willelmo
filio Petri constabulario ville de Sebesey vi et armis insultum fecit
contra pacem domini regis. (*Marg:* Transgressio.)

J. F., of Sibsey, at Sibsey, assaulted W. son of P., constable of Sibsey.
To be produced before the King's Bench, Hil., Trin. 1397; K. B. 542, Rex,
m. 21d.; 544, Rex, m. 17; in exigend in the King's Bench, Trin. 1397; *ibid.*, 545,
Rex, m. 3.

Marg: CALSWATH'

Inquisicio capta apud Hornc' coram prefatis iusticiarijs die
Mercurij proximo post festum natiuitatis beate Marie virginis anno
regni regis Ricardi secundi vj^to [10 September 1382] per sacramentum Rogeri Gardn' Willelmi Gentill' Hugonis de Vlceby Iohannis
de Sougryst Rogeri Amabilson' Willelmi at Marr' Willelmi at Bek'
Alani Alkson' Iohannis de Aleby Iohannis de Malberthorp' Roberti
Losward' et Thome Iulianson' iuratorum.

215. Qui dicunt quod Edmundus vicarius de Saleby insultum
fecit vi et armis Philipo de Thoutheby apud Alford' die Veneris in
festo decollacionis sancti Iohannis baptiste vltimo preterito et
ibidem dictum Philipum male verberauit et vulnerauit ita quod de
vita ipsius Philipi disperabatur. (*Marg:* Transgressio.)

E., vicar of Saleby, at Alford, assaulted P. de T., badly beating and
wounding him so that his life was in danger.
To be produced before the King's Bench, Hil., Trin. 1397; K. B. 542, Rex,
m. 21d.; 544, Rex, m. 17; in exigend in the King's Bench, Trin. 1397; *ibid.*, 545,
Rex, m. 3.

216. Idem dicunt quod idem Edmundus est communis malefactor et perturbator pacis et est rebellis contra constabularijs et
alijs ministris domini regis.

The said E. is a common evildoer and disturber of the peace and
a rebel against the constables and other officials of the king.
See above no. 215.

Marg: LOUTH'ESK'

Inquisicio capta apud Horncastr' coram prefatis iusticiarijs
die Mercurij proximo ante festum exaltacionis sancte crucis anno
regni regis Ricardi secundi vj^to [10 September 1382] per sacramentum Willelmi Skot Thome Howet Willelmi Bugthorp' Ricardi
de Acros Roberti Iacson' Roberti filij Thome de Welton' Willelmi
Gikel Nicholai Garden' de Welton' Nicholai filij Henrici de Carlton'
Willelmi Fisshe Andree de Northolm' et Ricardi Raniet de Germthorp' iuratorum.

217.   Qui dicunt super sacramentum suum quod Edmundus vicarius de Saleby decanus de Calswash' cepit de Iohanna de Schorwode de Salby et de Iohanna de Vlsby de eadem de qualibet earum pro coreccione xl d. et sic cepit per extorsionem de communi populo in anno regni regis Ricardi secundi post conquestum secundo primo secundo tercio quarto quinto et anno sexto x libras.

E., vicar of Saleby and dean of Calcewaith, took from J. de S. and J. de U. both of Saleby, by way of correction, 40d. each ; he has extorted £10 from people in the last 6 years.

See above no. 215.

218.   Item dicunt quod Edmundus vicarius ecclesie de Saleby die Martis proximo post festum sancti Laurencij anno regni regis Ricardi secundi vj^{to} vi et armis videlicet gladijs arcubus sagittis in Iohannem Prestwald canonicum Thome prioris de Syxill' apud Alford' insultum fecit et ipsum verberauit contra pacem domini regis. (*Marg:* Transgressio.)

The said E. being armed assaulted J. P., canon of T., prior of Sixle, at Alford, beating him.

See above no. 215.

Inquisicio capta apud Lud' coram prefatis iusticiarijs die Veneris proximo ante festum exaltacionis sancte crucis anno regni regis Ricardi secundi sexto [12 September 1382] per sacramentum Elie Franceys Thome Strang Willelmi de Cumberworth' Roberti de Wylardby Simonis Adrian de Louth' Willelmi de Schadworth' Iohannis de Lyndebergh' de Saltflethaue' Willelmi de Legburn' Iohannis Galay de Foulestowmersk' Roberti (de Cokewald)[1] Rogeri de Alyngton' et Iohannis de Barton' iuratorum.

219.   Qui dicunt super sacramentum suum quod Walterus frater Iohannis Randson' de Foulesthorp' et Iohannes filius Simonis smyth' de Candelsby et alij venerunt apud Foulesthorp' vi et armis in festi decollacionis sancti Iohannis baptiste anno regni regis Ricardi secundi iiij^{to} ad domum Roberti Gaye et Iohanne vxoris sue ibidem in eandem domum intrauerunt vi et armis et in altera camera eorundem Roberti (et)[1] Iohanne standiderunt frangendo hostia et fenestras dicte camere et cum intrauerunt in eandem cameram arcas cistas ibidem inuentas (cum factis)[1] et monumentis in eisdem inuentis ceperunt et asportauerunt et eciam blada et frenum eorundem Roberti et Iohanne ibidem inuenta ad valenciam xl s. cum equis suis ad volencias suas sine consideracione legali habenda distruxerant et ipsam Iohannam in absencia dicti Roberti viri sui per capud eiecerunt et in contemptum et preiudicionem domini regis et in feodum ducis Lancastr'. (*Marg:* Transgressio.)

W. brother of J. R. of Fulsthorpe and J. son of S. smith of Candlesby with others came to Fulsthorpe and entered the house of R. G. and J. his wife, breaking doors and windows, taking chests containing deeds, and destroying grain and hay valued at 40s. with their horses without legal authority ;

in the absence of R. they hit J. on the head in contempt of the king and
the fief of the duke of Lancaster.

J. son of S., outlawry for failure to appear before the justices of the peace
in Lindsey reported at Horncastle, 10 Dec. 1383; below, p. 120; both to be
produced before the King's Bench, Hil., Trin. 1397; K. B. 542, Rex, m. 21d.; 544,
Rex, m. 17; in exigend in the King's Bench, Trin. 1397; *ibid.*, 545, Rex, m. 3.

Marg: PER COMMISSIONEM VT PRIUS

Placita et indictamenta coram Iohanne rege Castell' et Leg'
duce Lanc' Roberto de Wylughby Radulpho de Crumbwelle Iohanne
de Worth' Willelmo de Skypwyth' seniori Willelmo de Wylughby
Willelmo Haule Willelmo de Burgh' Iohanne Poug' Willelmo de
Spaygne Thoma de Thermilby Iohanne de Hawe Iohanne Wykes
Iohanne de Feriby Willelmo de Skypwyth iuniori Roberto de
Westmel Willelmo Michell' Thoma de Burnham iusticiarijs domini
regis Ricardi secundi post conquestum Anglie ad pacem eiusdem
domini regis necnon ad statuta eiusdem domini regis apud Wynton'
North' et Westm' de laborarijs edita conseruanda assignatis in partibus de Lyndesey per commissionem eiusdem domini regis cuius
datum est apud Westm' xx° die Decembris anno regni eiusdem
domini regis sexto [1382] coram Roberto de Haldenby Iohanne de
Coton' Roberto de Wythornwyke eisdem iusticiarijs associatis per
commissionem eiusdem domini regis.

Respice plus extra de indictamento per dictam commissionem.

[*m. 8d.*]

Per commissionem cuius datum est xx die Decembris anno
sexto [1382].

Marg: WRAGHOWE

Inquisicio capta apud Lincoln' coram prefatis iusticiarijs die
Mercurij proximo post festum sanctorum Fabiani et Sabastiani anno
regni regis Ricardi secundi sexto [21 January 1383] per sacramentum
Iohannis de Haynston' Thome de Neuto' de Lissynton' Rogeri de
Tetford' de eadem Roberti Curtays de eadem Iohannis Curtays de
Leggesby Iohannis filij Hugonis de Burgh' Simonis Est de eadem
Iohannis Forstar de Appullay Gilberti de Kermond Iohannis Prat
de Estiryngton' Walteri Rake de Herdewyk' et Radulphi Baxt' de
Wykinhby iuratorum.

220. Qui dicunt super sacramentum suum quod Iohannes
Theker de Esttiryngton' die Iouis proximo post festum natiuitatis
beate Marie virginis anno regni regis Ricardi secundi sexto in villas
de Esttiryngton' et Westtiryngton' vi et armis insultum fecit in
domum Iohannis Bairme capellani et ipsum verberauit vulnerauit
et male tractauit et alia enormia ei intulit ad graue dampnum ipsius
domini Iohannis et contra pacem domini regis. (*Marg:* Transgressio.)

J. T. of East Torrington in East and West Torrington assaulted J. B.,
chaplain, in his house, beating, wounding, maltreating him, and doing him
serious injury.

To be produced before the King's Bench, Hil., Trin. 1397; K. B. 542, Rex, m. 21d.; 544, Rex, m. 17; in exigend in the King's Bench, Trin. 1397; *ibid.*, 545, Rex, m. 3; made a fine before the King's Bench, Mich. 1397, for ½ mark; *ibid.*, 546, Fines, m. 2.

[*m.* 9 *old numbering* ix]

Presentaciones et indictamenta coram Iohanne rege Castelle et Legionis duce Lancastr' Roberto de Wylughby Philipo Darcy Radulpho de Crombwelle Willelmo de Skipwyth' Roberto Haule Thoma de Kidale Willelmo de Burgh' Iohanne de Hawe et Nicholao Hatclif' iusticiarijs domini regis ad pacem eiusdem domini regis conseruandam etc. necnon ad statuta eiusdem regis apud Wynton' Northampton' et Westm' edita conseruanda etc. in partibus de Lyndesey in comitatu Linc' assignatis per commissionem dicti domini regis cuius datum est apud Westm' xxvj^to die Maij anno regni eiusdem domini regis Anglie et Francie tercio [1380] ac coram Radulpho Paynell' iusticiario per associacionem virtute breuis dicti domini regis loco Philipi Darcy exonerati.

Inquisicio capta apud Horncastr' die Mercurij proximo post festum natiuitatis beate Marie virginis anno regni regis Ricardi secundi sexto [10 September 1382] coram Roberto de Wylughby et socijs suis iusticiarijs domini regis de pace in partibus de Lyndesey in comitatu Lincoln' per sacramentum Willelmi Hughson' de Skendilby Iohannis de Stikford Iohannis Kellot Willelmi Guerard' Ricardi Dandy Alani de Grenewyk Roberti Pilat Walteri filij Alani Bret Roberti de Greddyk Roberti Spens' Thome Coup' Iohannis de Denton' iuratorum.

221.   Qui dicunt quod Adam Latim' de North'somercotes et alij die Lune proximo post festum apostolorum Petri et Pauli anno regni regis Ricardi secundi primo et sic per vices vsque festum sancti Mathei apostoli anno predicto cc cuniculos precij xl s. Roberti de Wylughby apud North'somercotes felonice furati fuerunt. (*Marg:* Felonia.)

A. L. of North Somercotes and others over a period of time feloniously stole 200 rabbits, price 40s., from R. de W., at North Somercotes.
In exigend in the King's Bench, Trin. 1396; K. B. 541, Rex, m. 8.

[*m.* 10 *old numbering* x]

Placita presentaciones coram Iohanne rege Castell' et Legionis (duce Lancastr')[1] Roberto de Wylughby Radulpho de Crombwell' Iohanne Worth' Willelmo Skipwyth' Willelmo de Skipwyth' seniori Willelmo de Wylughby Willelmo Haule Willelmo de Burgh' Iohanne Pouch' Willelmo de Spaigne Thoma de Thymylby Iohanne Hawe Iohanne Wykes Iohanne de Feriby Willelmo Skipwyth' iuniori Roberto de Westmels Willelmo Michell' et Thoma de Brunham iusticiarijs domini regis ad pacem eiusdem domini regis conseruandam necnon ad statuta eiusdem regis apud Wynton' Northampton' et

Westm' edita conseruanda etc. in partibus de Lyndesey in comitatu
Lincoln' assignatis per commissionem dicti domini regis cuius
datum est apud Westm' xx⁰ die Decembris anno regni eiusdem
domini regis Anglie et Francie sexto [1382] ac Roberto de Haldanby
Iohanne de Coton Roberto Wythornwyk' iusticiarijs per associacionem virtute breuium dicti domini regis.

Marg: CANDELSHOWE CALSWATH'

Inquisicio capta apud Partenay coram Roberto de Wylughby
Iohanne de Hagh' et socijs suis custodibus pacis in partibus de
Lyndeseye die Iouis proximo post festum translacionis sancti Thome
martiris anno regni regis Ricardi secundi septimo [9 July 1383]
per sacramentum Willelmi de Scremby de Scremby Iohannis at
Rede Simonis Michell' de Waynflet' Thome Godfray de eadem
Ricardi Dandy de Partenay Willelmi Guerard' de Orreby Alani de
Grenewyk de Ingoldmels Willelmi Warnar' de Malberthorp' Iohannis
de Alford de Welton' Iohannis Belle de Riston' Thome filij Rogeri
de Gayto' Roberti Hacon de Thetilthorp' Thome at Halle de
Frisby iuratorum.

222. Qui dicunt super sacramentum suum quod Iohannes
Godeson' de Malberthorp' die Lune in festo sanctorum Petri et
Pauli anno regni regis Ricardi secundi septimo apud Malberthorp'
domum Gilberti Prentout contra pacem intrauit et Matillem vxorem
contra voluntatem ipsius Gilberti violauit et ipsum Gilbertum minatur ad occidendum contra pacem. (*Marg:* Transgressio.)

J. G. of Mablethorpe, at Mablethorpe, entered the house of G. P., violated
his wife, M., and threatened to kill G.

To be produced before the King's Bench, Hil., Trin. 1397; K. B. 542, Rex,
m. 21d.; 544, Rex, m. 17; in exigend in the King's Bench, Trin. 1397; *ibid.*, 545,
Rex, m. 3.

223. Item dicunt quod dominus Willelmus Strangman de Aleby
capellanus die Lune proximo ante festum translacionis sancti
Thome martiris anno regni regis Ricardi secundi septimo in
Iohannem Broune de Aleby insultum fecit et ipsum verberauit
vulnerauit et male tractauit contra pacem domini regis. (*Marg:*
Transgressio.)

W. S. of Ailby, chaplain, assaulted J. B. of Ailby, beating, wounding,
and maltreating him.

To be produced before the King's Bench, Hil., Trin. 1397; K. B. 542, Rex, m.
21d.; 544, Rex, m. 17; in exigend in the King's Bench, Trin. 1397; *ibid.*, 545, Rex,
m. 3.

224. Item quod Iohannes Godeselaw de Waynflet die Lune
proximo ante primum diem Maij vltimum apud Waynflet vnum
bidentem precij ij s. Willelmi Tomson' furtiue furatus fuit et iij
quarteria carnis eiusdem bidentis asportauit et est communis
latro. (*Marg:* Felonia.)

J. G. of Wainfleet, at Wainfleet, furtively stole a sheep, price 2*s.*, from
W. T. and took away ¾ of the flesh of this sheep; he is a common thief.

In exigend in the King's Bench, Trin. 1396; K. B. 541, Rex, m. 8.

Marg: WRAGHOW

Inquisicio capta apud Horncastre die Mercurij proximo post festum natiuitatis beate Marie virginis anno regni regis Ricardi secundi septimo [9 September 1383] coram Roberto de Wylughby et socijs suis iusticiarijs domini regis de pace in partibus de Lyndeseye per sacramentum Iohannis Biddes de Haynton' Walteri Wryngill' de Houton' Iohannis Curtays de Legsby Ranulphi Baxst' de Wykyngby Gilberti de Kermund Iohannis Smyth' de Staynefeld Walteri Rake de Herdwyke Iohannis Wright' de Haynton' Roberti Curtays de Lissyngton' Petri de Maltby de Fulnetby Roberti de Burton' de Appullay Simonis Est de Burgh' super Bayne.

225. Qui dicunt super sacramentum suum quod quidam Ricardus Hardbene de Estbarkword' communis laborator fuerat requisitus per Robertum Donnay constabularium villate de Estbarkword' ad deseruiendum vicinis de Estbarkword' ad metendum et falcandum pro competente salario die Lune proximo post festum sancti Laurencij anno regni regis Ricardi secundi vij.º Dictus vero Ricardus tanquam rebellis precepti constabularij exiuit villam pro excessiuo salario capiendo eisdem die loco et anno regni regis supradicti ad graue dampnum tocius villate de Estbarkword et contra statutum nuper inde editum. (*Marg:* Transgressio.)

R. H. of East Barkwith, common labourer, being requested by R. D., constable of East Barkwith, to reap in East Barkwith at a reasonable wage, rebelled against the constable and left the village for higher wages to the serious damage of the village.

To be produced before the King's Bench, Hil., Trin. 1397; K. B. 542, Rex, m. 21d.; 544, Rex, m. 17; in exigend in the King's Bench, Trin. 1397; *ibid.*, 545, Rex, m. 3.

Marg: CANDESHOW

Inquisicio capta apud Horncastr' die Mercurij proximo post festum natiuitatis beate Marie virginis anno regni regis Ricardi secundi vijº [9 September 1383] coram Roberto de Wylughb' et socijs suis iusticiarijs domini regis in partibus de Lyndesey per sacramentum Willelmi Hughson' de Skendilby Thome at Halle de Frisby Thome Bernac de Burgh' Iohannis de Stikford de Skegnes Willelmi Gerard de Orreby Willelmi Mann' de Burgh' Willelmi Gunel de Candelsby Alani de Grenewyk de Ingoldmels Iohannis Broun de Wynthrop' Roberti filij Iohannis de eadem Roberti Langar' de Askby et Alani Balle de Stepyng' iuratorum.

226. Qui dicunt super sacramentum suum quod Rogerus Toke cissor manens in Mikelstepyng' exiuit Iohanni Sergeant (fecit finem)¹ (vsque)¹ in Salmanby anno septimo per vj dies tempore autumpnali pro excessu xij d. contra statutum.

R. T., tailor, living in Great Steeping left to serve J. S. (made a fine) at Salmonby for 6 days in the autumn taking in excess 12*d.*

Marg: BOLYNGBROKE

Inquisicio capta apud Horncastre die Mercurij in crastino natiuitatis beate Marie virginis anno regni regis Ricardi secundi septimo [9 September 1383] coram iusticiarijs domini regis de pace per sacramentum Hugonis Tomson' de Hareby Stephani de Pynchebec de Esterkele Iohannis filij Willelmi de Stikford' Willelmi Pereson' de Cibsay Ricardi de Pynchebec de Halton' Willelmi Cote de Stikenay Iohannis Frema' de Westerkele Nicholai de Park' de Kirkby Ricardi Woderofe de Lusseby Walteri Robynson' de Howneby Rogeri at Park Willelmi de Lymbergh' de Ratheby iuratorum.

227.   Dicunt quod vbi quedam communis via vocata Hildyk qua ducit apud Boston' deberet reparari et mundari per villam de Leek et modo non mundatur ita quod dicta via tempore cretine aque multociens ad magnum dampnum tocius communitatis inundatur. (*Marg:* Articulus.)

The public road called Hildyk which leads to Boston ought to be repaired and cleaned by the village of Leake but it is not cleaned so that in time of flood there is serious damage to the whole community.

228.   Item dicunt quod Willelmus de Louthe (error error vacat quia vtlagatus est)[1] quondam seruiens Thome de Saleby persone ecclesie de Enderbymalbuss' die Iouis proximo ante festum omnium sanctorum anno regni regis Ricardi secundi vjto furtiue furatus fuit vnam vlnam panni lanei precij xiiij d. et j baselard' precij viij d. apud Enderby de Matheo de Wrangle tunc seruiente eiusdem Thome.

W. de L. (error; void because he is outlawed), former servant of T. de S., parson of Mavis Enderby, furtively stole an ell of woollen cloth, price 14*d.*, and a dagger, price 8*d.*, at Enderby, from M. de W., servant of the said T.

See below no. 399.

229.   Item dicunt quod Walterus Gouke Willelmus Cook cum alijs iniuste fecerunt xij trencheas de latitudine de xxx pedibus et magne profunditatis super ripam de Withome per quod trencheas cursus aque de Withom intrat et submergit omnes mansiones a Withembank vsque Waynflet' in tam grande dampnum et preiudicium domini ducis Lancastr' domini mariscorum predictorum per quod agistamenta et proficua dicti dominij deteriorantur et quasi adnichillantur et ad dampnum et nocumentum totius patrie adiacentis. (*Marg:* Transgressio.)

W. G., W. C., and others wrongfully dug 12 ditches 30 feet wide and of great depth in the bank of the Witham so that the river submerged all the houses on the bank as far as Wainfleet to the serious damage of the duke of Lancaster, lord of the marshes; thus the agistments and profits of the duke were lost and the adjacent lands damaged.

Both to be produced before the King's Bench, Hil., Trin. 1397; K. B. 542, Rex, m. 21d.; 544, Rex, m. 17; in exigend in the King's Bench, Trin. 1397; *ibid.*, 545, Rex, m. 3.

Marg: HILL'

Inquisicio capta apud Horncastr' die Mercurij proximo post festum natiuitatis beate Marie virginis anno regni regis Ricardi secundi vij° [9 September 1383] coram Roberto de Wyl' et socijs suis iusticiarijs domini regis de pace in partibus de Lyndesey per sacramentum Iohannis de North'thorp' de Sousthorp' Iohannis Stokyth' de Stanesby Henrici Ionson' de Hagworthyngham Roberti Pynd' de Bagenderby Thome de Stanesby de Vynceby Roberti de Dunsthorp' de Hameryngham Alani de Wademyln' de eadem Willelmi de Larthorp' de Scraithfeld Iohannis Warde de Ketilsby Roberti Spirlyng' de Ormesby Roberti Smyth' de eadem Iohannis de Holand de Wrliby iuratorum.

230. Qui dicunt super sacramentum suum quod Willelmus de Skirbec seruiens Albini de Endirby exiuit extra seruicium predicti Albini die Martis proximo post festum sancti Petri quod dicitur aduincula anno vt supra pro maiori salario. (*Marg:* Transgressio.)

W. de S., servant of A. de E., left his service for higher wages.

To be produced before the King's Bench, Hil., Trin. 1397; K. B. 542, Rex, m. 21d.; 544, Rex, m. 17; in exigend in the King's Bench, Trin. 1397; *ibid.*, 545, Rex, m. 3.

Marg: CALSWATH'

Inquisicio capta apud Horncastre die Mercurij proximo post festum natiuitatis beate Marie virginis anno regni regis Ricardi secundi vij° [9 September 1383] coram Roberto de Wylughby et socijs suis iusticiarijs domini regis de pace in partibus de Lyndesey per sacramentum Willelmi Warn' de Malberthorp' Iohannis South'-grist de eadem Roberti Darry de Wyther' Willelmi de Haburgh' Willelmi at Marre Thome filij Gilberti de Vlceby Willelmi Spendloue Roberti Losoward Iohannis Coup' de Claxby Iohannis Smyth' de Totill' Iohannis de Aleby Iohannis at Brig de Malberthorp' Roberti Knyght de Swaby iuratorum.[1]

231. Qui dicunt super sacramentum suum quod Willelmus Smyth'son' de Hotoft et Marg' vxor eius morunt extra villam de Hotoft pro maiori salario capiendo. (*Marg:* Nichil.)

W. S. of Huttoft and M. his wife left Huttoft for higher wages.

Marg: LOUTHESK'

Inquisicio capta apud Horncastr' die Mercurij proximo post festum natiuitatis beate Marie virginis anno regni regis Ricardi secundi vij° [9 September 1383] coram Roberto de Wylughby et socijs suis iusticarijs domini regis de pace in partibus de Lyndesey per sacramentum Roberti de Wylardby Willelmi de Shadworth' Roberti Ionson' de Manby Ricardi de Acres Nicholai de Hagham Willelmi Fisshe Roberti Helwys Willelmi Gikell' Iohannis de Hawordby Andree de Northolm' Iohannis Whiteheued et Iohannis Hudson' iuratorum.

[1] There is an almost illegible marginal note beside this jury list . . . et soc'.

232. Qui dicunt super sacramentum suum quod Iohannes
filius Ricardi Coup' de South'riston' conductus fuit per Ricardum
de Edlyngton' ad seruiendum ei apud Cokeryngto' in officio carectarij et carucarij per terminum vsualem capiendo salario iuxta
formam statuti de laboratoribus et seruientibus editi et prouisi.
Idem Iohannes filius Ricardi in seruicium dicti Ricardi existens
videlicet die Lune proximo post festum decollacionis sancti Iohannis
anno regni regis predicti vjᵗᵒ apud Cokeryngton' extra seruicium
dicti Ricardi contra formam statuti exiuit. (*Marg:* Transgressio.)

J. son of R. C. of South Reston was hired by R. de E. to serve him at
Cockerington as carter and ploughman for the usual term at the legal wage
but J. left before the end of his term.

To be produced before the King's Bench, Hil., Trin. 1397; K. B. 542, Rex, m.
21d.; 544, Rex, m. 17; in exigend in the King's Bench, Trin. 1397; *ibid.*, 545,
Rex, m. 3.

233. Item quod Ricardus Fransman de Burwelle seruiens
prioris de Burwell' extra seruicium dicti prioris apud Burwell'
ante finem termini inter eos concordati recessit scilicet die Lune
proximo ante festum sancti Petri aduincula anno septimo regis nunc.
(*Marg:* Transgressio.)

R. F. of Burwell, servant of the prior of Burwell, left the prior's service
before the end of the term agreed upon between them.

To be produced before the King's Bench, Hil., Trin. 1397; K. B. 542, Rex,
m. 21d.; 544, Rex, m. 17; in exigend in the King's Bench, Trin. 1397; *ibid.*, 545,
Rex, m. 3.

234. Item dicunt quod Gilbertus Wright de Aghthorp' et alij
sunt communes carpentarij et nolunt vti artificio carpenterie nisi
capiant per diem iij d. et prandium suum vbi capere deberunt per
statutum ij d. et sic ceperunt quilibet eorum in excessu per diuersos
vicinos annis predictis videlicet annis primo secundo tercio ante
diem capcionis huius inquisicionis de Galfrido vicario ecclesie de
Manby et alijs de wapentacio de Louth'esk apud Manby Carlton'
et alibi in wappentacio predicto xl d. (*Marg:* Transgressio.)

G. W. of Authorpe and others are common carpenters who refuse to
work except for 3*d.* and food per day, whereas they ought to be paid 2*d.*; each
of them over a period of years in this community has taken 40*d.* in excess
from G., vicar of Manby, and others at Manby, Carlton, and elsewhere in
Louthesk wapentake.

To be produced before the King's Bench, Hil., Trin. 1397; K. B. 542, Rex,
m. 21d.; 544, Rex, m. 17; in exigend in the King's Bench, Trin. 1397; *ibid.*, 545,
Rex, m. 3.

Marg: MAGNA INQUISICIO SOUTHR'

Inquisicio capta apud Horncastre die Mercurij proximo post
festum natiuitatis beate Marie virginis anno regni regis Ricardi
secundi vijᵒ [9 September 1383] coram Roberto de Wylughby et
socijs suis iusticiarijs domini regis de pace in partibus de Lyndeseye
per sacramentum Iohannis Amory Willelmi Leueryk Roberti Tours
Iohannis de Wylughby Nicholai de Baumburgh' Walteri de
Baumburgh' Elie Fraunceys Laurencij Colynson' Willelmi Hardben
Heruy de Raitheby Thome at Welle et Willelmi Daynyll' iuratorum.

F

235. Qui dicunt super sacramentum suum quod Amya filia Iohannis de Sibsay et Margareta Dote ceperunt de Reginaldo Prechorer de Hundilby iiij denarios (diatim)[1] et mensam per viginti dies in autumpno vltimo. (*Marg:* Transgressio.)

A. daughter of J. de S. and M. D. took from R. P. of Hundleby 4*d.* and food per day for 20 days last autumn.

Both to be produced before the King's Bench, Hil., Trin. 1397; K. B. 542, Rex, m. 21d.; 544, Rex, m. 17; in exigend in the King's Bench, Trin. 1397; *ibid.* 545, Rex, m. 3.

236. Item dicunt quod Thomas Hauke et alij contra pacem domini regis die Dominica in festo Pentecostes anno regni regis Ricardi secundi quinto contra pacem domini regis ceperunt anulum arum precij xl d. de Ricardo de Dalby de Lincoln' apud Gret Wollsbrig. (*Marg:* Transgressio.)

T. H. and others took a gold ring, price 40*d.*, from R. de D. of Lincoln at Gret Wollsbrig.

To be produced before the King's Bench, Hil., Trin. 1397; K. B. 542, Rex, m. 21d.; 544, Rex, m. 17; in exigend in the King's Bench, Trin. 1397; *ibid.*, 545, Rex, m. 3.

237. Item dicunt quod ceperunt contra pacem domini regis de Ricardo de Tathewelle Roberto de Hornc' et Iohanne Siklyn de Lincoln' executoribus testamenti Ricardi de Dalby pannos lineos et laneos ollas patellas eneas murras et cocharias ad valenciam xl marcarum. (*Marg:* Transgressio.)

The same also took from 3 men, executors of the will of R. de D., linen and woollen cloth, pots, brass pans, bowls, and spoons valued at 40 marks.

See above no. 236.

238. Item quod William Wyssyndeyne clerk Rogerus Beuc' clerk et William Bouay clerk oue autres a tort veindrount a forte et armes le Dymaigne proschein apres le fest quasi modo geniti lan du roigne le roi Richard syme a Louth' in Iohn' le fitz et heir' Iohn' Roos de Diryngton' chiualer pristeront et lui amenerunt et la meison' Rogeri de Brynkill' et illooqus en prisonerunt et en prison detenerunt tanqil fist mariere a vn Elizabet de Brynkill' mangre le soen per on le dit seigneur Iohn' Roos le pier perdist le mariage de dit Iohn' sou fitz a cos damages de cc lieurs. (*Marg:* Transgressio.)

3 clerks, at Louth, assaulted J. son and heir of J. R., kt., of Dorrington and imprisoned him in the house of R. de B. until the said J. R. would agree to the marriage of his son J. with E. de B.; damages, £200.

W. W. and R. B. to be produced before the King's Bench, Hil., Trin. 1397; K. B. 542, Rex, m. 21d.; 544, Rex, m. 17; in exigend in the King's Bench, Trin. 1397; *ibid.*, 545, Rex, m. 3.

j rotulus

[*m.* 10*d.*]

Marg: LOUTH'ESK'

Inquisicio capta apud Ludam coram Roberto de Wylughby et socijs suis iusticiarijs domini regis de pace die Lune in festo conuersionis sancti Pauli anno regni regis Ricardi nunc septimo [25 January 1384] videlicet super sacramentum Elie Fraunceys Willelmi Shote Thome Haws Ricardi Donnay Roberti Helwys

Roberti Caillesthorp' Willelmi Gykell' Roberti filij Thome de
Welton' Nicholai filij Henrici Willelmi filij Iohannis de Manby
Iohannis Witheuede et Iohannis filij Willelmi de Halyngton'.

239. Qui dicunt super sacramentum suum quod Iohannes
Smyth' iunior de Welton' die Iouis proximo post festum sancti
Michelis anno regni regis Ricardi nunc quarto venit apud Shitbrok'
vi et armis et ibidem insultum fecit Roberto Frost de Saltflethauen'
ipsum verberauit vulnerauit et male tractauit contra pacem domini
regis. (*Marg:* Transgressio.)

J. S., Jr., of Welton [le Wold], at Skidbrook, assaulted R. F. of Saltfleet
Haven, beating, wounding, and maltreating him.
To be produced before the King's Bench, Hil., Trin. 1397; K. B. 542, Rex,
m. 21d.; 544, Rex, m. 17; in exigend in the King's Bench, Trin. 1397; *ibid.*, 545,
Rex, m. 3.

240. Item quod Willelmus Shephirth' seruientus quondam
Iohannis Malbys de Lud' die Lune proximo post festum sancte
Katerine virginis anno regni regis Ricardi Ricardi nunc septimo
venit in campum de Lud' et ibidem furtiue furatus fuit vnum
bidentem Katerine de Thorp' precij viij d. et felonice abduxit.
(*Marg:* Felonia.)

W. S., former servant of J. M. of Louth, at Louth, feloniously stole
a sheep, price 8*d.*, from K. de T.
In exigend in the King's Bench, Trin. 1396; K. B. 541, Rex, m. 8.

Marg: CANDELSHOWE

Inquisicio capta apud Lud' coram Roberto de Wylugh' et
socijs suis iusticiarijs domini regis de pace die Lune in festo conuersionis sancti Pauli anno regni regis Ricardi secundi septimo [25
January 1384] per sacramentum Thome del Rig de Welton' Rogeri
Gardin' de Momby Thome atte Welle de eadem Willelmi at Marre
de Hotoft Thome at Halle de Frisby Ade Smyth' de Malberthorp'
Thome Coup' de Brattoft Iohannis Warde de Candelsby Simonis
de Wikham de Clathorp' Roberti Kygs de Ingoldmels Willelmi
Spendloue de Maltby Hugonis de Besby iuratorum.

241. Qui dicunt super sacramentum suum quod Willelmus
seruiens Iohannis Strangma' de Soterby die Mercurij in festo
natiuitatis sancti Iohannis baptiste vltimo preterito ingressus fuit
domum Iohannis South' de Soterby et ibidem cepit et asportauit
xxij d. contra pacem extra cistam dicti Iohannis. (*Marg:* Transgressio.)

W., servant of J. S. of Sutterby, entered the house of J. South of Sutterby
and took 22*d.* from a chest.
To be produced before the King's Bench, Hil., Trin. 1397; K. B. 542, Rex,
m. 21d.; 544, Rex, m. 17; in exigend in the King's Bench, Trin. 1397; *ibid.*, 545,
Rex, m. 3.

Marg: BURGH'

Inquisicio capta apud Burgh' die Veneris proximo post festum
sancti Mathie apostoli anno regni regis Ricardi secundi septimo

[26 February 1384] coram Roberto de Wylughby et socijs suis iusti-
ciarijs domini regis de pace in partibus de Lyndesey per sacramentum
Iohannis Wace Willelmi Peticlerk' Thome Tours Thome Bernac
Willelmi Tomson' Iohannis de Stikford Willelmi Mann' Thome
Bacst' Philipi Tomson' Iohannis de Bendyk Simonis Michell' Iohannis
Wesilheued iuratorum.

242.   Qui dicunt super sacramentum suum quod Hugo Bakst'
(ponit clericus dampnatur et liberatur gaole episcopi Linc')[1] de de
Waynflet et alij felonice noctanter die Sabbati proximo ante festum
purificacionis beate Marie virginis anno regni regis Ricardi secundi
septimo fregerunt ecclesiam beati Petri apostoli de Burgh' et felonice
asportauerunt et furati fuerunt vnum pixidem de iwor precij xx s.
et duas calices precij viij marcarum j par sotularum argenti alte
crucis in eadem ecclesia precij ij marcarum et annulos argenti precij
xx s. et j marcam argenti in le kirkstok. (*Marg:* Felonia.)

H. B. (pled clergy; convicted; released to the bishop of Lincoln) of
Wainfleet and others feloniously at night broke into the church of St Peter
at Burgh [in the Marsh] and stole an ivory pyx, price 20s., 2 chalices, price
8 marks, a pair of silver shoes from the crucifix on the high altar, price 2
marks, silver rings, price 20s., and 1 mark from the church fund.

Outlawry for failure to appear before the justices of the peace in Lindsey
reported at Louth, 25 Jan. 1384; below, p. 126; tried before the justices of
gaol delivery, 3 March 1384, on indictment before the justices of the peace in Lindsey,
for this offence and no. 401, together with another who was sentenced to be hanged;
et predicti . . . et Hugo filius Ranulphi Bakster separatim dicunt se clericos esse
et inde sine ordinario suo ecclesiastico respondere non debere et tradito eis libro
separatim per curiam legunt vt clerij. Et super hoc venit Reginaldus de Haynton'
decanus Christianitatis Lincoln' gerens vices Iohannis permissione diuina Linc'
episcopi ad quoscumque clericos suos pro quocumque crimine irrititos petendo et
calumpniando. Et virtute litterarum ipsius episcopi quas idem ordinarius hic profert
et quarum datum est apud parcum de Stowe vicesimo sexto die Iulij anno domini
millesimo tricentesimo octogesimo secundo et sue consecracionis vicesimo petit ipsos
tanquam clericos sibi liberari. Et vt sciatur per quam debeant ordinario liberari
inquiratur inde rei veritas per patriam. Ideo veniunt inde iuratores. Iuratores ad
hoc electi triati et iurati dicunt super sacramentum suum quod predicti . . . et
Hugo filius Ranulphi culpabiles sunt de felonijs predictis sibi importis . . . Et quod
predicti . . . et Hugo filius Ranulphi nulla habent catalla terras neque tenementa
etc. Ideo ijdem . . . et Hugo liberantur prefato ordinario (saluo custodia)[1] sub periculo
quod incumbit etc.; G. D. R. 167, m. 68; in exigend in the King's Bench, Trin.
1396; K. B. 541, Rex, m. 8; tried before the King's Bench, Mich. 1396, for no.
401 only, on indictment before the justices of the peace in Lindsey; acquitted;
ibid., 542, Rex, m. 12d.

243.   Item quod Hugo Bakst' (ponit clericus dampnatur et
liberatur) de Waynflet' die Martis proximo post festum sancte
trinitatis anno regis predicti quinto fuit insurrector et voluit
attraxisse domum Walteri Stoteuill' de Waynflet' in Waynflet' et
multos alios. Et quod Hugo Bakst' (ponit clericus etc.)[1] de Waynflet
est communis latro et notorius contra pacem domini regis.

The said H. (pled clergy; convicted; released) was an insurgent and
wished to attack the house of W. S. of Wainfleet and many others; he is
a common thief.

Outlawry for failure to appear before the justices of the peace in Lindsey
reported at Lincoln, 23 Sept. 1383; below, p. 116; see also above no. 242 for
action on him as a felon.

244. Item quod Iohannes Spis' de Waynflet fuit receptor et abbettor Hugonis Bakst' in Waynflet nunc septimana proxima ante festum conuersionis sancti Pauli anno regni regis Ricardi secundi septimo.

J. S. of Wainfleet received and abetted H. B. in Wainfleet.

Marg: LOUTH'ESK CANDELSHOWE CALSWATH'

Inquisicio capta apud Lincoln' coram Roberto de Wylughby et socijs suis iusticiarijs de pace in partibus de Lyndeseye die Martis proximo post festum sancte trinitatis anno regni regis Ricardi secundi septimo [7 June 1384] per sacramentum Willelmi Leueryk' Thome del Ryg' Elie Fraunceys Willelmi Gentill' Thome at Halle Iohannis Skenar Rogeri Gardin' Simonis Aubell' Willelmi Huson' Willelmi Barnardson' (Willelmi Gikel')[1] et Roberti Langar' iuratorum.

245. Qui dicunt super sacramentum suum quod Robertus Swag' de Rughton' sutor felonice interfecit Thomam filium Iohannis Pelson' de Rughton' apud Rughton' die Dominica proximo post festum sancti Iohannis ante portam latinam anno supradicto. (*Marg.* Felonia.)

R. S. of Roughton, cobbler, feloniously killed T. son of J. P. of Roughton, at Roughton.

In exigend in the King's Bench, Trin. 1396; K. B. 541, Rex, m. 8.

246. Item quod Petrus filius Philipi Matte de Cotes in parochia de Kele in die Dominica proximo post festum sancti Iohannis ante portam latinam anno supradicto felonice interfecit Willelmum Walkar de Estirkele apud Cotes predictam et postea fugauit. (*Marg:* Felonia.)

P. son of P. M. of Cotes near Keal feloniously killed W. W. of East Keal at Cotes and fled.

In exigend in the King's Bench, Trin. 1396; K. B. 541, Rex, m. 8.

247. Item quod Iohannes Brene de Aleby et Alicia vxor eius felonice interficerunt Radulphum Noreson' de Aleby apud Aleby die Dominica proximo post festum ascencionis domini anno supradicto. (*Marg:* Felonia.)

J. B. of Ailby and A. his wife feloniously killed R. N. of Ailby, at Ailby. Both in exigend in the King's Bench, Trin. 1396; K. B. 541, Rex, m. 8.

Marg: WRAGHOW HILLE HORNCASTR'

Inquisicio capta apud Lincoln' coram Roberto de Wylughby et socijs suis iusticiarijs domini regis de pace in partibus de Lyndseye die Martis proximo post festum sancte trinitatis anno regni regis Ricardi secundi septimo [7 June 1384] per sacramentum Iohannis Beddes de Haynt' Henrici Horn de Haynton' Roberti Togode de Myntyng' Thome de Stanesby de Wynceby Iohannis filij Radulphi de Maryng' Willelmi Henrison' de Tynton' Inferiori Roberti Champard' de Golesby Iohannis Sturmy de Maru' Radulphi de Grimesby de Stretton' Rogeri de Tetford' de Lissyngton' Iohannis Norththorp' de Susthorp' Henrici Ionson' de Hagworthyngham iuratorum.

248. Qui dicunt super sacramentum suum quod quidam Iohannes Cok' de Ryggesby die Lune proximo post festum sancti Michelis anno regni regis Ricardi secundi septimo apud Fulletby in Iohannem Hannay de Fulletby insultum fecit et ipsum verberauit vulnerauit et male tractauit et alia enormia ei intulit ad graue dampnum ipsius Iohannis et contra pacem domini regis. (*Marg:* Transgressio.)

   J. C. of Rigsby, at Fulletby, assaulted J. H. of Fulletby, beating, wounding, maltreating him, and doing him other injury.
   To be produced before the King's Bench, Hil., Trin. 1397; K. B. 542, Rex, m. 21d.; 544, Rex, m. 17; in exigend in the King's Bench, Trin. 1397; *ibid.*, 545, Rex, m. 3.

249. Item quod quidam Ricardus de Thoresby manens in Hameryngham die Lune proximo post festum annunciacionis beate Marie virginis anno regni regis Ricardi secundi septimo apud Hameryngham in Willelmum Cade de Hameryngham vi et armis insultum fecit verberauit vulnerauit et male tractauit et alia enormia ei intulit ad graue dampnum ipsius Willelmi et contra pacem domini regis. (*Marg:* Transgressio.)

   R. de T. living in Hameringham, at Hameringham, assaulted W. C. of Hameringham, beating, wounding, maltreating him, and doing him other injury.
   To be produced before the King's Bench, Hil., Trin. 1397; K. B. 542, Rex, m. 21d.; 544, Rex, m. 17; in exigend in the King's Bench, Trin. 1397; *ibid.*, 545, Rex, m. 3.

Marg: LOUTHESK'

Inquisicio capta apud Alford die Martis proximo ante (festum)[1] annunciacionis beate Marie virginis anno regni regis Ricardi secundi octauo [21 March 1385] coram Roberto de Wylughby et socijs suis iusticiarijs domini regis de pace per sacramentum Willelmi de Shadworth' Gilberti del Hauen' Andree de Northolm' Willelmi Yerburgh' Roberti Helwys Willelmi White Willelmi Skidbroke Ricardi Donnay Willelmi Spens' Willelmi Galay Laurencij filij Andree et Iohannis Worme iuratorum.

250. Qui dicunt super sacramentum suum quod quidam Philipus atte Hille de South'riston' die Mercurij proximo post quindenam Pasche anno regni regis predicti vij⁰ apud South'riston' cepit et felonice asportauit vnam telam panni lanei rubei et nigri de Willelmo de Skremby ad valenciam xviij s. (*Marg:* Felonia.)

   P. atte H. of South Reston, at South Reston, feloniously stole a breadth of red and black woollen cloth valued at 18*s.* from W. de S.
   In exigend in the King's Bench, Trin. 1396; K. B. 541, Rex, m. 8.

251. Item quod idem Philipus dictis die et anno et loco cepit et felonice asportauit iij cocliaria argenti de dicto Willelmo ad valenciam iij s. (*Marg:* Felonia.)

   The said P. feloniously stole 3 silver spoons valued at 3*s.* from the said W. See above no. 250.

252. Item quod Iohannes Botildson' (finem fecit xx s.)[1] Philipus Fissher (finem fecit xl d.)[1] Robertus Fissher (xij d. finem fecit)[1] Iohannes Eleman (finem fecit xl d.)[1] Rogerus Frawe (finem fecit xij d.) Willelmus Stopworth' (finem fecit ij s.) et alij de Luda piscarij sunt forstallatores piscium et vendiderunt pisces Elie Fraunceys et alijs diebus fororum de Luda et Alford iiij[or] annis elapsis ad quantum excessum et extorcionem populi vnde excessus cuiuslibet super eorum capud.

6 men (made fines) and others, fishermen of Louth, are forestallers of fish; they have sold fish to E. F. and others on market day at Louth and Alford for the last 4 years at excessive prices. The amount each has charged in excess is noted over his name.

J. B., P. F., R. Fissher, and W.S. to be produced before the King's Bench, Hil., Trin. 1397; K. B. 542, Rex, m. 21d.; 544, Rex, m. 17; in exigend in the King's Bench, Trin. 1397; *ibid.*, 545, Rex, m. 3; J. B. to be distrained for failure to appear before the King's Bench, Hil. 1397 and subsequently; *ibid.*, 542, Rex, m. 6d.; 543, Rex, m. 2d.; 544, Rex, m. 12d.; 545, Rex, m. 1; 546, Rex, m. 14d.; 547, Rex, m. 2d.

253. Item quod Iohannes Tomson' de Slotheby et alij die Dominica proximo ante festum ascensionis domini anno supradicto insultum fecerunt Iohanni filio Willelmi Hobson' de Slotheby apud Sloth' ipsum verberauerunt vulnerauerunt et male tractauerunt contra pacem domini regis etc.

J. T. of Sloothby and others assaulted J. son of W. H. of Sloothby, at Sloothby, beating, wounding, and maltreating him.

To be produced before the King's Bench, Hil., Trin. 1397; K. B. 542, Rex, m. 21d.; 544, Rex, m. 17; in exigend in the King's Bench, Trin. 1397; *ibid.*, 545, Rex, m. 3.

Marg: HILLE

Inquisicio capta apud Horncastr' die Lune proximo ante festum sancti Nicholai episcopi coram Roberto de Wylughby et socijs suis custodibus pacis in partibus de Lyndesey anno regni regis Ricardi secundi nono [4 December 1385] per sacramentum Iohannis de Stokkyth' de Stanesby Iohannis de Northorp' de Sousthorp' Thome de Stanesby de Wynceby Henrici Ionson' de Hagworthyngham Iohannis Fechet de Sousthorp' Iohannis Smyth' de Scraythefeld' Alani de Wadmyln Thome Maburgh' de Ormesby Hugonis Iustys de Langton' Willelmi Graunt de Oxcomb Walteri Ilbotson' de Sousthorp' et Ricardi Scotland de Hameryngham iuratorum.

254. Qui dicunt super sacramentum suum quod die Lune proximo post festum omnium sanctorum anno regni regis Ricardi secundi nono Robertus Walche de Moresby iuxta Horncastre venit apud Scrayfeld et furtiue furatus fuit de Iohanne Smyth' de eadem apud Scrayfelde vnum lectionem precij x s. et vnum colebrium precij viij s. (*Marg:* Felonia.)

R. W. of Moorby near Horncastle, at Scrafield, feloniously stole a bed, price 10s., and a coverlet, price 8s., from J. S. of Scrafield.

In exigend in the King's Bench, Trin. 1396; K. B. 541, Rex, m. 8.

Marg: BOLYNGBROK'

Inquisicio capta apud Horncastr' coram Roberto de Wyl' et socijs suis iusticiarijs domini regis de pace in partibus de Lyndesey die Lune proximo ante festum sancti Nicholai anno regni regis Ricardi secundi nono [4 December 1385] per sacramentum Willelmi Boloigne de Stikford' Iohannis Marison' de Haghneby Thome Warn' de Kirkby Iohannis filij Willelmi de Stikford' Stephani Robynson' de eadem Walteri Tomasson' de Spillesby Willelmi de Braitoft de eadem Roberti Ferro' de Hundilby Iohannis North' Stephani at Lathe de Sibsay Iohannis at House de eadem Ricardi Woderofe de Lusseby iuratorum.

255.   Qui dicunt super sacramentum suum quod Ricardus Palfrayman quidam seruiens abbatis de Kirksted' die Dominica proximo ante festum sancti Luce ewangeliste anno regni regis Ricardi secundi septimo felonice interfecit apud Stikeswold Iohannem filium Henrici Cart' de Westerkele seruientem quondam Iohannis Stynt'. (*Marg:* Felonia.)

R. P., servant of the abbot of Kirkstead, at Stixwould, feloniously killed J. son of H. C. of West Keal, former servant of J. S.

In exigend in the King's Bench, Trin. 1396; K. B. 541, Rex, m. 8.

Marg: HORNCASTR'

Inquisicio capta apud Horncastr' coram R. de W. et socijs suis iusticiarijs domini regis de pace in partibus de Lyndeseye die Lune proximo post festum sancti Andree apostoli anno regni regis Ricardi secundi nono [4 December 1385] per sacramentum Henrici Bouch' de Nethertynton' Alani Seriaunt de Holtham' Iohannis filij Radulphi de Maryng' Alani Hardgray de Maru' Simonis Pye de Ouertynton' Henrici filij Roberti de Nether Toynton' Iohannis de Polu' Iohannis Walterson' de Thymylby Willelmi Toly de Wodeendirby Henrici Skynn' de Maru' Iohannis Wylion et Alani Marschall' de Askby iuratorum.

256.   Qui dicunt super sacramentum suum quod Iohannes de Rauendele de Horn' videlicet die Sabbati proximo post festum purificacionis beate Marie virginis anno regni regis Ricardi secundi viij° domum Ricardi Cart' de Horn' in Horncastr' felonice cepit et asportauit sex bussellos London' brasei precij ij s. (*Marg:* Felonia.)

J. de R. of Horncastle feloniously stole 6 bushels of London malt, price 2s., from the house of R. C. of Horncastle, in Horncastle.

In exigend in the King's Bench, Trin. 1396; K. B. 541, Rex, m. 8.

257.   Item quod Iohannes filius Iohannis Denet de Roughton' felonice furatus fuit tres stirkettos etatis trium annorum super Thymylbymore precij xx s. de Thoma de Thymylby videlicet die Dominica in festo Pentecostes anno regni regis Ricardi secundi octauo. (*Marg:* Felonia.)

J. son of J. D. of Roughton feloniously stole 3 heifers, 3 years old, price 20s., from T. de T. at Thimbleby.

In exigend in the King's Bench, Trin. 1396; K. B. 541, Rex, m. 8.

258. Item quod idem Iohannes filius Iohannis Denet de Roughton' furtiue furatus fuit j stirkettum Iohannis Isbelson' barker de Conyngsby precij quinque solidorum super Thymelbymore eodem die et anno et est communis latro. (*Marg:* Felonia.)

The said J. furtively stole 1 heifer, price 5*s*., from J. I., tanner, of Conings-by, at Thimbleby ; he is a common thief.
See above no. 257.

259. Item quod Gilbertus in ye Hirne de Maru' felonice furatus fuit viginti nouem bidentes precij triginta solidorum de abbate de Barlyngs apud Cameryngham die Iouis proxima post festum sancti Michelis (archangeli)[1] anno regni regis Ricardi secundi nono. (*Marg:* Felonia.)

G. in ye H. of Mareham feloniously stole 29 sheep, price 30*s*., from the abbot of Barlings at Cammeringham.
In exigend in the King's Bench, Trin. 1396 ; K. B. 541, Rex, m. 8.

[*endorsed upside down*] Southr'

[*m*. 11 *old numbering* xj]

Marg: LOUTH'ESK'

Inquisicio capta apud Horncastre coram Roberto de Wylugh' et socijs suis iusticiarijs domini regis de pace in partibus de Lyndesey die Lune proximo ante festum sancti Nicholai anno regni regis Ricardi secundi nono [4 December 1385] per sacramentum Elie Fraunceys Willelmi Shadworth' Iohannis del Fenne Roberti Ionson' de Manby Willelmi de Cailesthorp' Simonis Coly de Lud' Andree de North'holm' de Saltfletby Willelmi Walterson' de eadem Willelmi Gikell' Willelmi Auncell' Walteri de Baumburgh' de Coker' Iohannis Champard' de Rokelound' iuratorum.

260. Qui dicunt super sacramentum suum quod Nicholaus filius Roberti Thepell' de Estrasen' die sancti Petri quod dicitur aduincula anno regni regis octauo exiuit seruicium Thome de Farford' de Burwell' sine licencia dicti Thome petita pro mercede maiori capiente contra statutum domini regis. (*Marg:* Transgressio.)

N. son of R. T. of Market Rasen left the service of T. de F. of Burwell without permission, seeking higher wages.
To be produced before the King's Bench, Hil., Trin. 1397 ; K. B. 542, Rex, m. 21d. ; 544, Rex, m. 17 ; in exigend in the King's Bench, Trin. 1397 ; *ibid.*, 545, Rex, m. 3.

261. Item quod Robertus Cowhird' de Cokeryngton' Iohannes Clerk' de eadem venerunt vi et armis apud Ludam die Sabbati proximo ante festum sancti Iohannis ante portam latinam anno regni regis Ricardi secundi viij° et ibidem habuerunt Thomam Skot de Saltflethaue' Iohannem de Ounbiry de Luda et Iohannem Clerk de Saltflethaue' in insidiando corpora eorum interficiendo et (in)[1] dictos Thomam Skot Iohannem Ounbiry et Iohannem Clerk de Saltflethaue' insultum fecerunt verberauerunt vulnerauerunt et

male tractauerunt et alia enormia eisdem intulerunt ad graue dampnum xx librarum et contra pacem etc. (*Marg:* Transgressio.)

R. C. and J. C. both of Cockerington, at Louth, lay in wait to kill **3 men**
whom they assaulted, beat, wounded, and maltreated, doing them **serious**
injury; damages, £20.

Both to be produced before the King's Bench, Hil., Trin. 1397; K. B. 542,
Rex, m. 21d.; 544, Rex, m. 17; in exigend in the King's Bench, Trin. 1397; *ibid.*,
545, Rex, m. 3.

Marg: CANDESHOWE

Inquisicio capta apud Hornc' coram Roberto de Wylugh' et
socijs suis iusticiarijs domini regis de pace in partibus de Lyndeseye
die Lune proximo ante festum sancti Nicholai anno regni regis
Ricardi secundi nono [4 December 1385] per sacramentum Iohannis
Wace Thome Tours Willelmi Peticlerk Walteri Peticlerk' Thome
Bernak' Thome de Swyneshed Willelmi Hughson' Willelmi Gerard'
Thome Ashowe Ricardi Dandy Walteri Bret Ricardi Dandison'
Henrici Skynn' iuratorum.

262.   Qui dicunt super sacramentum suum quod Iohannes
Tomson' de Slotheby cum alijs insultum fecit in cena domini anno
regni regis Ricardi secundi octauo in Ricardum Padmer de Welton'
constabularium et eum vulnerauit verberauit in Welton' contra
pacem domini regis. (*Marg:* Transgressio.)

J. T. of Sloothby with others, at Welton [le Marsh], assaulted R. P. of
Welton, constable, wounding and beating him.

See above no. 253.

Marg: WRAGHOU

Inquisicio capta apud Lincoln' coram Roberto de Wylugh' et
socijs suis iusticiarijs domini regis de pace in partibus de Lyndeseye
die Mercurij in festo sancti Nicholai anno regni regis Ricardi secundi
nono [6 December 1385] per sacramentum Henrici Horn de Haynton'
Iohannis Biddes de eadem Roberti Clerk de Wragby Roberti Pik
de Lissyngton' Rogeri de Tetford de eadem Iohannis Wright de
Haynton' Roberti Wright de Barkworth' Willelmi de Keuermond
Iohannis at Bec de Houton' Iohannis Donnay de Herwyk Radulphi
Baxtere et Petri de Maltby iuratorum.

263.   Qui dicunt super sacramentum suum quod Iohannes de
Tathewille schepherde in Keremund die Iouis proximo post festum
sancti Michelis anno regni regis Ricardi secundi nono felonice furatus
fuit j ouem precij x d. de Iohanne Nelle de Keuermund apud Keremund.   Et dicunt quod est communis fur et latro. (*Marg:* Felonia.)

J. de T., shepherd in Kirmond [le Mire], feloniously stole a sheep, price
10*d.*, from J. N. of Kirmond, at Kirmond; he is a common thief.

In exigend in the King's Bench, Trin. 1396; K. B. 541, Rex, m. 8.

264.   Item dicunt quod Ricardus filius Thome de Sixle et
Iohannes Cook de eadem carpentarij die Dominica proximo post
festum sancti Martini episcopi anno regni regis Ricardi secundi
nono apud Teleby vi et armis insultum fecerunt in Walterum de le
Grene de Teleby et ipsum verberauerunt et vulnerauerunt et sic

semiuiuum eum dimirserunt ita quod de vita sua disperabatur et
alia enormia ei intulerunt ad graue dampnum et contra pacem
domini regis. (*Marg:* Transgressio.)

R. son of T. and J. C. both carpenters of Sixle, at Tealby, assaulted W.
de le G. of Tealby, beating and wounding him and leaving him half dead so
that his life was in danger; and also they did him other serious injury.

Both to be produced before the King's Bench, Hil., Trin. 1397; K. B. 542,
Rex, m. 21d.; 544, Rex, m. 17; in exigend in the King's Bench, Trin. 1397; *ibid.*,
545, Rex, m. 3.

265. Item dicunt quod Thomas Lanke manens apud Toft-
graunge die Dominica proximo post festum omnium sanctorum
anno regni regis Ricardi secundi nono apud Wolseby vi et armis
insultum fecit in Ricardum Derman de Wolseby et ipsum verberauit
vulnerauit et male tractauit ad graue dampnum ipsius Ricardi et
contra pacem domini regis etc. (*Marg:* Transgressio.)

T. L. living in Toft, at Wilksby, assaulted R. D. of Wilksby, beating,
wounding, and maltreating him seriously.

To be produced before the King's Bench, Hil., Trin. 1397; K. B. 542, Rex,
m. 21d.; 544, Rex, m. 17; in exigend in the King's Bench, Trin. 1397; *ibid.*, 545,
Rex, m. 3.

Marg: CANDELSHOWE

Inquisicio capta apud Horncastre die Sabbati proximo ante
festum sancti Gregorij pape anno regni regis Ricardi secundi nono
[10 March 1386] coram Roberto de W et socijs suis iusticiarijs
domini regis de pace in partibus de Lyndeseye per sacramentum
Willelmi Hughson' de Skendilby Ricardi Dandy Thome de Swyneshed de Partnay Willelmi de Thorp' de Skend' Iohannis de Lymme
Roberti Wythyng' de Braitoft Roberti Ionson' de Wynthorp'
Roberti Shaft Roberti Warde de Skend' Roberti Kygs de Ingoldmels
Willelmi Barow de Scremby Willelmi Allatt de Askby iuratorum.

266. Qui dicunt super sacramentum suum quod Rogerus
Smyth' (culpabilis coram iusticiarijs gaole vt patet in le margyn)[1]
de Ingoldmels apud Ingoldmels noctanter vi et armis (die Iouis)[1] in
festo sancti Mathei apostoli (vltimo preterito)[1] Robertum Kygs de
Ingoldmels ad ipsum interficiendum insultum fecit et eundem verberauit et letaliter vulnerauit et male tractauit et ipsum Robertum
mortuum est imandus fugauit. (*Marg:* Rogerus Smyth' de Ingg'
culpabilis est (de felonia)[1] die Veneris proximo post festum sancti
Iacobi anno regni regis Ricardi secundi xiiij° apud Linc' coram W
Thirnyng' Ricardo Sydenham iusticiarijs gaole et ponit ad penam.)

R. S. (guilty; before the justices of gaol delivery) of Ingoldmells, at
Ingoldmells, at night assaulted R. K. of Ingoldmells to kill him; he beat
and fatally wounded and maltreated him and fled leaving R. K. for dead.
See above no. 40.

Marg: WRAGHOWE

Inquisicio capta apud Horncastr' coram Roberto de W et
socijs suis iusticiarijs domini regis de pace in partibus de Lyndeseye
die Sabbati proximo ante festum sancti Gregorij pape anno regni
regis Ricardi secundi nono [10 March 1386] per sacramentum

Rogeri de Tetford Roberti Clerk' Thome de Nouton' Gilberti [atte
Prestes] Henrici at Vikers Ricardi Dandy Simonis West Willelmi de
Kirkton' Iohannis de Bolton' Iohannis Belle Willelmi Wasse Thome
Wright iuratorum.

267.   Qui dicunt super sacramentum suum quod Iohannes de
Rychemond' de Leggisby manens cum monacho de Colow in festo
sancti Nicholai anno regni regis Ricardi ix felonice furatus fuit j
ouem matrix de persona de Hounton' apud Leggisby precij vij d.
(*Marg:* Felonia.)

J. de R. of Legsby, living with a monk of Calcote, feloniously stole a
ewe, price 7*d*., from the parson of Holton [by Beckering], at Legsby.
In exigend in the King's Bench, Trin. 1396; K. B. 541, Rex, m. 8.

268.   Item quod Iohannes filius Alani de Wragby non vult
vigilare in estate vt moris sit in Anglia quando summonitus est per
constabularium ville set est rebellis contra constabularium et
statutum Wynton'. (*Marg:* Transgressio.)

J. son of A. of Wragby, when summoned by the constable, refused to
keep the watch in summer as is the custom in England ; he is a rebel against
the constable and the statute of Winchester.
To be produced before the King's Bench, Hil., Trin. 1397; K. B. 542, Rex,
m. 21d.; 544, Rex, m. 17 ; in exigend in the King's Bench, Trin. 1397 ; *ibid.*, 545,
Rex, m. 3.

269.   Item quod Thomas seruiens Roberti Curtays est communis verberator contra pacem domini regis etc.

T., servant of R. C., is a common disturber of the peace.

Marg: MAGNA INQUISICIO SOUTHR'

Inquisicio capta apud Hornc' die Sabbati proximo ante festum
sancti Gregorij pape anno regni regis Ricardi secundi ix° [10 March
1386] coram Roberto de Wyl' socijs suis iusticiarijs domini regis ad
pacem in partibus de Lyndeseys per sacramentum Willelmi Leueryk
Willelmi Boloigne Iohannis Marison' Thome at Halle Iohannis
Biddes Henrici Horn Iohannis de Maltby Iohannis Woderofe
Willelmi Guerard Iohannis Stokhill' Iohannis Polu' Alani Hardgray
iuratorum.

270.   Qui dicunt super sacramentum suum quod Iohannes
Pichhar' de Mumby waller die Martis proximo post festum sancte
Iuliane virginis anno regni regis Ricardi nunc nono apud Billesby
felonice interfecit Gilbertum Waller' de Mumby. (*Marg:* Felonia.)

J. P. of Mumby, fuller, at Bilsby, feloniously killed G. W. of Mumby.
In exigend in the King's Bench, Trin. 1396; K. B. 541, Rex, m. 8 ; tried before
the King's Bench, Trin. 1396, on indictment before the coroner ; pardoned ; *ibid.*,
m. 20d.

Marg: LOUTHESK'

Inquisicio capta apud Luda' die Veneris proximo post festum
sancti Gregorij pape anno regni regis Ricardi secundi nono [16
March 1386] coram Roberto de Wylughby [et socijs] suis iusticiarijs
domini regis de pace in partibus de Lyndeseye per sacramentum
Elie Fraunceys (de Wythcalle)[1] Roberti Ionson' de Manby Thome

de Polyngton' Roberti Clerk Willelmi Shadworth' [? Roberti]
Auncell' de Somercotes Iohannis del Fenne Iohannis Champard'
Roberti Helwys Walteri de Baumburgh' Willelmi Gikell' Willelmi
Walterson' et Iohannis de Tows iuratorum.

271.   Qui dicunt super sacramentum suum quod Ricardus
Haket de Somercotes cum alijs multis die Dominica proximo ante
festum sancti Gregorij pape anno supradicto apud Yerburgh' noctanter felonice clausum et domos Thome Palmer de Yerburgh'
fregit et dictum Thomam ibidem ligauit et centum solidos monete
et bona et catalla dicti Thome ad valenciam x librarum furtiue
cepit et asportauit.   (*Marg:* Felonia.)
   R. H. of Somercotes with many others, at Yarborough, at night feloniously
broke into the close and houses of T. P. of Yarborough, bound him, and stole
100*s*. and goods valued at £10.
   See above no. 99.

272.   Item dicunt quod dictus Ricardus Haket die Lune proximo ante festum translacionis sancti Thome martiris anno supradicto
apud North'somercotes vnum equum precij xx s. Roberti Aunsell'
de Somercotes furtiue cepit et abduxit.   (*Marg:* Felonia.)
   The said R. H., at North Somercotes, furtively stole a horse, price 20*s*.,
from R. A. of Somercotes.
   See above no. 99.

273.   Item dicunt quod Iohannes de Plesyngton de Luda
taliour et Stephanus Sowtar de Louth' manens in Boston' et alij
die Mercurij proximo ante festum sancti Luce ewangeliste anno
predicti regis Ricardi nono apud Thorphalle iuxta Louth' in Robertum Saper de Lymbergh' ibidem insultum fercerunt et ipsum verberauerunt et vulnerauerunt et xl solidos in pecunia numerata
de predicto Roberto Sap' felonice ceperunt et furtiue asportauerunt.
(*Marg:* Felonia.)
   J. de P., tailor, and S. S. both of Louth, the latter living in Boston, with
others, at [Duns]thorpe near Louth, assaulted R. S. of Limber, beating, wounding, maltreating, and feloniously robbing him of 40*s*.
   Both in exigend in the King's Bench, Trin. 1396 ; K. B. 541, Rex, m. 8.

274.   Item dicunt quod Iohannes Derwente de Vlseby venit
apud Belesby noctanter die Iouis in festo conuersionis sancti Pauli
anno regni regis Ricardi secundi nono vi et armis et ibidem ad diem
et locum supradictos predictus Iohannes fregit clausuram Willelmi
de Belesby militis et cepit Aliciam (de Vlceby)[1] seruientem dicti
Willelmi et eam abduxit extra seruicium dicti Willelmi contra
pacem domini regis et ad graue dampnum dicti Willelmi etc.   (*Marg:*
Transgressio.)
   J. D. of Ulceby, at Beelsby, at night forcibly broke into the close of
W. de B., kt., and abducted A. de U. servant of W. to W.'s damage.
   See above no. 88.

275.   Item quod Iohannes Botikeson' de Luda Robertus Fisher
Willelmus de Stopworth' de Luda die Veneris proximo post festum

sancti Michelis anno predicti regis nono apud Luda' emerunt sex lades de heryng' de seruiente Roberti de Thirnsco quilibet lade pro iiij s. et vendiderunt die Sabbati proximo sequente vnum lade pro viij s. et sic in excessu iiij s. et sic faciunt de die in diem de omnibus piscibus et sunt communes forstallatores in contemptum domini regis etc. (*Marg:* Transgressio.)

3 men at Louth bought 6 loads of herring, at 4*s.* per load, from the servant of R. de T. and then sold each load for 8*s.*; excess, 4*s.*; this they do daily with all kinds of fish; they are common forestallers.

See above no. 252.

Marg: CALSWATH'

Inquisicio capta apud Lud' die Veneris proximo post festum sancti Gregorij pape anno regni regis Ricardi secundi nono [16 March 1386] coram Roberto de Wylughby et socijs suis iusticiarijs domini regis de pace in partibus de Lyndesey per sacramentum Roberti Gay Willelmi de Toutheby Willelmi Hawot Simonis Oubell' Willelmi Aburgh' Iohannis South'grist Willelmi at Marre Thome Was Willelmi Temp' Iohannis Gyuell' Rogeri Gardin' et Thome Baker iuratorum.

276. Qui dicunt super sacramentum suum quod Iohannes Picher waller de Mumby die Martis proximo post festum sancti Petri in cathedra venit in campum de Billesby anno regni regis Ricardi nunc nono et ibidem felonice interfecit Gilbertum Robynson' de Mumby contra pacem etc. (*Marg:* Felonia.)

J. P., fuller of Mumby, at Bilsby, feloniously killed G. R. of Mumby.

See above no. 270. It was for this version of the offence that he was tried.

Marg: CANDELSHOWE

Inquisicio capta apud Horncastr' die Sabbati proximo post festum sancti Gregorij anno regni regis Ricardi secundi decimo [16 March 1387] coram Roberto de Wylughby et socijs suis iusticiarijs domini regis de pace in partibus de Lyndesey per sacramentum Willelmi Hughson' Ricardi Dandy Roberti Greddyk Roberti Spens' Ricardi Randson' Ricardi Ionson' Radulphi de Kelsay Roberti Malynson' Willelmi Coke Willelmi Alanson' Thome Ionson' et Willelmus filij Roberti iuratorum.

277. Qui dicunt super sacramentum suum quod Alicia filia Iohanne Candeler de Welton' est rebellis contra constabularios ville de Welton' . . . per terminum et vbi illa fuit in seruicium Willelmi Hughson' de Skendilby illa exiuit seruicium dicti Willelmi sine licenciam suam et contra statutum domini regis in die Dominica proximo post festum purificacionis beate Marie virginis anno supradicto apud Skendilby. (*Marg:* Transgressio.)

A. daughter of J. C. of Welton [le Marsh] is a rebel against the constables of Welton, refusing to serve by the term; after being hired by W. H. of Skendleby she left his service at Skendleby.

To be produced before the King's Bench, Hil., Trin. 1397; K. B. 542, Rex, m. 21d.; 544, Rex, m. 17; in exigend in the King's Bench, Trin. 1397; *ibid.*, 545, Rex, m. 3.

Marg: HILLE

Inquisicio capta apud Hornc' die Sabbati proximo post festum
sancti Gregorij pape anno regni regis Ricardi secundi decimo [16
March 1387] coram Roberto de Wylugh' et socijs suis iusticiarijs
domini regis de pace in partibus de Lyndeseye per sacramentum
Iohannis de Stokhill' de Stanesby Iohannis de Northorp' Henrici Ionson' de Hagworthyngham Thome Baret Alani at Wadmyln' Willelmi
de Wadmyln' Iohannis de Stikeswold de Ormesby Willelmi de Larthorp' Iohannis filij Roberti Roberti Pie de Bagenderby Iohannis de
Holand de Wolrikby Iohannis de Kirbynto' de Haryngt' iuratorum.

278. Qui dicunt super sacramentum suum quod Ricardus
de Stikford' seruiens Roberti Pye de Bagenderby die Martis proximo
ante festum sancti Stephani anno regni regis Ricardi secundi decimo
domus dicti Roberti dictus Ricardus fregit et exiuit extra seruicium
dicti Roberti contra pacem domini regis etc. (*Marg:* Transgressio.)
R. de S., servant of R. P. of Bag Enderby, broke out of the house of
the said R. and left his service.
To be produced before the King's Bench, Hil., Trin. 1397; K. B. 542, Rex,
m. 21d.; 544, Rex, m. 17; in exigend in the King's Bench, Trin. 1397; *ibid.*, 545,
Rex, m. 3.

279. Item quod Iohanna Shepherd de Claxby quondam seruiens
Iohannis de Northorp' de Sousthrop' die Lune proximo post festum
sancti Iohannis baptiste anno regni regis Ricardi secundi decimo
domus dicti Iohannis fregit et exiuit extra seruicium dicti Iohannis
contra pacem domini [regis]. (*Marg:* Transgressio.)
J. S. of Claxby [Pluckacre], former servant of J. de N. of Sausthorpe,
broke out of the house of the said J. and left his service.
To be produced before the King's Bench, Hil., Trin. 1397; K. B. 542, Rex, m.
21d.; 544, Rex, m. 17; in exigend in the King's Bench, Trin. 1397; *ibid.*, 545,
Rex, m. 3.

280. Item quod Alicia de Sodilton' seruiens Alani de Wadmyln'
de Hameryngham die Lune proximo post festum sancti Martini
anno regni regis Ricardi secundi nono domus dicti Alani dicta
Alicia fregit et exiuit extra seruicium dicti Alani contra pacem
domini [regis]. (*Marg:* Transgressio.)
A. de S., servant of A. de W. of Hameringham, broke out of the house
of the said A. and left his service.
To be produced before the King's Bench, Hil., Trin. 1397; K. B. 542, Rex,
m. 21d.; 544, Rex, m. 17; in exigend in the King's Bench, Trin. 1397; *ibid.*, 545,
Rex, m. 3.

281. Item quod Agnes Cose seruiens Iohannis filij Roberti de
Haworthyngham die Veneris proximo post festum sancte Margarete
virginis anno regni regis Ricardi secundi nono extra seruicium dicti
Iohannis et exiuit contra pacem domini regis et formam statuti etc.
A. C., servant of J. son of R. of Hagworthingham, left the service of
the said J.
To be produced before the King's Bench, Hil., Trin. 1397; K. B. 542, Rex,
m. 21d.; 544, Rex, m. 17; in exigend in the King's Bench, Trin. 1397; *ibid.*, 545,
Rex, m. 3.

ij rotulus

[*m.* 11*d.*]

Marg: GAIRETRE

Inquisicio capta apud Hornc' die Sabbati proximo post festum sancti Gregorij pape anno regni regis Ricardi secundi decimo [16 March 1387] coram Roberto de Wylughby et socijs suis custodibus pacis in partibus de Lyndeseye per sacramentum Roberti Togode de Myntyng' Iohannis de Maltby de Edlyngton' Roberti Ionson' de Baumburgh' Thome de Berkwode Willelmi Tonesson' de Tatishall' Iohannis Brynkill' Iohannis de Kyngston' de Belt' Roberti Champard' de Golseby Rogeri Ionson' de Stretto' Thome Isbelson' de Scriuylby Willelmi Forma' de Stikeswold' Thome Smith' de Scamylsby iuratorum.

282. Qui dicunt quod Willelmus de Aleby capellanus et Iohannes Colle (fecit finem)[1] de Luthford' die Sabbati in festo purificationis beate Marie virginis anno regni regis Ricardi secundi decimo apud Luthford' in Willelmum filium Nicholai de Houton' de Dunyngton' ex malicia precogitata insultum fecerunt et ipsum verberauerunt vulnerauerunt et male tractauerunt et ipsum maiheimauerunt contra pacem domini regis ita quod de vita eius a pluribus disperabatur.

W. de A., chaplain, and J. C. (made a fine) of Ludford, at Ludford, assaulted W. son of N. de H. of Donington [on Bain] with malice aforethought, beating, wounding, maltreating him, and committing mayhem against him so that his life was in danger.

For W. de A. see above no. 223 ; J. C. to be produced before the King's Bench, Hil., Trin. 1397 ; K. B. 542, Rex, m. 21d. ; 544, Rex, m. 17 ; in exigend in the King's Bench, Trin. 1397 ; *ibid.*, 545, Rex, m. 3 ; made a fine before the King's Bench, Mich. 1397, for 1 mark ; *ibid.*, 546, Fines, m. 2.

Marg: BOLYNGBROK

Inquisicio capta apud Hornc' die Sabbati proximo post festum sancti Gregorij pape anno regni regis Ricardi secundi decimo [16 March 1387] coram Roberto de Wylugh' et socijs suis custodibus pacis in partibus de Lyndeseye per sacramentum Roberti de Tetford de Estirkele Simonis de Stalyngburgh' Simonis at Fenne de Halton' Philipi Hughson' de Toynton' Stephani at Lathe Iohannis at Housse Ranulphi de Smalnay Iohannis North' de Bolyngbroke Iohannis Symond de Endirby Ricardi Woderoue de Lusseby Iohannis Godrik Iohannis de Maltby de Estirkele iuratorum.

283. Qui dicunt quod Iohanna Leueryk de Cibsay et alij die Martis proximo post festum sancti Michelis arcangeli vltimo elapso noctanter felonice furati fuerunt xviij aucus precij iij s. de Iohanna at Lathe de Cybsay apud Cibsay. Et quod est communis latro et communis furata bouum et equorum. (*Marg:* Felonia.)

J. L. of Sibsey and others at night feloniously stole 18 geese, price 3*s.*, from J. at L. of Sibsey, at Sibsey ; she is a common thief, especially of oxen and horses.

In exigend in the King's Bench, Trin. 1396 ; K. B. 541, Rex, m. 8.

284. Item dicunt quod Walterus Howlynson' et Willelmus filius Thome Colt de Waynflete per preceptum Iohannis at Halle de Waynflete vi et armis et contra communem assensum patrie quamdam trencheam super fossatum maris apud Wayneflete vocatum le Damme fecerunt tercio die Februarij vltimo preterito per quam trencheam flumen maris intrauit submersit et deuastauit mariscum de Bolyngbroke necnon prata pasturas villatarum de Thorp' Stepyng' Toynton' Kele Stikford' Stikenay Sibsay et ceterarum villatarum adiacencium ad graue dampnum domini ducis et aliorum dominorum et tenentium suorum in patria illa comorantum contra pacem. (*Marg:* Transgressio.)

W. H. and W. son of T. C. of Wainfleet, on order of J. at H. of Wainfleet forcibly and against the common wish, dug a ditch through the sea wall at Wainfleet called *le Damme* so that the sea water came in and submerged and ruined Bolingbroke marsh and the pastures of Thorpe [St Peter], [Little] Steeping, Toynton, Keal, Stickford, Stickney, Sibsey, and other adjacent villages to the serious damage of the duke [of Lancaster] and other lords and their tenants in the neighbourhood.

Both to be produced before the King's Bench, Hil., Trin. 1397; K. B. 542, Rex, m. 21d.; 544, Rex, m. 17; in exigend in the King's Bench, Trin. 1397; *ibid.*, 545, Rex, m. 3; W. H. made a fine before the King's Bench, Mich. 1397, for ½ mark; *ibid.*, 546, Fines, m. 1.

Marg: Soka de Horncastr'

Inquisicio capta apud Horncastr' coram Roberto de Wylugh' et socijs suis custodibus pacis in partibus de Lyndeseye die Sabbati proximo post festum sancti Gregorij pape anno regni regis Ricardi secundi decimo [16 March 1387] per sacramentum Hankyn Skynn' de Maru' Walchini Penne de eadem Iohannis Wright de eadem Iohannis de Burgh' de Endirby Iohannis Hughson' de Conyngesby Galfridi Porter de Moreby Simonis Bosse de Maryng' Simonis Pye de Ouertynton' Henrici Robertson' de Toynton' Neth' Iohannis filij Walteri de Thymylby Iohannis de Polu' de eadem et Thome Dauweson' de Askby iuratorum.

285. Qui dicunt quod Willelmus Hyrde de Conyngisby die Iouis proximo post festum sancti Michelis anno regni regis Ricardi decimo apud Wyldemor cepit et felonice abduxit ij iuuenculas de Iohanne Cok' seruiente Simonis de Thorp' de Conyngisby precij viij s. etc. (*Marg:* Felonia.)

W. H. of Coningsby, at Wildmore, feloniously stole 2 heifers, price 8*s.*, from J. C., servant of S. de T. of Coningsby.

In exigend in the King's Bench, Trin. 1396; K. B. 541, Rex, m. 8.

Marg: Calswath'

Inquisicio capta apud Ludam die Veneris proximo ante festum anunciacionis beate Marie virginis anno regni regis Ricardi secundi x^{mo} [22 March 1387] coram Roberto de Wylughby et socijs suis custodibus pacis in partibus de Lyndeseye per sacramentum Willelmi White de Gayton' Iohannis South'grist Iohannis Ieuell' senioris Iohannis Ieuell' iunioris Thome de Vlseby Roberti Sisson' Thome

G

Seriant Iohannis Millisaunt Roberti Herr' Simonis Oubell' Iohannis Robertson' de Trusthorp' et Roberti Ientill' iuratorum.

286.   Qui dicunt quod quidam Willelmus de Heston' et Cristiana vxor eius die Mercurij proximo ante festum sancti Gregorij pape vltimo preterito in campo de Gayton' felonice interfecerunt Laurencium Wallyman ipsum depredando de vna marca et inde fugierunt. Catalla nulla. (*Marg:* Felonia.)

W. de H. and C. his wife, at Gayton [le Marsh], feloniously killed L. W., robbing him of a mark and fleeing ; they have no chattels.
Both in exigend in the King's Bench, Trin. 1396 ; K. B. 541, Rex, m. 8.

287.   Item dicunt quod Iohannes Carman de Calthorp' iuxta Legburn' die Dominica proximo post festum conuersionis sancti Pauli vltimo apud Legburn' interfecit Iohannem Tychr' de North'- riston' noctanter et inde fugauit. Catalla nulla. (*Marg:* Felonia.)

J. C. of [Little] Cawthorpe near Legbourne, at Legbourne, feloniously killed J. T. of North Reston at night and fled ; he has no chattels.
In exigend in the King's Bench, Trin. 1396 ; K. B. 541, Rex, m. 8.

288.   Item quod Iohannes Shake de Thetilthorp' tailour non vult operari tempore autumpnali infra predictam villam licet iuratus sit per constabularios et de dicta villa recessebat autumpno vltimo preterito pro maiori et excessiuo salario capiendo et contra iuratum suum. (*Marg:* Transgressio.)

J. S. of Theddlethorpe, tailor, is unwilling to work in the village in the autumn as he had sworn to do before the constables ; he left the village for a higher wage and against his oath.
To be produced before the King's Bench, Hil., Trin. 1397 ; K. B. 542, Rex, m. 21d. ; 544, Rex, m. 17 ; in exigend in the King's Bench, Trin. 1397 ; *ibid.*, 545, Rex, m. 3.

Marg: Louth'esk'

Inquisicio capta apud Luda' die Veneris proximo post festum sancti Benedicti abbatis anno regni regis Ricardi secundi post conquestum Anglie decimo [22 March 1387] coram Roberto de Wylughby et socijs suis iusticiarijs domini regis ad pacem per sacramentum Roberti Ionson' de Manby Iohannis de Danthorp' de Cokeryngton' Gilberti del Hauen' Willelmi Whatson' de Saltfletby Nicholai Henrison' de Carlton' Roberti de Cailesthorp' de eadem Iohannis Champarde de Rokelound Andree de Northholm' de Saltfletby Roberti Day de Carlton' Willelmi Iekill' de Yerburgh' Ricardi Donnay et Roberti Helwys de Aghthorp' iuratorum.

289.   Qui dicunt quod dominus Willelmus Strangman capellanus de Aleby et Iohannes Cole de Langlontforth' in vigilia purificacionis beate Marie virginis vltimo elapsa noctanter iacuerunt in campo de Wykame insidiauerunt Willelmum filium Nicholai de Donyngton' et Iohannem Clerk' de Wykam et in eos insultum fecerunt male verberauerunt vulnerauerunt contra pacem.

W. S., chaplain of Ailby, and J. C. of Ludford, at Wykeham, lay in wait for W. son of N. of Donington and J. C. of Wykeham, assaulting, beating, and wounding them.
See above nos. 223, 282.

290. Item quod dominus Willelmus de Fournes capellanus furatus fuit felonice vnum calicem apud Markeby precij xl s. videlicet die Dominica proximo post festum conuersionis sancti Pauli apostoli anno supradicto. (*Marg:* Felonia.)

W. de F., chaplain, feloniously stole a chalice, price 40s., at Markby.
In exigend in the King's Bench, Trin. 1396; K. B. 541, Rex, m. 8.

291. Item dicunt quod Ricardus de Stretton' de Luda die Dominica proximo post festum sancti Gregorij pape anno vt supra dictum Willelmum de Fournes receptauit apud Luda' sciens dictum Willelmum dictam feloniam fecisse. (*Marg:* Felonia.)

R. de S. of Louth received the said W. de F., knowing he had committed the felony.
In exigend in the King's Bench, Trin. 1396; K. B. 541, Rex, m. 8.

292. Item dicunt quod ijdem dominus Willelmus de Fournes capellanus furatus fuit felonice alium calicem in ecclesia de Hannay precij ij marcarum videlicet die Lune proximo ante festum purificacionis beate Marie virginis anno regni regis Ricardi secundi post conquestum Anglie x°. (*Marg:* Felonia.)

The said W. feloniously stole a chalice, price 2 marks, from the church at Hannah.
See above no. 290.

293. Item quod Iohannes Botileson de Luda est communis forstallator (Philipus Fissh' de Luda Willelmus de Stafforth' et alij sunt communes forstallatores)[1] piscium emptorum de Iohanne de Rasen Roberto Rede Radulpho Cheryng' multis alijs venientibus ad forum de Lud' ad magnum dampnum tocius populi et sic fecerunt die Sabbati proximo post festum epiphanie domini et continuane vsque in hunc diem et fecerunt modo quo supra. (*Marg:* Transgressio.)

J. B. of Louth, P. F. of Louth, W. de S., and others are common forestallers of fish bought from 3 men and many others and sold in the market at Louth to the great damage of the people; they do this continuously.
See above no. 252.

Marg: WRAGHOWE

Inquisicio capta apud Ludam coram Roberto de Wylugh' et socijs suis iusticiarijs domini [regis] ad pacem die Veneris proximo ante festum anunciacionis beate Marie virginis anno regni regis Ricardi secundi post conquestum decimo [22 March 1387] per sacramentum Henrici Horn Roberti Stiword Thome de Neuton' Iohannis Smyth' Willelmi at Graung' Roberti Stouris Iohannis Turno' Gilberti at Prestys Ricardi Fele Henrici Vekeris Iohannis Wright' et Thome Williamson' iuratorum.

294. Qui dicunt quod Robertus Waru' de Leggisby capellanus die Mercurij ante festum cathedre sancti Petri anno regni regis Ricardi secundi post conquestum decimo ecclesiam prioris sancte Katerine extra Lincoln' fregit et intrauit et ibidem furatus fuit ij

calices et felonice asportauit valoris ij marcarum etc. (*Marg:* Felonia.)

R. W. of Legsby, chaplain, broke into the church of the prior of St Katherine, Lincoln, and stole 2 chalices valued at 2 marks.

See above no. 102.

Marg: CALEWATH'

Inquisicio capta apud Ludam die Mercurij proximo post festum translacionis sancti Thome martiris anno regni regis Ricardi secundi xj° [10 July 1387] coram Roberto de Wylughby et socijs suis iusticiarijs domini regis de pace in partibus de Lyndeseye per sacramentum Radulphi de Thoresthorp' Willelmi de Toutheby Willelmi Hawet Willelmi White de Gayton' Iohannis Ieuyll' Iohannis de Beseby Iohannis at Gate de Sutton' Iohannis Millisant de Withun' Roberti de Bondesby Ricardi Gentill' de Gayton' et Thome de Alford' iuratorum.

295. Qui dicunt quod Iohannes Beldge chapman de Billesby die Dominica in festo translacionis sancti Thome martiris anno supradicto in campo de Billesby vi et armis insultum fecit Margarete de Cane de Alford' ipsam verberando vulnerando videlicet de vita sua disperabatur contra pacem domini regis et inde ipsam depredando de vno linthiamine precij viij d. et est communis latro sotularium in foris et gallinarum. (*Marg:* Felonia.)

J. B., merchant of Bilsby, at Bilsby, assaulted M. de C. of Alford, beating and wounding her so that her life was in danger, and robbing her of a sheet, price 8*d.*; he is a common thief of shoes and poultry.

In exigend in the King's Bench, Trin. 1396; K. B. 541, Rex, m. 8.

296. Item dicunt quod Dionisia vxor dicti Iohannis die Mercurij proximo post festum natiuitatis sancti Iohannis baptiste anno regni regis Ricardi secundi xj^mo apud Alford' in domo Iohannis Wadster de eadem furtiue cepit vnum linthiamen nouum precij xij d. et vnam peciam velorum precij ij s. de Waltero Tipscheh' et est communis latro sotularium in foris de Alford et gallinarum in Billesby. (*Marg:* Felonia.)

D. wife of the said J., at Alford, in the house of J. W. of Alford, furtively stole a new sheet, price 12*d.*, and a piece of velvet, price 2*s.*, from W. T.; she is a common thief of shoes at Alford and poultry at Bilsby.

In exigend in the King's Bench, Trin. 1396; K. B. 541, Rex, m. 8.

297. Item quod Edmundus vicarius ecclesie de Saleby in die Dominica sancte trinitatis anno regni regis Ricardi secundi x° venit apud Thoresthorp' vi et armis videlicet lorica armatus cum baculo et cultello et de seruientibus Radulphi de Thoresthorp' cepit tantum lac quantum venit de xx vaccis precij xx d. et inde asportauit et sic in qualibet die durante tunc habet et oclupat contra voluntatem dicti Radulphi et contra pacem domini regis et (est)[1] communis noctiuagus et perturbator pacis. (*Marg:* Transgressio.)

E., vicar of Saleby, came armed to Thoresthorpe and from the servants of R. de T. took as much milk as is given by 20 cows, price 20*d.*; he is a common night vagrant and disturber of the peace.

See above no. 215.

298.   Item dicunt quod dictus Edmundus anno regni regis
Ricardi secundi in festo Pentecostes habuit cameram suam de Saleby
fraicam et inde habuit asportatum vnum lectum integrum precij xx
s. et vnam clocam et vnum iopim precij x s. et vnam petram lane
precij iij s. et dictus Edmundus sequebatur dicta catalla qua ea
inuenit in campo de Saleby fugata et ea resuiuit in proprium vsum
habens et minatus erat Radulphum de Thoresthorp' vnde petit
remedium secundum legem.

The said E. took to his chamber at Saleby a bed, price 20*s.*, a cloak and
a tunic, price 10*s.*, and a stone of wool, price 3*s.* ; he appropriated these goods
to his own use and threatened R. de T. if the latter sought legal redress.
See above no. 215.

[*m.* 12 *old numbering* xij]

Marg: LOUTH'ESK'

Inquisicio capta apud Ludam die Mercurij proximo post festum
translacionis sancti Thome martiris anno regni regis Ricardi secundi
xj° [10 July 1387] coram Roberto de Wylughby et socijs suis
iusticiarijs domini regis ad pacem per sacramentum Elie Fraunceis
Thome Hewet Ricardi Donnay de Kedyngton' Iohannis de Danthorp'
de Coker' Hugonis Cokkar' de Aghthorp' Iohannis de Wylardby de
Lud' Iohannis de Hawordby de Halyngton' Iohannis Vmfrayson' de
Burwell' Willelmi Whatson' de Saltfletby Willelmi filij Walteri de
Tachewelle Galfridi de Houton' de Coker' Roberti Clerk de Saltfletby
iuratorum.

299.   Qui dicunt quod Nicholaus filius Iohannis de Bokyngham
de Somercot' seruiens et apprenticius per septem annos Thome de
Aghthorp' de Luda die sancti Petri aduincula anno regni regis
Ricardi secundi viij° recessit a seruicio dicti Thome infra terminum
suum per quinque annos sine causa racionabili. (*Marg:* Transgressio.)

N. son of J. de B. of Somercotes, servant and apprentice for 7 years
to T. de A. of Louth, left the service of the said T. after 2 years without
cause.
To be produced before the King's Bench, Hil., Trin. 1397 ; K. B. 542, Rex,
m. 21d. ; 544, Rex, m. 17 ; in exigend in the King's Bench, Trin. 1397 ; *ibid.*, 545,
Rex, m. 3.

300.   Item quod Iohannes Cok de Schupholm' et Thomas de
Schupholm' capellanus in festo ascencionis domini anno regni regis
Ricardi secundi x° apud Witkall' Iohannem Mason' de Luda et
Matillem vxorem eius vi et armis insultum fecerunt et ipsos verberauerunt et vulnerauerunt et Willelmum de Schupholm' seruientem
dicti Iohannis Mason' vi et armis ceperunt et abduxerunt contra
pacem domini regis etc. (*Marg:* Transgressio.)

J. C. of Schupholm and T. de S., chaplain, at Withcall, assaulted J. M. of
Louth and M. his wife, beating and wounding them, and abducting W. de S.,
servant of J. M.
J. C. to be produced before the King's Bench, Hil., Trin. 1397 ; K. B. 542,
Rex, m. 21d. ; 544, Rex, m. 17 ; in exigend in the King's Bench, Trin. 1397 ; *ibid.*,

545, Rex, m. 3; T. de S. to be produced before the King's Bench, Hil. 1397; *ibid.*, 542, Rex, m. 21d.; made a fine before the King's Bench, Mich. 1396, for 2 marks; *ibid.*, Fines, m. 2.

Marg: WRAGHOWE

Inquisicio capta apud Horncastre coram Roberto de Wyl' et socijs suis iusticiarijs domini regis de pace die Iouis proximo post festum translacionis sancti Thome martiris anno regni regis Ricardi secundi post conquestum xj⁰ [11 July 1387] per sacramentum Roberti Stiward Iohannis Wright Ricardi Lamb Iohannis de Croxby Ricardi Mustard Roberti Curtays Petri Douce Walteri Rak Henrici at Vikeres Edwardi Personneue Thome filij Willelmi et Willelmi Mustell' iuratorum.

301.   Qui dicunt super sacramentum suum quod Willelmus Clerk de Leggisby die Lune in festo sancti Iohannis baptiste anno regni regis Ricardi secundi post conquestum x⁰ domum domini Roberti vicarij de Leggisby fregit apud Leggisby et felonice furatus fuit et asportauit ij maseris superauratis vj cocliaria argenti j sigillum argenti j iacke defens precij xx s. etc. (*Marg:* Felonia.)

W. C. of Legsby broke into the house of R., vicar of Legsby, at Legsby, and feloniously stole 2 gilded bowls, 6 silver spoons, a silver seal, and armour, price 20s.

In exigend in the King's Bench, Trin. 1396; K. B. 541, Rex, m. 8.

302.   Item dicunt quod Robertus Barbo' capellanus de Langwath' manens apud Houton' in le Mor die Lune proximo ante festum sancti Michelis anno regni regis Ricardi secundi x⁰ apud Langwath' insultum fecit Iohanni Spitelma' de Langwath' et predictum Iohannem et seruientes suos verberauit vulnerauit et male tractauit ad dampnum et pudorem etc. et contra pacem domini regis etc. (*Marg:* Transgressio.)

R. B., chaplain, of [East] Langworth living in Holton le Moor, at Langworth, assaulted J. S. of [East] Langworth, beating, wounding, and maltreating him and his servants.

To be produced before the King's Bench, Hil., Trin. 1397; K. B. 542, Rex, m. 21d.; 544, Rex, m. 17; in exigend in the King's Bench, Trin. 1397; *ibid.*, 545, Rex, m. 3; made a fine before the King's Bench, Mich. 1397, for 40d.; *ibid.*, 546, Fines, m. 1.

Marg: CANDELSHOWE

Inquisicio capta apud Hornc' die Iouis proximo post festum translacionis sancti Thome martiris anno regni regis Ricardi secundi xj⁰ [11 July 1387] coram Roberto de Wyl' et socijs suis iusticiarijs domini regis de pace per sacramentum Thome at Halle de Frisby Roberti Whiotson' de Croft Thome de Swynshed Ricardi Dandy Thome Coup' de Braitoft Roberti de Greddyk Iohannis de Gylyngham Iohannis Bond Iohannis Moller de Burgh' Iohannis Westryn de Scremby Wydonis Palm' Iohannis Groun iuratorum.

303.   Qui dicunt quod Iohannes Beke (fecit finem)¹ morans in Skendilby est rebellis contra constabularios de Skendilby. (*Marg:* Transgressio.)

J. B. (made a fine) living in Skendleby is a rebel against the constables of Skendleby.

Made a fine before the King's Bench, East. 1396, for 40*d.*; K. B. 540, Fines, m. 3d.

304.   Item dicunt quod Iohannes filius Radulphi de Stepyng' est rebellis contra constabularios de Stepyng'. (*Marg:* Transgressio.)

J. son of R. of [Great] Steeping is a rebel against the constables of [Great] Steeping.

To be produced before the King's Bench, Hil., Trin. 1397; K. B. 542, Rex, m. 21d.; 544, Rex, m. 17; in exigend in the King's Bench, Trin. 1397; *ibid.*, 545, Rex, m. 3.

Marg: GAIRETRE

Inquisicio capta apud Hornc' die Iouis proximo post festum translacionis sancti Thome martiris anno regni regis Ricardi secundi xj° [11 July 1387] coram Roberto de Wylugh' et socijs suis iusticiarijs domini regis ad pacem per sacramentum Fouk de Sutton' Roberti (West)[1] de Bondby[1] Iohannis Woderoue de Tatershall' Hugonis Tours de Edlyngto' Thome Isbelson' de Screuilby Iohannis Pape de Thornton' Willelmi de Foletby de Skamylsby Roberti Ionson' de Baumburgh' Iohannis Wright de Kirkby super Bayne Rogeri Fraunceys de Horsyngt' Lamberti Fele de Baumburgh' Thome Glou' de Rught' iuratorum.

305.   Qui dicunt quod Thomas Smyth' de Randby est rebellis contra pacem do[mini] regis et non vult iusticiari cum constabularijs ville de Randby.

T. S. of Ranby is a rebel and refuses to take the oath before the constables of Ranby.

To be produced before the King's Bench, Hil., Trin. 1397; K. B. 542, Rex, m. 21d.; 544, Rex, m. 17; in exigend in the King's Bench, Trin. 1397; *ibid.*, 545, Rex, m. 3.

306.   Item quod Elena filia Ricardi Cart' de Lud' [seruiens] Iohannis de Norby de Baumburgh' die Lune proximo post festum sancte Elene anno regni regis Ricardi secundi decimo extra seruicium dicti [Iohannis] exiuit contra pacem domini regis et formam statuti.

E. daughter of R. C. of Louth, servant of J. de N. of Baumber, left the service of the said J.

To be produced before the King's Bench, Hil., Trin. 1397; K. B. 542, Rex, m. 21d.; 544, Rex, m. 17; in exigend in the King's Bench, Trin. 1397; *ibid.*, 545, Rex, m. 3.

307.   Item dicunt quod Iohannes Coke de Golteby et Willelmus Coke frater eius venerunt in campum de Markedstaynton' die Iouis in septimana Pentecostes anno regni regis Ricardi secundi xj° et j bouem tres equos precij xxv s. felonice ceperunt et abduxerunt vsque Sotby. (*Marg:* Felonia.)

J. C. of Goulceby and W. C. his brother, at Market Stainton, feloniously stole an ox and 3 horses, price 25*s.*, and took them to Sotby.

Both in exigend in the King's Bench, Trin. 1396; K. B. 541, Rex, m. 8.

[1] Read *Ranby.*

308. Item quod Iohannes de Leggesby de Rothewelle die Sabbati in festo sancte Marie Magdalon' anno regni regis Ricardi secundi octauo apud Cast' in Lyndesay vnum par sotularium nouum precij vj d. felonice cepit et asportauit. (*Marg:* Felonia.)

J. de L. of Rothwell, at Caistor in Lindsey, feloniously stole a pair of new shoes, price 6d.

Tried before the justices of gaol delivery, 27 July 1388, on indictment before the justices of the peace in Lindsey for this offence and two others; acquitted; the shoes were stolen from Henry Soutere; G. D. R. 177, m. 63; in exigend in the King's Bench, Trin. 1396; K. B. 541, Rex, m. 8.

Marg: BOLYNGBROKE

Inquisicio capta apud Horncastr' die Iouis proximo post festum translacionis sancti Thome martiris anno regni regis Ricardi secundi xj° [11 July 1387] coram Roberto de Wyl' et socijs suis iusticiarijs domini regis de pace in partibus de Lyndeseye per sacramentum Alani Williamson' de Stikenay Thome de Quadryng' Iohannis Broket de Stikenay Simonis at Fenne Thome de Maltby de Halton' Stephani at Lathe de Sibsay Iohannis North' de Bolyngbrok' Iohannis Symond de Endirby Iohannis de Maltby de Estirkele Willelmi at Welle de Toynton' Ricardi at Kirk de Mychyngesby et Willelmi Chalon' de Spillesby iuratorum.

309. Qui dicunt quod Robertus Heryngman (quietus est per inquisicionem apud Lincoln' die Veneris proximo post festum sancti Iacobi apostoli anno regni regis Ricardi secundi xiiij° coram Willelmo Thirnyng' Ricardo Sydenham iusticiarijs gaole ibidem assignatis)[1] de Kirkby die Martis proximo post festum decollacionis sancti Iohannis baptiste anno regni regis Ricardi secundi nono felonice furatus fuit frumentum in spicis et garbis existens de Roberto Bere de Michyngesby apud Kirkby precij xl d. (*Marg:* Felonia Robertus Heryngma' quietus est per inquisicionem coram iusticiarijs gaole vt patet super eius capud.)

R. H. (acquitted at Lincoln before the justices of gaol delivery) of [East] Kirkby feloniously stole grain, on the ear and in sheaves, price 40d., from R. B. of Miningsby.

Tried before the justices of gaol delivery, 31 July 1390, on indictment before the justices of the peace in Lindsey; acquitted; G. D. R. 177, m. 72d.

310. Item dicunt quod Iohannes Gardin' capellanus est communis noctiuagus et explorator que dicta sunt in domibus de Stikenay noctanter.

J. G., chaplain, is a common night vagrant who eavesdrops at houses in Stickney at night.

Marg: HORNCASTR' SOKEN

Inquisicio capta apud Horncastr' die Iouis proximo post festum translacionis sancti Thome martiris anno regni regis Ricardi secundi xj° [11 July 1387] coram Roberto de Wylughby et socijs suis iusticiarijs domini regis de pace in partibus de Lyndeseye per sacramentum Henrici Skynn' de Maru' Willelmi Rogerson' Iohannis Horcar de eadem Iohannis de Burgh' de Enderby Galfridi White de Moreby Iohannis Tolkyng' Willelmi Ionson' de Maryng' Stephani de Haryngton' Simonis Pye de Ouertynton' Iohannis Walterson' de Thymelby Roberti de Cadnay de Holtham Iohannis de Barkworth' de eadem iuratorum.

311.   Qui dicunt quod Iohannes Spensar wester de Maru' capit pro arta sua vnum d. pro vna yard lini de Agnete vxore Walteri filij Rogeri que capta est contra statutum domini regis.   (*Marg:* Transgressio.)

J. S., weaver of Mareham, illegally charged A. wife of W. son of R. 1d. for weaving a yard of linen cloth.

To be produced before the King's Bench, Hil., Trin. 1397; K. B. 542, Rex, m. 21d.; 544, Rex, m. 17; in exigend in the King's Bench, Trin. 1397; *ibid.*, 545, Rex, m. 3; see also below no. 409.

312.   Item dicunt quod Robertus Webst' de Maru' capit de Henrico Skynn' de Maru pro arta sua vnum d. pro vno yard lini que capta est contra statutum domini regis. (*Marg:* Transgressio.)

R. W. of Mareham illegally charged H. S. of Mareham 1d. for weaving a yard of linen cloth.

To be produced before the King's Bench, Hil., Trin. 1397; K. B. 542, Rex, m. 21d.; 544, Rex, m. 17; in exigend in the King's Bench, Trin. 1397; *ibid.*, 545, Rex, m. 3.

313.   Item dicunt quod Iohannes Tayllio' die Lune proximo post festum sancti Barnabe anno regni regis Ricardi secundi vndecimo cepit de Iohanne Hewkar' pro arta sua cissoris vj. d. que capta est contra statutum domini regis etc.   (*Marg:* Transgressio.)

J. T. took from J. H. for his work as tailor 6d. which is illegal.

To be produced before the King's Bench, Hil., Trin. 1397; K. B. 542, Rex, m. 21d.; 544, Rex, m. 17; in exigend in the King's Bench, Trin. 1397; *ibid.*, 545, Rex, m. 3.

Marg: HILLE

Inquisicio capta apud Horncastr' die Iouis proximo post festum translacionis sancti Thome martiris anno regni regis Ricardi secundi xj° [11 July 1387] coram R de Wyl' et socijs suis iusticiarijs domini regis de pace in partibus de Lyndesey per sacramentum Iohannis de Stokwyth' Thome de Stanesby de Wy[nceby] Henrici Ionson' de Hagworth' Roberti Pynd' de Endirby Iohannis Smyth' de Scraith'feld Ricardi de Northorp' de Sous[thorp'] Iohannis Fichet de eadem Iohannis de Kirmyngto' Iohannis Woderoue Petri Dalbyng' Iohannis filij Henrici de Askby Roberti Chi .. de Sousthorp' iuratorum.

314.   Qui dicunt quod Rogerus de Resam die sancti Marci ewangeliste anno regni regis Ricardi secundi xj^{mo} [exiuit] extra seruicium Thome de Stanesby de Wynceby apud Stikeswold' propter lucrum excessiuum et contra statutum domini [regis]. (*Marg:* Transgressio.)

R. de R. left the service of T. de S. of Winceby, **at** Stixwould, for higher wages.

To be produced before the King's Bench, Hil., Trin. 1397; K. B. 542, Rex, m. 21d.; 544, Rex, m. 17; in exigend in the King's Bench, Trin. 1397; *ibid.*, 545, Rex, m. 3.

Marg: WRAGHOWE

Inquisicio capta apud Horncastr' coram Roberto de Wyl' et socijs suis iusticiarijs domini regis de pace in partibus de Lyndesey die Veneris proximo ante festum epiphanie domini anno regni regis Ricardi secundi xj° [3 January 1388] per sacramentum Henrici Horn Roberti Clerk Iohannis Wright de Haynton' Iohannis Frema' Willelmi Wright de Staynfeld Roberti Curtays Thome Mancisson' Henrici de Vykeres Ricardi Glaw Iohannis de Thornton' Roberti Abbotson' et Walteri at Colynys iuratorum.

315. Qui dicunt quod balliuus abbatis de Bardenay venit et intrauit domum tenencis dicti abbatis in Lincoln' in parochia sancti Petri apud Stanbowe et cepit districcionem pro reddito dicti abbatis aretro et fecit arrestatum vnius panni lanei precij xl s. et super hoc venit Hugo de Garwell' de Lincoln' die Lune proximo ante festum sancti Andree apostoli anno regni regis xj° vi et armis et rescussum fecit et fregit arestacionem predictam cepit et asportauit ad graue dampnum ipsius abbatis et conuentus et contra pacem domini regis etc. (*Marg:* Transgressio.)

The bailiff of the abbot of Bardney entered the house of a tenant of the abbot in the parish of St Peter at the Stonebow in Lincoln and took in distrain for rent due the abbot woollen cloth, price 40s., but H. de G. of Lincoln resisted him and broke the distraint to the serious damage of the abbot.

H. de G. to be distrained for failure to appear before the King's Bench, Hil. 1397; K. B. 542, Rex, m. 6d.; made a fine before the King's Bench, Hil. 1397, for ½ mark; *ibid.*, 543, Fines, m. 1; see also above, Vol. I, p. lxii, n. 1.

316. Item dicunt quod Iohannes Cartere de Horsyngton' die Sabbati proximo ante festum sancti Iornacij anno regni regis Ricardi secundi post conquestum xj° cepit bidentem de Willelmo filio Willelmi filij Simonis de Edlyngton' in Edlyngton' in campo et predictam bidentem efugauit vsque Horsyngton' et ibidem inparcauit et detinuit quousque finem fecit viij d. pro liberacione habenda quos sic cepit per extorsionem etc. (*Marg:* Transgressio.)

J. C. of Horsington took a sheep from W. son of W. son of S. of Edlington, at Edlington, fled with it to Horsington, and kept it until he had extorted a fine of 8d.

To be produced before the King's Bench, Hil., Trin. 1397; K. B. 542, Rex, m. 21d.; 544, Rex, m. 17; in exigend in the King's Bench, Trin. 1397; *ibid.*, 545, Rex, m. 3; made a fine before the King's Bench, Mich. 1397, for 2s.; *ibid.*, 546, Fines, m. 1d.

Marg: HORNCASTR' SOKEN

Inquisicio capta apud Horncastr' die Veneris proximo post festum circumcissionis domini anno regni regis Ricardi secundi xj° [3 January 1388] coram Roberto de Wyl' et socijs suis iusticiarijs domini regis de pace in partibus de Lyndesey per sacramentum Willelmi Henrison' de Tynton' Stephani de Haryngton' Simonis Bosse de Maryng Simonis Pye de Ouertynton' Iohannis Walterson' de Thymylby Willelmi Coup' de Hornc' Iohannis Sturmy de Maru'

Roberti de Cadenay Iohannis filij Simonis de Holtham Iohannis Squier de Askby Thome Dauson' Ricardi Darma' iuratorum.

317. Qui dicunt quod Iohannes filius Agnetis de Conyngsby die Martis proximo post festum sancti Iohannis baptiste anno regni regis Ricardi secundi vndecimo apud conuicinium de Conyngsby venit et vnuam ouem precij viij d. felonice cepit et asportauit. (*Marg:* Felonia.)

J. son of A. of Coningsby, in the neighbourhood of Coningsby, feloniously stole a sheep, price 8d.

In exigend in the King's Bench, Trin. 1396; K. B. 541, Rex, m. 8.

318. Item quod Iohannes (Sote)[1] de Conyngesby die Lune proximo post festum sancti Petri quod dicitur aduincula extra villam de Conyngsby in autumpno exiuit contra pacem domini regis pro maiori salario quam statutum etc. (*Marg:* Transgressio.)

J. S. of Coningsby left Coningsby in the autumn for higher wages.

To be produced before the King's Bench, Hil., Trin. 1397; K. B. 542, Rex, m. 21d.; 544, Rex, m. 17; in exigend in the King's Bench, Trin. 1397; *ibid.*, 545, Rex, m. 3; made a fine before the King's Bench, Mich. 1397, for 2s.; *ibid.*, 546, Fines, m. 1d.

319. Item quod Iohannes Spensar de Maru' webster cepit de Wangklen Pen de eadem pro arta sua die Lune proximo post festum sancti Martini anno regni regis Ricardi secundi xj° vnum d. plusquam statutum contra pacem domini regis. (*Marg:* Transgressio.)

J. S. of Mareham, weaver, took from W. P. of Mareham for his work 1d. above the legal wage.

See above no. 311.

320. Item quod Alanus Cote de Stikenay die Lune proximo post festum sancti Thome anno regni regis Ricardi secundi vndecimo apud Stikenay venit et domum abbatis intrauit et Iohannem de Toft monachum de Reuesby male verberauit et tractauit contra pacem domini regis etc. (*Marg:* Transgressio.)

A. C. of Stickney, at Stickney, entered the house of the abbot and beat and maltreated J. de T., monk of Revesby.

To be produced before the King's Bench, Hil., Trin. 1397; K. B. 542, Rex, m. 21d.; 544, Rex, m. 17; in exigend in the King's Bench, Trin. 1397; *ibid.*, 545, Rex, m. 3.

iij^{us} rotulus

[*m.* 12d.]

Marg: GAIRETRE

Inquisicio capta apud Horncastr' die Veneris proximo post festum circumcisionis domini anno regni regis Ricardi secundi xj [3 January 1388] coram Roberto de Wyl' et socijs suis iusticiarijs domini regis de pace (in partibus de Lyndesey)[1] per sacramentum Willelmi de Alewra Ricardi de Whecham Thome de Birkwode Hugonis Tours Thome Glou' Iohannis Clerk de Wilkesby Thome Isbelson' de Screuylby Iohannis Pope de Thornto' Iohannis Noy de Edlyngton' Petri de Cloworth' de Burreth' Roberti Wright de Wadyngworth' Roberti Fraunceys de Horsyngton' iuratorum.

321.   Qui dicunt quod Iohannes Blese de Rughton' die Iouis proximo post festum sancti Petri aduincula vltimo preterito exiuit villam de Rughton' vsque Langton' pro excessiuo lucro ad graue dampnum etc.

J. B. of Roughton left Roughton for Langton [by Horncastle] for higher wages.

To be produced before the King's Bench, Hil., Trin. 1397; K. B. 542, Rex, m. 21d.; 544, Rex, m. 17; in exigend in the King's Bench, Trin. 1397; *ibid.*, 545, Rex, m. 3.

322.   Item dicunt quod Iohannes Tomson' de Wodehall' manens in Dalderby furatus fuit duas aucas precij iij d. die Iouis proximo post festum sancti Michelis archangeli vltimo preterito de Ricardo Shepherd de Dalderby apud Dalderby etc.   (*Marg:* Felonia.)

J. T. of Woodhall living in Dalderby stole 2 geese, price 3*d.*, from R. S. of Dalderby, at Dalderby.

In exigend in the King's Bench, Trin. 1396; K. B. 541, Rex, m. 8.

323.   Item dicunt quod Iohanna filia Iohannis at Dyk de Burgh' seruiens Willelmi Dymmok' de Candelsby die Iouis proximo post festum sancti Martini in yeme vltimo preterito exiuit seruicium dicti Willelmi in contemptum domini regis et contra statutum etc. (*Marg:* Transgressio.)

J. daughter of J. at D. of Burgh, servant of W. D. of Candlesby, left the service of W.

To be produced before the King's Bench, Hil., Trin. 1397; K. B. 542, Rex, m. 21d.; 544, Rex, m. 17; in exigend in the King's Bench, Trin. 1397; *ibid.*, 545, Rex, m. 3.

324.   Item quod Rogerus de Waltham abduxit Galfridum seruientem Ricardi Fraunceys noctanter die Martis proximo post festum sancti Martini in yeme vltimo preterito extra seruicium predicti Ricardi vsque Bukenall' contra statutum domini regis a villa de Horsyngt' etc.   (*Marg:* Transgressio.)

R. de W. abducted G., servant of R. F., at night from the service of R. F., taking him to Bucknall from Horsington.

To be produced before the King's Bench, Hil., Trin. 1397; K. B. 542, Rex, m. 21d.; 544, Rex, m. 17; in exigend in the King's Bench, Trin. 1397; *ibid.*, 545, Rex, m. 3.

325.   Item dicunt quod vbi Iohannes de Toft commonachus abbatis de Reuesby et Willelmus clericus suus die sancte Lucie virginis vltimo elapso apud Stikenay in domo Iohannis Wright infra dominium dicti abbatis tenere deberunt curiam dicti abbatis circa prepresturam factam in dominio dicti abbatis etc. ibi venit quidam Alanus filius Willelmi Cote de Stikenay dictis die loco et anno vi et armis videlicet cum j furca et cultello et insultum fecit predictis Iohanni de Toft et Willelmo clerico et eos grauiter minatus fuit et insuper eos interfecisse voluit si non impeditus fuisset et sic pro timore mortis curiam dicti abbatis tenere non ausi fuerunt nec predictam prepresturam emendare.   (*Marg:* Transgressio.)

When J. de T., monk of the abbey of Revesby, and W. his clerk were holding the abbot's court in the house of J. W. on an purpresture within

the lordship of the abbot, A. son of W. C. of Stickney, being armed, assaulted the said J. de T. and W., and threatened to kill them so that for fear of death they did not dare to hold court or deal with the purpresture.
See above no. 320.

Marg: BOLYNGBROKE

Inquisicio capta apud Horncastr' die Veneris proximo ante festum epiphanie domini anno regni regis Ricardi secundi xj° [3 January 1388] coram Roberto de Wyl' et socijs suis iusticiarijs domini regis de pace in partibus de Lyndeseye per sacramentum Godewyni Barot de Stikenay Thome de Maltby de Halton' Simonis at Fenne de eadem Ranulphi de Smalnay Simonis Grime de Toynton' Iohannis de Maltby de Esterkele Iohannis filij Willelmi de Stikford Eudonis Wright de eadem Thome de Quadryng' Iohannis Symond de Endirby Walteri Tomasson' de Spillesby et Iohannis North' de Bolyngbroke iuratorum.

326. Qui dicunt quod Thomas nuper seruiens Iohannis de Walche militis cum alijs die Lune proximo post festum concepcionis beate Marie virginis anno regni regis Ricardi supradicto noctanter felonice furatus fuit vnum equum precij xx s. de Willelmo Dauy de Cotes iuxta Kele apud Cotes. Et dicunt quod predictus Thomas est communis latro. (*Marg:* Felonia.)

T., former servant of J. de W., kt., with others at night feloniously stole a horse, price 20s., from W. D. of Cotes near Keal, at Cotes; he is a common thief.
In exigend in the King's Bench, Trin. 1396; K. B. 541, Rex, m. 8.

327. Item dicunt quod Iohannes de Farford de Welton' iuxta Luda' insultum fecit Rogero Beg' de Hareby die Martis proximo post festum sancti Martini in yeme anno regni regis Ricardi nunc x° et cepit de predicto Rogero duos boues precij xxx s. apud Hareby contra voluntatem predicti Rogeri et contra pacem.

J. de F. of Welton [le Wold] assaulted R. B. of Hareby and took from him 2 oxen, price 30s., at Hareby.
To be distrained for failure to appear before the King's Bench, Mich. 1397 and subsequently; K. B. 546, Rex, m. 14d.; 547, Rex, m. 2d.

Marg: CANDELSH'

Inquisicio capta apud Horncastr' die Veneris proximo post festum circumsisionis domini anno regni regis Ricardi secundi xj° post conquestum (Anglie)[1] [3 January 1388] coram Roberto de Wyl' et socijs suis iusticiarijs domini regis ad pacem in partibus de Lyndeseye per sacramentum Thome at Halle de Frisby Ricardi Randson' de Friskenay Walteri Alcokson' de eadem Ricardi Ionson' de Burgh' Roberti Whityng' de Braitoft Willelmi de Thorp' de Skend' Thome de Humberstone de Wynthorp' Simonis Michell' de Waynflet' Petri Barkar Simonis Dandy de Partenay Ricardi Smyth' de Friskenay Iohannis Westryn et Willelmi Coke de Scremby iuratorum.

328.   Qui dicunt quod Simon Brynhows de Partenay deuillauit
in tempore autumpnali vltimo preterito pro maiori salario capiendo.
S. B. of Partney left the village in the autumn for higher wages.

329.   Item dicunt quod Simon Blussot de Wanflet in die Lune
proximo post festum sancti Michelis anno supradicto insultum fecit
in Robertum Kyngson' de Waynflet apud Waynflet noctanter et
eum verberauisse voluit et dictus Robertus fugit et non est audax
ire circa negocia sua.   (*Marg:* Transgressio.)
S. B. of Wainfleet assaulted R. K. of Wainfleet, at Wainfleet, at night,
attempting to beat him so that the said R. fled and did not dare to go about
his business.
To be produced before the King's Bench, Hil., Trin. 1397 ; K. B. 542, Rex, m.
21d. ;   544, Rex, m. 17 ;   in exigend in the King's Bench, Trin. 1397 ; *ibid.*, 545,
Rex, m. 3.

330.   Item dicunt quod dictus Simon est communis pertur-
bator contra pacem.
The said S. is a disturber of the peace.
See above no. 329.

331.   Item quod Willelmus Longe de Nordholm webster cepit
de Iohanne de Gunby iiij d. pro qualibet vlna panni lanei videlicet
pro xiiij vlnis die Lune proximo post festum sancti Michelis anno
supradicto et sic cepit in excessu viij d.   (*Marg:* Transgressio.)
W. L. of Northolme, weaver, took from J. de G. 4d. for each ell of woollen
cloth, i.e. for 14 ells ; excess, 8d.
To be produced before the King's Bench, Hil., Trin. 1397 ; K. B. 542, Rex,
m. 21d. ;   544, Rex, m. 17 ;   in exigend in the King's Bench, Trin. 1397 ; *ibid.*, 545,
Rex, m. 3 ; made a fine before the King's Bench, Mich. 1397 (amount unknown,
membrane torn) ;   *ibid.*, 546, Fines, m. 1.

332.   Item dicunt quod Thomas Herryson' de Waynflet insultum fecit in Thomam Skeps de Waynflet' in die Lune proximo
ante festum omnium sanctorum anno supradicto apud Waynflet'
et eum verberauit vulnerauit et male tractauit contra pacem domini
regis etc.   (*Marg:* Transgressio.)
T. H. of Wainfleet assaulted T. S. of Wainfleet, at Wainfleet, beating,
wounding, and maltreating him.
To be produced before the King's Bench, Hil., Trin. 1397 ; K. B. 542, Rex,
m. 21d. ;   544, Rex, m. 17 ;   in exigend in the King's Bench, Trin. 1397 ;   *ibid.*, 545,
Rex, m. 3. ;   made a fine before the King's Bench, Trin. 1397, for ½ mark ;   *ibid.*,
Fines, m. 1d.

333.   Item dicunt quod predictus Thomas Herryson' die Lune
proximo ante festum sancti Petri aduincula anno supradicto insultum fecit in Aliciam Volantyn de Nordholm' apud Nordholm'
verberauit vulnerauit et male tractauit ad graue dampnum ipsius
Alicie et contra pacem.   (*Marg:* Transgressio.)
The said T. assaulted A. V. of Northolme, at Northolme, beating,
wounding, and maltreating her to her serious injury.
See above no. 332.

Marg: HILLE

Inquisicio capta apud Horncastr' die Veneris proximo post
festum circumsisionis domini anno regni regis Ricardi secundi xj°

[3 January 1388] coram Roberto de Wylughby et socijs suis iusticiarijs domini regis ad pacem in partibus de Lyndeseye per sacramentum Iohannis de Stokwyth' de Stanesby Thome de Stanesby
de Wynceby Henrici Ionson' de Hagworth' Alani de Wadmyln'
Willelmi de Wadmyln de Hameryngham Hugonis Iustic' de Langt'
Walteri de Tatershale Henrici de Stokwyth' Roberti Burdon' de
Ormesby Iohannis de Kyrnyngt' Willelmi de Lerthorp' de Strayfeld
et Gilberti de Panton' de Foletby iuratorum.

334. Qui dicunt quod Iohannes de Frothyngham manens in
Droxthorp' die Veneris in prima septimana xle^a vltimo exiuit
seruicium Thome de Stanesby de Wynceby propter lucrum excessiuum et contra statutum domini regis exiuit apud Forthyngton'.
(*Marg:* Transgressio.)

J. de F. living in Dexthorpe left the service of T. de S. of Winceby for
higher wages ; he went to Fordington.

To be produced before the King's Bench, Hil., Trin. 1397 ; K. B. 542, Rex,
m. 17d. ; 544, Rex, m. 17 ; in exigend in the King's Bench, Trin. 1397 ; *ibid.*, 545,
Rex, m. 3.

Marg: LOUTH'ESK

Inquisicio capta apud Luda' die Veneris proxima post festum
epiphanie domini anno regni regis Ricardi secundi xj° [10 January
1388] coram Roberto de Wyl' et socijs suis iusticiarijs domini regis
de pace in partibus de Lyndesey per sacramentum Elie Fraunces de
Wythcall' Roberti Helwys Ricardi Donnay de Ked' Ricardi de
Acres de Elkyngton' Willelmi de Shadworth' (de Carlton')[1] Roberti
Clerk de Saltfletby Willelmi Whatson' de eadem Willelmi Iekell' de
Yerburgh' et Roberti Ionson' de Manby iuratorum.

335. Qui dicunt qui dicunt quod Alanus Iulet de Alforth'
die Sabbati proximo post festum sancti Martini episcopi vltimo
preterito apud Wyckall' vi et armis Robertum seruientem Willelmi
Sckot in officio bercarij eiusdem Willelmi existentem apud Wyckall'
cepit et abduxit extra seruicium dicti Willelmi Skot contra statutum
domini regis. (*Marg:* Transgressio.)

A. J. of Alford, at Withcall, assaulted R., a shepherd of W.S., abducting
him from the service of W.

To be produced before the King's Bench, Hil., Trin. 1397 ; K. B. 542, Rex,
m. 21d. ; 544, Rex, m. 17 ; in exigend in the King's Bench, Trin. 1397 ; *ibid.*, 545,
Rex, m. 3.

336. Item dicunt quod Adam de Wytcall' est rebellis contra
constabularios de Wytcall' et non iustifari per eosdem constabularios
nec vult iurare iuste tenere statutum domini regis. (*Marg:* Transgressio.)

A. de W. is a rebel against the constables of Withcall and refuses to
take the oath to keep the statute of labourers.

To be produced before the King's Bench, Hil., Trin. 1397 ; K. B. 542, Rex,
m. 21d. ; 544, Rex, m. 17 ; in exigend in the King's Bench, Trin. 1397 ; *ibid.*, 545,
Rex, m. 3.

337. Item dicunt quod Iohannes Clerk manens in South'gayton'
Iohannes Scok de Magna Carlton' et Alanus at Kirk' de eadem
sunt communes falcatores et ceperunt de Iohanne de Askby de
Magna Carlton' die Lune proximo post festum natiuitatis sancti
Iohannis baptiste anno regni regis Ricardi xj° falcacione cuiuslibet
acre prati per virgam xvj pedum vj d. videlicet pro x acris et sic
capiunt de multis alijs ad grauem excessum contra statutum domini
regis vnde in excessu cuiuslibet eorundem xl d. (*Marg:* Transgressio.)
    3 men are common mowers who took 6*d.* from J. de A. of Great Carlton
for mowing an acre with a 16 foot verge. They mowed 10 acres and each
took in excess 40*d.* from many men.
    J. C. to be produced before the King's Bench, Hil. 1397; K. B. 542, Rex, m.
21d.; in the meantime made a fine before the King's Bench, Mich. 1396, for 40*d.*;
ibid., Fines, m. 1d.; J. S. and A at K. to be produced before the King's Bench,
Hil., Trin. 1397; *ibid.*, Rex, m. 21d.; 544, Rex, m. 17; in exigend in the King's
Bench, Trin. 1397; *ibid.*, 545, Rex, m. 3.

338. Item dicunt quod Willelmus de Stuton' manens in
Kedyngton' est communis falcator ibidem et cepit de dompno
Gilberto Paitfyn monaco et de Roberto Nycoll' de Kedyngton' die
Iouis proximo ante festum sancte Margarete virginis in anno regni
regis Ricardi xj° pro falcacione cuiuslibet acre x acrarum prati
vj d. videlicet per virgam xvj pedum ad magnum excessum
contra statutum domini regis vnde in excessu xl d. (*Marg:* Transgressio.)
    W. de S. living in Keddington is a common mower who took from
G. P., monk, and R. N. of Keddington 6*d.* for mowing an acre with a 16 foot
verge; they mowed 10 acres; excess, 40*d.*
    To be produced before the King's Bench, Hil., Trin. 1397; K. B. 542, Rex,
m. 21d.; 544, Rex, m. 17; in exigend in the King's Bench, Trin. 1397; *ibid.*, 545,
Rex, m. 3.

339. Item dicunt quod Walterus de Slotby capellanus de
Weltun' die Dominica in vigilia epiphanie domini vltimo elapso
venit apud Kedyngton' et ibi vi et armis insultum fecit et verberauit
Thomam Chapma' de Kedyngton' et Thomam Beek' de eadem contra
pacem domini regis. (*Marg:* Transgressio.)
    W. de S., chaplain of Welton [le Wold], at Keddington, assaulted and
beat T. C. and T. B. both of Keddington.
    To be produced before the King's Bench, Hil., Trin. 1397; K. B. 542, Rex,
m. 21d.; 544, Rex, m. 17; in exigend in the King's Bench, Trin. 1397; *ibid.*, 545,
Rex, m. 3.

340. Item dicunt quod Robertus de Barow (omni in excesso
xx s.)¹ de Luda Willelmus de Staynton' (in excessu vj s. viij d.)¹ de
eadem Robertus de Grimolby (vj s. viij d.)¹ de eadem Willelmus
de Gamulston' (vj s. viij d.)¹ de eadem Iohannes Sout' (xiij s. iiij d.)¹
de Manby faciunt sotulares et vendiderunt eos Thome..lay de
Somercotes et Willelmo Suarry de eadem et multis alijs ex cariori
precio ad graue nocumentum totius patrie quia vendiderunt quosdam
sotulares pro viij d. vel vij vel xj d. quando potuerunt vendere eos

pro v d. et istum modum continuerunt a festo natiuitatis domini
anno regni regis Ricardi viij° vsque in hunc diem vnde in excessu
vt supra capita.

5 shoemakers sold shoes to T. . . . and W. S. of Somercotes and many
others at a high price to the injury of the neighbourhood; they sold shoes
for 8*d*., 7*d*., or 11*d*. which ought to sell for 5*d*. and they have done this continually for 3 years, taking in excess the amounts given above their names.
W. de S. to be produced before the King's Bench, Hil., Trin. 1397; K. B. 542,
Rex, m. 21d.; 544, Rex, m. 17; in exigend in the King's Bench, Trin. 1397; *ibid.*,
545, Rex, m. 3; R. de G. to be distrained for failure to appear before the King's
Bench, Hil. 1397 and subsequently; *ibid.*, 542, Rex, m. 6d.; 543, Rex, m. 2d.;
544, Rex, m. 12d.; 545, Rex, m. 1; made a fine before the King's Bench, Trin.
1397, for 40*d*.; *ibid.*, Fines, m. 1d.; W. de G. to be distrained for failure to appear
before the King's Bench, Hil., 1397 and subsequently; *ibid.*, 542, Rex, m. 6d.;
543, Rex, m. 2d.; 544, Rex, m. 12d.; 545, Rex, m. 1; 546, Rex, m. 14d.; 547,
Rex, m. 2d.; J. S. to be distrained for failure to appear before the King's Bench,
Hil. 1397 and subsequently; *ibid.*, 542, Rex, m. 6d.; 543, Rex, m. 2d.; made
a fine before the King's Bench, Hil. 1397, for 2*s*.; *ibid.*, Fines, m. 1d.

Marg: CALSWATH'

Inquisicio capta apud Ludam die Veneris proximo post festum
epiphanie domini anno regni regis Ricardi secundi xj° [10 January
1388] coram Roberto de Wyl' et socijs suis iusticiarijs domini regis
de pace in partibus de Lyndesey per sacramentum Willelmi de
Cumberworth' Willelmi de Legburn' Willelmi de Toutheby Willelmi
White Iohannis North' Simonis Oubell' Thome Wace Iohannis
Smyth' de Totill' Iohannis Millisant Iohannis de Beseby Willelmi
at Marre et Thome de Alford iuratorum.

341. Qui dicunt quod Willelmus Goos de Alford' die sancti
Gregorij pape anno regni regis Ricardi secundi ix° apud Alford'
felonice cepit extra stagnum domini Ricardi vicarij ecclesie de Alford'
xij picas precij iiij s. et eas asportauit et est communis noctiuagus
et perturbator pacis. (*Marg:* Felonia.)

W. G. of Alford, at Alford, feloniously stole 12 pike, price 4*s*., from the
pond of R., vicar of Alford; he is a common night vagrant and disturber of
the peace.

In exigend in the King's Bench, Trin. 1396; K. B. 541, Rex, m. 8.

342. Item dicunt quod Willelmus Walker de Alford' die
Mercurij proximo ante festum sancti Petri aduincula anno regni
regis Ricardi predicti vndecimo apud Alford intrauit domum
Willelmi Coke de eadem contra voluntatem suam et inde ad alteram
cameram eiusdem Willelmi intrauit ipsum verberando contra pacem
domini regis. (*Marg:* Transgressio.)

W. W. of Alford, at Alford, entered the house of W. C. of Alford and
beat him in his chamber.

To be produced before the King's Bench, Hil., Trin. 1397; K. B. 542, Rex,
m. 21d.; 544, Rex, m. 17; in exigend in the King's Bench, Trin. 1397; *ibid.*, 545,
Rex, m. 3; made a fine before the King's Bench, Mich. 1397, for ½ mark; *ibid.*,
546, Fines, m. 4.

343. Item quod quedam Cecilia de Malberthorp' textrix linea
cepit de Willelmo Warn' de Malberthorp' anno instanter pro xv

H

vlnis panni linei pro qualibet vlna obulum quadrantem et bonitatem ad valorem v d. et non vult minus capere pro vlna vnde
excessu v s. (*Marg:* Transgressio.)

C. de M., linen weaver, took from W. W. of Mablethorpe for weaving
15 ells of linen cloth a halfpenny, a farthing, and a gratuity valued at 5*d.*
for each ell ; she will not take less ; excess, 5*s.*

To be produced before the King's Bench, Hil., Trin. 1397 ; K. B. 542, Rex, m.
21d. ; 544, Rex, m. 17 ; in exigend in the King's Bench, Trin. 1397 ; *ibid.*, 545,
Rex, m. 3.

344. Item quod Iohannes filius Ricardi et Iohannes Shake de
Thetilthorp' in autumpno vltimo preterito requisiti fuerunt per
constabularios dicte ville iurare in dicta villa morari et secundum
statutum capere et noluerunt quare rebelles et exierunt villam
predictam vbi quilibet cepit de die iiij d. et prandium contra statutum
etc. (*Marg:* Transgressio.)

J. son of R. and J. S. of Theddlethorpe in the autumn were ordered by
the constables of Theddlethorpe to swear to stay in the village and observe
the statute but they refused, being rebels and leaving the village ; they
took 4*d.* a day with food.

J. son of R. to be produced before the King's Bench, Hil., Trin. 1397 ; K. B. 542,
Rex, m. 21d. ; 544, Rex, m. 17 ; in exigend in the King's Bench, Trin. 1397 ; *ibid.*,
545, Rex, m. 3 ; for J. S. see above no. 288.

345. Item dicunt quod Thomas Westar de Asforby Henricus
Braban textor de eadem ceperunt de Thoma filio Willelmi de
Strubby pro qualibet vlna de lx vlnis panni lynei obulum quadrantem et bonitatem ad valenciam xij d. apud Alford' anno
instanti.

T. W. and H. B., weaver, both of Asserby, took from T. son of W. of
Strubby for each ell of 60 ells of linen cloth a halfpenny, a farthing, and a
gratuity valued at 12*d.*, at Alford, during the last year.

Both to be produced before the King's Bench, Hil., Trin. 1397 ; K. B. 542, Rex,
m. 21d. ; 544, Rex, m. 17 ; in exigend in the King's Bench, Trin. 1397 ; *ibid.*, 545,
Rex, m. 3.

[*m.* 13 *old numbering* xiij]

Marg: WRAGHOWE

Inquisicio capta apud Ludam die Veneris proximo post festum
epiphanie domini anno regni regis Ricardi secundi post conquestum
xj° [10 January 1388] coram Roberto de Wylughby et socijs suis
iusticiarijs domini regis de pace in partibus de Lyndesey per sacramentum Rogeri de Tetford' Ricardi Haule Walteri de Brynkcle
Thome de Newton' Roberti Pyk' Iohannis Palfrayman Radulphi
Baxstere Willelmi de Grange Petri de Maltby Iohannis Warde
Henrici atte Vikeris et Willelmi Mustell' iuratorum.

346. Qui dicunt super sacramentum suum quod Iohannes
Smyth' de Rasyn de Estrasyn vitulator habuit vnum barellum
biteris et mixstulit predictum barellum cum oleo et vendidit Willelmo

de Nedeham et alijs ad excessiuum lucrum ad graue dampnum patrie
xx s. et amplius anno supradicto etc. contra statutum etc. (*Marg:*
Transgressio.)

J. S., victualer, of Rasen, at Market Rasen, mixed a barrel of butter with
oil and sold it to W. de N. and others at a high price ; damages to the neighbourhood, 20s. and more.

To be produced before the King's Bench, Hil. 1397 ; K. B. 542, Rex, m. 21d. ;
in the meantime made a fine before the King's Bench, Mich. 1396, for ½ mark ;
ibid., Fines, m. 2.

347. Item dicunt quod Willelmus Scheperde de Estbarkworth'
die Sabbati proximo ante festum natalis domini anno regni regis
Ricardi secundi post conquestum xj⁰ exiuit extra seruicium Rogeri
de Tetford' ad graue dampnum ipsius Rogeri xx s. et contra statutum
etc. (*Marg:* Transgressio.)

W. S. of East Barkwith left the service of R. de T. ; damages, 20s.

To be produced before the King's Bench, Hil., Trin. 1397 ; K. B. 542, Rex,
m. 21d. ; 544, Rex, m. 17 ; in exigend in the King's Bench, Trin. 1397 ; *ibid.*, 545,
Rex, m. 3.

[*m.* 14 *old numbering* xiiij]

Placita et presentaciones coram Iohanne rege Castell' et
Legionis duce Lancastr' Roberto de Wylughby Radulpho de Crombwell' Iohanne de Worth' Willelmo de Skipwyth' seniori Willelmo
de Wylughby Willelmo Haule Willelmo de Burgh' Iohanne Pouger
Willelmo de Spaigne Thoma de Thymelby Iohanne de Hawe
Iohanne Wykes Iohanne de Feriby, Willelmo de Skipwyth' iuniori
Roberto de Westmels Willelmo Michell' et Thoma de Burnham
iusticiarijs domini regis Ricardi secundi (post conquestum Anglie)¹
ad felonias et transgressiones audiendas et terminandas necnon ad
statuta eiusdem domini regis apud Wynton' North' et Westm' de
laborarijs edita conseruanda in partibus de Lyndeseye in comitatu
Lincoln' tam infra libertates quam extra assignatis per commissionem domini regis cuius datum est (apud Westm')¹ xx die Decembris anno regni dicti domini regis sexto [1382].

Placita coram prefatis iusticiarijs apud Lincoln' die Mercurij
proximo post festum sancti Mathei apostoli et ewangeliste anno
regni regis Ricardi secundi septimo [23 September 1383].

Marg: LINCOLN'

Marg: PRIMUM EXIGENCIUM DE TRANSGRESSIONIBUS

Preceptum fuit W Belesby vicecomiti Lincoln' quod non
ommitteret propter aliquam libertatem comitatus sui quin venire
faceret Henricum Maddy manentem in Tatheby Iohannem Leryna
Iohannem Emson' Iohannem Walker de Parua Cotes Iohannem de
Bolton' de Grymesby Iohannem Sheffeld Hygyn Iailer dominum
Gregorium decanum de Manle Willelmum de Holm' Iohannem
Shepird nuper seruientem Iohannis Hertill' Matillem Drake de

Hilbaldstowe Robertum de Whetlay Iohannam vxorem Iohannis
Sauage de Magna Cotes Iohannem de Benyngworth' Iohannem
seruientem quondam Agnetis de Langholm' de Malthorp' de
Wylughby Agnetem¹ seruientem Marie Trig de Strulby Willelmum
Neuport taliour Robertum Rotir Iohannem seruientem Walteri
persone de Beltisford' Iohannem Leryna Robertum seruientem
Walteri Whatson' de Waynflet' (Hugonem Bakstar de Waynflete)¹
Matillem Donce de wappentacio de Howordeshowe Willelmum
Neuport taliour Iohannam de Bekeby dudum seruientem Willelmi
de Kirnyngton' Agnetem Lang' de Kirnyngton' Willelmum Milner
Iohannem Swalowe de Haburgh' Willelmum Man Iohannem filium
Roberti de Ryland' Iohannem Whatson' de Spridlyngton' Robertum
Whetlay Willelmum seruientem Thome Talio' de Filyngham Iohannem Henrison' de Wykham Robertum Ionson de Melton' Roos et
Thomam Charnell' de Thornton' ita quod haberet corpora eorum
apud Ludam die Veneris proximo post festum natiuitatis beate
Marie virginis anno regni regis Ricardi secundi sexto [12 September
1382] coram prefatis custodibus pacis in partibus de Lyndeseye
ad respondendum dicto domino regi de diuersis transgressionibus
extorsionibus forstallerijs regraterijs excessibus oppressionibus et
alijs maleficijs contra pacem domini regis et formam statutorum
inde editorum factis vnde indictati sunt etc. Ad quem diem idem
vicecomes respondit quod non sunt inuenti in balliua sua etc. Ideo
preceptum fuit eidem vicecomiti quod non omitteret propter aliquam
libertatem etc. quin illos caperet et saluo etc. ita quod haberet corpora eorum apud Gaynesburgh' die Lune in festo sancti Michelis anno
regni regis predicti sexto [29 September 1382] coram prefatis custodibus pacis ad respondendum domino regi de predictis transgressionibus extorsionibus etc. vnde indictati sunt etc. Ad quem diem
idem vicecomes respondit quod non sunt inuenti sicut prius etc.
Ideo preceptum fuit Iohanni Pouger vicecomiti Linc' quod non
ommitteret propter etc. quin illos caperet et saluo etc. ita quod
haberet corpora eorum apud Lincoln' die Iouis in septimana Pasche
proximo sequente videlicet anno regni regis predicti sexto [26
March 1383] coram prefatis custodibus pacis ad respondendum
domino regi de predictis transgressionibus extorsionibus etc. vnde
etc. Ad quem diem idem vicecomes respondit quod non sunt inuenti
in balliua sua etc. Ideo preceptum fuit eidem vicecomiti sicut plures
quod non ommitteret propter aliquam libertatem etc. quin illos
caperet et saluo etc. ita quod haberet corpora eorum apud Horncastre
die Mercurij proximo post festum natiuitatis beate Marie virginis
tunc proximum sequens videlicet anno regni regis predicti septimo
[9 September 1383] coram prefatis custodibus pacis ad respondendum domino regi de diuersis transgressionibus etc. vnde indictati sunt.
Ad quem diem idem vicecomes respondit quod non sunt inuenti
in balliua sua etc. Ideo preceptum eidem vicecomiti adhuc sicut

¹ Read *Ricardum*; below no. 441.

plures quod non ommitteret etc. quin illos caperet et saluo etc. ita
quod haberet corpora eorum apud Lincoln' die Mercurij proximo
post festum sancti Mathei apostoli et ewangeliste tunc proximum
sequens videlicet anno regni regis predicti septimo [23 September
1383] coram prefatis custodibus pacis ad respondendum domino
regi de diuersis transgressionibus etc. vnde etc. Ad quem diem
idem vicecomes respondit quod non inuenti in balliua sua etc. et
ideo preceptum fuit eidem vicecomiti quod illos exigi faceret de
comitatu in comitatum quousque secundum legem et consuetudinem
regni Anglie vtlagati et wayuyate fuerunt si non comparuerint et
si comparuerint tunc illos caperet et saluo custode etc. ita quod
haberet corpora eorum apud Lincoln' die Martis proximo post
festum sancte trinitatis anno regni regis predicti septimo [7 June
1384] coram prefatis custodibus pacis ad respondendum domino
regi de diuersis transgressionibus etc. vt predictum est vnde indictati
sunt etc. Ad quem diem Martis proximum post festum sancte
trinitatis Iohannes Bussy vicecomes Lincoln' respondit quod in
pleno comitatu Lincoln' tento apud Lincoln' die Lune proximo post
festum sancti Martini anno regni regis Ricardi secundi septimo
Henricus Maddy manens in Tatheby et ceteri in breui isto nominati
primo exacti non comparuerunt. In pleno comitatu Lincoln' tento
apud Lincoln' in festo sanctorum innocencium proximo sequente
predicti Henricus et ceteri in breui isto nominati secundo exacti
non comparuerunt. In pleno comitatu Lincoln' tento apud Lincoln'
die Lune proximo post festum purificacionis beate Marie proximum
sequens predictus Henricus et ceteri in breui isto nominati tercio
exacti non comparuerunt. In pleno comitatu Lincoln' tento apud
Lincoln' die Lune proximo ante festum annunciacionis beate Marie
proximum sequens predictus Henricus et ceteri in breui isto nominati
quarto exacti non comparuerunt sed manucapti fuerunt per Rogerum
de Tydde ad saluandum eis comitatum illum prout moris est in
eodem comitatum ne vtlagaria in dictum Henricum et ceteros
homines in breui isto nominatos ad diem illum promulgaretur et ne
Matillis Drake de Hibaldstowe et cetere mulieres in breui isto
nominate ad diem illum wayuerentur. In pleno comitatu Lincoln'
tento apud Lincoln' tento apud Lincoln' die Lune proximo ante
festum inuencionis sancte crucis proximum sequens Iohannes de
Benyngworth' et Iohannes filius Roberti de Ryland in breui isto
nominati quinto comparuerunt et reddiderunt se prisone domini
regis gaole castri Lincoln' et ipsos coram vobis mitto ad diem et
locum in breui isto contenta secundum tenorem huius breuis res-
ponsure. Et predictus Henricus Maddy et ceteri in breui isto
nominati ad predictum comitatum quinto exacti non comparuerunt. Ideo predictus Henricus et ceteri homines in breui isto
nominati ad comitatum illum vtlagantur et predicta Matillis
Drake et cetere mulieres in breui isto nominate ad predictum
comitatum wayuiantur et corpora predictorum Iohannis de

Benyngworth' et Iohannis filij Roberti de Ryland misit coram prefatis iusticiarijs. Qui quidem Iohannes et Iohannes fecerunt fines et quieti sunt.

Venire facias to the sheriff to produce for trial 31 men and 4 women indicted for trespass; 33 who failed to appear were outlawed or waived in the county court; 2 men who appeared made fines.

Placita coram prefatis iusticiarijs apud Lincoln' die Mercurij proximo post festum sancti Mathei apostoli et ewangeliste anno regni regis Ricardi secundi septimo [23 September 1383].

Marg: PRIMUM EXIGENCIUM DE FELONIJS

Preceptum fuit W Belesby vice comiti Lincoln' quod non ommitteret propter aliquam libertatem comitatus sui quin caperet Iulianam vxorem Willelmi Burrith' de Haynton' Willelmum Flog de Bolyngbroke Robertum Biscop de Lusceby Henricum filium Thome persone ecclesie de Hareby Thomam Bogher de Horncastr' Walterum Sharp de Friskenay Hugonem Flayne iuniorem Robertum seruant persone ecclesie de Alesby Robertum Nolle Thomam de Hampton' de Germthorp' Willelmum Scoter de Grimesby Robertum de Hunmanby capellanum Iohannem[1] Clere de Whiom Iohannem Fish' Laurencium Miln' de Vttirby Iohannem Palle de Kedyngton' iuniorem Robertum Fulhode de Alford Thomam de Irby manentem apud grang' de Tetnay Willelmum Isbelson' palmer de Hotoft Iohannam de Halyngto' de Thetilthorp' Iulianam filiam Willelmi de Thoresby de Couenham Iohannem Shafflete Matillem vxorem Thome Donz Willelmum Scrop milner de Teuelby Iohannem Tomasson' de Elsham Thomam de Sutton' Isabellam filiam Willelmi Dower de Wolrikby Iohannem Sergeant dudum seruientem prioris de Torkesay Iohannem Rascall' Alanum Ionson' de Ingilby Iohannam filiam Iohannis Theker de Stretton' Henricum Turnbull' de Askby Iohannem Duffeld de Berghton' Galfridum seruientem Iohannis de Midilton' persone ecclesie de Berghton' Willelmum Wakefeld' clericum de Amcotes Aliciam Talio' de Epworth' Matillem Drake de Hibaldstowe Iohannem Ionson Lound de Thornton' in Mora Willelmum Scrope de Teuelby Iohannem de Duresme seruientem Ade Godder de Gaynesburgh' Iohannem seruientem Ricardi Forst' de Gaynesburgh' Iohannem filium Willelmi Skot de North'somercotes Willelmum filium Willelmi Gryn Iohannem seruiant vt dicitur et filium Willelmi Harecourt Iohannem de Totestoft iuxta Burgh'brig Alanum Berewyk Ricardum Fox de Twedale Galfridum de North'folk comorantem in North'wyco Iohannem Peny de Couenham Iohannem Miln' de Frampton' Philipum Bernak de North'thoresby Ricardum de Ludlagh' monachum de Rauendale Iohannem Peronell' de Grimolby Iohannem filium Willelmi Talio' de Welton' Robertum Matsale de Hedon' Thomam Scharp de Chirywylyngham Emmam Layne quondam seruientem Iohannis Malbys et saluo custode etc. ita quod haberet corpora eorum apud Gaynesburgh' die Lune in festo sancti

[1] Read *Willelmum*; below no. 420.

Michelis anno regni regis Ricardi secundi sexto [29 September 1382]
coram custodibus pacis in partibus de Lyndeseye ad respondendum
domino regi de diuerrsis felonijs vnde indictati sunt etc. Ad quem
diem idem vicecomes respondit quod non inuenti in balliua sua
etc. et ideo preceptum fuit Iohanni Poug' vicecomiti Lincoln' sicut
alias quod non ommitteret etc. quin illos caperet et saluo etc. ita
quod haberet corpora eorum apud Lincoln' die Iouis in septimana
Pasche tunc proxima sequente videlicet anno regni regis predicti
sexto [26 March 1383] coram prefatis custodibus pacis ad respondendum domino regi de predictis felonijs vnde indictati sunt etc.
Ad quem diem idem vicecomes respondit quod non sunt inuenti
in balliua sua etc. et ideo preceptum fuit eidem vicecomiti sicut
plures quod non ommitteret etc. quin illos caperet et saluo etc.
ita quod haberet corpora eorum apud Horncastre die Mercurij
proximo post festum natiuitatis beate Marie virginis tunc proximum
sequens videlicet anno regni regis predicti septimo [9 September
1383] coram prefatis custodibus pacis ad respondendum domino
regi de predictis felonijs vnde etc. Ad quem diem idem vicecomes
mandat quod non sunt inuenti in balliua sua et ideo preceptum fuit
eidem vicecomiti adhuc sicut plures quod non ommitteret etc.
quin illos caperet etc. et saluo etc. ita quod haberet corpora eorum
apud Lincoln' die Mercurij proximo post festum sancti Mathei
apostoli et ewangeliste tunc proximum sequens videlicet anno regni
regis predicti vijº [23 September 1383] coram prefatis custodibus
pacis ad respondendum domino regi de predictis felonijs vnde etc.
Ad quem diem idem vicecomes mandat quod non sunt inuenti in
balliua sua etc. Et ideo preceptum fuit vicecomiti quod eos (exigi)[1]
faceret de comitatu in comitatum quousque secundum legem et
consuetudinem regni Anglie vtlagati et wayuyate fuerunt si non
comparuerint et si comparuerint tunc eos capiat et saluo custode
etc. ita quod haberet corpora eorum apud Lincoln' die Martis
proximo post festum sancte trinitatis proximum sequens videlicet
anno regni regis predicti septimo [7 June 1384] coram prefatis
custodibus pacis ad respondendum domino regi de diuersis felonijs
vnde indictati sunt etc. Ad quem diem Martis proximum post
festum sancte trinitatis Iohannes Bussy vicecomes Lincoln' respondit
quod in pleno comitatu Lincoln' tento apud Lincoln' die Lune
proximo post festum sancti Martini in hyeme anno regni regis
Ricardi secundi septimo Iuliana vxor Willelmi Burryth' de Haynton'
et ceteri in breui isto nominati primo exacti non comparuerunt. In
pleno comitatu Lincoln' tento apud Lincoln' die Lune in festo
sanctorum innocencium proximo sequente predicta Iuliana et
ceteri in breui isto nominati secundo exacti non comparuerunt. In
pleno comitatu Lincoln' tento apud Lincoln' die Lune proximo
post festum purificacionis beate Marie proximum sequens predicta
Iuliana et ceteri in breui isto nominati tercio exacti non comparuerunt. In pleno comitatu Lincoln' tento apud Lincoln' die Lune

proximo ante festum annunciacionis beate Marie proximum sequens
predicta Iuliana et ceteri in breui isto nominati quarto exacti non
comparuerunt set manucapti fuerunt per Rogerum de Weston'
ad saluandum eis comitatum illum prout moris est in eodem
comitatu ne vtlagaria in Willelmum Fleg' de Bolyngbroke et ceteros
homines in breui isto nominatos ad diem illum promulgaretur et ne
predicta Iuliana et cetere mulieres in breui isto nominate ad diem
illum wayuiarentur. In pleno comitatu Lincoln' tento apud Lincoln'
die Lune proximo ante festum inuencionis sancte crucis proximum
sequens predictus Willelmus Fleg' et ceteri homines in breui isto
nominati ad predictum comitatum quinto exacti non comparuerunt.
Ideo ipsi ad comitatum illum vtlagantur et predicta Iuliana et cetere
mulieres ad eundem comitatum quinto exacte non comparuerunt.
Ideo ipse ad comitatum illum wayuiantur. (*Marg:* Omnes isti
signantur in indictamentis sicut patet in rotulis.)[1]

Venire facias to the sheriff to produce for trial 49 men and 9 women
indicted for felony; upon their failure to appear they were outlawed or
waived in the county court.

[*m.* 14*d.*]

Placita coram prefatis iusticiarijs ac custodibus pacis apud
Horncastr' die Iouis proximo post festum sancti Nicholai episcopi
anno regni regis Ricardi secundi septimo [10 December 1383].

Marg: Lincoln'

Marg: ij^m exigencium de transgressionibus

Preceptum fuit W Belesby vicecomiti Linc' quod non ommitteret
propter aliquam libertatem comitatus sui quod venire faceret
Robertum seruientem Willelmi Robynson' Ricardum de Ely de
Dokdyk Willelmum de Bolyngton' seruientem prioris de Ormesby
Thomam Glou' de Conyngesby Walterum de Cibsay seruientem
Iohannis Amory de Horncastre Philipum Bernak de North'thoresby
Henricum filium eius Ceciliam vxorem Iohannis Tasker Willelmum
Pacok seruientem Roberti Talio' de Wykham (Iohannem Ranfson'
de Foulesthorp')ᶜ (error quia mortuus vt vicecomes retornauit)[1]
Iohannem Symondson' (smyth')[1] de Candilsby Iohannem Ionson'
waller de Magna Carlton' Gerard' seruientem persone de Louth'burgh'
ita quod haberet corpora eorum apud Gaynesburgh' de Lune in
festo sancti (Gregorij)[12] anno regni regis Ricardi secundi sexto [? 29
September 1382] coram custodibus pacis in partibus de Lyndeseye
ad respondendum domino regi de diuersis transgressionibus oppressionibus extorsionibus forstallerijs regraterijs excessibus et alijs

---

[1] See below nos. 349 ff.
[2] Appears to be an error for *Michelis.* The feast of St. Gregory fell on a
Thursday in 6 Richard II. See table of sessions for a session held at Gainsborough
on this date.

maleficijs contra pacem domini regis et formam statutorum inde
editorum factis vnde indictati sunt. Ad quem diem idem vicecomes
respondit quod nichil habent in balliua sua per quod possit attachiare
etc. Ideo preceptum fuit. Ideo preceptum fuit Iohanni Poug'
vicecomiti Lincoln' quod non ommitteret propter aliquam libertatem
etc. quin eos caperet et saluo custode ita quod haberet corpora
eorum apud Lincoln' die Iouis in septimana Pasche tunc proxima
sequente videlicet anno regni regis predicti sexto [26 March 1383]
coram prefatis custodibus pacis ad respondendum domino regi de
predictis transgressionibus etc. vnde etc. Ad quem diem idem
vicecomes respondit quod non sunt inuenti in balliua sua etc. et
ideo preceptum fuit eidem vicecomiti sicut alias quod non ommitteret propter etc. quin illos caperet et saluo etc. ita quod haberet
corpora eorum apud Horncastr' coram prefatis custodibus pacis die
Mercurij proximo post festum natiuitatis beate Marie virginis tunc
proximum sequens videlicet anno regni regis predicti septimo
[9 September 1383] ad respondendum domino regi de predictis
transgressionibus etc. vnde etc. Ad quem diem idem vicecomes
respondit quod non sunt inuenti in balliua sua etc. et ideo preceptum
fuit eidem vicecomiti sicut plures quod non omitteret etc. quin
illos caperet et saluo etc. ita quod haberet corpora eorum apud
Lincoln' die Mercurij proximo post festum sancti Mathei apostoli
et ewangeliste tunc proximum sequens videlicet anno regni regis
predicti septimo [23 September 1383] coram prefatis custodibus
pacis ad respondendum domino regi de predictis transgressionibus
etc. vnde etc. Ad quem diem idem vicecomes respondit quod non
sunt inuenti in balliua sua etc. Et ideo preceptum fuit eidem vicecomiti adhuc sicut plures quod non ommitteret propter aliquam
libertatem etc. quin illos caperet et saluo etc. ita quod haberet
corpora eorum apud Horncastr' die Iouis proximo post festum sancti
Nicholai episcopi tunc proximum sequens videlicet anno regni
regis predicti septimo [10 December 1383] coram prefatis custodibus
pacis ad respondendum domino regi de predictis transgressionibus
etc. vnde etc. Ad quem diem Iohannes Bussy vicecomes Lincoln'
respondit quod non sunt inuenti in balliua sua etc. Et ideo preceptum est eidem vicecomiti quod eos exigi faceret de comitatu in
comitatum quousque secundum legem et consuetudinem regni
Anglie vtlagati et wayuiate fuerunt si non comparuerint et si
comparuerint tunc eos capiat et saluo custode etc. ita quod haberet
corpora eorum apud Lincoln' die Martis proximo post festum sancti
Iacobi apostoli proximum futurum videlicet anno regni regis
predicti octauo [26 July 1384] coram prefatis custodibus pacis ad
respondendum domino regi de diuersis transgressionibus etc. vnde
etc. Ad quem diem Martis proximum post festum sancti Iacobi
Iohannes Bussy vicecomes Linc' respondit quod in pleno comitatu
Lincoln' tento apud Lincoln' die Lune proximo post festum purificacionis beate Marie anno regni regis Ricardi secundi septimo

Robertus seruiens Willelmi Robynson' et ceteri in breui isto nominati primo exacti non comparuerunt. In pleno comitatu Lincoln' tento apud Lincoln' die Lune proximo ante festum annunciacionis beate Marie proximum sequens predictus Robertus et ceteri in breui isto nominati secundo exacti non comparuerunt. In pleno comitatu Lincoln' tento apud Lincoln' die Lune proximo ante festum inuencionis sancte crucis proximum sequens predictus Robertus et ceteri in breui isto nominati tercio exacti non comparuerunt. In pleno comitatu Lincoln' tento apud Lincoln' die Lune proximo post festum sancti Barnabe apostoli proximum sequens predictus Robertus et ceteri in breui isto nominati quarto exacti non comparuerunt set manucapti fuerunt per Godfridum de Bultham ad saluandum eis comitatum illum prout moris est in eodem comitatu ne vtlagaria in dictum Robertum et ceteros homines in breui isto nominatos ad diem illum promulgaretur et ne Cecilia vxor Iohannis Tasker in breui isto nominata ad diem illum wayuiaretur. In pleno comitatu Lincoln' tento apud Lincoln' die Lune in festo sancti Iacobi apostoli proximo sequente predictus Robertus seruiens Willelmi Robynson' et ceteri in breui isto nominati ad predictum comitatum quinto exacti non comparuerunt. Ideo predictus Robertus et ceteri homines in breui isto nominati ad comitatum illum vtlagantur et predicta Cecilia vxor Iohannis Taskar ad eundem comitatum wayuiatur.

Venire facias to the sheriff to produce for trial 11 men and 1 woman indicted for trespass ; upon their failure to appear they were outlawed or waived in the county court.

Placita coram prefatis iusticiarijs ac custodibus pacis apud Horncastr' die Iouis proximo post festum sancti Nicholai episcopi anno regni regis Ricardi secundi septimo [10 December 1383].

Marg: LINCOLN'

Marg: ijᵐ EXIGENCIUM DE FELONIJS

Preceptum fuit Iohanni Poug' vicecomiti Lincoln' quod non omitteret propter aliquam libertatem comitatus sui quin caperet Thomam de Parishe de Ounby Iohannem Marory de Glentham Thomam Forst' seruientem Petri Notill' Ricardum Demyld de Herdwyk et Isabellam vxorem eius Iohannem Dauy de Wylyngham iuxta Stowe Beate Marie et Isabellam vxorem eius Nicholaum Waryn de Estoft Stephanum filium Radulphi de Misterton' Radulphum filium Iohannis Nauke de Gaynesburgh' Ricardum Rapar de Wylyngham Iohannam Langcount de Donham Edmundum Squyer de Stalyngburgh' Luciam Lamberd de Feriby Willelmum Baker de Seuerby Thomam Tasker nuper seruientem Roberti de Hille de Olseby Willelmum de Trehampton' Iohannem de Gayton' coteler de Lincoln' Robertum de Legburn' de Lincoln' Margeriam vxorem eius Ricardum Westernman Hegyn Tasker quondam laborarium in Waltham Ricardum filium Iohannis Hurt de Burton' Willelmum

Fichet de Saxelby Iohannem Miln' de Frampton' Robertum Nolle
de North'thoresby Iohannem Peronell' de Grimolby Robertum de
Legburn' taliour de Linc' Margeriam vxorem eius Iohannem de
Gayton' taliour Ricardum Auburn' de Sudbroke Robertum Webst'[1]
de Haxhay Thomam Webst' de Skotton' Rogerum Talio' de Askby
Iohannem de Dauby de Manby Iohannem de Sandale de Wadyngham
Iohannem filium Hugonis quondam seruientem Iohannis de Fresthorp' de Ouneby Iohannem Peronell' de Grimolby Iohannem
Sparowe de Thetilthorp' Gilbertum filium Willelmo de Hawe de
Dalby Willelmum filium Willelmo Gryn de Ingoldmels (ac)[1] Iohannem
Wright de Wylyngham et illos saluo custode ita quod haberet
corpora eorum apud Lincoln' die Iouis in septimana Pasche anno
regni regis Ricardi secundi sexto [26 March 1383] coram custodibus
pacis in partibus de Lyndesay in comitatu Lincoln' ad respondendum
domino regi de diuersis felonijs vnde indictati sunt etc. Ad quem
diem idem vicecomes respondit quod non sunt inuenti in balliua
sua etc. et ideo preceptum fuit eidem vicecomiti sicut alias quod
non ommitteret etc. quin illos caperet et saluo etc. ita quod haberet
corpora eorum apud Horncastre die Mercurij in crastino natiuitatis
beate Marie virginis tunc proximo sequente videlicet anno regni
regis predicti septimo [9 September 1383] coram prefatis custodibus
pacis ad respondendum domino regi de predictis felonijs vnde etc.
Ad quem diem idem vicecomes respondit quod non sunt inuenti
etc. et ideo preceptum fuit eidem vicecomiti sicut plures quod non
ommitteret etc. quin illos caperet et saluo etc. ita quod haberet
corpora eorum apud Lincoln' die Mercurij proximo post festum sancti
Mathei apostoli et ewangeliste tunc proximum sequens videlicet
anno regni regis predicto septimo [23 September 1383] coram
prefatis custodibus pacis ad respondendum domino regi de predictis
felonijs vnde etc. Ad quem diem idem vicecomes respondit quod
non sunt inuenti in balliua sua etc. Et ideo preceptum fuit eidem
vicecomiti adhuc sicut plures quod non omitteret propter etc. quin
illos caperet et saluo etc. ita quod haberet corpora eorum apud
Horncastre die Iouis proximo post festum sancti Nicholai episcopi
tunc proximum sequens videlicet anno regni regis predicti septimo
[10 December 1383] coram prefatis custodibus pacis ad respondendum
domino regi de predictis felonijs etc. vnde etc. Ad quem diem
Iohannes Bussy tunc vicecomes Lincoln' respondit quod non sunt
inuenti in balliua sua etc. Et ideo preceptum fuit eidem vicecomiti
quod eos exigi faceret de comitatu in comitatum quousque secundum
legem et consuetudinem regni Anglie vtlagati et wayuyate fuerunt
si non comparuerint et si comparuerint tunc eos capiat et saluo
custode ita quod habeat corpora eorum apud Lincoln' die Martis
proximo post festum sancti Iacobi apostoli proximum sequens videlicet anno regni regis predicti octauo [26 July 1384] coram prefatis
custodibus pacis ad respondendum domino regi de diuersis felonijs

<hr>

[1] Probably an error for *Brewst'*; below no. 473.

vnde indictati sunt etc. Ad quem diem Martis proximum post festum sancti Iacobi vicecomes nullum breue retornauit. (*Marg:* Vacat.)

Venire facias to the sheriff to produce for trial 33 men and 5 women indicted for felony; proceedings were cancelled because the sheriff did not return the writ.

Placita coram prefatis iusticiarijs ac custodibus pacis apud Louth' die Lune in festo conuersionis sancti Pauli anno regni regis Ricardi secundi septimo [25 January 1384].

Marg: Tercium exigencium de transgressionibus

Preceptum fuit I Poug' vicecomiti Lincoln' quod non omitteret propter aliquam libertatem etc. quin venire faceret Walterum Thorald Iohannem Clerk deputatem Willelmi de Elmham Willelmum de Lanam de Repham Iohannam[1] seruientem Roberti de Neuland de Barton' Simonem Hede de Elsham Simonem Bird de Humberstane Simonem Hede de Elsham Willelmum de Yorke de Saxby Iohannem fratrem eius Hugonem Mang' de Stowe Walterum de Holand de Burton' Luciam Horstall' de Halton' Iohannem Ionson' de Rouclif' de Wynterton' Iohannem de Castelford de Ingham Iohannem Epe capellanum Robertum Cartwright de Leuerton' Henricum Talio' nuper manentem in Lissyngton' iam in Adlflete Iohannem Turno' Robertum Hoberd Ricardum Pipar' de Ingoldmels ita quod haberet corpora eorum apud Lincoln' die Iouis in septimana Pasche anno regni regis Ricardi secundi sexto [26 March 1383] coram predictis custodibus pacis in partibus de Lyndeseye ad respondendum domino regi de diuersis transgressionibus extorsionibus forstallerijs regratarijs excessibus oppressionibus et alijs maleficijs contra pacem domini regis et formam statutorum inde editorum factis vnde indictati sunt etc. Ad quem diem idem vicecomes respondit quod nichil habent in balliua sua per quod possit attachiare etc. nec sunt inuenti in eadem. Ideo preceptum fuit eidem vicecomiti quod non ommitteret propter aliquam libertatem etc. quin illos caperet et saluo custodire ita quod haberet corpora eorum apud Horncastre die Mercurij proximo post festum natiuitatis beate Marie virginis tunc proximum sequens videlicet anno regni regis Ricardi secundi septimo [9 September 1383] coram prefatis custodibus pacis ad respondendum domino regi de predictis transgressionibus etc. vnde etc. Ad quem diem idem vicecomes respondit quod non sunt inuenti in balliua sua etc. Ideo preceptum fuit eidem vicecomiti sicut alias quod non ommitteret etc. quin illos caperet et saluo custode ita quod haberet corpora eorum apud Lincoln' die Mercurij proximo post festum sancti Mathei apostoli et ewangeliste tunc proximum sequens videlicet anno regni regis predicti septimo [23 September 1383] coram prefatis custodibus pacis ad respondendum domino regi de predictis transgressionibus etc. vnde etc. Ad quem diem idem vicecomes respondit quod non sunt inuenti in balliua sua etc. Ideo preceptum fuit eidem vicecomiti sicut plures

---

[1] Read *Iohannem*; below no. 548.

quod non ommitteret propter etc. quin illos caperet et saluo etc.
ita quod haberet corpora eorum apud Horncastr' die Iouis proximo
post festum sancti Nicholai episcopi tunc proximum sequens videlicet
anno regni regis predicti septimo [10 December 1383] coram prefatis
custodibus pacis etc. ad respondendum domino regi de predictis
transgressionibus etc. vnde etc.   Ad quem diem I Bussy vicecomes
Lincoln' respondit quod non sunt inuenti in balliua sua etc.   Ideo
preceptum fuit eidem vicecomiti adhuc sicut plures quod non
ommitteret etc. propter aliquam libertatem etc. quin illos caperet
etc. et saluo custode ita quod haberet corpora eorum apud Ludam
die Lune in festo conuersionis sancti Pauli tunc proximo sequente
videlicet anno regni regis predicti septimo [25 January 1384]
coram prefatis custodibus pacis ad respondendum domino regi de
diuersis transgressionibus etc. vnde etc.   Ad quem diem idem vicecomes respondit quod non sunt inuenti in balliua sua etc. et ideo
preceptum est eidem vicecomiti quod illos exigi faceret de comitatu
in comitatum quousque secundum legem et consuetudinem regni
Anglie vtlagati et wayuiate fuerunt si non comparuerint et si comparuerint tunc eos capiat et saluo et securo custode ita quod haberet
corpora eorum apud Lincoln' die Martis proximo ante festum
natiuitatis beate Marie virginis tunc proximum sequens videlicet
anno regni regis predicti octauo [6 September 1384] coram prefatis
custodibus pacis etc. ad respondendum domino regi de diuersis
transgressionibus etc. vnde etc.   Ad quem diem Martis proximum
ante festum natiuitatis beate Marie virginis idem I Bussy vicecomes
Lincoln' respondit quod in pleno comitatu Lincoln' tento apud
Lincoln' die Lune proximo post festum purificacionis beate Marie
anno regni regis Ricardi secundi septimo Walterus Thorald et ceteri
in breui isto nominati primo exacti non comparuerunt.   In pleno
comitatu Lincoln' tento apud Lincoln' die Lune proximo ante festum
annunciacionis beate Marie proximum sequens predictus Walterus
Thorald' et ceteri in breui isto nominati secundo exacti non comparuerunt.   In pleno comitatu Lincoln' tento apud Lincoln' die
Lune proximo ante festum inuencionis sancte crucis proximum
sequens predictus Walterus et ceteri in breui isto nominati tercio
exacti non comparuerunt.   In pleno comitatu Lincoln' tento apud
Lincoln' die Lune proximo post festum sancti Barnabe apostoli
proximum sequens predictus Walterus et ceteri in breui isto nominati
quarto exacti non comparuerunt set manucapti fuerunt per Edmundum de Claxby ad saluandum eis comitatum illum prout moris
est in eodem comitatu ne vtlagaria in dictum Walterum et ceteros
homines in breui isto nominatos ad diem illum promulgaretur et ne
Iohanna seruiens Roberti de Neuland de Barton' et Lucia Horstall'
de Halton' in breui isto nominate ad diem illum wayuiarentur.   In
pleno comitatu Lincoln' tento apud Lincoln' die Lune in festo
sancti Iacobi apostoli proximo sequente predictus Walterus Thorald
et ceteri in breui isto nominati ad predictum comitatum quinto

exacti non comparuerunt. Ideo ipsi ad comitatum illum vtlagantur et predicte Iohanna et Lucia ad predictum comitatum wayuiantur.
Venire facias to the sheriff to produce for trial 17 men and 2 women indicted for trespass; upon their failure to appear they were outlawed or waived in the county court.

Respice pro tercio exigencio de felonijs in rotulo annexo.

[*m.* 15 *old numbering* xv]

Placita adhuc coram prefatis iusticiarijs ac custodibus pacis apud Louth' die Lune in festo conuersionis sancti Pauli anno regni regis Ricardi secundi septimo [25 January 1384].

Marg: LINCOLN'

Marg: TERCIUM EXIGENCIUM DE FELONIJS

Preceptum fuit I Poug' vicecomiti Lincoln' quod non ommitteret propter aliquam libertatem comitatus sui quin caperet Rogerum Smyth' dudum manentem in Cle Iohannem filium Iohanne de Lincoln' de Immyngham Willelmum Mawher dudum manentem in Clee nunc manentem in Saltflethauen' Iohannem de Castill' de Barton' carnir et fleshewer Iohannem Scrippes de Immyngham Robertum de Legburn' taliour Iohannem de Gayton' taliour Ricardum Oliu' taliour Iohannem de Haddon' webster Ricardum seruientem Iohannis de Marum (Hugonem Bakster de Waynflete)¹ Thomam Shene de Waynflete Thomam de Midelton' nuper manentem in Waynflete ita quod haberet corpora eorum apud Horncastre die Mercurij proximo post festum natiuitatis beate Marie virginis anno regni regis Ricardi secundi septimo [9 September 1383] coram custodibus pacis in predictis partibus de Lyndeseye ad respondendum domino regi de diuersis felonijs vnde indictati sunt etc. Ad quem diem idem vicecomes respondit quod non sunt inuenti in balliua sua etc. Et ideo preceptum fuit eidem sicut alias quod non ommitteret propter aliquam libertatem etc. quin illos caperet et saluo etc. ita quod haberet corpora eorum apud Lincoln' die Mercurij proximo post festum sancti Mathei apostoli et ewangeliste tunc proximum sequens videlicet anno regni regis predicti septimo [23 September 1383] coram prefatis iusticiarijs ad pacem ad respondendum domino regi de predictis felonijs vnde etc. Ad quem diem idem vicecomes respondit quod quod non sunt inuenti in balliua sua etc. Et ideo preceptum fuit eidem vicecomiti sicut plures quod non ommitteret propter aliquam libertatem etc. quin illos caperet et saluo etc. ita quod haberet corpora eorum apud Horncastre die Iouis proximo post festum sancti Nicholai episcopi tunc proximum sequens videlicet anno regni regis predicti septimo [10 December 1383] coram prefatis iusticiarijs ad pacem etc. ad respondendum domino regi de diuersis felonijs vnde indictati sunt etc. Ad quem diem I Bussy tunc vicecomes Lincoln' respondit quod non sunt inuenti in balliua sua etc. Et ideo preceptum fuit eidem Iohanni Bussy vicecomiti Linc' adhuc sicut plures quod non ommitteret propter aliquam libertatem etc. quin illos caperet et saluo custode ita quod haberet corpora eorum apud Louth' die Lune in festo conuersionis sancti Pauli tunc proximo sequente videlicet anno regni regis predicti septimo [25 January 1384] coram prefatis iusticiarijs ad pacem ad respondendum domino regi de diuersis felonijs predictis vnde indictati sunt etc. Ad quem diem idem vicecomes respondit quod non sunt inuenti in balliua sua etc. Et ideo preceptum fuit eidem Iohanni Bussy vicecomiti Lincoln' quod illos exigi faceret de comitatu in comitatum quousque secundum legem et consuetudinem regni Anglie vtlagati et wayuiate fuerunt si non comparuerint et si comparuerint tunc eos capiat et saluo custode ita quod haberet corpora eorum apud Lincoln' die Martis proximo ante festum natiuitatis beate Marie virginis tunc proximum sequens videlicet anno regni regis predicti octauo [6 September 1384] coram prefatis iusticiarijs ad pacem etc. ad respondendum domino regi de diuersis felonijs vnde indictati sunt etc. Ad quem diem Martis proximum ante festum natiuitatis beate Marie virginis idem I Bussy vicecomes Lincoln' respondit quod in pleno comitatu Lincoln' tento apud Lincoln' die Lune proximo post festum purificacionis beate Marie anno regni regis Ricardi secundi septimo Rogerus Smyth' dudum manens in Clee et ceteri in breui isto nominati primo exacti non comparuerunt. In pleno comitatu Lincoln' tento apud Lincoln' die Lune proximo ante festum annunciacionis beate Marie proximum sequens predictus Rogerus et ceteri in breui isto nominati secundo exacti non comparuerunt. In pleno comitatu Lincoln' tento apud Lincoln' die Lune proximo ante festum inuencionis sancte crucis proximum sequens predictus Rogerus et ceteri in breui isto nominati tercio exacti non comparuerunt. In pleno comitatu Lincoln' tento apud Lincoln' die Lune proximo post festum sancti Barnabe apostoli proximum sequens predictus Rogerus et ceteri in breui isto nominati quarto exacti non comparuerunt set manucapti fuerunt per Ricardum Iay ad saluandum eis comitatum illum prout moris est in eodem comitatu ne vtlagaria in dictum Rogerum et ceteros in breui isto nominatos ad diem illum promulgaretur. In pleno comitatu Lincoln' tento apud Lincoln' die Lune in festo sancti Iacobi apostoli proximo sequente predictus Rogerus et ceteri in breui isto nominati ad predictum comitatum quinto exacti non comparuerunt. Ideo ipsi ad comitatum illum vtlagantur.

Venire facias to the sheriff to produce for trial 13 men indicted for felony; upon their failure to appear they were outlawed in the county court.

Placita coram prefatis iusticiarijs ac custodibus pacis apud Lincoln' die Lune proximo ante festum sancti Thome apostoli anno regni regis Ricardi secundi nono [18 December 1385].

Marg: QUARTUM EXIGENCIUM DE FELONIJS

Preceptum [fuit] I Poug' vicecomiti Lincoln' quod non omitteret propter aliquam libertatem quin caperet (Iohannem Racy de Halton')[1] Iohannem Tredgold' nuper seruientem Agnetis de Brynkill' de Houton' Robertum Personneue de Westbarkworth' Willelmum de Louth' quondam seruientem Thome de Saleby persone ecclesie de Endirbymalbys Iohannem Stanard' smyth' de North'celsay Iohannem Tebbe de Ryshom Thomam seruientem Roberti Russell' de Wynterton' Iohannem Mody de Scalby Henricum Pegard' de Thelby Iohannem de Whighton' seruientem vicarij ecclesie de Burton' Iohannem Russhe de Cotyngham Iohannem seruientem Iohannis Feriman de Gaynesburgh' Robertum Shortred de Humberstane Robertum Wright de Lincoln' dudum seruientem Thome de Banham de Lincoln' Iohannem Mower de Croxston' ita quod haberet corpora eorum apud Lincoln' die Mercurij proximo post festum sancti Mathei apostoli et ewangeliste anno regni regis Ricardi secundi septimo [23 September 1383] coram custodibus pacis in partibus de Lyndeseye in comitatu Lincoln' ad respondendum domino regi de diuersis felonijs vnde indictati sunt etc. Ad quem diem idem vicecomes respondit quod non inuenti in balliua sua etc. Et ideo preceptum fuit eidem vicecomiti sicut alias quod non omitteret etc. quin illos caperet et saluo etc. ita quod haberet corpora eorum apud Horncastre die Iouis proximo post festum sancti Nicholai episcopi tunc proximum sequens videlicet anno regni regis predicti septimo [10 December 1383] coram prefatis custodibus pacis ad respondendum domino regi de diuersis felonijs vnde etc. Ad quem diem I Bussy vicecomes Lincoln' respondit quod non inuenti in balliua sua etc. Ideo preceptum fuit eidem I Bussy vicecomiti Lincoln' sicut plures quod non omitteret propter aliquem libertatem etc. quin illos caperet et saluo etc. ita quod haberet corpora eorum apud Louth' die Lune in festo conuersionis sancti Pauli tunc proximo sequente videlicet anno regni regis predicti septimo [25 January 1384] coram prefatis custodibus pacis ad respondendum domino regi de diuersis felonijs vnde etc. Ad quem diem idem vicecomes Lincoln' respondit quod non sunt inuenti in balliua sua etc. Ideo preceptum fuit eidem vicecomiti adhuc sicut plures quod non ommitteret propter etc. quin illos caperet et saluo etc. ita quod haberet corpora eorum apud Lincoln' die Martis proximo post festum sancte trinitatis tunc proximum sequens videlicet anno regni regis predicti septimo [7 June 1384] coram prefatis custodibus pacis ad respondendum domino regi de diuersis felonijs vnde etc. Ad quem diem idem vicecomes Linc' respondit quod non sunt inuenti in balliua sua etc. Et ideo preceptum fuit eidem I Bussy vicecomiti Linc' ad diem Martis proximum ante festum sancti Thome apostoli anno regni regis predicti nono [19 December 1385] apud Lincoln' quod illos exigi faceret de comitatu in comitatum quousque secundum legem et consuetudinem regni Anglie vtlagantur si non comparuerint et si comparuerint tunc illos capiat et saluo etc. ita quod haberet corpora eorum apud Lincoln' die Lune proximo ante festum sancti Bartholomei apostoli tunc proximum

sequens videlicet anno regni regis predicti decimo [20 August 1386]
coram prefatis custodibus pacis etc. ad respondendum domino regi
de diuersis felonijs vnde indictati sunt etc. Ad quem diem Lune
proximum ante festum sancti Bartholomei apostoli idem I Bussy
vicecomes Lincoln' respondit quod in pleno comitatu Lincoln' tento
apud Lincoln' die Lune proximo ante festum sancti Gregorij pape
anno regni regis Ricardi secundi nono Iohannes Racy de Halto' et
ceteri in breui isto nominati primo exacti non comparuerunt. In
pleno comitatu Lincoln' tento apud Lincoln' die Lune proximo
ante festum Pasche proximum sequens predictus Iohannes et ceteri
in breui isto nominati secundo exacti non comparuerunt. In
pleno comitatu Lincoln' tento apud Lincoln' die Lune proximo ante
festum ascensionis domini proximum sequens predictus Iohannes
et ceteri in breui isto nominati tercio exacti non comparuerunt. In
pleno comitatu Lincoln' tento apud Lincoln' die Lune proximo post
festum translacionis sancti Thome martiris proximum sequens
predictus Iohannes et ceteri in breui isto nominati quarto exacti
non comparuerunt set manucapti fuerunt per Ricardum Rand' ad
saluandum eis comitatum illum prout moris est in eodem comitatu
ne vtlagaria in dictum Iohannem et ceteros in breui isto nominatos
ad diem illum promulgaretur. In pleno comitatu Lincoln' tento
apud Lincoln' die Lune proximo ante festum sancti Bartholomei
apostoli proximum sequens predictus Iohannes Racy de Halton'
et ceteri in breui isto nominati ad predictum comitatum quinto
exacti non comparuerunt. Ideo ipsi ad comitatum illum vtlagantur.

Venire facias to the sheriff to produce for trial 15 men indicted for felony ;
upon their failure to appear they were outlawed in the county court.

Placita coram prefatis iusticiarijs ac custodibus pacis apud
Lincoln' die Lune proximo ante festum sancti Thome apostoli anno
regni regis Ricardi secundi nono [18 December 1385].

Marg: QUARTUM EXIGENCIUM DE TRANSGRESSIONIBUS

Preceptum fuit I Poug' vicecomiti Lincoln' quod non omitteret
propter aliquam libertatem (comitatus sui)[1] etc. quin venire faceret
Iohannem fitz Walter de Swanlound' de Grimesby ita quod haberet
corpus eius apud Lincoln' die Iouis in septimana Pasche anno regni
regis Ricardi secundi sexto [26 March 1383] coram custodibus
pacis in partibus de Lyndesheye in comitatu Lincoln' ad respondendum domino regi de diuersis transgressionibus extorsionibus excessibus oppressionibus et alijs maleficijs contra pacem et formam
statutorum inde editorum factis vnde indictatus est etc. Ad quem
diem idem vicecomes respondit quod manucaptus fuit per Iohannem
Pynder et Thomam Broun ad veniendum ad diem et locum predicta
coram prefatis custodibus pacis ad respondendum domino regi de
predictis transgressionibus etc. vnde etc. et non venit etc. Ideo
preceptum fuit eidem vicecomiti quod (non omitteret etc. quin)[1]

I

distringeret illum per omnia bona et catalla sua et quod de exitibus responderet etc. ita quod haberet corpus eius apud Horncastre die Mercurij proximo post festum natiuitatis beate Marie virginis tunc proximum sequens videlicet anno regni regis Ricardi secundi septimo [9 September 1383] coram prefatis custodibus pacis ad respondendum domino regi de predictis transgressionibus etc. vnde etc. et similiter preceptum fuit eidem vicecomiti quod (non omitteret etc. quin)[1] venire faceret Thomam Talio' de Buckenall' fratrem Petrum Palm' de Bolyngton' Thomam de Midilton' nuper manentem in Waynflete ita quod haberet corpora eorum apud Horncastr' die Mercurij predicto coram prefatis custodibus pacis ad respondendum domino regi de diuersis transgressionibus oppressionibus et alijs malificijs contra pacem et formam statutorum inde editorum factis vnde ipsi indictati sunt etc. Ad quem diem idem vicecomes respondit quod predictus Iohannes fitz Walter de Swanlound' nihil habet in balliua sua vnde possit distringi vltra exitus foris factos domino regi etc. et quod Thomas Talio' de Buckenall' frater Petrus Palm' de Bolyngton' Thomas de Midilton' nuper manens in Waynflete predicti nihil habent in balliua sua vnde possit attachiare etc. Et ideo preceptum fuit eidem vicecomiti quod non omitteret propter aliquam libertatem etc. quin caperet dictos Iohannem fitz Walter de Swanlound' Thomam Talio' de Buckenall' fratrem Petrum Palm' de Bolyngton' Thomam de Midilton' nuper manentem in Waynflete ita quod haberet corpora eorum apud Lincoln' die Mercurij proximo post festum sancti Mathei apostoli et ewangeliste tunc proximum sequens videlicet anno regni regis predicti septimo [23 September 1383] coram prefatis custodibus pacis ad respondendum domino regi de diuersis transgressionibus etc. vnde indictati sunt etc. Ad quem diem idem vicecomes respondit quod non sunt inuenti in balliua sua etc. Ideo preceptum fuit eidem vicecomiti sicut alias quod non omitteret etc. quin illos caperet et saluo etc. ita quod haberet corpora eorum apud Horncastr' die Iouis proximo post festum sancti Nicholai episcopi tunc proximum sequens videlicet anno regni regis predicti septimo [10 December 1383] coram prefatis custodibus pacis ad respondendum domino regi de diuersis transgressionibus etc. vnde etc. Ad quem diem I Bussy vicecomes Lincoln' respondit quod non sunt inuenti in balliua sua etc. Ideo preceptum fuit eidem vicecomiti Linc' sicut plures quod non omitteret etc. quin illos caperet et saluo etc. ita quod haberet corpora eorum apud Louth' die Lune in festo conuersionis sancti Pauli tunc proximo sequente videlicet anno regni regis predicti septimo [25 January 1384] coram prefatis custodibus pacis ad respondendum domino regi de diuersis transgressionibus etc. vnde etc. Ad quem diem idem vicecomes respondit quod non sunt inuenti in balliua sua etc. Et ideo preceptum fuit eidem vicecomiti adhuc sicut plures quod non ommitteret etc. quin illos caperet et saluo etc. ita quod haberet corpora eorum apud Lincoln' die Martis proximo post festum sancte

trinitatis tunc proximum sequens videlicet anno regni regis predicti
septimo [7 June 1384] coram prefatis custodibus pacis ad respondendum domino regi de diuersis transgressionibus etc. vnde etc. Ad
quem diem idem vicecomes respondit quod non sunt inuenti in
balliua sua etc. Ideo preceptum fuit eidem I Bussy vicecomiti
Linc' ad diem Martis proximum ante festum sancti Thome apostoli
anno regni regis Ricardi secundi nono [19 December 1385] (apud
Linc')[1] quod illos exigi faceret de comitatu in comitatum quousque
secundum legem et consuetudinem regni Anglie vtlagati fuerunt si
non comparuerint et si comparuerint tunc capiat et saluo etc. ita
quod haberet corpora eorum apud Lincoln' die Lune proximo ante
festum sancti Bartholomei apostoli tunc proximum sequens videlicet
anno regni regis predicti decimo [20 August 1386] coram prefatis
custodibus pacis ad respondendum domino regi de diuersis transgressionibus etc. vnde etc. Ad quem diem Lune proximum ante
festum sancti Bartholomei apostoli idem Iohannes Bussy vicecomes
Linc' respondit quod in pleno comitatu Linc' tento apud Lincoln'
die Lune proximo ante festum sancti Gregorij pape anno regni
regis Ricardi secundi nono Iohannes fitz Walter de Swanlound' de
Grimesby et ceteri in breui isto nominati primo exacti non comparuerunt. In pleno comitatu Lincoln' tento apud Lincoln' die
Lune proximo ante festum Pasche proximum sequens predictus
Iohannes et ceteri in breui isto nominati secundo exacti non comparuerunt. In pleno comitatu Lincoln' tento apud Lincoln' die
Lune proximo ante festum ascensionis domini proximum sequens
predictus Iohannes et ceteri in breui isto nominati tercio exacti non
comparuerunt. In pleno comitatu Lincoln' tento apud Lincoln'
die Lune proximo post festum translacionis sancti Thome martiris
proximum sequens predictus Iohannes et ceteri in breui isto nominati
quarto exacti non comparuerunt set manucapti fuerunt per Henricum
Hunt ad saluandum eis comitatum illum prout moris est in eodem
comitatu ne vtlagaria in dictum Iohannem et ceteros in breui
isto nominatos ad diem illum promulgaretur. In pleno comitatu
Lincoln' tento apud Lincoln' die Lune proximo ante festum sancti
Bartholomei apostoli proximum sequens predictus Iohannes fitz
Walter et ceteri in breui isto nominati ad predictum comitatum
quinto exacti non comparuerunt. Ideo ipsi ad comitatum illum
vtlagantur.
    Venire facias to the sheriff to produce for trial 4 men indicted for trespass ;
upon their failure to appear they were outlawed in the county court.

[*m*. 16 *sewn on m*. 17 *at Bolyngbrok'*.]

    348. Item quod Iohannes seruus et vt dicitur filius Willelmi
Harecourt et Iohannes de Wardale de Totestoft iuxta Borowbrig'
die Lune proximo post festum sancti Nicholai anno regni regis
Ricardi secundi post conquestum Anglie tercio apud Toft vnum
agnum ayrere precij xxx s. abbatis de Barlyngs furtiue ceperunt et

asportauerunt vsque mancionem Willelmi Harecourt apud Boston et Thome Tyler (quietus est per cartam et allocatus)¹ et ibidem predicti Willelmus et Thomas (quietus per cartam)¹ predictum agnum receperunt ad vsum eorum proprium et manutenebant predictos Iohannem et Iohannem bene scientes ipsos facere talia furta. Quod iudicium mittebatur in bancum domini regis (tantum)¹ pro Thoma Tyler predicto per breue vnde idem Thomas Tyler quietus est per cartam de felonia predicta et allocatus custodibus pacis in partibus de Lyndesey et irrotulatur rotulo decimo de Lyndeseye die Martis proximo post festum sancte trinitatis apud Linc' anno regni regis Ricardi secundi vij⁰ [7 June 1384].¹ (*Marg:* Felonia.)

J., servant and so-called son of W. H., and J. de W. of Totestoft near Borowbrig at Fishtoft stole a late-born lamb, price 30s., from the abbot of Barlings and took it to the house of W. H. and T. T. (acquitted by pardon) at Boston; the said W. and T. received the lamb for their own use and also the siad J. and J., knowing they had committed this theft. This judgement is sent to the King's Bench because T. T. is acquitted of this felony by a pardon; this is enrolled on roll x for Lindsey.

J. son of W. H. and J. de W., outlawry for failure to appear before the justices of the peace in Lindsey reported at Lincoln, 23 Sept. 1383; above, p. 118; to be produced before the King's Bench, Mich. 1385 and subsequently; K. B. 497, Rex, m. 5 and K. B. *passim*, whether for this offence or another is not evident; in exigend in the King's Bench, Trin. 1396; *ibid.*, 541, Rex, m. 8; W. H. and T. T. pardoned, Nov. 1383; Pardon Roll 29, m. 5; in Trin. 1383 a jury was to determine whether W. H. was guilty of certain felonies and various summonses for his appearance were issued; K. B. 489, Rex, m. 16; and K. B. *passim*; in East. 1385, similarly and he was mainperned for trial; *ibid.*, 496, Rex, m. 9; no record of a trial has been found; summonses were similarly issued for T. T.; *ibid.*, 490, Rex, m. 2 and K. B. *passim*; W. H. to be produced before the King's Bench, East. 1397 and subsequently; *ibid.*, 543, Rex, m. 5d.; 544, Rex, m. 15; 546, Rex, m. 8.

[*m.* 17 *old numbering* xvj]

SOUTHR'   *Marg:* HORNC'

Inquisicio capta apud Horncastr' coram prefatis custodibus pacis die Veneris proximo ante festum anunciacionis beate Marie virginis anno regni regis Ricardi secundi quarto [22 March 1381] per sacramentum Henrici Boch' de Tynto' Iohannis Clerk de Moreby Iohannis Sturmy Willelmi Toly Thome Talio' Ricardi de Hemmyng-by Stephani de Haryngto' Iohannis Lederred Willelmi de Scraitfeld Iohannis Wesilhed de Askby et Iohannis Lamkyn de Maru' iura-torum.

349. Qui dicunt quod Hugo Bakst' (vtlegatur)¹ de Waynflet die Lune proximo post festum cathedre sancti Petri apud Waynflete vi et armis Willelmo Erliker insultum fecit et vbi predictus Willelmus fuit collector denariorum domini regis fecit sibi rescussum et ipsum verberauit contra pacem domini regis. Istud fuit factum anno regni

¹ This record does not appear among the enrolments for this session, nor is there any evidence that it was once sewn on the roll and later detached; above, pp. 85 ff.

regis Ricardi secundi post conquestum quarto et est communis perturbator pacis. (*Marg:* Vtlegatur.)

H. B. (outlawed) of Wainfleet, at Wainfleet, assaulted W. E. and when W. E. was tax collector resisted and beat him ; he is a common disturber of the peace.

See above no. 243.

Marg: CANDELSH'

Inquisicio capta coram prefatis custodibus pacis apud Horncastr' die Mercurij proximo post festum natiuitatis beate Marie virginis anno regni regis Ricardi secundi sexto [10 September 1382] per sacramentum Willelmi Hugh'son' de Skendilby Iohannis de Stikford' Iohannis Kellot Willelmi Guerard' Ricardi Dandy Alani de Grenewyk' Roberti Pilat Walteri Alanson' Bret Roberti Greddyk' Roberti Spens' Thome Coup' Iohannis de Denton' iuratorum.

350. Qui dicunt super sacramentum suum quod Robertus (vtlegatur)[1] seruiens Willelmi Robynson' communis laborarius est rebellis constabularij de Skegnes. (*Marg:* Vtlegatur.)

R. (outlawed), servant of W. R., a common labourer, is a rebel against the constable of Skegness.

Outlawry for failure to appear before the justices of the peace in Lindsey reported at Horncastle, 10 Dec. 1383 ; above, p. 120.

351. Item dicunt quod Willelmus (vtlegatur)[1] filius Willelmi Grynne die Dominica proximo post festum sancte trinitatis anno regni regis Ricardi secundi quinto apud Orby Robertum Halden felonice interfecit. (*Marg:* Felonia vtlegatur.)

W. (outlawed), son of W. G., at Orby, feloniously killed R. H.

Outlawry for failure to appear before the justices of the peace in Lindsey reported at Lincoln, 23 Sept. 1383 ; above, p. 118 ; process of outlawry reported as incomplete at Horncastle, 10 Dec. 1383 ; above, p. 123 ; tried before the King's Bench, East. 1396, on indictment before the coroner ; pardoned ; K. B. 540, Rex, m. 21d. ; for the payment of 16s. 4d. for this pardon see Hanaper Roll 213/11, m. 8 ; in exigend in the King's Bench, Trin. 1396 ; K. B. 541, Rex, m. 8.

352. Item quod Iohannes filius Willelmi Skot de North'somer-cotes Adam Latim' de eadem cum alijs die Lune proximo post festum apostolorum Petri et Pauli anno regni regis Ricardi secundi primo et sicut per vices vsque festum sancti Mathei apostoli anno predicto cc cuniculos precij xl s. Roberti de Wylughby apud North'somercotes felonice furati fuerunt. (*Marg:* Felonia vtlegatur.)

J. son of W. S. of North Somercotes, A. L. of the same, and others feloniously stole 200 rabbits, price 40s., over a period of time, from R. de W., at North Somercotes.

For A. L. see above no. 221 ; J. son of W., outlawry for failure to appear before the justices of the peace in Lindsey reported at Lincoln, 23 Sept. 1383 ; above, p. 118 ; in exigend in the King's Bench, Trin. 1396 ; K. B. 541, Rex, m. 8 ; tried before the King's Bench, Mich. 1396, on indictment before the justices of the peace in Lindsey ; acquitted ; *ibid.*, 542, Rex, m. 17d.

Marg: BOLYNGBROK'

Inquisicio capta coram prefatis custodibus pacis apud Hornc' die Mercurij proximo post festum natiuitatis beate Marie virginis

anno regni regis Ricardi secundi sexto [10 September 1382] per
sacramentum Iohannis Walays de Sibsay Simonis at Fenne Willelmi
Skelles Thome Warn' Hugonis de Hareby Iohannis Walteri Iohannis
at House Iohannis Frema' Iohannis filij Willelmi Iohannis North'
Roberti Ferro' et Stephani filij Roberti iuratorum.

353. Qui dicunt super sacramentum suum quod Iohannes
(vtlegatur)[1] seruus et vt dicunt filius Willelmi Harecourt die sancti
Martini et quidam Alanus de Berewyk apud Toft anno regni regis
Ricardi secundi tercio vnum agnum ayrere precij xx s. prioris
fratrum carmelitum de Sancto Botolpho furtiue ceperunt et asportauerunt vsque mansionem Willelmi Harecourt apud Boston' et
Skirbec. Et ibidem predictus Willelmus [blank ? predictum agnum]
ad vsum suum proprium recepit et manutenebat predictos Iohannem
et Alanum bene sciens ipsos facere talia furta. (Marg: Felonia
vtlegantur.)
    J. (outlawed), servant and so-called son of W. H., and A. de B., at
Fishtoft, furtively stole a late-born lamb, price 20s., from the prior of the
Carmelite order at Boston and took it to the house of W. H. at Boston and
Skirbeck. The said W. received the lamb for his own use and protected the
said J. and A., knowing they had committed this theft.
    For J. son of W. and W. H. see above no. 348 ; A. de B., outlawry for failure
to appear before the justices of the peace in Lindsey reported at Lincoln, 23 Sept.,
1383 ; above, p. 118.

354. Item quod predictus Iohannes (vtlegatur)[1] et Ricardus Fox
de Twedale in vigilia omnium sanctorum anno supradicto j agnum
ayrere precij xx s. Gilberti Derman apud Toft furtiue ceperunt
et asportauerunt vsque mansionem dicti Willelmi Harecourt apud
Boston' et Skirbec. Et ibidem predictus Willelmus Harecourt
predictum agnum ad vsum suum proprium recepit et manutenebat
predictos Iohannem et Ricardum bene sciens ipsos facere talia
furta. (Marg: Felonia vtlegantur.)
    The said J. (outlawed) and R.F. of Twedale, furtively stole a late-born lamb,
price 20s., from G. D. at Fishtoft and took it to the house of W. H. at Boston
and Skirbeck ; the said W. received the lamb for his own use and protected
the said J. and R., knowing them to be guilty of this theft.
    For J. son of W. and W. H. see above no. 348 ; R. F., outlawry for failure to
appear before the justices of the peace in Lindsey reported at Lincoln, 23 Sept.
1383 ; above, p. 118.

355. Item dicunt quod predictus Iohannes (vtlegatur)[1] et
Galfridus de Norffolk manens in North'wyco die natiuitatis beate
Marie anno supradicto apud Toft vnum agnum ayrere Hugonis
Hardy de eadem villa furtiue ceperunt et asportauerunt vsque
mansionem Willelmi Harecourt in Boston' et Skirbek. Et ibidem
predictus Willelmus Harecourt predictum agnum ad vsum suum
proprium recepit et manutenebat predictos Iohannem et Galfridum
bene sciens ipsos facere talia furta. (Marg: Felonia vtlegantur.)
    The said J. (outlawed) and G. de N. living in Norwich, at Fishtoft,
furtively stole a late-born lamb from H. H. of Fishtoft and took it to the house

of W. H. in Boston and Skirbeck ; the said W. received the lamb for his own use and protected the said J. and G., knowing they had committed the theft.

For J. son of W. and W. H. see above no. 348 ; G. de N., outlawry for failure to appear before the justices of the peace in Lindsey reported at Lincoln, 23 Sept. 1383 ; above, p. 118.

356.   Item dicunt quod Ricardus Ely (vtlegatur)[1] cum alijs vi et armis feceret diuersas trencheas super magnam seweram de Wythom' per quas Westfen et Estfenne fluunt et defluunt ad graue dampnum domini ducis et tenentum suorum tam librorum quam natiuorum infra socam de Bolyngbroke Waynflete Freskenay et Wrangle ad dampnum cc librorum contra pacem. (*Marg:* Vtlegatur.)

R. E. (outlawed) with others forcibly made various ditches in the great sewer of the Witham by which the West Fen and East Fen flooded, to the great damage of the duke [of Lancaster] and his tenants, free and unfree, within the soke of Bolingbroke, Wainfleet, Friskney, and Wrangle, to the amount of £200.

Outlawry for failure to appear before the justices of the peace in Lindsey reported at Horncastle, 10 Dec. 1383 ; above, p. 120.

Marg: HILLE

Inquisicio capta apud Horncastr' coram prefatis custodibus pacis die Mercurij supradicto anno regni regis predicti sexto [10 September 1382] per sacramentum Iohannis de Stokyth' Henrici Ionson' Willelmi Ryngot Willelmi Gyuell' Thome de Stanesby Thome Walkar Willelmi Boydell' Willelmi de Wadmyln' Iohannis Holbec Iohannis Warde Iohannis Kyngron' Iohannis filij Willelmi iuratorum.

357.   Qui dicunt super sacramentum suum quod Willelmus de Bullyngton' (vtlegatur)[1] seruiens apud Ormesby exiuit extra seruicium domini Willelmi de Skipwyth' ante terminum suum pro salario maiori capiendo contra pacem domini regis. (*Marg:* Vtlegatur.)

W. de B. (outlawed), servant at [South] Ormsby, left the service of W. de S. before the end of his term, for higher wages.

Outlawry for failure to appear before the justices of the peace in Lindsey reported at Horncastle, 10 Dec. 1383 ; above, p. 120.

Marg: GAIRETRE

Inquisicio capta apud Hornc' coram prefatis custodibus pacis die et anno supradictis [10 September 1382] per sacramentum Iohannis de Northiby Iohannis North'cotes Thome de Wrangle Iohannis Barne Iohannis Woderoue Henrici Mabilson' Ricardi Whecham Iohannis de Sandford' Iohannis Togode Iohannis Randolf Roberti Lake Roberti filij Iohannis iuratorum.

358.   Qui dicunt quod Thomas Glou' (vtlegatur)[1] de Conyngsby Aliciam vxorem Iohannis Bakst' de Conyngesby apud Conyngesby predictum Aliciam verberauit vulnerauit et eam male tractauit die

Sabbati proximo post festum assumpcionis beate Marie virginis anno
regni regis Ricardi secundi sexto ad graue dampnum ipsius Alicie et
contra pacem etc. (*Marg:* Vtlegatur.)

T. G. (outlawed) of Coningsby, at Coningsby, assaulted A. wife of J. B.
of Coningsby, beating, wounding, and maltreating her to her serious injury.

Outlawry for failure to appear before the justices of the peace in Lindsey
reported at Horncastle, 10 Dec. 1383; above, p. 120.

Marg: MAGNA INQUISICIO

Inquisicio capta apud Hornc' coram prefatis custodibus pacis
die et anno supradictis [10 September 1382] per sacramentum
Iohannis Amory Iohannis othe See Willelmi Leueryk Willelmi
Hardben Willelmi de Braitoft Willelmi Peticlerk Iohannis Wace
Thome Tours Willelmi at Halle Roberti Tours Iohannis Bydde et
Walteri de Baumburgh' iuratorum.

359. Qui dicunt super sacramentum suum quod Walterus
Cobesay (vtlegatur)[1] seruiens Iohannis Amory de Horncastre apud
Horncastre in officio carectarij die Dominica proximo ante festum
sancti Bartholomei apostoli vltimo preterito noctanter extra seruicium predicti Iohannis Amory absque causa racionabili recessit
in contemptum domini regis etc. (*Marg:* Vtlegatur.)

W. C. (outlawed), carter of J. A. of Horncastle, at Horncastle, at night,
left the service of the said J. without cause.

Outlawry for failure to appear before the justices of the peace in Lindsey
reported at Horncastle, 10 Dec. 1383; above, p. 120.

360. Item dicunt quod Willelmus (vtlegatur)[1] filius Willelmi
Gyrne de Yngolmeles die Dominica proximo ante festum sancti
Barnabe apostoli anno regni regis Ricardi secundi quinto apud
Yngolmeles felonice interfecit Robertum Haldon de Yngoldmeles.
(*Marg :* Felonia vtlegatur.)

W. (outlawed) son of W. G. of Ingoldmells, at Ingoldmells, feloniously
killed R. H. of Ingoldmells.

See above no. 351. It was this version of the case on which he was tried.

Marg: LOUCH'BURGH'

Inquisicio capta coram prefatis iusticiarijs apud Lud' die
Veneris proximo post festum natiuitatis beate Marie virginis anno
regni regis Ricardi secundi sexto [12 September 1382] per sacramentum Thome West de Vtterby Iohannis Ranyar Galfridi Cart'
de eadem Iohannis Clerk de Couenham Walteri Est Iohannis Coke
de eadem Iohannis Kirkyate Willelmi West de eadem Willelmi
Coup' de Louth'burgh' Roberti Argram de Wargholm' Willelmi de
Couenham Iohannis Donnay de Foterby iuratorum.

361. Qui dicunt super sacramentum suum quod Iohannes Peny
(vtlegatur)[1] de Couenham die Dominica proximo post festum
natiuitatis beate Marie anno regni regis Ricardi nunc sexto apud
Polu' domum Iohannis Hardy de Polu' felonice fregit et quoddam

tapetum et vnam camisiam precij v s. ibidem furtiue furatus fuit et asportauit. (*Marg:* Felonia vtlegatur.)

J. P. (outlawed) of Covenham, at Poolham, feloniously broke into the house of J. H. of Poolham and stole a hanging and a shirt, price 5*s*.

Outlawry for failure to appear before the justices of the peace in Lindsey reported at Lincoln, 23 Sept. 1383 ; above, p. 118.

362. Item quod idem Iohannes Peny (vtlegatur)[1] die et anno supradictis furtiue furatus fuit quemdam arietem precij xij d. et quoddam collobium precij iij s. de Alexandro Schephird de Dowode. Et insuper dicunt quod predictus Iohannes Peny est communis latro. (*Marg:* Felonia vtlegatur.)

The said J. (outlawed) furtively stole a ram, price 12*d*., and a tunic, price 3*s*., from A. S. of Dowode ; he is a common thief.

See above no. 361.

363. Item dicunt quod Iohannes Milner (vtlegatur)[1] de Frampton' in Holand' furtiue furatus fuit vnum equum precij x s. de Simone de Monketon' apud Monketon' die Mercurij proximo post festum sancti Laurencij anno regni regis nunc nunc sexto. (*Marg:* Felonia vtlegatur.)

J. M. (outlawed) of Frampton in Holland furtively stole a horse, price 10*s*., from S. de M. at Muckton.

Outlawry for failure to appear before the justices of the peace in Lindsey reported at Lincoln, 23 Sept. 1383 ; above, p. 118 ; process of outlawry reported as incomplete at Horncastle, 10 Dec. 1383 ; above, p. 123.

Marg: HAWARDH'

Inquisicio capta apud Ludam coram prefatis iusticiarijs die Veneris proximo ante festum exaltacionis sancte crucis anno regni regis Ricardi secundi sexto [12 September 1382] per sacramentum Iohannis Clerk de Foulestowmersk Willelmi de North'cotes Iohannis Smyth' de Gonerby Nicholai Wall' Thome de Wathe Rogeri Marschall' Iohannis Porray Ricardi Coke Thome filij Stephani Stephani de Patrington' Willelmi Warde Willelmi Mustrell' de Wath' iuratorum.

364. Qui dicunt super sacramentum suum quod Philippus Bernake (vtlegatur)[1] de North'thoresby die Lune proximo post festum Pentecostes anno regni regis Ricardi secundi tercio in ecclesia de Thorsby extra cippum furtiue cepit triginta solidos argenti. (*Marg:* Felonia vtlegatur.)

P. B. (outlawed) of North Thoresby, furtively stole 30*s*. from the cup in the church at Thoresby.

Outlawry for failure to appear before the justices of the peace in Lindsey reported at Lincoln, 23 Sept. 1383 ; above, p. 118.

365. Item dicunt quod predictus Philippus Bernake (vtlegatur)[1] in campo de Norththorsby primo die Octobris anno regni regis Ricardi secundi quarto furtiue cepit de duobus hominibus extraneis xl d. et vnum pollax. (*Marg:* Felonia vtlegatur.)

The said P. (outlawed), at North Thoresby, furtively stole 40*d*. and a pole axe from 2 strangers.

See above no. 364.

366. Item dicunt quod predictus Philippus et Henricus filius
eius anno regni regis Ricardi secundi sexto insidiauerunt diem et
noctem ad interficiendum homines de Thorsby videlicet Ricardum
de Yerburgh' Stephanum de Patrington' Robertum filium Rose et
alios.

The said P. and his son H. lay in wait day and night to kill certain men
of Thoresby.

Both, outlawry for failure to appear before the justices of the peace in Lindsey
on a charge of trespass reported at Horncastle, 10 Dec. 1383 ; above, p. 120.

367. Item dicunt quod Ricardus de Ludlagh' (vtlegatur)[1]
monachus de Rauuendall' apud Rauuendall' die Lune proximo
post festum Dominice in ramis palmarum anno regni regis Ricardi
secundi quinto furtiue cepit et abduxit extra domum Iohannis
Smyth' de Rauuendall' et Rogeri Marschall' de Nuton' in Rauuendall' ij thref ordei precij ij s. (*Marg:* Felonia vtlegatur.)

R. de L. (outlawed), monk of Ravendale, at Ravendale furtively stole 2
. . . of barley, price 2s., from the house of J. S. of Ravendale and R. M.
of Newton [le Wold] in Ravendale.

Outlawry for failure to appear before the justices of the peace in Lindsey
reported at Lincoln, 23 Sept. 1383 ; above, p. 118.

Marg: CALSWATH'

Inquisicio capta apud Lud' coram prefatis iusticiarijs die
Veneris proximo ante festum exaltacionis sancte crucis anno regni
regis Ricardi secundi sexto [12 September 1382] per sacramentum
Rogeri Gardin' Willelmi Gentill' Hugonis de Vlceby Iohannis de
South'grist Rogeri Amabilson' Willelmi at Marre Willelmi at Bek
Alani Alkson' Iohannis de Aleby Iohannis de Malthrop' Roberti
Losward Thome Iulianson' et Roberti at Grene iuratorum.

368. Qui dicunt super sacramentum suum quod Cecilia
(vtlegatur)[1] vxor Iohannis Tasker et alij exiuerunt villam de
Thetilthorp' tempore autumpnali pro excessiuo lucro capiendo xiij
die Augusti vltimo. (*Marg:* Vtlegatur.)

C. (outlawed) wife of J. T. and others left the vill of Theddlethorpe in
the autumn for higher wages.

Waiver for failure to appear before the justices of the peace in Lindsey reported
at Horncastle, 10 Dec. 1383 ; above, p. 120.

Marg: LOUTHESK

Inquisicio capta apud Lud' die Veneris proximo ante festum
exaltacionis sancte crucis anno regni regis Ricardi secundi sexto
[12 September 1382] coram prefatis iusticiarijs per sacramentum
Willelmi Skot de Saltflethau' Thome Howet Willelmi Bugthorp'
Ricardi de Acres Roberti Iacson' Roberti Tomasson' de Welton'
Willelmi Gykell' Nicholai Gardin' de Welton' Nicholai filij Henrici
Willelmi Fich' Andree de Northolm' et Ricardi Raniet iuratorum.

369. Qui dicunt super sacramentum suum quod Iohannes
Peronell' (vtlegatur)[1] de Grimolby apud Boston' die Lune proximo

post festum sancti Botolphi anno regni regis nunc quinto j haw-
berthone Thome de Haghe de Kele precij xxvj s. viij d. furtiue
furatus fuit. (*Marg:* Felonia vtlegatur.)

J. P. (outlawed) of Grimoldby, at Boston, furtively stole a habergeon,
price 26s. 8d., from T. de H. of Keal.

Outlawry for failure to appear before the justices of the peace in Lindsey
reported at Lincoln, 23 Sept. 1383; above, p. 118; process of outlawry reported as
incomplete at Horncastle, 10 Dec. 1383; above, p. 123; in exigend in the
King's Bench, Trin. 1396; K. B. 541, Rex, m. 8.

370. Item quod Iohannes (vtlegatur)[1] filius Willelmi Taylyor
de Welton' die Lune post festum apostolorum Philipi et Iacobi
anno regni regis nunc quinto apud Welton' vnum equum Nicholai
Gardin' de Welton' furtiue furatus fuit et felonice abduxit precij
x s. et est communis latro. (*Marg:* Felonia vtlegatur.)

J. (outlawed) son of W. T. of Welton [le Wold], at Welton, feloniously
stole a horse, price 10s., from N. G. of Welton; he is a common thief.

Outlawry for failure to appear before the justices of the peace in Lindsey
reported at Lincoln, 23 Sept. 1383; above, p. 118.

371. Item dicunt quod Robertus de Matsale (vtlegatur)[1] de
Hedon' die Lune proximo post festum sancti Martini anno regni
regis Ricardi secundi post conquestum secundo apud Burwel tres
oues Iohannis de Downe de Calsby furtiue furatus fuit precij v. s.
et felonice abduxit. (*Marg:* Felonia vtlegatur.)

R. de M. (outlawed) of Headon (Notts), at Burwell, feloniously stole
3 sheep, price 5s., from J. de D. of Calceby.

Outlawry for failure to appear before the justices of the peace in Lindsey
reported at Lincoln, 23 Sept. 1383; above, p. 118.

372. Item dicunt quod Willelmus Pacok (vtlegatur)[1] seruiens
Roberti cissoris de Wykam die Dominica proximo ante festum
natiuatatis vltimo elapso recessit de seruicio sine licencia vel
racionabili causa et contra statutum domini regis etc. (*Marg:*
Vtlegatur.)

W. P. (outlawed), servant of R., tailor of Wykeham, left his service without cause.

Outlawry for failure to appear before the justices of the peace in Lindsey
reported at Horncastle, 10 Dec. 1383; above, p. 120.

Marg: MAGNA INQUISICIO DIUERSORUM WAPENTACIORUM

Inquisicio capta apud Lud' die Veneris proximo ante festum
exaltacionis sancte crucis anno regni regis Ricardi secundi sexto
[12 September 1382] coram prefatis iusticiarijs per sacramentum
Elie Fraunceys Thome Straunge Willelmi de Cumberworth' Roberti
Wylardby Simonis Adriane de Louth' Willelmi Shadworth' Iohannis
de Lymbergh' de Salfleth' Willelmi de Legburn' Iohannis Galay de
Foulestowmersk Roberti de Cokewilde Rogeri de Halyngton' et
Iohannis de Barton' iuratorum.

373. Qui dicunt super sacramentum suum quod Thomas
Sharpp' (vtlegatur)[1] de Cherywylyngham milner apud Cherywylyngham die Lune proximo post festum purificacionis beate Marie

anno regni regis Ricardi secundi quarto furtiue cepit de Georgio
Darcy quinque quarteria frumenti ordei et fabarum precij cuiuslibet
iij s. (*Marg:* Felonia vtlegatur.)

T. S. (outlawed) of Cherry Willingham, miller, at Cherry Willingham,
furtively took 5 quarters of barley and beans, price 3s. a quarter, from G. D.

Outlawry for failure to appear before the justices of the peace in Lindsey
reported at Lincoln, 23 Sept. 1383; above, p. 118.

374. Item idem Thomas (vtlegatur)¹ die et anno supradictis
apud Cherywylyngham furtiue cepit de dicto Georgio tres pecias
ferri precij cuiuslibet ix d. (*Marg:* Felonia vtlegatur.)

The said T. (outlawed), at Cherry Willingham, furtively took 3 pieces
of iron, price 9d. each, from the said G.

See above no. 373.

375. Item dicunt quod Emma Layne (vtlegatur)¹ quondam
seruiens Iohannis Malbis furtiue et noctanter cepit de Iohanne
Malbys apud Luda' die Lune proximo post festum conuersionis
sancti Pauli anno quinto regis supradicti vnum par linthiaminum
et vnum bancour et vnum colobium duplicem precij omnino x s.
(*Marg:* Felonia wayuiatur.)

E. L. (outlawed), former servant of J. M., furtively and at night took
from him a pair of sheets, a bench cover, and a double tunic, price 10s., at
Louth.

Waiver for failure to appear before the justices of the peace in Lindsey reported
at Lincoln, 23 Sept. 1383; above, p. 118.

376. Item dicunt quod Iohannes (vtlegatur)¹ filius Iohannis
waller de Magna Carleton' retentus fuit cum Thoma de Polyngton'
apud Magnam Carleton' die Lune proximo post festum sancti
Martini anno quinto regis supradicti ad seruiendum predicto Thome
in officio carucarij a dicto festo vsque idem festum tunc proximum
sequens et idem Iohannes a dicto seruicio sine causa racionabili et
licencia ipsius Thome recessit die Dominica proximo post festum
sancti Petri aduincula anno supradicto et deuillauit pro excessiuo
salario capiendo. (*Marg:* Vtlegatur.)

J. (outlawed) son of J., fuller, of Great Carlton was hired by T. de P. to
serve him as ploughman, at Great Carlton, for a year but the said J. left
this service without cause.

Outlawry for failure to appear before the justices of the peace in Lindsey
reported at Horncastle, 10 Dec. 1383; above, p. 120.

377. Item dicunt quod vbi Gerardus (vtlegatur)¹ the plouman
of Luthburgh' retentus fuisset cum domino Iohanne persona ecclesie
de Luthburgh' apud Luthburgh' a festo sancti Martini anno regni
regis Ricardi secundi quinto vsque idem festum tunc proximum
sequens predictus Gerardus a seruicio dicti Iohannis die Sabbati
proximo post festum assumpcionis beate Marie anno sexto regis
nunc recessit. (*Marg:* Vtlegatur.)

When G. (outlawed), ploughman of Ludborough, was hired to serve J.,
parson of Ludborough, at Ludborough, for a year, he left this service before
the end of his term.

Outlawry for failure to appear before the justices of the peace in Lindsey
reported at Horncastle, 10 Dec. 1383; above, p. 120.

378. Item quod Iohannes (vtlegatur)[1] filius Simonis smyth' de Candelsby et alij venerunt apud Foulesthorp' vi et armis in festo decollacionis sancti Iohannis baptiste anno regni regis Ricardi secundi iiij[to] ad domum Roberti Gaie et Iohanne vxoris sue et ibidem in eandem domum intrauerunt vi et armis et alteram cameram eorundem Roberti et Iohanne scandiderunt frangendo hostia et fenestras dicte camere et cum intrauerunt in eandem cameram arcas cistas ibidem inuentas cum factis et monumentis in eisdem inuentis ceperunt et asportauerunt. Et eciam blada et fenum eorundem Roberti et Iohanne ibidem inuenta ad valenciam xl s. cum equis suis ad voluntates suas sine consideracione legali habenda destruxerunt et ipsam Iohannam in abscencia dicti Roberti viri sui per capud suum eiecerunt et in contemptu et preiudicio domini regis et in feodo domini ducis Lancastr'. (*Marg:* Vtlegatur.)

J. (outlawed) son of S., smith, of Candlesby and others, at Fulsthorpe, forcibly entered the house of R. G. and J., his wife ; they broke windows and doors and stole chests containing deeds and other documents ; they destroyed grain and hay valued at 40s.; and in the absence of R. they hit J. on the head, in contempt of the king and the duke of Lancaster.
See above no. 219.

[*m.* 17*d.*]

Placita et indictamenta coram Iohanne rege Castelle et Legionis duce Lancastr' Roberto de Wylughby Radulpho de Crombwell' Iohanne Worth' Willelmo Skipwyth' seniori Willelmo de Wylughby Willelmo Haule Willelmo de Burgh' Iohanne Pouger Willelmo de Spaigne Thoma de Thymelby Iohanne Hawe Iohanne Wykes Iohanne de Feriby Willelmo de Skipwyth' iuniori Roberto de Westmeles Willelmo Michell' et Thoma de Burnham iusticiarijs domini regis Ricardi secundi (post conquestum Anglie)[1] ad felonias transgressiones audiendas et terminandas necnon ad statuta eiusdem domini regis apud Wynton' North' et Westm' de laborarijs edita conseruanda in partibus de Lyndesey in comitatu Lincoln' tam infra libertates quam extra per commissionem eiusdem domini regis cuius datum est apud Westm' xx° die Decembris anno regni eiusdem domini regis sexto [1382].

Marg: LINCOLN'
Marg: LOUTHESK

Inquisicio capta apud Lincoln' coram prefatis custodibus pacis die Mercurij proximo ante festum conuersionis sancti Pauli anno regni regis Ricardi secundi sexto [21 January 1383] per sacramentum Elie Fraunceys Roberti filij Thome de Welton' Willelmi de Shadworth' Ricardi de Acres Simonis Adrian Willelmi filij Iohannis de Manby Roberti Hewys de Authorp' Andree de Northolm' de Saltfletby Iohannis Droury de eadem Iohannis de Danthorp' Nicholai filij Henrici de Carleton' et Ricardi Raniet de Germthorp' iuratorum.

379. Qui dicunt super sacramentum suum quod Iohannes Epe (vtlegatur)[1] capellanus die Lune proximo post festum natiuitatis beate Marie virginis anno regni regis nunc vj[to] apud Welton' iuxta Luda' domum Willelmi filij Petri vi et armis intrauit contra voluntatem predicti Willelmi et ibidem Iohannam filiam predicti Willelmi verberauit et male tractauit contra pacem etc. (*Marg:* Vtlegatur.)

J. E. (outlawed), chaplain, at Welton [le Wold] entered the house of W. son of P. forcibly, and beat and maltreated J. daughter of the said W.

Outlawry for failure to appear before the justices of the peace in Lindsey reported at Louth, 25 Jan. 1384; above, p. 124.

380. Item dicunt quod Iohannes Peronell' de Grimolby die Dominica proximo post festum sancti Hillarij anno regni regis nunc vj[to] apud Grimolby duos equos Willelmi Fisshe precij c s. felonice furatus fuit et abduxit. (*Marg:* Felonia.)

J. P. of Grimoldby feloniously stole 2 horses, price 100*s.*, from W. F., at Grimoldby.

See above no. 369.

381. Item (dicunt)[1] quod predictus Iohannes Peronell' die Martis proximo post festum inuencionis sancte crucis anno regni regis nunc quinto apud Manby vnum equum Roberti filij Iohannis de Manby precij xx s. felonice furatus fuit et abduxit. Et quod predictus Iohannes Peronell' est communis latro. (*Marg:* Felonia.)

The said J., at Manby, feloniously stole a horse, price 20*s.*, from R. son of J. of Manby; he is a common thief.

See above no. 369.

382. Item dicunt quod Iohannes (quietus est per inquisicionem apud Horncastr' die Martis proximo post Dominicam in ramis palmarum anno regni regis Ricardi secundi nono [17 April 1386] coram de I Hawe W Michell' custodibus pacis in partibus de Lyndesey in comitatu Lincoln')[1] filius Ricardi de Totill' venit apud Magnam Carleton' die Dominica proximo ante festum sancti Michelis archangeli anno regni regis Ricardi secundi sexto et ibidem domum et ostia Roberti de Schadword de Magna Carleton' felonice fregit et Aliciam vxorem dicti Roberti rapuit et eam cognoscit carnaliter. Et insuper dictus Iohannes de Totill' (quietus est per inquisicionem caput)[1] furtiue furatus fuit ad diem et locum supradictos vnam vlnam panni lanei precij ij s. et secum asportauit.

J. (acquitted before the justices of the peace) son of R. of Tothill, at Great Carlton, feloniously broke into the house of R. de S. of Great Carlton, raped A. wife of R., and stole an ell of woollen cloth, price 2*s.*

No records for this session appear on this roll.

383. Item dicunt quod Iohannes (quietus est per inquisicionem apud Horncastr' die Martis proximo post Dominicam in ramis palmarum anno regni regis Ricardi secundi nono [17 April 1386] coram I de Hawe et W Michell' et socijs suis custodibus pacis in partibus de Lyndeseye in comitatu Lincoln')[1] filius Ricardi de Totill' die Lune proximo post festum sancti Michelis anno regni regis nunc

sexto apud Magnam Carleton' domum Roberti de Shadworth'
noctanter felonice deburgauit et ibidem Aliciam vxorem predicti
Roberti felonice rapuit et ibidem pannum laneum et alia catalla
predicti Roberti ad valenciam xl s. felonice furatus fuit et asportauit.
Et quod Iohannes Sparwe de Thetilthorp' fuit consenciens et auxilians ad predictas felonias perpetrandas. (*Marg:* Felonia.)

The said J. (acquitted before the justices of the peace), at Great Carlton,
at night feloniously committed burglary in the house of R. de S., raped A.
wife of R., and stole woollen cloth and other goods valued at 40*s*. J. S.
of Theddlethorpe aided in this felony.

See above no. 382 ; J. S., process of outlawry for failure to appear before the
justices of the peace in Lindsey reported as incomplete at Horncastle, 10 Dec.
1383 ; above, p. 123.

Marg: WRAGHOWE

Inquisicio capta ibidem coram prefatis custodibus pacis die
Mercurij proximo post festum sanctorum Fabiani et Sebastiani
anno regni regis Ricardi secundi sexto [21 January 1383] per sacra-
mentum Iohannis Biddes de Haynton' Thome de Nitton' Rogeri de
Tetford' de Lissyngton' Roberti Curtays de eadem Iohannis Curtays
de Legsby Iohannis filij Hugonis de Burght' Simonis Est Roberti
Forstar' de Appullay Gilberti de Kermond Iohannis Prat Walteri
Rake de Herdwyk et Radulpho Bakst' de Wykynby iuratorum.

384. Qui dicunt super sacramentum suum quod Robertus
Cartewright (vtlegatur)[1] de Leuerton' die Iouis proximo post festum
sancti Bartholomei apostoli anno regni regis Ricardi secundi quinto
apud Lissyngton' vi et armis in quemdam Rogerum de Tetford' de
Lissington' insultum fecit verberauit vulnerauit et male tractauit
contra pacem in contemptum domini regis. (*Marg:* Vtlegatur.)

R. C. (outlawed) of Leverton, at Lissington, assaulted R. de T. of Lissington, beating, wounding, and maltreating him.

Outlawry for failure to appear before the justices of the peace in Lindsey
reported at Louth, 25 Jan. 1384 ; above, p. 124.

385. Item dicunt quod quidem Henricus Taylur' (vtlegatur)[1]
nuper manens in Lissyngton' iam in Aldflete procurauit predictum
Robertum facere premissa dicto Rogero et ipsum conduxit et fuerat
abbettans et auxilians dicto Roberto. (*Marg:* Vtlegatur.)

H. T. (outlawed) formerly living in Lissington, now in Oldfleet, instigated
the said R. to commit the above trespass, aiding and abetting him.

Outlawry for failure to appear before the justices of the peace in Lindsey
reported at Louth, 25 Jan. 1384 ; above, p. 124.

Marg: HILLE

Inquisicio capta apud Lincoln' coram prefatis custodibus pacis
die Mercurij proximo ante festum conuersionis sancti Pauli anno
regni regis Ricardi secundi sexto [21 January 1383] per sacramentum
Iohannis Northorp' Thome de Stanesby Henrici Ionson' Walteri
Ryngot Iohannis Warde (de Tetford')[1] Thome Baret Galfridi Smyth'
Iohannis Warde de Ketilsby Willelmi Boydell' Iohannis de Holand
Philipi Neumumby Thome Elynson' de Langton' iuratorum.

386. Qui dicunt super sacramentum suum quod Iohannes Turnur (vtlegatur)[1] abduxit Emmam seruientem domini Willelmi de Skipwithe apud Ormesby et natiuam suam et predictus Iohannes abduxit predictam Emmam apud vsque Grimesby die Dominica proximo post natalis domini contra pacem domini regis. (*Marg:* Vtlegatur.)

J. T. (outlawed) abducted E. servant and villein of W. de S. at [South] Ormsby and took her to Grimsby.

Outlawry for failure to appear before the justices of the peace in Lindsey reported at Louth, 25 Jan. 1384; above, p. 124.

Marg: BOLYNGBR'

Inquisicio capta apud Spillesby coram prefatis custodibus pacis die Lune proximo post festum sancti Valentini anno regni regis Ricardi secundi vj[to] [16 February 1383] per sacramentum Willelmi Boloigne de Stikford' Willelmi Freman Stephani at Lathe Hugonis Tomasson' Alani filij Willelmi de Stikenay Willelmi Valentyne Stephani de Pynchebek Iohannis de Kele Thome Warner Ricardi de Pynchebek Willelmi Grime Henrici Rokelound Willelmi Skelles iuratorum.

387. Qui dicunt super sacramentum suum quod Robertus Hoberd (vtlegatur)[1] et alij fecerunt diuersas trencheas super communem et magnam seweram de Wythum per quas marisci de Bolyngbroke de Wyldemore Westfen et Estfen et villate de Waynflete et de Freskenay inundati et destructi sunt ad graue dampnum dominorum et tenentum suorum infra socam de Bolyngbroke et extra ad graue dampnum predictorum dominorum et tenentum c librarum. (*Marg:* Vtlegatur.)

R. H. (outlawed) and others dug various ditches through the great sewer of the Witham so that the marshes of Bolingbroke, of Wildmore West Fen and East Fen, and the villages of Wainfleet and Friskney were inundated and ruined to the serious damage of the lords and tenants of the soke of Bolingbroke; damages, £100.

Outlawry for failure to appear before the justices of the peace in Lindsey reported at Louth, 25 Jan. 1384; above, p. 124.

Marg: CANDELSH'

Inquisicio capta apud Spillesby coram prefatis custodibus pacis die Lune in secunda septimana xle[a] anno regni regis Ricardi secundi sexto [16 February 1383] per sacramentum Willelmi Leueryk de Irby Thome de Ryg de Welton' Willelmi de Dalby Willelmi Hugh'son' de Skend' Ricardi Dandy de Partenay Thome de Hexhowe de Frisby Roberti Dercy de Irby Iohannis Whesilhed de Skegnesse Willelmi Alkocson' Iohannis de Neudyk Thome Tomson' de Welton' et Roberti Wryde (Wylt)[1] de Stepyng' iuratorum.

388. Qui dicunt super sacramentum suum quod Ricardus Pipar (vtlegatur)[1] de Ingoldmels et alij in die Dominica in secunda septimana xle[a] anno supradicto in Iohannem Dughty de Ingoldmels

insultum fecerunt vulnerauerunt et male tractauerunt ita quod de
vita sua disperabatur ad graue dampnum dicti Iohannis Doughty
et contra pacem domini regis. (*Marg:* Vtlegatur.)

R. P. (outlawed) of Ingoldmells and others assaulted J. D. of Ingoldmells, beating, wounding, and maltreating him so that his life was in danger.

Outlawry for failure to appear before the justices of the peace in Lindsey
reported at Louth, 25 Jan. 1384; above, p. 124.

389. Item dicunt quod Gilbertus filius Willelmi de Hawe de
Dalby in die Dominica in festo sancte Katerine anno regni regis
Ricardi secundi a conquesto Anglie quinto felonice interfecit Thomam
Pore de Dalby apud Dalby et fugit. (*Marg:* Felonia.)

G. son of W. de H. of Dalby feloniously killed T. P. of Dalby, at Dalby,
and fled.

Process of outlawry for failure to appear before the justices of the peace in
Lindsey reported as incomplete at Horncastle, 10 Dec. 1383; above, p. 123; in
exigend in the King's Bench, Trin. 1396; K. B. 541, Rex, m. 8.

390. Item dicunt quod Willelmus filius Willelmi Gyrne de
Ingoldmels apud Ingoldmels felonice interfecit Robertum Haldyn
de Ingoldmels in die Dominica proximo ante festum sancti Barnabi
anno supradicto. (*Marg:* Felonia.)

W. son of W. G. of Ingoldmells, at Ingoldmells, feloniously killed R. H.
of Ingoldmells.

See above no. 351.

Marg: SOUTHR'

Inquisicio capta apud Linc' die Iouis in septimana Pasche anno
regni regis Ricardi secundi sexto [26 March 1383] coram prefatis
custodibus pacis per sacramentum Willelmi Leueryk Iohannis de
Gunby Iohannis Wace Iohannis Amory Roberti Tours Willelmi
Hardben Willelmi de Legburn' Willelmi de Cumberworth' Radulphi
Daynyll' Ricardi de Hagham Thome Warn' Iohannis de Northorp'
iuratorum.

391. Qui dicunt super sacramentum suum quod Ricardus
seruiens Iohannis Webster' de Maru' venit in die Veneris proximo
post festum Dominice in passione domini anno sexto regis nunc
noctanter et domum dicti Iohannis fregit et furtiue furatus fuit
apud Maru' vnum tapetum et duo linthiamina precij decem solidorum et xl denarios. (*Marg:* Felonia.)

R., servant of J. W. of Mareham, at night broke into the house of the
said J., at Mareham, and furtively stole a hanging and 2 sheets, price 10*s.*
and 40*d.*

Outlawry for failure to appear before the justices of the peace in Lindsey
reported at Louth, 25 Jan. 1384; above, p. 126; in exigend in the King's Bench,
Trin. 1396; K. B. 541, Rex, m. 8.

392. Item quod Thomas Tayleyor' (vtlegatur)[i] de Bokenale
et alij die Martis proximo ante festum natalis domini anno
supradicto in quemdam Gilbertum de Clowoth' de Polum apud
Bokenal vi et armis insultum fecerunt verberauerunt ita quod

de vita sua disperabatur contra pacem domini regis. (*Marg:*
Vtlegatur.)

T. T. (outlawed) of Bucknall and others assaulted G. de C. of Poolham,
at Bucknall, beating him so that his life was in danger.

Outlawry for failure to appear before the justices of the peace in Lindsey
reported at Lincoln, 18 Dec. 1385; above, p. 130.

Marg: Memorandum quod hic staret indictamentum H Bakst'
de Waynflet ideo quere ad hoc signum.

Memorandum : here belongs the indictment of H. B. of Wainfleet;
see below.

See below no. 401 which apparently should have been enrolled here.

Marg: CANDELSH'

Inquisicio capta apud Waynflete coram prefatis custodibus
pacis vij⁰ die Aprilis anno regni regis Ricardi secundi post con-
questum Anglie sexto [1383] per sacramentum Willelmi Tomson'
Radulphi Ouiant Walteri Alkocson' Walteri filij Simonis Ricardi
Randson' Thome Godfray Roberti Manuslot Simonis Michell'
Iohannis Yole Iohannis Bond Willelmi Smyth' Henrici Sawer et
Iohannis Gillotson iuratorum.

393. Qui dicunt super sacramentum suum quod frater Petrus
Palmer (vtlegatur)[1] de Bolyngton' die Lune proximo post festum
sancti Bartholomei vltimo preterito apud Friskenay in Margatam
Cokson' insultum fecit et ipsam verberauit contra pacem etc. (*Marg:*
Vtlegatur.)

Brother P. P. (outlawed) of Bullington, at Friskney, assaulted M. C.
and beat her.

Outlawry for failure to appear before the justices of the peace in Lindsey
reported at Lincoln, 18 Dec. 1385; above, p. 130.

394. Item dicunt quod Thomas Schene de Waynflete die Lune
proximo post festum omnium sanctorum anno regni regis Ricardi
primo quamdam domum Emme quondam vxoris Ranulphi Ionynefe
de Waynflete fregit et extra archeam suam xl s. furtiue asportauit.
(*Marg:* Felonia.)

T. S. of Wainfleet broke into the house of E. widow of R. J. of Wainfleet
and furtively stole 40s. from her vault.

Outlawry for failure to appear before the justices of the peace in Lindsey
reported at Louth, 25 Jan. 1384; above, p. 126; in exigend in the King's Bench,
Trin. 1396; K. B. 541, Rex, m. 8.

395. Item quod Thomas de Midilton' nuper manens in Waynflete die Lune proxima post mediam Dominicam xle^a anno regni
regis Ricardi iiij^to quoddam malum Simonis de Kellesay de Wrangle
apud Wrangle noctanter furtiue asportauit precij x d. (*Marg :*
Felonia.)

T. de M. formerly living in Wainfleet, at Wrangle, at night furtively stole
a bag, price 10d., from S. de K. of Wrangle.

Outlawry for failure to appear before the justices of the peace in Lindsey
reported at Louth, 25 Jan. 1384; above, p. 126; in exigend in the King's Bench,
Trin. 1396; K. B. 541, Rex, m. 8.

396. Item dicunt quod idem Thomas de Midilton' est communis noctiuagus et perturbator pacis.

The said T. is a common night vagrant and disturber of the peace.

Outlawry for failure to appear before the justices of the peace in Lindsey on a charge of trespass reported at Lincoln, 18 Dec. 1385; above, p. 130.

Marg: WRAGHOW

Inquisicio capta apud Horncastre (coram prefatis custodibus pacis)[1] die Mercurij proximo post festum natiuitatis beate Marie virginis anno regni regis Ricardi secundi septimo [9 September 1383] per sacramentum Iohannis Biddes de Haynton' Walteri de Brinkhill' de Houton' Iohannis Curtays de Legsby Radulphi Bakst' de Wykynby Gilberti de Kermond Iohannis Smyth' de Staynefeld' Walteri Rake de Herdwyk Iohannis Wright de Haynton' Roberti Curtais de Lissyngton' Petri de Maltby de Fulnetby Roberti Burton' de Appullay Simonis Est de Burgh' super Bayne iuratorum.

397. Qui dicunt super sacramentum suum quod quidem Iohannes Tredgold' nuper seruiens Agnetis de Brynkhill' de Houton' cum alijs die Dominica proximo post festum sancti Petri quod dicitur aduincula anno supradicto domum Ricardi Gilleson' de Houton' apud Houton' iuxta Bekeryng felonice fregerunt et decem vlnas panni linei precij trium solidorum et decem vlnas panni lanei de russeto precij quinque solidorum furtiue furati fuerunt de domo predicti Ricardi Gilleson' et asportauerunt apud Houton' predictam. (*Marg:* Felonia.)

J. T., former servant of A. de B. of Holton [by Beckering], with others feloniously broke into the house of R. G. of Holton, at Holton by Beckering, and stole 10 ells of linen cloth, price 3s., and 10 ells of russet woollen cloth, price 5s.

Outlawry for failure to appear before the justices of the peace in Lindsey reported at Lincoln, 18 Dec. 1385; above, p. 128; in exigend in the King's Bench, Trin. 1396; K. B. 541, Rex, m. 8.

398. Item dicunt quod quidem Robertus Personneue de Westbarkword' die Martis proximo post festum assumpcionis beate Marie virginis anno regni regis Ricardi secundi septimo diuersa grana videlicet frumenta ordei fabe pisarum de domo Willelmi Rak de eadem precij vj denariorum apud Westbarkword' felonice furatus fuit. (*Marg:* Felonia.)

R. P. of West Barkwith feloniously stole various grains, barley, beans, and pease, price 6d., from the house of W. R. of West Barkwith, at West Barkwith.

Outlawry for failure to appear before the justices of the peace in Lindsey reported at Lincoln, 18 Dec. 1385; above, p. 128; in exigend in the King's Bench, Trin. 1396; K.B. 541, Rex, m. 8.

Marg: BOLYNGBR'

Inquisicio capta apud Horncastre coram prefatis custodibus pacis die Mercurij in crastino natiuitatis beate Marie virginis anno regni regis Ricardi secundi septimo [9 September 1383] per sacramentum Hugonis Tomson' de Hareby Stephani de Pynchebek de

Esterkele Iohannis filij Willelmi de Stikford Willelmi Pereson' de
Cibsay Ricardi de Pynchebec de Halton' Willelmi Cote de Stikenay
Iohannis Frema' de Westerkele Nicholai Park de Kirkby Ricardi
Woderoue de Lusseby Walteri Robynson' de Howneby Rogeri at
Park de Mythyngsby et Willelmi de Lymbergh' de Ratheby
iuratorum.

399. Qui dicunt super sacramentum suum quod Willelmus
de Louthe quondam seruiens Thome de Saleby persone ecclesie
de Enderbymalbuss' die Iouis proximo ante festum omnium sanctorum anno regni regis Ricardi secundi vj^{to} furtiue furatus fuit
vnam vlnam panni lanei precij xiiij d. et j baselard' precij viij d.
apud Enderby de Matheo de Wrangle tunc seruiente eiusdem
Thome etc. (*Marg:* Felonia.)
    W. de L., former servant of T. de S. parson of Mavis Enderby, furtively
stole an ell of woollen cloth, price 14*d*., and a dagger, price 8*d*., at Enderby,
from M. de W., servant of the said T.
    Outlawry for failure to appear before the justices of the peace in Lindsey
reported at Lincoln, 18 Dec. 1385; above, p. 128; in exigend in the King's Bench,
Trin. 1396; K. B. 541, Rex, m. 8.

Marg: MAGNA INQUISICIO DE SOUTHR'

Inquisicio capta apud Horncastre coram prefatis custodibus
pacis die Mercurij proximo post festum natiuitatis beate Marie
virginis anno regni regis Ricardi secundi septimo [9 September 1383]
per sacramentum Iohannis Amory Willelmi Leueryk Roberti
Tours Iohannis de Wylughby Nicholai de Baumburgh' Walteri de
Baumburgh' Elie Funceys Laurencij Colynson' Willelmo Hardben
Heruy de Ratheby Thome at Welle et Ranulphi Daynel iuratorum.

400. Qui dicunt super sacramentum suum quod Iohannes
Stanard' smyth' de North'celsay die Iouis proximo post festum
sancti Botolphi anno supradicto furtiue cepit vnum equum precij
x s. apud Styneton' de Iohanne Burr' de Stuton'. (*Marg:* Felonia.)
    J. S., smith of North Kelsey, furtively stole a horse, price 10*s*., at Stainton,
from J. B. of Stewton.
    Outlawry for failure to appear before the justices of the peace in Lindsey
reported at Lincoln, 18 Dec. 1385; above, p. 128; in exigend in the King's Bench,
Trin. 1396; K. B. 541, Rex, m. 8.

Marg: SOUTHR'

Inquisicio capta apud Lincoln' coram prefatis custodibus pacis
die Iouis in septimana Pasche anno regni regis Ricardi secundi
sexto [26 March 1383] per sacramentum Willelmi Leueryk Iohannis
de Gunby Iohannis Wace Iohannis Amory Roberti Tours Willelmi
Hardben Willelmi de Legburn Willelmi de Cumberworth' Radulphi
Daynyll' Ricardi de Hagham Thome Warn' et Iohannis de Northiby
iuratorum.

401. Qui dicunt super sacramentum suum quod Hugo Bakster'
de Waynflet die Lune in secunda septimana xle^{a} vltimo preterito

noctanter capellam sancti Thome de Nordholm' iuxta Wayneflet
felonice fregit et vnam pixtidem precij xx solidorum cum corpore
Christi furtiue cepit et asportauit. (*Marg:* Felonia.)

H. B. of Wainfleet at night feloniously broke into the chapel of St
Thomas at Northolme and stole a pyx with the body of Christ, price 20*s*.
See above no. 242.

[*m.* 18 *old numbering* xvij]

SOUTH'   NORTH'

Placita et indictamenta coram Iohanne rege Castelle Legion'
duce Lancastr' Roberto de Wylughby Philipo Darcy Radulpho de
Crombwelle Willelmo de Skipwyth' Roberto Haule Thoma de
Kydale Willelmo de Burgh' Iohanne de Hawe et Nicholao Hatclif
iusticiarijs domini regis Ricardi secundi (post conquestum Anglie)[1]
ad felonias et transgressiones audiendas et terminandas necnon ad
statuta eiusdem domini regis apud Wynton' North' et Westm' de
laborarijs edita conseruanda in partibus de Lyndesey in comitatu
Linc' tam infra libertates quam extra assignatis per commissionem
domini regis predicti cuius datum est apud Westm' xxvj^{to} die Maij
anno regni regis predicti tercio [1380] et coram Radulpho Paynell'
dictis iusticiarijs associato.

Marg: WRAGHOWE

Inquisicio capta apud Horncastr' coram prefatis custodibus
pacis die Sabbati proximo ante festum epiphanie domini anno regni
regis Ricardi secundi post conquestum quarto [5 January 1381]
per sacramentum Walteri de Brynkill' de Houton' Walteri Rak'
Thome Saghar Iohannis Warde de Hatton' Henrici Tok de eadem
Iohannis filij Hugonis de Burght Benedicti de Grisby Thome Taillo'
Thome West de Barkworth' Roberti at Persons' de Hatton' Ricardi
Mustard' de Langton' iuratorum.

402. Qui dicunt super sacramentum suum quod Iuliana
(vtlegatur)[1] vxor Willelmi Burreth' de Haynton' die Martis proximo
post festum omnium sanctorum anno regni regis domini regis
Ricardi secundi quarto apud Haynton' felonice fregit domum
Iohannis Byddes de Haynton' et ibidem furtiue cepit vnum quarterium brasij dicti Iohannis precij trium solidorum. Et eciam
dicunt quod est communis latro. (*Marg:* Felonia vtlegatur.)

J. (outlawed) wife of W. B. of Hainton, at Hainton, feloniously broke
into the house of J. B. of Hainton and stole a quarter of malt, price 3*s*.;
she is a common thief.
Waiver for failure to appear before the justices of the peace in Lindsey reported
at Lincoln, 23 Sept. 1383; above, p. 118.

Marg: GAIRETRE

Inquisicio capta apud Hornc' coram prefatis custodibus pacis
die Sabbati proximo ante festum epiphanie domini anno regni regis

Ricardi secundi quarto [5 January 1381] per sacramentum Roberti
West de Randby Thome West de eadem Iohannis de Kyngston'
Roberti Seriaunt de Beltisf' Iohannis Woderofe de Tatishall'
Willelmi Symson' de Edlyngto' Iohannis Walker Iohannis Storo'
de Goutby Galfridi Port' de Wilkesby Roberti Ionson' de Baum-
burgh' Roberti de Castr' et Willelmi de Foterby iuratorum.

403. Qui dicunt super sacramentum suum quod Henricus
Maddy (vtlegatur)[1] manens in Tacheby venit apud Stanesby die
Lune proximo ante festum sancti Michelis anno vt supra et ibi
conduxit Iohannem (fecit de Thornton' finem)[1] seruientem Iohannis
Walker de Scamylsby ad seruiendum rectori ecclesie de Astirby per
annum integrum in officio carucarij pro salario excessiuo videlicet
xvj s. (*Marg:* Vtlegatur.)
H. M. (outlawed) living in Tatebi came to Stainsby and hired J. de T.
(made a fine) servant of J. W. of Scamblesby, to serve the rector of Asterby
for a year as ploughman at higher wages, i.e., 16s.
H. M., outlawry for failure to appear before the justices of the peace in Lindsey
reported at Lincoln, 23 Sept. 1383; above, p. 115.

404. Item dicunt quod dictus Henricus (vtlegatur)[1] est communis forstallator laborariorum et seruiencum ita quod nemo potest
aliquem familum in patria conducere nec habere nisi ad voluntatem
et procuracionem dicti Henrici. (*Marg:* Vtlegatur.)
The said H. (outlawed) is a common forestaller of labourers and servants
so that no one in the neighbourhood is able to hire any servant without his
approval and aid.
See above no. 403.

405. Item quod Iohannes Leryna (vtlegatur)[1] exiuit extra
seruicium Iohannis Stowr de Gouteby die Mercurij proximo ante
festum sancti Andree apostoli anno vt supra contra statutum pro
salario excessiuo videlicet xiij s. iiij d. (*Marg:* Vtlegatur.)
J. L. (outlawed) left the service of J. S. of Goulceby for higher wages,
i.e. 13s. 4d.
Outlawry for failure to appear before the justices of the peace in Lindsey
reported at Lincoln, 23 Sept. 1383; above, pp. 115, 116.

Marg: Hill'

Inquisicio capta apud Hornc' coram prefatis custodibus pacis
die Sabbati in vigilia epiphanie domini anno regni regis Ricardi
secundi quarto [5 January 1381] per sacramentum Thome de
Stanesby de Wynceby Hugonis Chapman de Brynkill' Iohannis de
Stokhyth' de Stanesby Iohannis de North'thorp' Iohannis Ryngot
Henrici Ionson' Walteri Ryngot Rogeri Moriell' Alani Wadmyln
Willelmi Wadmyln' Roberti Pynd' et Iohannis de Tatirshall'
iuratorum.

406. Qui dicunt super sacramentum suum quod Willelmus
Fleg' (vtlegatur)[1] de Bolyngbroke furtiue furatus fuit vnum equum
de Nicholao Broun de Hagworthyngham precij quinque solidorum

in campo de Hagworthyngham die Veneris proximo ante festum
sancti Iacobi apostoli anno regni regis Ricardi secundi quarto.
(*Marg:* Felonia vtlegatur.)

W. F. (outlawed) of Bolingbroke furtively stole a horse, price 5*s.*, from
N. B. of Hagworthingham, at Hagworthingham.

Outlawry for failure to appear before the justices of the peace in Lindsey
reported at Lincoln, 23 Sept. 1383; above, p. 118.

407. Item dicunt quod Robertus Bisscop' (vtlegatur)[1] de
Lusceby furtiue furatus fuit vnum equum de Roberto Coupere de
Lussby precij vj s. viij d. in campo de Hagworthyngham die Lune
proximo post festum sancti Barnabe apostoli anno regni regis
Ricardi secundi quarto. (*Marg:* Felonia vtlegatur.)

R. B. (outlawed) of Lusby, at Hagworthingham, furtively stole a horse,
price 6*s.* 8*d.*, from R. C. of Lusby.

Outlawry for failure to appear before the justices of the peace in Lindsey
reported at Lincoln, 23 Sept. 1383; above, p. 118.

408. Item presentant quod Henricus (vtlegatur)[1] filius Thome
persone ecclesie de Hareby felonice interfecit Willelmum Smyth' de
Lusceby die epiphanie apud Endyrby Malbys cum vno cultello anno
regni regis Ricardi secundi post conquestum secundo. (*Marg:*
Felonia vtlegatur.)

H. (outlawed) son of T., parson of Hareby, feloniously killed W. S. of
Lusby, at Mavis Enderby.

Outlawry for failure to appear before the justices of the peace in Lindsey
reported at Lincoln, 23 Sept. 1383; above, p. 118.

Marg: HORNCASTR'

Inquisicio capta apud Horncastr' coram prefatis custodibus
pacis die Sabbati proximo ante festum epiphanie domini anno
regni regis predicti quarto [5 January 1381] per sacramentum
Henrici Bocher de Tynton' Inferiori Willelmi filij Henrici de eadem
Iohannis filij Radulphi de Maryng' Sthephani de Haryngton' de
eadem Willelmi filij Constancie de Tynt' Superiori Simonis Dowude
de Horncastr' Stephani Lardin' de eadem Iohannis Tympan de
eadem Iohannis Tayt de eadem Willelmi Palm' de Maru' Willelmi
de Scraich'feld de Holtham Iohannis Whesilhed de Askby et Hugonis
Coke de Thymelby iuratorum.

409. Qui dicunt super sacramentum suum etc. quod Iohannes
Spens' (fecit finem)[1] de Maru' et alij iurati fuerunt coram Willelmo
Palm' et Iohanne Sturmy constabularijs dicte ville die Iouis proximo
ante festum sancti Nicholai episcopi anno regni regis Ricardi secundi
tercio ad laborandum in officio etc. textricis panni linei videlicet
capiendum pro vij vlnis linei ij d. et modo capiunt j d. pro textando
vnius vlne de Iohanne Emson' de eadem contra statutum.

J. S. (made a fine) of Mareham and others were sworn before W. P.
and J. S., constables of Mareham, to work as weavers of linen cloth at 2*d.*
for 7 ells; now they charge J. E. of Mareham 1*d.* per ell.

For J. S. see above no. 311; J. E., outlawry for failure to appear before the
justices of the peace in Lindsey reported at Lincoln, 23 Sept. 1383; above, p. 115.

410.   Item quod Thomas Bower (vtlegatur)[1] de Horncastre die
Iouis proximo post festum sancti Michelis archangeli anno regni
regis Ricardi secundi quarto felonice Iohannam vxorem Willelmi
Condr' balliuum domini episcopi Karl' abduxit noctanter cum bonis
et catallis predicti balliui ad valenciam centum solidorum et ea
furtiue cepit et asportauit die et anno supradictis. (*Marg:* Felonia
vtlegatur.)

T. B. (outlawed) cf Horncastle at night feloniously abducted J. wife of
W. C., bailiff of the bishop of Carlisle, with goods valued at 100s.
Outlawry for failure to appear before the justices of the peace in Lindsey
reported at Lincoln, 23 Sept. 1383; above, p. 118.

Marg: CANDELS'

Inquisicio capta apud Partenay coram prefatis custodibus
pacis die Martis proximo post festum epiphanie domini anno regni
regis Ricardi secundi quarto [8 January 1381] super sacramentum
Willelmi Elrikar' Willelmi at Halle Thome Tours Thome Godfray
Thome Bernak Willelmi Hughson' Willelmi Boteler Wydonis
Smyth' Thome at Halle Ricardi Dandy Roberti Spensar et Roberti
de Greddyk iuratorum.

411.   Qui dicunt super sacramentum suum quod Hugo Flayne
(vtlegatur)[1] iunior et Walterus Scharp (vtlegatur)[1] de Friskenay
cum alijs die Martis proximo post festum sancti Luce ewangeliste
anno regni regis Ricardi secundi quarto noctanter et felonice
domum Simonis de Sutton' de Friskenay in Friskenay fregerunt
felonice et exinde quadraginta sex solidos et octo denarios
asportauerunt contra pacem domini regis. (*Marg:* Felonia vtlegantur.)

H. F. (outlawed) jr. and W. S. (outlawed) of Friskney with others at
night feloniously broke into the house of S. de S. of Friskney, at Friskney,
and stole 46s. 8d.
Both, outlawry for failure to appear before the justices of the peace in Lindsey
reported at Lincoln, 23 Sept. 1383; above, p. 118.

Marg: NORTH'
Marg: BRADLE

Inquisicio capta apud Grimesby coram prefatis custodibus pacis
die Sabbati proximo post festum epiphanie domini anno regni regis
Ricardi secundi quarto [12 January 1381] per sacramentum Willelmi
Laund de Laiceby Willelmi de Toynton' de eadem Willelmi Daulyn-
son' de eadem Roberti de Fenby de Bradle Iohannis at Crosse de
Houton' Willelmi de Fenby de eadem Iohannis Est de Scarthowe
Iohannis Power de Alesby Willelmi Caburn' de eadem Gilberti de
Cotes de Cle Willelmi Warde de Cotes et Roberti de Laiceby de eadem
iuratorum.

412.   Qui dicunt super sacramentum suum quod quidam
Robertus (vtlegatur)[1] seruiens domini Henrici rectoris ecclesie de

Alesby in officio carectarij die Iouis proximo post festum sancti
Michelis archangeli anno regni regis Ricardi secundi tercio cepit
quamdem Agnetem dudum seruientem Roberti Dyon' de Laiceby
etatis duodecim annorum et secuit eam cum cultello suo apud
Laysceby et eam ibidem rapuit (et)[1] cognouit carnaliter contra
voluntatem suam. (*Marg:* Felonia vtlegatur.)

R. (outlawed), servant and carter of H. rector of Aylesby, at Laceby,
pursued A., former servant of R. D. of Laceby, 12 years old, with a knife
and raped her.

Outlawry for failure to appear before the justices of the peace in Lindsey
reported at Lincoln, 23 Sept. 1383 ; above, p. 118.

413. Item quod Iohannes Walker (vtlegatur)[1] de Parua Cotes
die Sabbati proximo proximo post festum sancti Laurencij anno regni
regis Ricardi secundi quarto assignatus fuit per Petrum filium Roberti
et Iohannem Coup' constabularios de Parua Cotes ad seruiendum
Petro at See apud Paruam Cotes in officio messerij et dictus Iohannes
Walker recusauit seruire predicto Petro et recessit ad villam de
Stalyngburgh' et alibi pro excessiuo stipendio et sic fuit rebellis
contra assignamentum predictorum constabulariorum etc. (*Marg:*
Vtlegatur.)

J. W. (outlawed) of Little Cotes was assigned by P. son of R. and J. C.,
constables of Little Cotes, to serve P. at S., at Little Cotes, as hayward but
the said J. refused and went to the village of Stallingborough where he
received higher wages ; he is a rebel against the assignment by the constables.

Outlawry for failure to appear before the justices of the peace in Lindsey
reported at Lincoln, 23 Sept. 1383 ; above, p. 115.

414. Item dicunt quod Robertus Nolle (vtlegatur)[1] de Bernolby
die Iouis in festo sancti Iacobi apostoli anno regni regis Ricardi
secundi quarto apud Bradle vnum equum de Roberto de Fenby de
Bradle precij decem solidorum furtiue furatus fuit. (*Marg:* Felonia
vtlegatur.)

R. N. (outlawed) of Barnoldby [le Beck], at Bradley, furtively stole a
horse, price 10s., from R. de F. of Bradley.

Outlawry for failure to appear before the justices of the peace in Lindsey
reported at Lincoln, 23 Sept. 1383 ; above, p. 118.

Marg: HAWORDESH'

Inquisicio capta apud Grimesby coram prefatis custodibus
pacis die Sabbati proximo post festum epiphanie domini anno regni
regis Ricardi secundi quarto [12 January 1381] per sacramentum
Willelmi Cadnay Iohannis Galay Iohannis Heruy Ranulphi Campard
Iohannis Wene Thome Est Roberti Est Willelmi Musterluf Willelmi
in le Crofts Roberti Iacob Roberti in le Croft' Willelmi Warde de
Gonerby iuratorum.

415. Qui dicunt super sacramentum suum quod Thomas de
Hampton' (vtlegatur)[1] de Germthorp' interfecit Robertum de
Waltham de eadem die Dominica proximo post festum sancti Petri

quod dicitur aduincula apud le Merschapell' se defendendo anno
regni regis Ricardi secundi quarto. (*Marg:* Felonia vtlegatur.)

T. de H. (outlawed) of Grainthorpe killed R. de W. of Grainthorpe, at
Marshchapel, in self-defence.

Tried before the justices of gaol delivery, 1 March 1381, on appeal before the
coroner; pardoned; G. D. R. 167, m. 31; outlawry for failure to appear before
the justices of the peace in Lindsey reported at Lincoln, 23 Sept. 1383; above, p. 118.

Marg: GRIMESBY

Inquisicio capta apud Grimesby coram prefatis custodibus
pacis die Sabbati proximo post festum epiphanie domini anno
regni regis Ricardi secundi quarto [12 January 1381] per sacramentum Walteri de Wele Iohannis de Cotes Willelmi Elmshall'
Willelmi Ingson' Iohannis Pernant Stephani Clare Gilberti Smyth'
Gilberti de Holm' Ade Balcok Willelmi de Duffeld Willelmi Luscy
et Ricardi de Aby iuratorum.

416.   Qui dicunt super sacramentum suum quod Willelmus
Scot' (vtlegatur)[1] de Grimesby die Mercurij proximo post festum
sancti Iacobi apostoli anno regni regis Ricardi secundi post conquestum secundo noctanter domum Iohannis filij Ricardi de Clee
de Grimesby in Grimesby felonice burgauit et argentum et pannos
laneo et lineos et alia bona et catalla ibidem inuenta ad valenciam
xl s. et vltra furtiue cepit et abstulit contra pacem domini regis etc.
(*Marg:* Felonia vtlegatur.)

W. S. (outlawed) of Grimsby at night feloniously committed burglary
in the house of J. son of R. de C. of Grimsby, at Grimsby, stealing silver,
woollen and linen cloth, and other goods valued at 40s.

Outlawry for failure to appear before the justices of the peace in Lindsey
reported at Lincoln, 23 Sept. 1383; above, p. 118.

417.   Item dicunt quod idem Willelmus de Scot' (vtlegatur)[1]
die Lune proximo post festum sancti Marci ewangeliste anno regni
regis Ricardi tercio domum in qua Hugo Skynn' et Agnes vxor eius
manebant in Grimesby felonice burgauit et xj denarios in pecunia
de bursa dicte Agnetis furtiue cepit et abstulit contra pacem domini
regis. (*Marg:* Felonia vtlegatur.)

The said W. (outlawed) feloniously committed burglary in the house
in which H. S. and A. his wife lived in Grimsby, stealing 11d. from the purse
of A.

See above no. 416.

418.   Item quod Iohannes de Bolton' (vtlegatur)[1] dudum
seruiens Iohannis Walker de Grimesby et Iohannes Peny de Calthorp'
die Martis proximo post festum sancti Swythini episcopi anno regni
regis Ricardi nunc tercio nactanter gaolam domini regis Grimesby
fregerunt contra pacem et ab eadem recesserunt. (*Marg:* Vtlegatur.)

J. de B. (outlawed), former servant of J. W. of Grimsby, and J. P. of
Cawthorpe at night broke out of Grimsby gaol.

J. de B., outlawry for failure to appear before the justices of the peace in
Lindsey reported at Lincoln, 23 Sept. 1383; above, p. 115.

419. Item quod dominus Robertus de Hundemanby (vtlegatur)[1] capellanus in Grimesby felonice cepit de cista domini Willelmi de Benyngholm' capelani in ecclesia sancti Iacobi de Grimesby xxx s. argenti et furtiue abstulit contra pacem videlicet die Iouis proximo post festum apostolorum Philipi et Iacobi anno regni regis Ricardi nunc secundo. (*Marg:* Felonia vtlegatur.)

R. de H. (outlawed), chaplain in Grimsby, feloniously stole 30*s*. from the chest of W. de B., chaplain in the church of St James, Grimsby.

Outlawry for failure to appear before the justices of the peace in Lindsey reported at Lincoln, 23 Sept. 1383 ; above, p. 118.

Marg: LOUTH'BURGH'

Inquisicio capta apud Louth' coram prefatis custodibus pacis die Mercurij proximo post festum sancti Hillarij anno regni regis Ricardi secundi quarto [16 January 1381] per sacramentum Iohannis de Barton' Iohannis Coke de Couenham Willelmi Galay Willelmi Talio' de Whyom Hugonis Cade Iohannis Ranyer Rogeri West Nicholai de Maltby Iohannis Donnay de Foterby Walteri Est de Couenham Iohannis Kirgate de eadem et Rogeri Coup' de Vttirby iuratorum.

420. Qui dicunt super sacramentum suum quod Willelmus Clere (vtlegatur)[1] de Wyom' et Iohannes Fysssher (vtlegatur)[1] quondam de Cateby venerunt in campum de Cateby die Iouis proximo post festum Pentecostes anno regni regis Ricardi secundi tercio et ibidem furtiue furati fuerunt vnum equum precij viginti solidorum de Willelmo Taillo' de Wyom et felonice abduxerunt. (*Marg:* Felonia vtlegantur.)

W. C. (outlawed) of Wyham and J. F. (outlawed) once of [South] Cadeby feloniously stole a horse, price 20*s*., from W. T. of Wyham, at Cadeby.

Both, outlawry for failure to appear before the justices of the peace in Lindsey reported at Lincoln, 23 Sept. 1383 ; above, p. 118.

421. Item presentant quod idem Willelmus Clere (vtlegatur)[1] et Iohannes Fissher die Mercurij proximo post festum sancti Iacobi apostoli anno supradicto venerunt in campum de Wyom et ibidem furtiue furati fuerunt duos equos precij sexdecim solidorum de Willelmo Tempusest et felonice abduxerunt etc. (*Marg:* Felonia vtlegatur).

The said W. (outlawed) and J. F., at Wyham, feloniously stole 2 horses, price 16*s*., from W. T.

See above no. 420.

422. Item quod Iohannes de Schefeld (vtlegatur)[1] venit noctanter in campo de Cle die Mercurij proximo post festum sancti Martini in yeme anno regni regis Ricardi secundi quarto et ibidem verberauit vulnerauit et male tractauit Willelmum seruientem domini Willelmi Haulay contra pacem. (*Marg:* Vtlegatur.)

J. de S. (outlawed) at night, at Clee, beat, wounded, and maltreated W. servant of W. H.

Outlawry for failure to appear before the justices of the peace in Lindsey reported at Lincoln, 23 Sept. 1383 ; above, p. 115 ; for action on him as a felon see below no. 444.

423. Item dicunt quod Laurencius Milner (vtlegatur)[1] de
Vtterby die Lune proximo post festum Pentecostes anno regni regis
Ricardi secundi quarto in molendino domini Willelmi Haule chiualer
de Vtterby furtiue furatus fuit duo quarteria brasij de priore et
conuentu de Ormesby precij dimidij marce et felonice asportauit.
(*Marg:* Felonia vtlegatur.)

L. M. (outlawed) of Utterby, at the mill of W. H., kt., of Utterby,
feloniously stole 2 quarters of malt, price ½ mark, from the prior and convent
of [North] Ormsby.

Outlawry for failure to appear before the justices of the peace in Lindsey
reported at Lincoln, 23 Sept. 1383 ; above, p. 118.

424. Item dicunt quod Hygyn Iayler (vtlegatur)[1] de Lincoln'
venit die Martis proximo post festum sancte Margarete virginis
anno regni regis Edwardi tercij post conquestum xlvj[to] in villa de
[*blank*] et arestauit ibidem Iohannem de Kynyardby et incongrue
arestauit donec sibi soluit xl d. per extorsionem tantam. (*Marg:*
Vtlegatur.)

H. J. (outlawed) of Lincoln, at [*blank*] arrested J. de K. and extorted
40*d.* from him for his release.

Outlawry for failure to appear before the justices of the peace in Lindsey
reported at Lincoln, 23 Sept. 1383 ; above, p. 115.

[*m.* 18*d.*]

Marg: LOUTH'ESK

Inquisicio capta apud Ludam (coram prefatis custodibus
pacis)[1] die Lune proximo post festum annunciacionis beate Marie
virginis anno regni regis Ricardi secundi quarto [1 April 1381] per
sacramentum Simonis Adrian Willelmi Shadworth' Elie Funceys
Roberti filij Iohannis Thome Haule Ricardi Raniet Roberti de
Cailesthorp' Iohannis filij Alexandri Ricardi Donnay Iohannis
Whiteheued Walteri South' et Willelmi Gykell' iuratorum.

425. Qui dicunt super sacramentum suum quod Iohannes
Palle (vtlegatur)[1] de Ketyngton' iunior die Martis proximo post
festum natiuitatis beate Marie virginis anno regni regis Ricardi
secundi quarto apud Kedyngton' noctanter venit et furtiue cepit
de Iohanne Palle seniori vnam tonicam precij xl d. et vnum corset
precij xviij d. et vnum gladium et vnam parmam precij xviij d. et
secum asportauit. (*Marg:* Felonia vtlegatur.)

J. P., Jr. (outlawed) of Keddington, at Keddington, at night furtively
stole from J. P., sr., a tunic, price 40*d.*, a bodice, price 18*d.*, a sword, and a
shield, price 18*d.*

Outlawry for failure to appear before the justices of the peace in Lindsey
reported at Lincoln, 23 Sept. 1383 ; above, p. 118.

426. Item dicunt super sacramentum suum quod Walterus
de Foterby (finem)[1] die Lune proximo post festum cathedre sancti
Petri anno regni regis Ricardi secundi quarto apud Manby cepit de
Willelmo de Holm apud Manby et de alijs diuersis hominibus per

dies ij d. in officio ferutliv' et competentem tablamem mensalem
vnde in cessu dimidij marce.

W. de F. (fine), at Manby, took from W. de H. and others 2d. a day
for iron work and making trestle tables; excess, ½ mark.

W. de H., outlawry for failure to appear before the justices of the peace in
Lindsey reported at Lincoln, 23 Sept. 1383; above, p. 115.

427. Item quod dominus Gregorius (vtlegatur)[1] decanus de
Manle iniuste recepit die Martis proximo post [festum] Edmundi
regis anno regni regis Ricardi secundi quarto de Petro Walker de
Wynterton' x s.

G. (outlawed), dean of Manley, took 10s. from P. W. of Winterton.

Outlawry for failure to appear before the justices of the peace in Lindsey
reported at Lincoln, 23 Sept. 1383; above, p. 115.

428. Item de Iohanne Barker de Burton vj s. viij d. die
Martis predicto de Willelmo de Waldeby x s. die Martis predicto
de Iohanne seruiente Radulphi Smyth' de Burton' x s. dicto die
Martis de Isabella Ayremyn xx d. dicto die Martis de Ricardo
seruiente Roberti Taillo' xx d. dicto die Martis. Item de alijs
diuersis pauperibus populi domini regis in wappentacio de Manle ad
valenciam xx librarum dicto die Martis ad graue dampnum domino
regi and in destrucione populi. (*Marg:* Vtlegatur.)

The said G. extorted various sums from various people and from others
in the wapentake of Manley he took £20.

See above no. 427.

429. Item excomunicauit et extra ecclesiam posuit He[n]ricum
de Walsham sine aliqua somoniacione eiusdem Henrici facta predicto
Henrico in partibus Norff' existente et hoc de die in diem quousque
idem Henricus cum eo ad voluntatem propriam fecit finem ad graue
dampnum ipius Henrici x librarum. (*Marg:* Vtlegatur.)

He excommunicated H. de W. without summons and forced him to
pay a fine of £10.

See above no. 427.

430. Item idem Gregorius (vtlegatur)[1] insultum fecit in prefatum Henricum in campo de Normanby volens predictum Henricum
occidere si non auxilatus fuerat per Willelmum Chaumberlayn et
alios die Martis proximo ante festum annunciacionis predictum
anno supradicto. (*Marg:* Vtlegatur.)

The said G. (outlawed) assaulted the said H. at Normanby and would
have killed him if W. C. and others had not come to H.'s rescue.

See above no. 427.

431. Item idem Gregorius (vtlegatur)[1] sic somoniuit prefatum
Iohannem seruientem Ricardi[1] Smyth' et plures alios extorcione et
iniuste idem Iohannes fugit extra dominium de Burton' ad dampnum
dominorum suorum qui sunt Andreas de Leek miles Radulphus de
Thresk et alij x librarum. (*Marg:* Vtlegatur.)

The said G. (outlawed) summoned the said J., servant of R. S., and
others extortionately so that the said J. fled from the lordship of Burton
[on Stather]; damages to his masters, A. de L., kt., R. de T., and others, £10.

See above no. 427.

[1] Read *Radulfi*?; see above, no. 428.

432.　Item quod vbi Iohannes Malbys die Lune proximo post festum assumpcionis beate Marie anno regni regis Ricardi secundi quarto apud Louth' conduxisset Iohannem Shephird nuper seruientem Iohannis Hertill' vicarij ecclesie de Louth' ad seruiendum ei apud Louth' in officio bercarij a festo sancti Michelis archangeli anno supradicto vsque idem festum per j annum integrum capiendo salario et liberacione iuxta formam statuti de laborarijs seruientibus editi et prouisi ac vbi predictus Iohannes Shephird' in seruicium predicti Iohannis Malbys apud ad predictum festum sancti Michelis intrauit et stetit vsque in diem Lune tunc proximum sequentem quo festo Michelis Iohannes Park (finem fecit)[1] de Louth' predictum Iohannem Shepherd apud Louth' predictam extra seruicium predicti Iohannis Malbys procurauit cepit et abduxit contra formam statuti predicti.　Et predictus Iohannes Shepherd in seruicium predicti Iohannis Malbys existens extra seruicium predictum recessit in contemptum domini regis et statuti predicti lesionem manifestam. (*Marg:* Vtlegatur.)

When J. M. hired J. S., former servant of J. H. vicar of Louth, to work for him at Louth as shepherd for a year at the legal wage, the said J. was abducted before the end of his term by J. P. (made a fine) of Louth in manifest violation of the statute.

J. S., outlawry for failure to appear before the justices of the peace in Lindsey reported at Lincoln, 23 Sept. 1383 ; above, p. 115.

433.　Item dicunt quod Walterus de Immyngham de North'-elkyngton' die Lune proximo ante festum sancti Iohannis baptiste apud North'elkyngton' interfecit Iohannem de Dalton' felonice in anno regni regis Ricardi secundi tercio. (*Marg:* Felonia.)

W. de I. of North Elkington, at North Elkington, feloniously killed J. de D.

In exigend in the King's Bench, Trin. 1396 ; K. B. 541, Rex, m. 8.

Marg: BRADLE

Inquisicio capta apud Grymesby coram prefatis custodibus pacis die Iouis in prima septimana xle[a] anno regni regis Ricardi secundi quarto [7 March 1381] per sacramentum Iohannis de Feribrig de Scarthowe Ricardi Walker de Parua Cotes Thome Douk de Swalowe Roberti filij Hugonis (de Irby)[1] Iohannis Ketill' Willelmi Warde de Magna Cotes Roberti West de eadem Willelmi de Toynton' de Laiceby Willelmi Daulynson' de eadem Iohannis Est de Scarthowe Willelmi Reuyl de Tetnay Willelmi de Caburn' de Alesby iuratorum.

434.　Qui dicunt super sacramentum suum quod Iohanna (vtlegatur)[1] vxor Iohannis Sauage de Magna Cotes cum alijs die Dominica proximo post festum apostolorum Petri et Pauli anno regni regis Ricardi secundi tercio ceperunt et abduxerunt Adam famulum Willelmi Nicolneffe a seruicio dicti Willelmi contra statutum

domini regis et ad graue dampnum dicti Willelmi.   (*Marg:* Wayuiatur.)

J. (outlawed) wife of J. S. of Great Cotes with others abducted A.,
servant of W. N., to the latter's injury.

Waiver for failure to appear before the justices of the peace in Lindsey reported
at Lincoln, 23 Sept. 1383; above, p. 116.

435.   Item quod Iohannes de Benyngworth' de Lud' cum alijs
die Lune proximo post festum sancti Martini in yeme anno regni
regis Ricardi secundi quarto venerunt vi et armis et contra pacem
domini regis apud South'elkyngton' et ibidem ceperunt et fugauerunt
quadraginta bidentes de Roberto filio Willelmi de Keelby et Henrico
de Grene de Irby et illos detenuerunt quousque predicti Robertus et
Henricus fecerunt finem cum eis pro predictis bidentibus habendis.
Et sic predictus Iohannes cum alijs ceperunt de predictis Roberto et
Henrico per extorsionem iij libras.   (*Marg:* Vtlegatur.)

J. de B. of Louth with others, at South Elkington, forcibly took 40
sheep from R. son of W. of Keelby and H. de G. of Irby [upon Humber] and
kept them until the said R. and H. made a fine with them; thus they extorted
£3.

See above no. 6.

Marg: CALSWATH'

Inquisicio capta coram prefatis custodibus pacis apud Ludam
die Lune proximo post festum annunciacionis beate Marie virginis
anno regni regis Ricardi secundi quarto [1 April 1381] per sacramentum Iohannis Aykill' Thome Sergeant Roberti Darry Rogeri Gardin'
Iohannis Southgrist Iohannis Belle Iohannis de Manby Willelmi
White Willelmi Bek Iohannis Grayne Willelmi Haburgh' Iohannis
at Gote iuratorum.

436.   Qui dicunt super sacramentum suum quod quidam
Robertus Fulhode (vtlegatur)[1] de Alford webster die Dominica
proximo post festum natiuitatis sancti Iohannis baptiste anno regni
regis Ricardi predicti iij° apud Alford furtiue fregit noctanter
coquinam Roberti de Alford' et inde cepit dimidiam quarteriam
brasij precij ij s. et vnam ollam eneam et alia diuersa catalla precij
ij s. et est communis latro.   (*Marg:* Felonia vtlegatur.)

R. F. (outlawed) of Alford, weaver, at Alford, at night furtively broke
into the kitchen of R. de A. and stole ½ quarter of malt, price 2s., and a brass
pot and other chattels, price 2s.; he is a common thief.

Outlawry for failure to appear before the justices of the peace in Lindsey
reported at Lincoln, 23 Sept. 1383; above, p. 118.

437.   Item quod Iohannes (vtlegatur)[1] seruiens quondam
Agnetis de Langholm' de Malthorp' carucarius cepit de dicta Agnete
(fecit finem)[1] per annum vltimum preteritum apud Malthorp' xx s.
in mercede et valore contra statutum domini regis et nemini vult
minus seruire quam xx s. per annum et a festo sancti Martini
vltimo preterito iuit per dietas capiendo quolibet die in yeme
vltimo preterito de dicta Agnete (finem)[1] et alijs vicinis de Slotheby

ij d. et prandium contra statutum domini regis et est rebellis contra
constabularios nolens iurare statutum tenere unde excessu x s.
(*Marg:* Vtlegatur.)

J. (outlawed), ploughman of A. de L. of Mawthorpe, took from the
said A. (made a fine), at Mawthorpe, 20s.; he is unwilling to work except for
20s. a year; he worked by the day for the said A. (fined) and others at
Sloothby for 2d. per day and food; he is a rebel against the constables, being
unwilling to swear to obey the statute; excess, 10s.

Outlawry for failure to appear before the justices of the peace in Lindsey
reported at Lincoln, 23 Sept. 1383; above, p. 116.

438.   Item quod Thomas de Irby (vtlegatur)[1] manens apud
grang' de Tetnay apud Forthyngton' a falda Roberti Seriant
de eadem die Dominica proximo post festum apostolorum Philipi
et Iacobi anno regni regis predicti iij⁰ et ibidem furtiue cepit et
abduxit vj bidentes precij xij. s. de dicto Roberto et est communis
latro. (*Marg:* Felonia vtlegatur.)

T. de I. (outlawed) living at the grange of Tetney at Fordington furtively
took 6 sheep, price 12s. from the fold of R. S. of Fordington; he is a common
thief.

Outlawry for failure to appear before the justices of the peace in Lindsey reported at Lincoln, 23 Sept. 1383; above, p. 118.

439.   Item dicunt quod quidam Willelmus (vtlegatur)[1] filius
Isabelle palm' de Hotoft die Martis proximo ante festum natiuitatis
beate Marie anno regni regis Ricardi secundi ij⁰ furtiue cepit et
abduxit de Iohanne Ryheued de Mumby apud Mumby vnum
iumentuum precij xx s. et est communis latro. (*Marg:* Felonia
vtlegatur.)

W. (outlawed) son of I. palmer of Huttoft furtively took a mare, price
20s., from J. R. of Mumby, at Mumby; he is a common thief.

Outlawry for failure to appear before the justices of the peace in Lindsey
reported at Lincoln, 23 Sept. 1383; above, p. 118.

440.   Item quod Iohanna de Halyngton' (vtlegatur)[1] de
Thedilthorp' in festo natiuitatis sancti Iohannis baptiste anno regni
regis Ricardi secundi iij⁰ domum Thome de Apole de Saltfletby
felonice fregit apud Saltfletby et inde furtiue cepit et asportauit
vnum loculum de serico et vnum firmacalium argenti precij xl. d.
et iij vlnas panni lynei precij xv d. (*Marg:* Felonia vtlegatur.)

J. de H. (outlawed) of Theddlethorpe feloniously broke into the house
of T. de A. of Saltfleetby, at Saltfleetby, and stole a locket of horsehair and
a silver brooch, price 40d., and 3 ells of linen cloth, price 15d.

Waiver for failure to appear before the justices of the peace in Lindsey reported
at Lincoln, 23 Sept. 1383; above, p. 118.

441.   Item quod quidem Ricardus seruiens Marie Trigge
(finem)[1] de Strulby carucarius capit per annum instanter de dicta
Maria (fecit finem)[1] in stipendium xviij (s.)[1].

R., ploughman of M. T. (fined) of Strubby, took 18s. as his wages in
the last year.

R., outlawry for failure to appear before the justices of the peace in Lindsey
reported at Lincoln, 23 Sept. 1383; above, p. 116.

Marg: LOUTHESK'

Inquisicio capta apud Lud' coram custodibus pacis predictis die Mercurij proximo post festum sancti Hillarij anno regni regis Ricardi secundi quarto [16 January 1381] per sacramentum Elie Fraunceys Ricardi de Hagham Willelmi Shadworth' Roberti filij Iohannis de Manby Willelmi Gykell' de Yorburgh' Ricardi Donnay de Kedyngton' Willelmi Fisch' de Grimolby Willelmi de Yorburgh' de Cokeryngton' Iohannis del Fen de Carlton' Iohannis de Lymbergh' de Saltflethaue' Andree North'holm' de Saltfletby et Roberti Day de Carlton' iuratorum.

442. Qui dicunt quod Thomas de Hamptone (vtlegatur)[1] de Germthorp' die Dominica proximo post festum assumpcionis beate Marie virginis anno regni regis Ricardi secundi post conquestum quarto apud Fowelstowmerch' Robertum de Waltham de Germthorp' felonice interfecit. (*Marg:* Felonia vtlegatur.)

T. de H. (outlawed) of Grainthorpe, at Fulstow marsh, feloniously killed R. de W. of Grainthorpe.
See above no. 415.

Marg: LOUTH'BURGH'

Inquisicio capta apud Luda' die Lune proximo ante festum ramis palmarum anno regni regis Ricardi secundi quarto [1 April 1381] coram prefatis custodibus pacis per sacramentum Iohannis de Barton' de Ormesby Iohannis Squier de eadem Rogeri Coup' de Vtterby Radulphi Smyth' de eadem Petri Haulay de eadem Willelmi Talio' de Whyom Rogeri de Halyngton' de Louthburgh' Hugonis Cade de eadem Thome Graunger de Calthorp' Willelmi Galay de Wargholm' Iohannis Donnay de Foterby et Iohannis South' de eadem iuratorum.

443. Qui dicunt super sacramentum suum quod Iuliana (vtlegatur)[1] filia Willelmi de Thoresby de Couenham venit apud Fulstowe die Iouis proximo post festum epiphanie domini anno regni regis Ricardi secundi quarto et ibidem fregit vnam cistam Thome Belle de Fulstowe et furtiue furata fuit viginti solidos argenti de predicto Thoma et secum asportauit. (*Marg:* Felonia wayuiatur.)

J. (outlawed) daughter of W. de T. of Covenham, at Fulstow, broke into a chest belonging to T. B. of Fulstow and furtively stole 20*s*.
Waiver for failure to appear before the justices of the peace in Lindsey reported at Lincoln, 23 Sept. 1383; above, p. 118.

444. Item dicunt quod Iohannes Schafflet (vtlegatur)[1] venit apud Vtterby die Sabati noctanter proximo post festum sancti Martini in yeme anno supradicto et ibidem apud Vtterby furtiue furatus fuit vnum equum precij xl d. de Thoma Wayth' seruiente Willelmi Hauley militis. (*Marg:* Felonia vtlegatur.)

J. S. (outlawed), at Utterby, at night furtively stole a horse, price 40*d*., from T. W., servant of W. H., kt.
Outlawry for failure to appear before the justices of the peace in Lindsey reported at Lincoln, 23 Sept. 1383; above, p. 118; for action on him as a trespasser see above no. 422.

L

Marg: NORTHR'
Marg: HAWORDESH'

Inquisicio capta apud Castr' die Mercurij proximo post festum
sancti Gregorij anno regni regis Ricardi secundi quarto [13 March
1381] coram prefatis custodibus pacis per sacramentum Roberti
Cokewald Thome Est de Hatclif Iohannis Dowson' Ranulphi
Cawpard Iohannis Heruy Willelmi Husone Willelmi de Houton'
Roberti Bokenall' Iohannis Smyth' de Gonerby Willelmi de North'-
cotes Stephani de Patrington' et Gilberti de Irby de Fenby iuratorum.

445. Qui dicunt super sacramentum suum quod Willelmus
Neuport (vtlegatur)[1] cissor de Hwlceby iuxta Newsom verberauit
vulnerauit et male tractauit contra pacem Willelmum Scaslay
seruientem Willelmi Belesby chiualer die Dominica proxima post
festum sancti Mathei apostoli hoc anno apud Grimesby. (*Marg:*
Vtlegatur.)

W. N. (outlawed), tailor of Ulceby near Newsham, beat, wounded, and
maltreated W. S., servant of W. B., kt., at Grimsby.

Outlawry for failure to appear before the justices of the peace in Lindsey
reported at Lincoln, 23 Sept. 1383; above, p. 116.

Marg: NORTHR'
Marg: GRIMESBY

Inquisicio capta apud Grymesby coram prefatis custodibus
pacis septimo die Marcij anno regni regis Ricardi secundi quarto
[1381] per sacramentum Willelmi Elmshall' Iohannis de Cotes
Simonis White Willelmi Balcok Simonis Elynson' Roberti de Brames
Willelmi Gold Roberti de Grene Roberti Bakst' Ade Sareson'
Ricardi Coup' et Iohannis Balne iuratorum.

446. Qui dicunt super sacramentum suum quod Matillis
(vtlegatur)[1] vxor Thome Donz de Grimesby est ablatrix et abstrac-
tatrix de domabus vbi intrat videlicet vasorum cocliariorum et
aliarum rerum et sic abstulit de domo Ricardi Couper de Grimesby
j plater' j salsar' de peutre et vnum flamiolum die Martis proximo
post festum sancti Luce ewangeliste anno regni regis Ricardi quarto
precij vj d. contra pacem domini regis. (*Marg.* Felonia vtlegatur.)

M. (outlawed) wife of T. D. of Grimsby steals vases, spoons, and other
articles from houses; she stole from the house of R. C. of Grimsby, a platter,
a pewter salt-cellar, and a kerchief, price 6d.

Waiver for failure to appear before the justices of the peace in Lindsey reported
at Lincoln, 23 Sept. 1383; above, p. 118; see also above, p. 116.

Marg: WRAGH'

Inquisicio capta coram prefatis custodibus pacis apud Horncastre die Iouis proximo ante festum annunciacionis beate Marie
virginis anno regni regis Ricardi secundi quarto [21 March 1381]
per sacramentum Iohannis Biddes de Haynton' Willelmi Wanne
de Kynthorp' Iohannis de Maltby de Langton' Thome Saghar de

eadem Iohannis Curtays de Leggesby Iohannis Turner de eadem
Gwydonis West de Haynton' Alani Oubray de Paunton' Iohannis
West de Ludford' Willelmi Mustell' de Tiryngton' Iohannis Prat de
eadem et Radulphi Bakst' de Wykynby iuratorum.

447. Qui dicunt super sacramentum suum quod Willelmus
Scroppe (vtlegatur)[1] mylner in Teulby die Lune proximo post
festum epiphanie domini anno regni regis Ricardi secundi quarto
felonice furatus fuit j quarterium ordei precij duorum solidorum
de priore de Sixhill' apud grang' de Teulby. (*Marg:* Felonia
vtlegatur.)

W. S. (outlawed), miller of Tealby, feloniously stole a quarter of barley,
price 2*s.*, from the prior of Sixle, at the grange at Tealby.
Outlawry for failure to appear before the justices of the peace in Lindsey
reported at Lincoln, 23 Sept. 1383 ; above, p. 118.

448. Item dicunt quod Robertus Rotir (vtlegatur)[1] nuper
seruiens Iohannis de Maltby de Langton' fuerat conductus ad
deseruiendum Willelmo Galeys de Baumburght' apud Welyngham
in officio carcuarij a festo sancti Martini in yeme anno regni regis
Ricardi secundi quarto vsque idem anno reuoluto pro xiiij solidis
sterlynge et j noua tunica precij iij s. et sic capit excessiuum salarium.
Et sic eciam dicunt quod dictus Willelmus solebat conducere
seruientes pro excessiuo salario contra statutum inde editum.
(*Marg:* Vtlegatur.)

R. R. (outlawed), former servant of J. de M. of Langton, was hired
to serve W. G. of Baumber as ploughman at [South] Willingham for a year
at 14*s.* and a new tunic, price 3*s.*, and thus he took excessive wages ; they
say that the said W. is accustomed to pay his servants above the legal wage.
Outlawry for failure to appear before the justices of the peace in Lindsey
reported at Lincoln, 23 Sept. 1383 ; above, p. 116.

Marg: GAIRETR'

Inquisicio capta coram prefatis custodibus pacis apud Hornc'
die Veneris proximo ante festum annunciacionis beate Marie virginis
anno regni regis Ricardi secundi quarto [22 March 1381] per sacramentum Iohannis Northiby Iohannis Barne Ricardi Whecham
Iohannis Storo' Iohannis de Sandford' Willelmi de Beltisford'
Willelmi at Halle Roberti Champart Roberti Galaise Thome Feraunt
Iohannis Togode et Iohannis Cart'.

449. Qui dicunt super sacramentum suum quod Iohannes
seruiens domini Walteri persone ecclesie de Beltisford' fugauit
seruicium predicti domini Walteri apud Beltisford die Iouis proximo
post festum sancti Edmundi anno regni regis Ricardi secundi
quarto sine racionabili causa ad graue dampnum ipsius Walteri et
contra statutum etc. (*Marg:* Vtlegatur.)

J., servant of W. parson of Belchford, left the latter's service at Belchford
without cause.
Outlawry for failure to appear before the justices of the peace in Lindsey
reported at Lincoln, 23 Sept. 1383 ; above, p. 116.

450. Item quod Iohannes Leryna seruientus Iohannis Storur' de Goudeby fugauit seruicium predicti Iohannis Storur' apud Goudeby pro maiori salario die Lune proximo post festum sancti Martini anno regni regis Ricardi secundi iiij to sine racionabili causa. (*Marg:* Vtlegatur.)

J. L., servant of J. S. of Goulceby, left the latter's service at Goulceby for higher wages without cause.
See above no. 405.

Marg: CANDELEHOW

Inquisicio capta coram prefatis custodibus pacis apud Horncastr' die Veneris proximo post festum sancti Benedicti abbatis anno regni regis Ricardi secundi quarto [22 March 1381] per sacramentum Iohannis Wace Willelmi Leueryk Thome Tours Willelmi Deken Thome Berak Ricardi Dandy Thome . . . Willelmi Hughson' Willelmi Guerard' Iohannis at Brig Iohannis de Stikford' Simonis de Irby et Willelmi Skot iuratorum.

451. Qui dicunt super sacramentum suum quod Robertus seruiens Walteri Whatson' de Waynflet cepit de dicto Waltero (fecit finem)[1] in Waynflete xiij s. iiij d. anno vltimo preterito et sic in excessu xl d.

R., servant of W. W. of Wainfleet (made a fine), took 13*s*. 4*d*. last year from the said W.; excess, 40*d*.
R., outlawry for failure to appear before the justices of the peace in Lindsey reported at Lincoln, 23 Sept. 1383; above, p. 116.

[*m.* 19 *old numbering* xviij]

Marg: YARBURGH'

Inquisicio capta apud Castre coram prefatis custodibus pacis die Martis proximo post festum sancti Michelis anno regni regis Ricardi secundi sexto [30 September 1382] per sacramentum Iohannis de Neuton' de Stalynburgh' Thome Alason' de Barowe Ricardi Tanno' de Barton' Iohannis Damp' Iohannis filij Ricardi de Kelyngholm' Iohannis at Bek Roberti de Kydale de Horcstowe Iohannis Trippok de Haburgh' Iohannis Barde Willelmi filij Walteri de Stalyngworth' Roberti Warent de Barton' et Willelmi de Keleby iuratorum.

452. Qui dicunt quod Simon Hed (vtlegatur)[1] de Elesham die Dominica in festo sancti Mathei apostoli et ewangeliste anno regis nunc vj to apud Elesham fecit insultum cuidam Roberto de Beuerlay contra pacem etc. et postea contra preceptum constabularij ipsum verberauit vulnerauit et male tractauit fere ad mortem contra pacem etc. (*Marg:* Vtlegatur.)

S. H. (outlawed) of Elsham, at Elsham, assaulted R. de B. and later, contrary to the order of the constable, beat, wounded, and nearly killed him.
Outlawry for failure to appear before the justices of the peace in Lindsey reported at Louth, 25 Jan. 1384; above, p. 124.

Placita et indictamenta coram Iohanne rege Castell' et Legionis duce Lancastr' Roberto de Wylughby Radulpho de Crombwelle Iohanne Worth' Willelmo de Skipwyth' seniori Willelmo de Wylughby Willelmo Haule Willelmo de Burgh' Iohanne Pouger Willelmo de Spaigne Thoma de Thymylby Iohanne Hawe Iohanne Wykes Iohanne de Feriby Willelmo de Skipwyth' iuniori Roberto de Westmels Willelmo Michell' et Thoma de Burnham iusticiarijs domini regis Ricardi secundi (post conquestum Anglie)[1] ad felonias transgressiones audiendas et terminandas necnon ad statuta eiusdem domini regis apud Wynton' North' et Westm' edita conseruanda in partibus de Lyndeseye in comitatu Lincoln' tam infra libertates quam extra assignatis per commissionem eiusdem domini regis cuius datum est apud Westm' xx° die Decembris anno regni eiusdem domini regis sexto [1382] et coram Roberto de Haldanby Iohanne de Coton' etc. eis associatis.

Marg: LINCOLN'
Marg: YORBURGH'

Inquisicio capta apud Lincoln' die Mercurij proximo ante festum conuersionis sancti Pauli anno regni regis Ricardi secundi sexto [21 January 1383] (coram prefatis custodibus pacis)[1] per sacramentum Roberti de Kidale de Horkstowe Iohannis Barde de North'kelsay Willelmo de Wrauby de Barto' Ricardi Tann' de eadem Roberti de Hill' de Vlceby Willelmi (de)[1] Alderby de eadem Thome filij Alani de Baru Iohannis Wale de eadem Hugonis at Halle de Keelby Iohannis de Neuton' de Stalyngburgh' Henrici Martyn de Saxby (et)[1] Willelmi at Welle de Kelyngholm' iuratorum.

453. Qui dicunt super sacramentum suum quod Lucia Lambard de Feriby die Martis proximo post festum sancti Michelis anno supradicto furtiue furata fuit vnum porcum precij viij d. Agnetis Mapholse de Feriby apud Feriby. (*Marg:* Felonia.)

L. L. of [South] Ferriby furtively stole a pig, price 8*d.*, from A. M. of Ferriby, at Ferriby.

Process of waiver for failure to appear before the justices of the peace in Lindsey reported as incomplete at Horncastle, 10 Dec. 1383; above, p. 122; in exigend in the King's Bench, Trin. 1396; K. B. 541, Rex, m. 8.

454. Item dicunt quod Willelmus Baker de Seuerby nuper seruiens Henrici de Wotton' de Seuerby die Veneris proximo post festum sancti Andree apostoli anno nunc regis sexto molendinum Iohannis Maleet vocatum parkemylne de Hirby furtiue fregit et dimidium quarterium brasij cepit et asportauit precij ij s. apud Clisby. (*Marg:* Felonia.)

W. B. of Searby, former servant of H. de W., of Searby, furtively broke into a mill belonging to J. M., called Park Mill, at Irby, and stole ½ quarter of malt, price 2*s.* which he took to Clixby.

Process of outlawry for failure to appear before the justices of the peace in Lindsey reported as incomplete at Horncastle, 10 Dec. 1383; above, p. 122; in exigend in the King's Bench, Trin. 1396; K. B. 541, Rex, m. 8.

455. Item quod Willelmus de York (vtlegatur)[1] de Saxby et Iohannes (vtlegatur)[1] frater eius die Lune proximo post festum sancti Martini anno nunc regis sexto apud Saxby insultum fecerunt vi et armis Henrico Martyn de Saxby verberauerunt vulnerauerunt et male tractauerunt ita quod disperabatur de vita eius in contemptum domini regis et contra pacem. (*Marg:* Vtlegantur.)

W. de Y. (outlawed) of Saxby [All Saints] and J. (outlawed) his brother, at Saxby, assaulted H. M. of Saxby, beating, wounding, and maltreating him so that his life was in danger.

Both, outlawry for failure to appear before the justices of the peace in Lindsey reported at Louth, 25 Jan. 1384; above, p. 124.

456. Item quod Thomas Tasker nuper seruiens Roberti de Hille de Vlsby die Lune in festo sancti Thome apostoli anno supradicto apud Vlsseby noctanter furtiue furatus fuit xviij gallinas predicti Roberti precij ij s. iij d. (*Marg:* Felonia.)

T. T., former servant cf R. de H. of Ulceby, at Ulceby, at night furtively stole 18 chickens, price 2s. 3d., from the said R.

Process of outlawry for failure to appear before the justices of the peace in Lindsey reported as incomplete at Horncastle, 10 Dec. 1383; above, p. 122; in exigend in the King's Bench, Trin. 1396; K. B. 541, Rex, m. 8.

Marg: WALSHCROFT

Inquisicio capta apud Lincoln' coram prefatis custodibus pacis predicto die Mercurij proximo ante festum conuersionis sancti Pauli anno regis predicti sexto [21 January 1383] per sacramentum Walteri filij Simonis de Walesby Willelmi Gaufe Iohannis filij Alani Iohannis Lange Willelmi Higdon' Iohannis filij Roberti de Ouresby Alani del Kerr' de Teuelby Iohannis de Colsike Iohannis Borell' Iohannis de Catgrene Iohannis Est de Claxby Roberti del Grene de Bynbroke iuratorum.

457. Qui dicunt super sacramentum suum quod Willelmus de Trehamton' die Lune proximo ante festum sancti Iacobi anno regni regis Ricardi secundi sexto furtiue furatus fuit et asportauit vnum monile de argento precij x d. de Thoma de Briggesle de Houton' apud Houton' in le More. Et predictus Thomas de Brigesle receptauit predictum Willelmum cum predicto monile sciens predictum monile esse furtiue furatum. (*Marg:* Felonia accessorius.)

W. de T. furtively stole a silver necklace, price 10d., from T. de B. of Holton [le Moor] at Holton; the said T. received the said W. with the necklace, knowing he had stolen it.

W. de. T., process of outlawry for failure to appear before the justices of the peace in Lindsey reported as incomplete at Horncastle, 10 Dec. 1383; above, p. 124; in exigend in the King's Bench, Trin. 1396; K. B. 541, Rex, m. 8; T. de B. to be produced before the King's Bench, East. 1397; *ibid.*, 543, Rex, m. 5d.; tried before the King's Bench, East. 1397, on indictment before the justices of the peace in Lindsey; acquitted; *ibid.*, 544, Rex, m. 4d.; see also *ibid.*, 545, Rex, m. 6d.

Marg: LAURIZ

Inquisicio capta apud Lincoln' coram prefatis custodibus pacis die et anno supradictis [21 January 1383] per sacramentum Thome

Stag de Donham Thome Neubold de eadem Laurencij de Hill' de
eadem Iohannis de Hill' de eadem Iohannis Furry de Faldyngworth'
Iohannis Neuell' de eadem Thoma Neuyll' de Snartford Iohannis
Freuell' de Repham Rogeri Wymerkson' de Barton' de Langwath'
Thome Adamson' de Faldyngworth' Walteri Whitewell' de Risom'
Willelmi Burdon' de eadem Iohannis Ny de Boselyngthorp' iura-
torum.

458. Qui dicunt super sacramentum suum quod Iohannes de
Gayton' cotellus de Lincoln' die Mercurij proximo post festum
natalis domini anno regni regis Ricardi secundi sexto apud Scamton
furatus fuit furtiue vnam vaccam Iohannis de Tumby de Scamton'
precij xiij s. iiij d. et abduxit ad Lincoln'. Et die predicto et anno
(predicto)[1] Robertus de Legburn' de Lincoln' et Margeria vxor eius
predictam vaccam receperunt scientes dictam esse furatam. (*Marg:*
Felonia.)

J. de G., cottager of Lincoln, at Scampton, furtively stole a cow, price
13s. 4d., from J. de T. of Scampton and took it to Lincoln; R. de L. of
Lincoln and M. his wife received the cow knowing it had been stolen.

On 1 Feb. 1383 a writ of certiorari was issued to inquire why the goods and
chattels of R. de L. had been seized; the reply lists a number of offences for which
he was indicted before the justices of the peace in Lindsey but makes no mention
of those on this roll; Chanc. Misc., Bundle 108, File 10; I have been unable to
find any record of a trial before the King's Bench. All 3, process of outlawry for
failure to appear before the justices of the peace in Lindsey reported as incomplete
at Horncastle, 10 Dec. 1383; above, pp. 122, 123; R. de L. and J. de G., outlawry
for failure to appear before the justices of the peace in Lindsey reported at Louth,
25 Jan. 1384; above, p. 126; all 3 in exigend in the King's Bench, Trin. 1396;
K. B. 541, Rex, m. 8.

459. Item quod predictus Iohannes de Gayton' cotellus de
Lincoln' die et anno supradictis molendinum de Scamton' fregit et
vnum saccum cum duobus saculis plenam farine precij iij s. iiij d.
Iohannis filij Alani Iowell' de Karleton' Paynell' furtuie cepit et
asportauit ad predictos Robertum et Margeriam communes receptores latronum. (*Marg: Felonia.*)

The said J. broke into a mill at Scampton and furtively stole a
sack with 2 little sacks of meal, price 3s. 4d., from J. son of A. J.
of South Carlton; he took it to the said R. and M. who are common
receivers of thieves.

See above no. 458.

460. Item quod Ricardus Westernman die Lune proximo
ante festum sancti Iacobi apostoli anno regni regis Ricardi secundi
tercio apud Normanby iuxta Claxby furtiue furatus fuit et asportauit
tres ollas eneas precij x solidorum et tres patellas precij viij s. de
Willelmo persona ecclesie de Normanby iuxta Claxby. (*Marg:*
Felonia.)

R. W., at Normanby [le Wold] by Claxby, furtively stole 3 brass pots,
price 10s., and 3 spoons, price 8s., from W., parson of Normanby by Claxby.

Process of outlawry for failure to appear before the justices of the peace in
Lindsey reported as incomplete at Horncastle, 10 Dec. 1383; above, p. 122; in
exigend in the King's Bench, Trin. 1396; K. B. 541, Rex, m. 8.

Marg: HAWARDESH'

Inquisicio capta apud Linc' coram prefatis custodibus pacis die
Mercurij proximo ante festum conuersionis sancti Pauli anno regni
regis Ricardi secundi sexto [21 January 1383] per sacramentum
Roberti de Cokewald Willelmi de Cadenay Roberti Rayn' Iohannis
Heruy Thome de Wathe Iohannis Galay Nicholai Wall' de Waltham
Willelmi Warde de Seuerby Gilberti de Gonerby Hallani Halkyn
Ricardi Coke et Iohannis South' de Neuton' iuratorum.

461.   Qui dicunt super sacramentum suum quod Hegyn'
Tasker condam laborans in Waltham furtiue cepit vnum equum
Iohannis Elis de Waltham in Waltham die Sabbati proximo post
festum natiuitatis domini precij decem solidorum hoc anno. (*Marg:*
Felonia.)

   H. T., former labourer in Waltham, furtively stole a horse, price 10s.,
from J. E. of Waltham, at Waltham.
   Process of outlawry for failure to appear before the justices of the peace in
Lindsey reported as incomplete at Horncastle, 10 Dec. 1383; above, p. 122; in
exigend in the King's Bench, Trin. 1396; K. B. 541, Rex, m. 8.

Marg: WELLE

Inquisicio capta apud Linc' coram prefatis custodibus pacis
die Mercurij proximo ante festum conuersionis sancti Pauli anno
regni regis Ricardi secundi sexto [21 January 1383] per sacramentum
Iohannis de Coryngham Thome West Iohannis Claipole Iohannis de
Blithe Iohannis Smyth' Iohannis Edmondson' Willelmi Morteyn
Willelmi Honyngton' Iohannis Freeman Petri Hweson' de Thorp'
Walteri de Glentworth' et Thome Gilbertson' iuratorum.

462.   Qui dicunt super sacramentum suum quod die Lune
proximo post festum sancti Michelis anno regni regis Ricardi secundi
sexto quidam Ricardus filius Iohannis Hurt de Burton' verberauit
Thomam Clerkson' et felonice nocterno tempore infra clausum suum
apud Gaytburton' eundem conculcauit et pro mortuo ibidem reliquit
contra pacem etc. et eundem adhuc de die in diem minatur. (*Marg:*
Felonia.)

   R. son of J. H. of [Gate] Burton beat T. C. and feloniously at night in
his close at Gate Burton trampled on him and left him for dead; he daily
threatens him.
   Process of outlawry for failure to appear before the justices of the peace in
Lindsey reported as incomplete at Horncastle, 10 Dec. 1383; above, p. 122; in
exigend in the King's Bench, Trin. 1396; K. B. 541, Rex, m. 8.

463.   Item quod Hugo Mang' (vtlegatur)[1] de Stowe recessit a
seruicio Henrici Baily infra terminum suum et modo laborat et
laborauit per dietam de die in diem contra statutum et non vult
ad terminum laborare. (*Marg:* Vtlegatur.)

   H. M. (outlawed) of Stow [St Mary] left the service of H. B. before the
end of his term; he works by the day and refuses to work by the term.
   Outlawry for failure to appear before the justices of the peace in Lindsey
reported at Louth, 25 Jan. 1384; above, p. 124.

464. Item quod Willelmus Fichet de Saxelby die Veneris
proximo post festum sancti Martini anno quinto triturus in grangia
Thome Gray de Ingelby et bladium trituratum furauit precij xviij
d. et alienauit in ollis tereis et alijs vasis. (*Marg:* Felonia.)

W. F. of Saxilby stole threshed grain, price 18*d.*, from T. G. of Ingleby
and sold it in pots and other jars.

Process of outlawry for failure to appear before the justices of the peace in
Lindsey reported as incomplete at Horncastle, 10 Dec. 1383; above, pp. 122-123.

465. Item quod Walterus de Holand (vtlegatur)[1] de Burton'
traxit cultellum suum ad Willelmum Morteyn constabularium de
Burton' apud Burton' (contra pacem)[1] in festo sancti Hillarij anno
regni regis nunc sexto pro eo quod pecijt ab eo quindecinam domino
regi concessam et adhuc de die in diem aperte pro eadem causa
minatur contra pacem. (*Marg:* Vtlegatur.)

W. de H. (outlawed) of [Gate] Burton, at Burton, drew his knife against
W. M., constable of Burton, who was collecting the 15th from him; he daily
threatens him.

Outlawry for failure to appear before the justices of the peace in Lindsey
reported at Louth, 25 Jan. 1384; above, p. 124.

Marg: LUTHBURGH'

Inquisicio capta apud Lincoln' coram prefatis custodibus pacis
in festo sancte Agnetis anno regni regis Ricardi secundi sexto
[21 January 1383] per sacramentum Thome West de Vttirby Rogeri
West de Luth'burgh' Iohannis Donnay de Foterby Hugonis Catte
de Luth'burgh' Ricardi South' de Foterby Iohannis South' de eadem
Simonis Bose de Louth'burgh' Walteri de Wytheryn' de Foterby
Thome Lamb de Vtterby Walteri Est de Calthorp' Iohannis Kirkyate
de Couenham et Iohannis Squyer de Ormsby iuratorum.

466. Qui dicunt super sacramentum suum quod Iohannes
Myln' (vtlegatur)[1] de Frampton' noctanter intrauit villam de
Mukton' videlicet die Mercurij ad noctem proximo ante festum
assumpcionis beate Marie vltimo preterito anno vj[to] et ibi in quodam
crofto furtiue cepit et abduxit vnum equum Simonis de Mukton'
precij xiij s. iiij d. (*Marg:* Felonia vtlegatur.)

J. M. (outlawed) of Frampton at night, at Muckton, furtively stole a
horse, price 13*s.* 4*d.*, from S. de M.

See above no. 363.

467. Item quod Robertus Nolle de North'thoresby intrauit
campos de Foterby et ibi in festo sancti Luce ewangeliste anno
regni regis Ricardi secundi iiij[to] furtiue cepit et abduxit vnum equum
Ricardi South' de Foterby precij v s. (*Marg:* Felonia.)

R. N. of North Thoresby, at Fotherby, furtively stole a horse, price
5*s.*, from R. S. of Fotherby.

Process of outlawry for failure to appear before the justices of the peace in
Lindsey reported as incomplete at Horncastle, 10 Dec. 1383; above, p. 123; in
exigend in the King's Bench, Trin. 1396; K. B. 541, Rex, m. 8.

468. Item quod Iohannes Perenell' de Grimolby noctanter
fregit quondam stabulum Willelmi Fisch' de Grimolby videlicet die

Dominica ad noctem proximo ante festum sancte Agnetis virginis anno regni regis Ricardi secundi sexto et inde furtiue cepit et abduxit duos equos dicti Willelmi Fysch' de Grimolby precij vj marcarum. (*Marg:* Felonia.)

J. P. of Grimoldby at night broke into the stable of W. F. of Grimoldby and furtively stole 2 horses, price 6 marks, from the said W.
See above no. 369.

Marg: LINCOLN'

Inquisicio capta apud Lincoln' coram prefatis custodibus pacis die Mercurij proximo ante festum conuersionis sancti Pauli anno regni regis Ricardi secundi sexto [21 January 1383] per sacramentum Simonis de La . . . Radulphi de Bardenay Iohannis Douffe Willelmi Barkar Willelmi Newbell' Roberti Launde Henrici de Kirkby Iohannis de Netilham Iohannis Swirby Henrici de Midilton' Roberti de Wyggeslay Hugonis Hickyng' iuratorum.

469.   Qui dicunt super sacramentum suum quod Robertus de Legburn' [taliour] de Lincoln' et Margeria vxor eius et Iohannes de Gayton' taliour die Martis proximo ante festum circumcisionis domini anno regni regis Ricardi secundi vj^{to} vnam . . . precij x s. et duos equos precij dimidij marce de grangia abbatis de Kirksted apud Skampton' furtiue ceperunt et asportauerunt et sunt [communes] latroni. (*Marg:* Felonia.)

R. de L. [tailor], of Lincoln, and M. his wife, and J. de G., tailor, furtively stole a . . ., price 10s., and 2 horses, price ½ mark, from the grange of the abbot of Kirkstead at Scampton; they are common thieves.
See above no. 458.

470.   Item quod dicti Robertus Margeria et Iohannes eodem die et anno supradictis molendinum Radulphi Paynell' apud Karrelton' Paynell' vnum buscellum frumenti de dicto molendino furtuie ceperunt et asportauerunt. (*Marg:* Felonia.)

The said R., M., and J. furtively stole a bushel of grain from the mill of R. P. at South Carlton.
See above no. 458.

471.   Item quod dicti Robertus Margeria et Iohannes anno regni regis Ricardi vj^{to} ix gallinos j gallinum precij xviij d. et vnum lantarum precij iiij d. de domo Simonis Milnar de Karelton' apud Karrelton' furtuie ceperunt et asportauerunt et sunt communes latroni et quod sunt communes receptores omnium latronum. (*Marg:* Felonia.)

The said R., M., and J. furtively stole 9 gallons, price 18d. each, and a lantern, price 4d., from the house of S. M. of South Carlton, at South Carlton; they are common thieves and receivers of thieves.
See above no. 458.

472.   Item quod Ricardus Auburn' de Sudbroke die Dominica proximo ante festum sancti Iohannis baptiste anno regni regis Ricardi v^{to} vnam carettam precij xl s. apud Lincoln' in Newport de

Iohanne Grethed' irnmangar furtiue cepit et asportauit. (*Marg:* Felonia.)

R. A. of Sudbrooke furtively stole a cart, price 40s., from J. G., iron-monger, at Newport in Lincoln.

Process of outlawry for failure to appear before the justices of the peace in Lindsey reported as incomplete at Horncastle, 10 Dec. 1383; above, p. 123; in exigend in the King's Bench, Trin. 1396; K. B. 541, Rex, m. 8.

Marg: MANLE

Inquisicio capta apud Lincoln' coram prefatis iusticiarijs die Mercurij proximo ante festum conuersionis sancti Pauli anno regni regis Ricardi secundi sexto [21 January 1383] per sacramentum Thome at Brig' Iohannis de Blaktoft Willelmi de Trauby Oliueri at Halle Iohannis de Malton' Ricardi Cade Thome Fele Roberti Chaumberlayn Iohannis Baylly Hugonis de Haxhay Willelmi Fysher et Iohannis Westourby iuratorum.

473. Qui dicunt super sacramentum suum quod Robertus Brewst' de Haxhay die Lune proximo post festum sancte Katerine anno regni regis Ricardi secundi v^{to} furtiue cepit vnum barellum de allec' precij x s. apud Haxhay de Willelmo filio Roberti de eadem et asportauit. (*Marg:* Felonia.)

R. B. of Haxey furtively stole a barrel of herring, price 10s., at Haxey, from W. son of R. of Haxey.

Process of outlawry for failure to appear before the justices of the peace in Lindsey reported as incomplete at Horncastle, 10 Dec. 1383; above, p. 123; in exigend in the King's Bench, Trin. 1396; K. B. 541, Rex, m. 8.

474. Item quod Thomas Webst' de Skotton' die Lune proximo ante festum sancti Petri quod dicitur aduincula anno regni regis Ricardi vj^{to} vnum equum precij xx s. de Willelmo de Bellesby de Flixburgh' apud Flixburgh' furtiue cepit et asportauit et est communis latro et est communis receptor omnium latronum. (*Marg:* Felonia.)

T. W. of Scotton furtively stole a horse, price 20s., from W. de B. of Flixborough, at Flixborough; he is a common thief and receiver of thieves.

Process of outlawry for failure to appear before the justices of the peace in Lindsey reported as incomplete at Horncastle, 10 Dec. 1383; above, p. 123; in exigend in the King's Bench, Trin. 1396; K. B. 541, Rex, m. 8.

475. Item quod Rogerus Tallo' de Askeby die Iouis proximo post festum sancti Bartholomei apostoli anno regni regis Ricardi vj^{to} vnum bouem precij xij s. apud Kelsay de Willelmo de Heslyhg-ton' de South'kelsay furtiue cepit et asportauit et est communis latro et receptor omnium latronum. (*Marg:* Felonia.)

R. T. of Ashby furtively stole an ox, price 12s., at Kelsey, from W. de H. of South Kelsey; he is a common thief and receiver of thieves.

Process of outlawry for failure to appear before the justices of the peace in Lindsey reported as incomplete at Horncastle, 10 Dec. 1383; above, p. 123; in exigend in the King's Bench, Trin. 1396; K. B. 541, Rex, m. 8.

476. Item dicunt quod Iohannes de Dauby de Manby die Martis proximo post festum sancti Iohannis baptiste anno regni regis

Ricardi vj^{to} vnum equum precij x s. de Willelmo de Trauby de Flixburgh' apud Flixburgh' furtiue cepit et asportauit et est communis latro. (*Marg:* Felonia.)

J. de D. of Manby furtively stole a horse, price 10*s*., from W. de T. of Flixborough at Flixborough.

Process of outlawry for failure to appear before the justices of the peace in Lindsey reported as incomplete at Horncastle, 10 Dec. 1383; above, p. 123; in exigend in the King's Bench, Trin. 1396; K. B. 541, Rex, m. 8.

477.   Item dicunt quod Lucia Horstalle (vtlegatur)^1 de Halton' die Iouis proximo post festum sancti Michelis anno regni regis Ricardi vj^{to} unam peluem precij x d. de domo Iohannis filij Roberti de Halton' apud Halton' contra pacem domini regis cepit et asportauit. (*Marg:* Vtlegatur.)

L. H. (outlawed) of [West] Halton took a basin, price 10*d*., from the house of J. son of R. of Halton, at Halton.

Waiver for failure to appear before the justices of the peace in Lindsey reported at Louth, 25 Jan. 1384; above, p. 124.

478.   Item quod Iohannes (vtlegatur)^1 filius Iohannis de Rouclif de Wynterton' die Lune proximo post festum circumcisionis anno regni regis Ricardi secundi vj^{to} vbi Iohannes de Blakecoft constabularius de Wynterton venit ad illum ad colligendum taxacionem domini regis ibi dictus Iohannies fecit rescussum et wllerauit et est communis rebellis et affraiator pacis. (*Marg:* Vtlegatur.)

J. (outlawed) son of J. de R. of Winterton resisted and wounded J. de B., constable'of Winterton, tax collector; he is a rebel and an affrayer of the peace.

Outlawry for failure to appear before the justices of the peace in Lindsey reported at Louth, 25 Jan. 1384; above, p. 124.

[*m.* 19*d*.]

Marg: ASLAKH'

Inquisicio capta apud Lincoln' coram prefatis custodibus pacis die Mercurij proximo ante festum conuersionis sancti Pauli anno regni regis Ricardi secundi sexto [21 January 1383] per sacramentum Willelmi de Westfeld' de Filyngham Walteri Neuill' de Atherby Iohannis de Norton' de Snyterby Willelmi de Normanby de eadem Thome Neue de Glentham Iohannis de Fresthorp' de Ouenby Willelmi Belle de Herpeswell' Petri Cartare de eadem Willelmi Marschall' de Helmeswelle Iohannis Dawlyn de eadem Nicholai Cook de Normanby et Iohannis de Cletham de Filyngham iuratorum.

479.   Qui dicunt super sacramentum quod Iohannes de Castelford' (vtlegatur)^1 de Ingham non vult iustificari per constabularios de Ingham set est rebellis contra omnes ministros domini regis. (*Marg:* Vtlegatur.)

J. de C. (outlawed) of Ingham refuses to take the oath before the constables and is a rebel against all officers of the king.

Outlawry for failure to appear before the justices of the peace in Lindsey reported at Louth, 25 Jan. 1384; above, p. 124.

480. Item quod Iohannes de Sandale de Wadyngham die Lune proximo post festum Philipi et Iacobi anno regni regis Ricardi secundi post conquestum quinto apud Biscoppe Norton' noctanter intrauit gardinum Roberti de Cokwolde et ibidem tractauit stangnum predicti Roberti et furtiue furatus fuit diuersos pisces ad valenciam x solidorum. (*Marg:* Felonia.)

J. de S. of Wadingham at Bishop Norton, at night entered the garden of R. de C., dragged his pond, and furtively stole fish valued at 10s.

Process of outlawry for failure to appear before the justices of the peace in Lindsey reported as incomplete at Horncastle, 10 Dec. 1383; above, p. 123; in exigend in the King's Bench, Trin. 1396; K. B. 541, Rex, m. 8.

481. Item quod idem Iohannes de Sandale die Lune proximo post festum sancti Iohannis ante portam latinam anno regni regis Ricardi secundi post conquestum quinto noctanter intrauit gardinum Iohannis Frost apud Athirby et ibidem tractauit stangnum predicti Iohannis Frost et furtiue furatus fuit diuersos pisces ad valenciam vj. s. viij s. (*Marg:* Felonia.)

The said J. at night entered the garden of J. F., at Atterby, dragged his pond, and furtively stole fish valued at 6s. 8d.

See above no. 480.

482. Item dicunt quod Iohannes filius Hugonis quondam seruiens Iohannis de Fresthorp' de Ouenby die Martis proximo ante festum natalis domini anno regni regis Ricardi secundi post conquestum sexto apud Ouenby noctanter fregit cameram predicti Iohannis de Fresthorp' et furtiue furatus fuit de predicto Iohanne de Fresthorp' viginti sex solidos et viij d. (*Marg:* Felonia.)

J. son of H., former servant of J. de F. of Owmby, at Owmby, at night broke into the chamber of the said J. de F. and furtively stole 26s. 8d.

Process of outlawry for failure to appear before the justices of the peace in Lindsey reported as incomplete at Horncastle, 10 Dec. 1383; above, p. 123; in exigend in the King's Bench, Trin. 1396; K. B. 541, Rex, m. 8.

Marg: NORTH' MAGNA INQUISICIO

Inquisicio capta apud Lincoln' coram prefatis custodibus pacis die Iouis in septimana Pasche anno regni regis Ricardi secundi sexto [26 March 1383] per sacramentum Petri Brewirton' Roberti Thirnsco Ricardi Walker capitalis constabularij de Bradle Willelmi de Wrayghby Iohannis Barde Willelmi at Welle Roberti de Kidall' constabularij de Yordesb' Willelmi Daynill' Walteri de Walesby constabularij de Walscroft' Roberti Cokewold Willelmi de Cadnay capitalis constabularij de Howordsh' Rogeri de Halyngton' constabularij de Louth'burgh' iuratorum.

483. Qui dicunt super sacramentum suum quod Iohannes filius Iohannis de Lincoln' de Immyngham cum alijs die Dominica proximo post festum sancti Nicholai episcopi anno regni regis Ricardi secundi sexto noctanter apud Welesby fregerunt quamdam

domum Thome de Rothewelle et dictum Thomam furtiue depredauerunt de centum solidis in pecunia numerata. (*Marg:* Felonia.)

J. son of J. de L. of Immingham with others at night, at Weelsby, broke
into the house of T. de R. and robbed him of 100s.

Outlawry for failure to appear before the justices of the peace in Lindsey
reported at Louth, 25 Jan. 1384; above, p. 126; in exigend in the King's Bench,
Trin. 1396; K. B. 541, Rex, m. 8.

484. Item quod idem Iohannes filius Iohannis de Lincoln' cum
alijs predictis die loco et anno insultum fecerunt Thome Moyne et
ad illum sagittauerunt duas sagittas et fanilium suum contra
voluntatem abduxerunt. (*Marg:* Felonia.)

The said J. with others assaulted T. M., shot at him, and abducted his
servant.

See above no. 7. Although the notation *felonia* appears in the margin the
offence was a trespass.

485. Item quod Willelmus Mawer' dudum manens in Clee et
nunc manens in Saltflethauen' die Dominica proximo post festum
natalis domini anno supradicto sciens predictum Iohannem filium
Iohannis de Lincoln' cum alijs fecisse feloniam predictam et eos
recepit et sic est communis receptor eorum.

W. M. (outlawed), formerly living in Clee and now living in Saltfleet
Haven, received the said J. knowing he had committed this felony; he is a
common receiver of felons.

Outlawry for failure to appear before the justices of the peace in Lindsey
reported at Louth, 25 Jan. 1384; above, p. 126; to be produced before the
King's Bench, East. 1397 and subsequently; K. B. 543, Rex, m. 5d.; 544, Rex,
m. 15; 546, Rex, m. 8.

486. Item quod Iohannes de Castill' de Barton' carnir et
fleshewer die Dominica proximo ante festum exaltacionis sancte
crucis apud Barton' furtiue furatus [fuit] anno supradicto duos
equos Iohannis de Ouresby de Barton' precij quadraginta solidorum.
(*Marg:* Felonia.)

J. de C. (outlawed) of Barton [on Humber], butcher, at Barton, furtively
stole 2 horses, price 40s., from J. de O. of Barton.

Outlawry for failure to appear before the justices of the peace in Lindsey
reported at Louth, 25 Jan. 1384; above, p. 126; in exigend in the King's Bench,
Trin. 1396; K. B. 541, Rex, m. 8.

487. Item quod Iohannes Strippis de Immyngham die Iouis
in prima septimana Quadragesime anno regni regis Ricardi secundi
sexto apud Immyngham felonice interfecit Henricum Couk' de
Immyngham. (*Marg:* Felonia.)

J. S. of Immingham, at Immingham, feloniously killed H. C. of Immingham.

Outlawry for failure to appear before the justices of the peace in Lindsey
reported at Louth, 25 Jan. 1384; above, p. 126; in exigend in the King's Bench,
Trin. 1396; K. B. 541, Rex, m. 8.

Marg: LINCOLN'

Inquisicio capta apud Lincoln' coram prefatis custodibus pacis
die Iouis in septimana Pasche anno regni regis Ricardi secundi
sexto [26 March 1383] per sacramentum Walteri de Kelby Iohannis

de Outhorp' Gilberti de Beseby Thome de Horncastre Iohannis de Hudleston' Willelmi Ingle Roberti de Messynham Nicholai de Werk Iohannis de Holm' Simonis Leuelaunce Thome de Thornhagh' et Ricardi de Langton' iuratorum.

488. Qui dicunt super sacramentum suum quod Robertus de Legburn' taillour et Iohannes de Gayton' taillour die Mercurij in vigilia circumcisionis domini anno regni regis Ricardi secundi sexto apud Scampton' vnam vaccam precij x s. de Iohanne de Tumby de Scampto' furtiue ceperunt et abduxerunt. (*Marg:* Felonia.)

R. de L. and J. de G., tailors, furtively stole a cow, price 10s., at Scampton, from J. de T. of Scampton.

See above no. 458.

489. Item quod predicti Robertus de Legburn' et Iohannes de Gayton' die et anno supradictis apud Carleton' Paynell' molendinum ventriticum Radulphi Paynell' militis felonice fregerunt et quatuor saccos cum dimidio quarterio farine frumenti precij iij s. iiij d. de Alano Iowell' et alijs diuersis hominibus de Carleton' Paynell' furtiue ceperunt et asportauerunt. Et quod predictus Robertus est communis latro et receptor latronum. (*Marg:* Felonia.)

The said R. and J., at South Carlton, feloniously broke into the windmill of R. P., kt., and stole 4 sacks with ½ quarter of meal, price 3s. 4d., from A. J. and other men of Carlton; the said R. is a common thief and receiver of thieves.

See above no. 458.

490. Item quod Ricardus Olyuere taillour die Mercurij proximo ante festum sancti Botolphi anno regni regis Ricardi secundi quinto apud Lincoln' felonice interfecit Iohannem Quarrio' sporiour de Notyngham. (*Marg:* Felonia.)

R. O., tailor, at Lincoln, feloniously killed J. Q., spur maker, of Nottingham.

Outlawry for failure to appear before the justices of the peace in Lindsey reported at Louth, 25 Jan. 1384; above, p. 126; in exigend in the King's Bench, Trin. 1396; K. B. 541, Rex, m. 8.

491. Item quod Iohannes de Haddon' webster die Lune proximo post festum sancti Mathei apostoli anno regni regis Ricardi secundi quinto apud Lincoln' felonice interfecit Henricum de Brigges de Tuckesford' cum quadam sagitta precij obuli. (*Marg:* Felonia.)

J. de H., weaver, at Lincoln, feloniously killed H. de B. of Tuxford (Notts) with an arrow, price a halfpenny.

Outlawry for failure to appear before the justices of the peace in Lindsey reported at Louth, 25 Jan. 1384; above, p. 126; in exigend in the King's Bench, Trin. 1396; K. B. 541, Rex, m. 8.

Marg: LAURIZ

Inquisicio capta coram prefatis custodibus pacis apud Hospital' super Strata' die Veneris proximo post festum natiuitatis beate

Marie virginis anno regni regis Ricardi secundi septimo [11 September 1383] per sacramentum Iohannis de Whityngton' Iohannis filij Henrici de Saxilby Iohannis Gon de Carlton' Iohannis de Budon' de Carleton' Iohannis Clerk de Carlton' Rogeri Wymerkson' Iohannis Furre Roberti Breust' Willelmi de Stowe Iohannis de Ouresby Hugonis Malyn Walteri Godfray iuratorum.

492. Qui dicunt super sacramentum suum quod Iohannes Tebbe de Ryshum die Lune proximo ante festum natiuitatis sancti Iohannis baptiste anno regni regis nunc sexto apud Ryshum Walterum de Whitewelle de Ryshum felonice interfecit. (*Marg:* Felonia.)

J. T. of Riseholme, at Riseholme, feloniously killed W. de W. of Riseholme.
See above no. 53.

Marg: MANLE

Inquisicio capta apud Hospit' super Strat' coram prefatis custodibus pacis die Veneris proximo post festum natiuitatis beate Marie anno regni regis Ricardi secundi sexto[1] [11 September 1383] per sacramentum Willelmi filij Ricardi Iohannis de Blaktoft Ricardi Cade Iohannis de Malton' Thome Neel Ricardi Howson' Iohannis Bristymbir Iohannis Coke Willelmi filij Alani Iohannis de Gamerby Iohannis Wright Iohannis de Maldon' iuratorum.

493. Qui dicunt super sacramentum suum quod Thomas seruiens Roberti Russell' de de Wynterton' die Lune proximo post festum corpus Christi anno regni regis Ricardi secundi sexto quinque bidentes Willelmi Fouler de Borghton' apud Borghton' furtiue cepit et asportauit et est communis latro. (*Marg:* Felonia.)

T., servant of R. R. of Winterton, furtively stole 5 sheep from W. F. of Broughton, at Broughton; he is a common thief.
Outlawry for failure to appear before the justices of the peace in Lindsey reported at Lincoln, 18 Dec. 1385; above, p. 128; in exigend in the King's Bench, Trin. 1396; K. B. 541, Rex, m. 8.

494. Item quod Iohannes Mody de Skalby die Lune proximo post festum sancti Iohannis baptiste anno regni regis Ricardi secundi sexto Ricardum filium Willelmi de Skalby apud Skalby felonice ipsum interfecit. (*Marg:* Felonia.)

J. M. of Scawby feloniously killed R. son of W. of Scawby, at Scawby.
Outlawry for failure to appear before the justices of the peace in Lindsey reported at Lincoln, 18 Dec. 1385; above, p. 128; in exigend in the King's Bench, Trin. 1396; K. B. 541, Rex, m. 8.

495. Item dicunt quod Henricus Pegard de Thelby et Iohannes de Whighton' seruiens vicarij ecclesie de Burton' die Martis in festo natiuitatis beate Marie anno regni regis Ricardi secundi septimo Ricardum Taskar de Burton' in campis de Borton' felonice

[1] Read *septimo*. The dates of the cases which follow indicate that *sexto* is an error.

interfecerunt et bona et catalla ipsius Ricardi asportauerunt.
(*Marg:* Felonia.)

H. P. of Thealby and J. de W., servant of the vicar of Burton [upon
Stather], feloniously killed and robbed R. T. of Burton, at Burton.

Both, outlawry for failure to appear before the justices of the peace in Lindsey
reported at Lincoln, 18 Dec. 1385; above, p. 128; in exigend in the King's
Bench, Trin. 1396; K. B. 541, Rex, m. 8.

Marg: COR'

Inquisicio capta apud Hospit' super Strat' coram prefatis
custodibus pacis die Veneris proximo post festum natiuitatis beate
Marie virginis anno regni regis Ricardi secundi septimo [11 September 1383] per sacramentum Willelmi de Duffeld' de Gaynesburgh'
Iohannis Skidgate de eadem Iohannis Hono' de Northorp' Radulphi
Laurance de Grayngham Iohannis Palm' de Hepham Thome
Haryell' de Kirkton' Iohannis Traue de eadem Roberti filij Ricardi
de Aseby Roberti Laundelles de Lee Willelmi Tetford' de eadem Ade
filij Roberti de Walleret Radulphi Wilkynson de eadem iuratorum.

496. Qui dicunt super sacramentum suum quod die Lune
proximo post festum aduincula sancti Petri anno regni regis Ricardi
secundi septimo apud Gaynesburgh' Iohannes Rusche de Coutyngham furatus fuit quoddam colobium Isabelle Pikhowe de Gaynesburgh' precij ij s. vj d. et felonice asportauit. (*Marg:* Felonia.)

J. R. of Coutyngham feloniously stole a tunic, price 2s. 6d., from I. P.
of Gainsborough.

Outlawry for failure to appear before the justices of the peace in Lindsey
reported at Lincoln, 18 Dec. 1395; above, p. 128; in exigend in the King's
Bench, Trin. 1396; K. B. 541, Rex, m. 8.

497. Item dicunt quod die Lune proximo post festum sancti
Laurencij anno regni regis Ricardi secundi supradicto apud Gaynesburgh' Iohannes seruiens Iohannis Feryman de eadem furatus fuit
vnam patellam precij vj d. et felonice asportauit. (*Marg:* Felonia.)

J., servant of J. F. of Gainsborough, at Gainsborough, feloniously stole
a spoon, price 6d.

Outlawry for failure to appear before the justices of the peace in Lindsey
reported at Lincoln, 18 Dec. 1385; above, p. 128; in exigend in the King's
Bench, Trin. 1396; K. B. 541, Rex, m. 8.

Marg: BRADLE

Inquisicio capta apud Castre die Sabbati proximo post festum
natiuitatis beate Marie virginis anno regni regis Ricardi secundi
septimo [12 September 1383] per sacramentum Petri filij Roberti
de Parua Cotes Ricardi Brand de Welesby Roberti de Fenby de
Bradle Walteri Clerk de Scarthowe Iohannis Talifer de Layceby
Roberti Nefe de eadem Iohannis Est de Scarthowe Roberti de
Tiryngton' de Irby Willelmi Reuill' de Tetnay Willelmi de Fenby
de Houton Henrici de Grene de Irby Roberti Curtays de Itterby
iuratorum.

498. Qui dicunt super sacramentum suum quod Robertus
Shortred de Humberstan die Dominica proximo post festum

M

assumpcionis beate Marie virginis anno regni regis Ricardi secundi
septimo apud Humberstan furtiue furatus fuit vnam marcam in
pecunia numerata. (*Marg:* Felonia.)

R. S. of Humberstone, at Humberstone, furtively stole 1 mark.

Outlawry for failure to appear before the justices of the peace in Lindsey
reported at Lincoln, 18 Dec. 1395; above, p. 128; in exigend in the King's
Bench, Trin. 1396; K. B. 541, Rex, m. 8.

Marg: NORTHR' MAGNA INQUISICIO

Inquisicio capta apud Castre coram prefatis custodibus pacis die
Sabbati proximo ante festum exaltacionis sancte crucis anno regni
regis Ricardi secundi septimo [12 September 1383] per sacramentum
Willelmi de Garton' Petri Breton' Willelmi de Wrauby Willelmi
at Welle Roberti de Thirnsco Willelmi Daynyll' Roberti de Cokewold
Walteri de Walesby Iohannis Galay de Foulestowe Iohannis de
Ormesby Iohannis Coke de Couenham Iohannis Barde de Kelsay
iuratorum.

499.   Qui dicunt super sacramentum suum quod Robertus
Wright de Lincoln' dudum seruiens Thome de Banham de Lincoln'
apud Estrasen' die Dominica proximo ante festum natiuitatis beate
Marie virginis anno regni regis Ricardi secundi septimo apud
Estrasen' domum Willelmi Taillo' de Estrasen noctanter fregit et
clausum ipsius Willelmi contra voluntatem suam intrauit et ibidem
Agnetem vxorem ipsius Willelmi in lecto suo dormientem disturbauit
et tales minas mortis ei imposuit per quod eadem Agnes sensum
suum fere amittebat. (*Marg:* Transgressio.)

R. W. of Lincoln, former servant of T. de B. of Lincoln, at Market Rasen,
at night broke into the house and close of W. T. of Market Rasen, disturbed
his wife A. who was asleep, and threatened her with death so that she nearly
lost her mind.

See above no. 14.

Marg: YORDESB'

Inquisicio capta apud Castr' coram prefatis custodibus (pacis)[1]
die Sabbati proximo post festum natiuitatis beate Marie virginis
anno regni regis Ricardi secundi septimo [12 September 1383] per
sacramentum Thome filij Alani de Barowe Iohannis de Bokeryng
de eadem Thome de Holbec de Wrawby Walteri Hert Hugonis at
Halle Ricardi de Humbulton' Iohannis de Neuton' Willelmi Screuen
Iohannis Brounalanson' de Gousill' Willelmi de Lymbergh' Iohannis
de Thorp' de Bekeby et Henrici de Thorp' de Thorp' iuratorum.

500.   Qui dicunt super sacramentum suum quod Iohannes
Mower de Croxton' in vigilia sancti Laurencij anno supradicto
domum Hawisie Coslynwif taliour apud Croxton felonice fregit et
eam rapuit et violauit.

J. M. of Croxton broke into the house of H. C., tailor, at Croxton, and
raped her.

Outlawry for failure to appear before the justices of the peace in Lindsey
reported at Lincoln, 18 Dec. 1385; above, p. 128; in exigend in the King's
Bench, Trin. 1396; K. B. 541, Rex, m. 8.

501. Item quod Iohannes Racy de Halton' receptauit Willelmum Taskar apud Halton' sciens ipsum felonice furatus fuisse vnum equum de abbate de Neusum precij xviij s. et alium equum Willelmo Calf precij xiij s. iiij d. et est communis latro.

J. R. of [East] Halton received W. T. at Halton, knowing he had feloniously stolen a horse, price 18s, from the abbot of Newsham and another, price 13s. 4d., from W. C.; he is a common thief.

Outlawry for failure to appear before the justices of the peace in Lindsey reported at Lincoln, 18 Dec. 1385; above, p. 127; to be produced before the King's Bench, East. 1397 and subsequently; K. B. 543, Rex, m. 5d.; 544, Rex, m. 15; 546, Rex, m. 8.

[*m.* 20 *sewn on m.* 19*d. at* LINCOLN']

WESTR'

Inquisicio capta apud Lincoln' coram prefatis custodibus die Iouis in septimana Pasche anno regni regis Ricardi secundi sexto [26 March 1383] per sacramentum Willelmi Hales coronatoris domini regis Ricardi Daynyll' Thome Moigne Oliueri at Halle Walteri Neuyll' Willelmi de Westfeld Iohannis Frost Willelmi Dalison' Hugonis de Burton' Iohannis West de Carlton' Thome de Asthorp' Iohannis de Coryngham de Vpton' iuratorum.

502. Qui dicunt super sacramentum suum quod Ricardus Warde de Riland die Dominica proximo post festum sancti Iacobi apostoli anno regni regis [Ricardi] secundi quinto apud Ryland' Iohannem Warde de Ryland' felonice per murdrum noctanter interfecit.

R. W. of Ryland, at Ryland, feloniously killed J. W. of Ryland at night. In exigend in the King's Bench, Trin. 1396; K. B. 541, Rex, m. 8.

[*m.* 21 *old numbering* xix]

NORTHR'   WESTR'

Placita et indictamenta coram Iohanne rege Castelle et Legionis duce Lancastr' Roberto de Wylughby Philipo Darcy Radulpho de Crombwelle Willelmo de Skipwyth' Roberto Haule Thome de Kydale Willelmo de Burgh' Iohanne de Hawe et Nicholao Hatclif' iusticiarijs domini regis Ricardi secundi (post conquestum Anglie)[1] ad felonias transgressiones audiendas et terminandas necnon ad statuta eiusdem domini regis apud Wynton' North' et Westm' de laborarijs edita conseruanda in partibus de Lyndesey in comitatu Lincoln' tam infra libertates quam extra assignatis per commissionem eiusdem domini regis cuius datum est apud Westm' xxvj^{to} die Maij anno regni eiusdem domini regis tercio [1380] et coram Radulpho Paynell' dictis iusticiarijs associato.

Marg: LINCOLN'
Marg: YORDESBURGH'

Inquisicio capta coram prefatis custodibus pacis in partibus de Lyndeseye apud Castr' die Sabbati proximo post festum

conuersionis sancti Pauli anno regni regis Ricardi secundi quarto [26
January 1381] per sacramentum Willelmi at Welle de Kelyngholm'
Iohannis de Pekiryng de Barowe Iohannis Balie de Kirnyngton'
Henrici de Seton' de Barton' Hugonis at Halle de Keelby Willelmi
de Keelby Roberti de Grene de Ponte Iohannis de Houton' de Castr'
Iohannis Wale de Barowe Roberti Ra de Vlceby Iohannis de Neuton'
de Stalyngburgh' Roberti Laurence de Barowe et Thome Wrauby
de Barton' iuratorum.

503. Qui dicunt super sacramentum suum quod Iohannes
filius Thome Smyth' de Elsham et Thomas de Sutton' de Derwent
nuper seruiens Roberti de Beuerlaco de Elsham die Lune proximo
post festum epiphanie domini anno regni regis Ricardi secundi
quarto felonice depredauerunt Iohannem Bakist' et Ricardum
Bakist' et Willelmum Miln' apud Elsham de duobus colobrijs
precij dimidij marce de xv s. de pecunia numerata. (*Marg :*
Felonia.)

J. son of T. S. of Elsham and T. de S. of [Sutton upon] Derwent (Yorks),
former servant of R. de B. of Elsham, feloniously robbed 3 men, at Elsham,
of 2 tunics, price ½ mark, and 15s.

Both, outlawry for failure to appear before the justices of the peace in Lindsey
reported at Lincoln, 23 Sept. 1383 ; above, p. 118; in exigend in the King's
Bench, Trin. 1396 ; K. B. 541, Rex, m. 8.

504. Item dicunt quod Isabella filia Willelmi de Dou' de
Wolriby die Dominica proximo post festum sancti Michelis archangeli
anno regni regis Ricardi secundi quarto furata fuit apud Wolriby
quinque vellera lane de Roberto Scotte precij iij s. (*Marg:*
Felonia.)

I. daughter of W. de D. of Worlaby, at Worlaby, stole 5 sheep pelts,
price 3s., from R. S.

Waiver for failure to appear before the justices of the peace in Lindsey reported
at Lincoln, 23 Sept. 1383 ; above, p. 118 ; in exigend in the King's Bench, Trin.
1396 ; K. B. 541, Rex, m. 8.

505. Item quod Iohanna de Bekeby (vtlegatur)[1] dudum
seruiens Willelmi de Kirnyngton conducta fuit ad seruiendum dicto
Willelmo in officio inwomman a festo sancti Martini in yeme anno
regni regis Ricardi secundi tercio vsque idem festum et die Mercurij
proximo ante festum predictum recessit a seruicio predicti Willelmi
contra voluntatem suam et statutum domini regis. (*Marg:*
Vtlegatur.)

J. de B. (outlawed), former servant of W. de K., was hired to serve
him as indoor servant for a year but left his service.

Waiver for failure to appear before the justices of the peace in Lindsey reported
at Lincoln, 23 Sept. 1383 ; above, p. 116.

506. Item presentant quod Agnes Lang (vtlegatur)[1] de
Kyrnyngton' vacabunda die Lune in festo sancti Petri quod dicitur
aduincula requisita fuit per Iohannem Balie constabularium villate
de Kirnyngton' ad seruiendum Willelmo de Kirnyngton' apud

Kirnyngton' in officio garthwoman et dicta Agnes recusauit seruire dicto Willelmo contra statutum domini regis. (*Marg:* Vtlegatur.)

A. L. (outlawed) of Kirmington, vagrant, was ordered by J. B., constable of Kirmington, to serve W. de K. at Kirmington as garthwoman but she refused to serve.

Waiver for failure to appear before the justices of the peace in Lindsey reported at Lincoln, 23 Sept. 1383; above, p. 116.

507. Item quod Willelmus Brette die Iouis proximo post festum sancti Martini in yeme anno regni regis Ricardi secundi quarto optulit seruicium Willelmo Myln' vacabundo ad seruiendum ei in officio carucarij et carectarij apud Bondeby sicut solebat seruire et dictus Willelmus recusauit in contemptum domini regis.

W. B. hired W. M., vagrant, to serve him as ploughman and carter as W. ought to serve but he refused.

M. W., outlawry for failure to appear before the justices of the peace in Lindsey reported at Lincoln, 23 Sept. 1383; above, p. 116.

Marg: YORDESBURGH'

Inquisicio capta coram prefatis custodibus pacis die Iouis in prima septimana xle^a (apud Castr')[1] anno regni regis Ricardi secundi quarto [7 March 1381] per sacramentum Willelmi at Welle Roberti othe Hill' Iohannis Comyn Iohannis Cokhed Iohannis filij Ricardi de Vlceby Willelmi filij Willelmi de Keelby Roberti Ra de Vlseby Willelmi Alderby de Vlceby Iohannis Sothiby de Croxston' Roberti de Grene de Gloumfordbrig Iohannis filij Gilberti de Kirnyngton' Iohannis filij Ricardi de Kylyngholm' iuratorum.

508. Qui dicunt quod Iohannes de Swalowe (vtlegatur)[1] de Haburgh' Willelmus Man (vtlegatur)[1] de Haburgh' et alij sunt communes carnifices hoc anno supradicto apud Lymbergh' et Castr' quilibet eorum emit diuersos boues vaccas et porcos pro communi precio de Ricardo de Hedon' et quilibet eorum apud Lymbergh' et Castre anno supradicto vendidit Iohanni Hull' et alijs carnem bouinum ad excessiuum lucrum et quilibet eorum cepit in excessu dimidij marce. (*Marg:* Vtlegantur.)

J. de S. (outlawed) and W. M. (outlawed), both of Habrough, and others are common butchers at Limber and Caistor; they bought oxen, cows, and pigs at the regular price from R. de H. and sold the meat to J. H. and others at an excessive price, each of them taking ½ mark in excess.

Both, outlawry for failure to appear before the justices of the peace in Lindsey reported at Lincoln, 23 Sept. 1383; above, p. 116.

509. Item dicunt quod Iohannes Port' de Barton' die Sabbati proximo post festum sancti Petri in cathedra anno regni regis Ricardi secundi quarto apud Barton' Iohannem de Wynterton' felonice interfecit. (*Marg:* Felonia.)

J. P. of Barton [on Humber], feloniously killed J. de W. at Barton. See below no. 510.

510. Item dicunt quod predictus Iohannes de Wynterton' predictis die et loco predictum Iohannem Port' de Barton' felonice

interfecit et statim post feloniam illam factam predictus Iohannes
de Wynterton' fugijt ad ecclesiam beate Marie de Barto' et ibidem
nocte proxima post predictum diem Sabbati incontinenter obijt.
(*Marg:* Felonia.)

The said J. de W. feloniously killed the said J. P. and immediately fled
to the church of St Mary at Barton [on Humber] and there died the next night.
See above, no. 509.

Marg: LAURIZ

Inquisicio capta apud Kirkton' coram prefatis custodibus pacis
die Iouis proximo post festum purificacionis beate Marie anno regni
regis Ricardi secundi quarto [7 February 1381] per sacramentum
Iohannis Neuyll' de Faldyngworth' Iohannis Furry de eadem
Hugonis Chery de Langwath' Iohannis Henrison' de Saxilby Iohannis
de Wytyngto' de Thorp' Thome Symson' de eadem Iohannis de
Kelfeld de Torkesay Willelmi Littest' de eadem Iohannis de Gayton'
Rogeri Forst' de Holm' Rogeri filij Wymercy de Burton' et Roberti
Coup' de Rysom' iuratorum.

511. Qui dicunt super sacramentum suum quod Iohannes
Sergeant (vtlegatur)[1] dudum seruiens prioris de Torkesay die
Dominica proximo post festum sancti Martini in yeme anno regni
regis Ricardi secundi quarto furtiue furatus fuit apud Torkesay
vnum equum precij xiij s. iiij. d. de priore de Torkesay. (*Marg:*
Felonia vtlegatur.)

J. S. (outlawed), former servant of the prior of Torksey, at Torksey,
furtively stole a horse, price 13s. 4d., from the prior of Torksey.

Outlawry for failure to appear before the justices of the peace in Lindsey reported at Lincoln, 23 Sept. 1383; above, p. 118.

512. Item quod Iohannes Neuyll' de Snartford balliuus domini
regis in wappentacio de Lauriz die Dominica proximo post festum
circumcisionis domini anno regni regis Ricardi secundi quarto venit
apud Riland cum waranto Thome de Thymylby vicecomitis Lincoln'
ad capiendum Willelmum Sparowe de Wykynby virtute breuis
domini regis et ibidem Iohannes filius Roberti de Riland die anno
et loco supradictis vi et armis cum alijs rescussum fecit dicto Iohanne
balliuo in contemptum legum domini regis et contra pacem.

J. N. of Snarford, bailiff of Lawress, came to Ryland with a warrant
from T. de T., sheriff of Lincolnshire, to arrest W. S. of Winceby but J. son
of R. of Ryland resisted him.

J. son of R. made a fine before the justices of the peace in Lindsey at Lincoln,
23 Sept. 1383; above, p. 118; to be produced before the King's Bench, Hil.,
Trin. 1397; K. B. 542, Rex, m. 21d.; 544, Rex, m. 17; in exigend in the King's
Bench, Trin. 1397; *ibid.*, 545, Rex, m. 3.

Marg: CORYNGHAM

Inquisicio capta apud Kirkton' in Lyndesay coram prefatis
custodibus pacis die Iouis proximo post festum purificacionis beate
Marie virginis anno regni regis Ricardi secundi quarto [7 February
1381] per sacramentum Roberti de Stokheth' Radulphi Laurence
Roberti filij Rogeri Thome Heriell' Iohannis Herman Iohannis

Slake Willelmi atte Beke Nicholai at Halle Adam filij Willelmi Iohannis Allot Roberti Gerard' et Iohannis Daysyn iuratorum.

513. Qui dicunt super sacramentum suum quod Iohannes Rascall' (vtlegatur)[1] de Magna Coryngham felonice interfecit Iohannem Lake de Aseby apud Magnam Coryngham die Lune in vigilia natalis domini anno regni regis Ricardi secundi quarto. (*Marg:* Felonia vtlegatur.)

J. R. (outlawed) of Great Corringham feloniously killed J. L. of Aisby, at Great Corringham.

Outlawry for failure to appear before the justices of the peace in Lindsey reported at Lincoln, 23 Sept. 1383; above, p. 118.

Marg: WELLE

Inquisicio capta apud Kirkton' predictam coram prefatis iusticiarijs die et anno supradictis [7 February 1381] per sacramentum Iohannis filij Edmundi de Vpto' Galfridi Smyth' de eadem Iohannis Pirt de Kelsay Thome West Iohannis Frema' Thome Coup' Willelmi Graunt de Stowe Willelmi filij Iohannis de Braunesby Willelmi Demyle de Herdwyk Thome de Mathersay Iohannis de Somerby Simonis Warde de Knayth' iuratorum.

514. Qui dicunt super sacramentum suum quod Iohannes Whatson' (vtlegatur)[1] de Spridlyngton' qui conductus fuit ad deseruiendum Iohanni de Coryngham de Vpton' apud Vpto' a festo sancti Martini in yeme anno regni regis nunc quarto vsque ad idem festum proximum sequens in officio carucarij fugijt extra seruicium dicti Iohannis de Coryngham die Lune proximo post festum sancti Nicholai episcopi anno supradicto apud Vpton' contra statutum domini regis etc. (*Marg:* Vtlegatur.)

J. W. (outlawed) of Spridlington who was hired to serve J. de C. of Upton, at Upton, for a year as ploughman left his service.

Outlawry for failure to appear before the justices of the peace in Lindsey reported at Lincoln, 23 Sept. 1383; above, p. 116.

515. Item dicunt quod Alanus (vtlegatur)[1] filius Iohannis de Ingelby die Lune proximo post festum sancte Margarete virginis anno regni regis Ricardi secundi quarto apud Marton' vnum equum Iohannis del Ile precij vij s. felonice furatus fuit et abduxit etc. (*Marg:* Felonia vtlegatur.)

A. (outlawed) son of J. of Ingleby, at Marton, feloniously stole a horse, price 7s., from J. del I.

Outlawry for failure to appear before the justices of the peace in Lindsey reported at Lincoln, 23 Sept. 1383; above, p. 118.

Marg: MANLE

Inquisicio capta apud Kirkton' predictam coram prefatis custodibus pacis die et anno supradictis [7 February 1381] per sacramentum Iohannis de Blaktoft Nicholai Tob Ricardi Baker Willelmi de Trauby Hugonis Vaus Willelmi filij Ricardi Stephani de Holm' Ricardi filij Willelmi Willelmi Ballok Iohannis de Sudbroke Iohannis filij Ade et Willelmi Moubray iuratorum.

516. Qui dicunt super sacramentum suum quod Iohanna (vtlegatur)[1] filia Iohannis Theker de Stretton' die Lune proximo post festum sancti Michelis anno regni regis Ricardi secundi post conquestum quarto venit in ortum Thome Clarke de Bergton' et ibi furtiue cepit vnum linthiamen de predicto Thome precij viij d. (*Marg:* Felonia   wayuiatur.)

J. (outlawed) daughter of J. T. of Sturton came to the garden of T. C. of Broughton and furtively stole a sheet, price 8*d*.

Waiver for failure to appear before the justices of the peace in Lindsey reported at Lincoln, 23 Sept. 1383 ; above, p. 118.

517. Item dicunt quod Henricus Turnbull' (vtlegatur)[1] de Askeby die Iouis proximo post festum omnium sanctorum anno regni regis Ricardi secundi post conquestum quarto Iohannem Loudyan de Casthorp' apud Casthorp' felonice eum interfecit. (*Marg:* Felonia   vtlegatur.)

H. T. (outlawed) of Ashby feloniously killed J. L. of Castlethorpe, at Castlethorpe.

Outlawry for failure to appear before the justices of the peace in Lindsey reported at Lincoln, 23 Sept. 1383; above, p. 118.

518. Item dicunt quod Iohannes Duffeld (vtlegatur)[1] de Berghton' die Dominica proximo post festum sancti Nicholai anno regni regis Ricardi secundi quarto Iohannem de Lancastre de Berghton' apud Berghton' eum felonice interfecit. (*Marg:* Felonia vtlegatur.)

J. D. (outlawed) of Broughton feloniously killed J. de L. of Broughton, at Broughton.

Outlawry for failure to appear before the justices of the peace in Lindsey reported at Lincoln, 23 Sept. 1383 ; above, p. 118.

519. Item dicunt quod Galfridus (vtlegatur)[1] seruiens Iohannis de Midilton' rectoris ecclesie de Berghton' die Mercurij proximo ante festum purificacionis beate Marie anno regni regis Ricardi secundi quarto tres bidentes precij iij s. de predicto Iohanne de Midilton' apud Berghton' furtiue cepit et est communis latro. (*Marg:* Felonia   vtlegatur.)

G. (outlawed), servant of J. de M., rector of Broughton, furtively stole 3 sheep, price 3*s*., from the said J. at Broughton.

Outlawry for failure to appear before the justices of the peace in Lindsey reported at Lincoln, 23 Sept. 1383; above, p. 118.

520. Item dicunt quod Willelmus de Wakefeld' (vtlegatur)[1] clerk de Amcotes die Iouis proximo post festum sancti Michelis anno regni regis Ricardi secundi quarto venit in ortum Wacelyn apud Amcotes et ibi cepit quatuor gallinas precij vj d. et furtiue asportauit de dicto Roberto et est communis latro. (*Marg:* Felonia vtlegatur.)

W. de W. (outlawed), clerk of Amcotts, entered the garden of R. W. at Amcotts and furtively stole 4 chickens, price 6*d*. ; he is a common thief.

Outlawry for failure to appear before the justices of the peace in Lindsey reported at Lincoln, 23 Sept. 1383; above, p. 118.

521.   Item dicunt quod Alicia Talio' (vtlegatur)[1] de Epworth'
venit in domum Willelmi Coke de eadem die Iouis proximo ante
festum purificacionis beate Marie anno regni regis Ricardi secundi
quarto et ibi furtiue cepit vnum bussellum fabarum precij vj d.
(*Marg:* Felonia wayuiatur.)
A. T. (outlawed) of Epworth furtively stole a bushel of beans, price
6*d.*, from the house of W. C. of Epworth.
Waiver for failure to appear before the justices of the peace in Lindsey reported
at Lincoln, 23 Sept. 1383; above, p. 118.

Marg: MANLE

Inquisicio capta apud Burton' o the Hille coram prefatis
custodibus pacis die Iouis proximo post festum annunciacionis
beate Marie anno regni regis Ricardi secundi quarto [28 March
1381] per sacramentum Iohannis de Grabe Nicholai Tob Willelmi
Hobard Roberti Mowe Iohannis Fyan Iohannis Birstymb' Hugonis
Vaus Willelmi filij Ricardi Thome Wylicole Rogeri Kemms Iohannis
Westiby Ricardi Cade.

522.   Qui dicunt super [sacramentum] suum quod Matillis
Drake (vtlegatur)[1] de Hibaldstowe die Lune proximo post festum
sancti Martini in yeme anno regni regis Ricardi secundi tercio
venit in ortum Iohannis filij Nicholai de Scalby in Scalby et ibi
cepit j buscellum ordei precij x d. contra pacem domini regis.
(*Marg:* Wayuiatur.)
M. D. (outlawed) of Hibaldstow took a bushel of barley, price 10*d.*,
from the garden of J. son of N. of Scawby, at Scawby.
Waiver for failure to appear before the justices of the peace in Lindsey as
both a felon and a trespasser reported at Lincoln, 23 Sept. 1383; above, pp. 115,
118; no indictment for felony appears on this roll.

523.   Item quod Robertus de Weytlay (vtlegatur)[1] vbi conductus fuit ad seruiendum Radulpho de Brunham in officio carectarij
a festo sancti Martini in yeme anno regni regis Ricardi secundi tercio
vsque idem festum tunc proximum sequens apud Burnham ab
officio suo contra statutum se abstraxit die Lune proximo post
festum sancti Michelis anno supradicto per noctem ad dampnum
dicti Radulpho xx s.   (*Marg:* Vtlegatur.)
R. de W. (outlawed), hired to serve R. de B. as carter for a year, left
this service before the end of the term; damages to R. de B., 20*s.*
Outlawry for failure to appear before the justices of the peace in Lindsey
reported at Lincoln, 23 Sept. 1383; above, p. 116.

Marg: ASLAK'

Inquisicio capta coram prefatis custodibus pacis apud Kirkton'
in Lyndesey die Iouis proximo post festum purificacionis beate
Marie virginis anno regni regis Ricardi secundi post conquestum
quarto [7 February 1381] per sacramentum Iohannis de Hothu'
de Ouonby Iohannis Hanay de Herpeswell' Willelmi Belle de eadem
Rogeri Bungre de Norton' Willelmi Fraunceys de Wylughton'
Nicholai Cook de Normanby Roberti Sothiby de Saxby Willelmi

Roloure de Glentworth' Willelmi Lily de Spridlyngto' Iohannis de
Croft de Glentham Iohannis Dalige de Atherby et Petri Hedon' de
Normanby iuratorum.

524.   Qui dicunt super sacramentum suum quod Willelmus
(vtlegatur)[1] seruiens Thome Taylur' de Filyngham conductus fuit
cum predicto Thoma ad seruiendum ei in officio carucarij et carectarij
a festo sancti Martini anno regni regis Ricardi secundi quarto
vsque idem festum proximum sequens apud Filyngham secundum
ordinacionem statuti et die Mercurij proximo ante festum purificacionis beate Marie proximum sequens exiuit seruicium dicti
Thome contra statutum etc.   (*Marg:* Vtlegatur.)

W. (outlawed), servant of T. T. of Fillingham, was hired to serve the
said T. as ploughman and carter for a year, but he left this service before the
end of his term.

Outlawry for failure to appear before the justices of the peace in Lindsey
reported at Lincoln, 23 Sept. 1383; above, p. 116.

525.   Item dicunt quod Iohannes (vtlegatur)[1] filius Henrici de
Wykam de Glentham atachiatus fuit per constabularios villate de
Glentham ad seruiendum Iohanni Tornay de Cauenby in officio
carucarij et carectarij apud Cauenby quia inuentus fuit vacabundus
et sic fuit in seruicio dicti Iohannis Tornay per duos dies et die Iouis
proximo ante festum purificacionis beate Marie anno regni regis
nunc quarto exiuit extra seruicium dicti Iohannis contra statutum
in contemptum domini regis etc.   (*Marg:* Vtlegatur.)

J. (outlawed) son of H. de W. of Glentham was assigned by the constables
of Glentham to serve J. T. of Caenby as ploughman and carter at Caenby
because he was a vagrant; he remained in this service for 2 days and then
left.

Outlawry for failure to appear before the justices of the peace in Lindsey
reported at Lincoln, 23 Sept. 1383; above, p. 116.

Marg: ASLAK'

Inquisicio capta apud Kirkton' in Lyndesaye die Martis proximo
post festum sancti Ceadde anno regni regis Ricardi secundi post
conquestum quarto [7 March 1381] coram prefatis custodibus pacis
per sacramentum Willelmi Westfeld de Filyngham Iohannis de
Norton' de Snyterby Iohannis Douyland de Bliburgh' Iohannis
Hannay de Herpiswlle Willelmi de Wyhu' de Glentham Thome de
Euerthorp' de Glentworth' Willelmi Marscall' de Helmeswelle
Ricardi Portar de Filyngham Nicholai Cook de Normanby Iohannis
de Fresthorp' de Ouenby Iohannis de Hothu' de eadem Willelmi
Cook de Ingham et Walteri Neuylle de Athirby iuratorum.

526.   Qui dicunt super sacramentum suum quod Robertus
(vtlegatur)[1] filius Iohannis de Coms de Melton' Roos die Mercurij
proximo post festum epiphanie domini anno regni regis Ricardi
secundi post conquestum quarto noctanter venit apud Glentham
cum alijs hominibus ignotis et ibidem ipse et alij vi et armis fregerunt
domum Thome Neue de Glentham et predictum Thomam cum eis

abduxerunt a comitatu Lincoln' in comitatum Eboraci et ipsum interficere minati fuerunt nisi eis deliberaret quemdam mulierem vocatam Margariam filiam Philipi of the More de Elsam' et contra pacem. (*Marg:* Vtlegatur.)

R. (outlawed) son of J. de C. of Melton Ross with others unknown at night at Glentham forcibly broke into the house of T. N. of Glentham, abducted him to Yorkshire, and threatened to kill him unless he released to them M. daughter of P. of the M. of Elsham.

Outlawry for failure to appear before the justices of the peace in Lindsey reported at Lincoln, 23 Sept. 1383; above, p. 116.

[*m.* 21*d.*]

Marg: WALSHCROFT

Inquisicio capta coram prefatis custodibus pacis apud Castre die Mercurij in prima septimana xle^a anno regni regis Ricardi secundi quarto [6 March 1381] per sacramentum Willelmi Deynill' Walteri filij Simonis de Walesby Willelmi Gauf de Rasyn Willelmi Marschall' de Teuylby Ricardi Walker de eadem Iohannis Lang de Media Rasyn Iohannis de Halyngton' de Osgodby Iohannis de Kelby de Irford Iohannis at See de Ouresby Thome Warde de Otteby Iohannis de Driby de Toft Iohannis filij Roberti de Westrasyn iuratorum.

527. Qui dicunt super sacramentum suum quod Iohannes (vtlegatur)[1] filius Iohannis de Lenne de Thorton' in Mora die Lune proximo post festum sancti Michelis archangeli anno regni regis Ricardi secundi primo furtiue furatus fuit vnum vtenlum precij duodecim denariorum de Hugone Fole apud Thornton'. (*Marg:* Felonia   vtlegatur.)

J. (outlawed) son of J. de L. of Thornton le Moor furtively stole a utensil, price 12*d.*, from H. F. at Thornton.

Outlawry for failure to appear before the justices of the peace in Lindsey reported at Lincoln, 23 Sept. 1383; above, p. 118.

528. Item quod Iohannes Lenne (vtlegatur)[1] de Thornton' in Mora die loco et anno supradictis fuit presens et consenciens ad predictam feloniam. (*Marg:* Felonia vtlegatur.)

J. L. (outlawed) of Thornton le Moor was present at this felony.

No record of when this outlawry was pronounced has been found.

529. Item dicunt quod Willelmus Scropp' (vtlegatur)[1] de Teuylby die Iouis proximo ante festum sancti Petri in cathedra anno regni regis Ricardi secundi quarto apud Teuylby furtiue furatus fuit de priore de Sixhill' dimidium quarterium ordei precij x d. (*Marg:* Felonia   vtlegatur.)

W. S. (outlawed) of Tealby, at Tealby, furtively stole ½ quarter of barley, price 10*d.*, from the prior of Sixle.

See above no. 447.

530. Item dicunt quod Thomas Charnell' (vtlegatur)[1] de Thornton' conductus fuit ad seruiendum Willelmo de Oyuill' in officio carucarij et carectarij apud Thornton' a festo sancti Martini in yeme anno regni regis Ricardi secundi quarto vsque idem festum

proximum sequens et die Iouis proximo ante festum purificacionis
beate Marie anno supradicto recessit a seruicio predicti Willelmi
contra voluntatem suam et statutum domini regis. (*Marg:*
Vtlegatur.)

T. C. (outlawed) of Thornton [le Moor] was hired to serve W. de O. as
ploughman and carter for a year but he left this service.

Outlawry for failure to appear before the justices of the peace in Lindsey
reported at Lincoln, 23 Sept. 1383; above, p. 116.

Marg: GAYNESBURGH'

Inquisicio capta apud Kirkton' coram prefatis custodibus pacis
die Iouis proximo post festum purificacionis beate Marie virginis
anno regni regis Ricardi secundi quarto [7 February 1381] per
sacramentum Iohannis Hamson' de Gaynesburgh' Iohannis de
Watirton' Ricardus Saint Iames Willelmi de Duffeld' de eadem
Iohannis Almot Ricardus le Forst' Willelmi de Crosseby de eadem
Iohannis de Skidgate Willelmi Hull' Iohannis Gangy de eadem
Rogeri at Flete et Ade Godyer de eadem iuratorum.

531. Qui dicunt super sacramentum suum quod Iohannes de
Durram (vtlegatur)[1] seruiens Ade Godier de Gaynesburgh' die
Dominica proximo ante festum sancti Martini in yeme anno regni
regis Ricardi secundi supradicto noctanter exiuit extra seruicium
predicti Ade magistri sui et furatus fuit felonice apud Gaynesburgh'
vnum lectum precij decem solidorum predicti Ade et vt felo domini
regis asportauit et fugijt. (*Marg:* Felonia vtlegatur.)

J. de D. (outlawed), servant of A. G. of Gainsborough, at night left the
service of his master and feloniously stole a bed, price 10*s.*, at Gainsborough;
as a felon he fled.

Outlawry for failure to appear before the justices of the peace in Lindsey
reported at Lincoln, 23 Sept. 1383; above, p. 118.

532. Item dicunt quod Iohannes (vtlegatur)[1] seruiens Ricardi
Forster de Gaynesburgh' die Lune proximo post festum purificacionis beate Marie (virginis)[1] anno regni regis Ricardi secundi
quarto furatus fuit apud Gaynesburgh' vnum lectum precij xl d.
predicti Ricardi magistri sui et vt felo domini regis asportauit.
(*Marg:* Vtlegatur.)

J. (outlawed), servant of R. F. of Gainsborough, at Gainsborough, stole
a bed, price 40*d.*, from his master and as a felon took it away.

Outlawry for failure to appear before the justices of the peace in Lindsey
reported at Lincoln, 23 Sept. 1383; above, p. 118.

Marg: ASLAKH'

Inquisicio capta apud Gaynesburgh' coram prefatis custodibus
pacis die Lune in festo sancti Michelis archangeli anno regni regis
Ricardi secundi sexto [29 September 1382] per sacramentum
Iohannis Broun de Saxby Thome at Brig de Ingham Iohannis de
Fresthorp' de Ouneby Iohannis de Hothu' de eadem Thome Neue
de Glentham Willelmi de Whyom de eadem Nicholai Coke de
Normanby Rogeri Bolyngton' de Norto' Willelmi Marschall' de

Helmeswelle Iohannis Daulyn de eadem Willelmi Clerk de Ingham
Willelmi Lily de Spridlyngto' et Roberti de Sothiby de Saxby
iuratorum.

533. Qui dicunt super sacramentum suum quod die Lune
proximo post festum sancti Andree apostoli anno regni regis Ricardi
secundi quinto Thomas de Parissch' de Ouneby cepit furtiue extra
ecclesiam de Ouneby sex petras plumbi precij iij s. et asportauit
et vendidit ad graue dampnum populi et preiudisionem ecclesie.
(*Marg:* Felonia.)
T. de P. of Owmby furtively stole 6 stone of iron, price 3s., from the
church of Owmby to the damage of the populace and the injury of the
church.
Process of outlawry for failure to appear before the justices of the peace in
Lindsey reported as incomplete at Horncastle, 10 Dec. 1383; above, p. 122; in
exigend in the King's Bench, Trin. 1396; K. B. 541, Rex, m. 8.

534. Item dicunt quod die Iouis proximo post festum sancti
Michelis archangeli anno regni regis Ricardi secundi quarto Iohannes
Marcory de Glentham furatus fuit apud Glentham vnum bouem
precij x solidorum Roberti de Lee et vt felo domini regis asportauit
et vendidit. (*Marg:* Felonia.)
J. M. of Glentham, at Glentham, stole an ox, price 10s., from R. de L.;
as a felon he took it away and sold it.
Process of outlawry for failure to appear before the justices of the peace in
Lindsey reported as incomplete at Horncastle, 10 Dec. 1383; above, p. 122; in
exigend in the King's Bench, Trin. 1396; K. B. 541, Rex, m. 8.

Marg: WELLE

Inquisicio capta apud Gaynesburgh' coram prefatis custodibus
pacis die Lune in festo sancti Michelis anno regni regis predicti
sexto [29 September 1382] per sacramentum Iohannis de Coryngham
de Vpton' Thome de Asthorp' de Stirton' Thoma West de Welyngham
Willelmi Graunt de Stowe Iohannis Freman de Welyngham Thome
de Braunceby de Stirto' Petri filij Hugonis de Braunceby Iohannis
de Broghton' de Brampton' Willelmi Broun de eadem Willelmi
Mortayn de Gaytburto' Iohannis Chapma' de Marto' Thome Houson'
de Ketilthorp' iuratorum.

535. Qui dicunt super sacramentum suum quod Thomas
Forstar seruiens Petri Notill' domini de Lee felonice interfecit
Nicholaum nuper seruientem Iohannis de Coryngham de Vpton'
apud manerium de Lee in vno loco vocato Schepynhous die
Dominica proximo ante festum natiuitatis beate Marie virginis
anno regni regis Ricardi secundi sexto. (*Marg:* Felonia.)
T. F., servant of P. N. lord of Lea, feloniously killed N., former servant
of J. de C. of Upton, at Lea, in a place called Schepynhous.
Process of outlawry for failure to appear before the justices of the peace in
Lindsey reported as incomplete at Horncastle, 10 Dec. 1383; above, p. 122; in
exigend in the King's Bench, Trin. 1396; K. B. 541, Rex, m. 8.

536. Item dicunt quod Ricardus Demyld de Herdewyk' et
Isabella vxor eius felonice interfecerunt Iohannem de Cotum de

Herdewyk apud Herdewyk cum j baculo precij j d. die Mercurij
proximo post festum circumcisionis domini anno regni regis Ricardi
secundi quinto. (*Marg:* Felonia.)

R. D. of Hardwick and I. his wife feloniously killed J. de C. of Hardwick,
at Hardwick, with a stick, price 1*d.*

Both, process of outlawry and waiver for failure to appear before the justices
of the peace in Lindsey reported as incomplete at Horncastle, 10 Dec. 1383 ; above,
p. 122 ; in exigend in the King's Bench, Trin. 1396 ; K. B. 541, Rex, m. 8.

537.   Item dicunt quod Iohannes Dauy de Welyngham iuxta
Stowe Beate Marie et Isabella vxor eius furtiue furati fuerunt vnam
tunicam precij iij s. apud Welyngham die Dominica proximo post
festum sancti Iacobi apostoli anno regni regis Ricardi secundi
quinto de Iohanne Freman de Welyngham. (*Marg:* Felonia.)

J. D. of Willingham by Stow and I. his wife furtively stole a tunic, price
3*s.*, at Willingham, from J. F. of Willingham.

Both, process of outlawry and waiver for failure to appear before the justices
of the peace in Lindsey reported as incomplete at Horncastle, 10 Dec. 1383 ; above,
p. 122 ; in exigend in the King's Bench, Trin. 1396 ; K. B. 541, Rex, m. 8.

Marg: MANLE

Inquisicio capta apud Gaynesburgh' coram prefatis custodibus
pacis die Lune in festo sancti Michelis anno regni regis predicti
sexto [29 September 1382] per sacramentum Thome at Brig Rogeri
Brewst' Roberti de Snayth' Iohannis Clark Alexandri Nelson' Thome
Wylkot Ricardi Coille Rogeri at Grene Iohannis de Sudbroke
Iohannis Fyan Iohannis Sleyght' Willelmi de Morr' iuratorum.

538.   Qui dicunt super sacramentum suum quod Nicholaus
Waryn de Estoft die Lune proximo ante festum natiuitatis beate
Marie anno regni regis Ricardi secundi quinto cepit xxiiij or garbas
ordei in campo de Estoft de Roberto Forst' de Estoft apud Estoft
precij x d. et contra pacem domini regis etc. (*Marg:* Transgressio.)

N. W. of Eastoft took 24 sheaves of barley, price 10*d.*, from R. F. of
Eastoft, at Eastoft.

As a trespasser to be produced before the King's Bench, Hil., Trin. 1397 ; K. B.
542, Rex, m. 21d. ; 544, Rex, m. 17 ; in exigend in the King's Bench, Trin. 1397 ;
ibid., 545, Rex, m. 3 ; as a felon process of outlawry for failure to appear before
the justices of the peace in Lindsey reported as incomplete at Horncastle, 10 Dec.
1383 ; above, p. 122 ; in exigend in the King's Bench, Trin. 1396 ; K. B. 541,
Rex, m. 8.

539.   Item dicunt quod dictus Nicholaus die Iouis proximo
post festum sancti Michelis anno regni regis Ricardi secundi quinto
furtiue cepit octodecem aucas de Willelmo (Mawe)[1] de Estoft apud
Estoft precij xviij d. et est communis latro. (*Marg:* Felonia.)

The said N. took 18 geese, price 18*d.*, from W. M. of Eastoft, at Eastoft.
See above no. 538.

540.   Item dicunt quod Stephanus filius Radulphi de Misterton'
anno regni regis Ricardi secundi quinto vnum equum precij x s.
furtiue cepit in campo de Haxhay de Thoma Douffe de Haxhay
apud Haxhay et est communis latro. (*Marg:* Felonia.)

S. son of R. of Misterton [Notts] furtively stole a horse, price 10*s.*, from
T. D. of Haxey, at Haxey ; he is a common thief.

Process of outlawry for failure to appear before the justices of the peace in Lindsey reported as incomplete at Horncastle, 10 Dec. 1383; above, p. 122; in exigend in the King's Bench, Trin. 1396; K. B. 541, Rex, m. 8d.

Marg: GAYNESB'

Inquisicio capta apud Gaynesburgh' coram prefatis custodibus pacis die Lune in festo sancti Michelis anno regni regis predicti sexto [29 September 1382] per sacramentum Iohannis Tauerner de Gaynesburgh' Simonis Curtays de eadem Rogeri de North'holm' de eadem Rogeri de Flete de eadem Roberti de Shelford Iohannis Dallyng de eadem Iohannis Alneth' de eadem Willelmi Clerk de eadem Willelmi Rachedell' de eadem Ricardi Forstar de eadem Ricardi de Seint Iames et Iohannis de Skidgate de eadem.

541. Qui dicunt super sacramentum suum quod Walterus Torald (vtlegatur)[1] Iohannes Clerk (vtlegatur)[1] deputatus Willelmo Elmam (et alij)[1] cederunt apud Gaynesburgh' die Lune proximo post festum omnium sanctorum anno regni regis Ricardi secundi quarto et ceperunt contra vim commissionis domini regis predicto Willelmo directi de Simone Curtays de Gaynesburgh' Willelmo Duffeld' de eadem Willelmo de Crosseby de eadem Iohanne Iolan de eadem seniori Thoma de Claworth' Ricardo de Seint Iames et de multis alijs per extorsionen decem libras. (*Marg:* Vtlegantur.)

W. T. (outlawed), J. C. (outlawed) deputy for W. E., and others, at Gainsborough, contrary to the royal commission to W. E., extorted £10 from various men.

Both, outlawry for failure to appear before the justices of the peace in Lindsey reported at Louth, 25 Jan. 1384; above, p. 124.

542. Item dicunt quod Radulphus filius Iohannis Nauke de Gaynesburgh' furtiue furatus fuit vnum equum precij xiij s. iiij. d. apud Gaynesburgh' de Iohanne Hamson' de Gaynesburgh' die Lune proximo ante festum sancti Petri aduincula anno regni regis Ricardi secundi quarto. (*Marg:* Felonia.)

R. son of J. N. of Gainsborough furtively stole a horse, price 13s. 4d., from J. H. of Gainsborough.

Process of outlawry for failure to appear before the justices of the peace in Lindsey reported as incomplete at Horncastle, 10 Dec. 1383; above, p. 122; in exigend in the King's Bench, Trin. 1396; K. B. 541, Rex, m. 8d.

543. Item dicunt quod predictus Radulphus filius Iohannis Nauke furtiue furatus fuit vnum equum precij xiij s. iiij d. de Roberto West de Vpton' apud Vpton' die Martis proximo ante festum sancti Thome apostoli anno regni regis Ricardi secundi quarto et est communis latro.

The said R. furtively stole a horse, price 13s. 4d., from R. W. of Upton, at Upton; he is a common thief.

See above no. 542.

Marg: LAURIZ

Inquisicio capta apud Gaynesburgh' coram prefatis custodibus pacis die Lune in festo sancti Michelis anno regis predicti sexto [29 September 1382] per sacramentum Thome Stag de Donham Willelmi

Belle de Snartford Iohannis Furry de Faldyngworth' Iohannis
Crofts de Saxilby Iohannis filij Henrici de eadem Walteri Whitwelle
de Risom' Willelmi Bordon' de eadem Roberti Cowp' de eadem
Iohannis Clerk de Carlton' Rogeri Wymerkson' de Burton' Willelmi
Fenton' de eadem Iohannis Tokke de Faldyngworth' Willelmi de
Drouby Thome Westn' iunioris Thome Warde de Torkesay Iohannis
Mekere de eadem iuratorum.

544. Presentant quod Willelmus de Lanam (vtlegatur)[1] de
Repham percussit et vulnerauit apud Resam Simonem seruientem
Iohannis . . . temporis videlicet die Mercurij proximo post festum
sancte trinitatis anno regni regis quinto contra pacem. (*Marg:*
Transgressio   vtlegatur.)

W. de L. (outlawed), of Reepham, at Reepham, hit and wounded S.,
servant of J.
Outlawry for failure to appear before the justices of the peace in Lindsey
reported at Louth, 25 Jan. 1384; above, p. 124.

545. Item dicunt quod Ricardus Rapare de Wylyngham in
festo quasi modo geniti anno regni regis iij° occidit felonice Thomam
Cardele de Wilyngham apud Wylyngham.

R. R. of [Cherry] Willingham feloniously killed T. C. of Willingham, at
Willingham.
Process of outlawry for failure to appear before the justices of the peace in
Lindsey reported as incomplete at Horncastle, 10 Dec. 1383; above, p. 122; in
exigend in the King's Bench, Trin. 1396; K. B. 541, Rex, m. 8d.

546. Item quod Iohannes Wrytgh' de Wilyngham ibidem iij
die Marcij anno regni regis nunc iij occidit Ricardum Milner de
eadem. (*Marg:* Felonia.)

J. W. of [Cherry] Willingham killed R. M. of Willingham.
Process of outlawry for failure to appear before the justices of the peace in
Lindsey reported as incomplete at Horncastle, 10 Dec. 1383 above, p. 123; in
exigend in the King's Bench, East. 1396; K. B. 541, Rex, m. 8d.; tried before the
King's Bench, East. 1397, on indictment before the justices of the peace in Lindsey;
no verdict; *ibid.,* 544, Rex, m. 3; to be produced before the King's Bench, Hil.,
Mich. 1399; *ibid.,* 550, Rex, m. 22; 551, Rex, m. 8d.

547. Item dicunt quod Iohanna Langecourt de Donham
felonice asportauit de domo Laurencij de Hyll' de Donham die
Martis proximo post festum sancti Iohannis baptiste anno regni
regis tercio vnum . . . precij iij s. (*Marg:* Felonia.)

J. L. of Dunham feloniously took from the house of L. de H. of Dunham
a . . ., price 3s.
Process of waiver for failure to appear before the justices of the peace in Lindsey
reported as incomplete at Horncastle, 10 Dec. 1383; above, p. 122; in exigend
in the King's Bench, Trin. 1396; K. B. 541, Rex, m. 8d.

Marg: ? NORTHR'

Inquisicio capta apud Castre coram prefatis custodibus pacis
die Martis proximo post festum sancti Michelis anno regni regis
Ricardi secundi sexto [30 September 1382] per sacramentum . . . . . .
Thome Crulle de eadem Thome Gaunt de Bynbroke Petri . . . .
de Estrasen' Walteri filij Simonis de Walseby . . . de Thornton' et
Willelmi at Welle de ?Kilyngholm' iuratorum.

548. Qui dicunt quod Iohannes (vtlegatur)[1] seruiens Roberti de Neuland de Barton' die Dominica proximo ante festum exaltacionis sancte crucis anno regni regis Ricardi secundi sexto apud Barton' insidiauit Robertum de Neuland de Barton' magistrum suum et in ipsum ibidem insultum fecit et ipsum male verberauit vulnerauit et male tractauit ita quod disperabatur de vita eius in contemptum domini regis et contra pacem.

J. (outlawed), servant of R. de N. of Barton [on Humber], at Barton, waylaid his master, assaulted him, badly beating, wounding, and maltreating him so that his life was in danger.

Outlawry for failure to appear before the justices of the peace in Lindsey reported at Louth, 25 Jan. 1384; above, p. 124.

549. Item quod Simon Hede (vtlegatur)[1] de Elsham . . . die Dominica in festo sancti Michelis anno regni regis nunc sexto apud Elsham in Robertum de Beuerlay insidiauit et in ipsum insultum fecit verberauit vulnerauit et male tractauit ita quod de vita eius disperabatur et alia enormia etc. contra pacem etc.

S. H. (outlawed) of Elsham, at Elsham, waylaid R. de B. and assaulted him, beating, wounding, and maltreating him so that his life was in danger. See above no. 452.

550. Item quod Iohannes (?vtlegatur)[1] filius Walteri de Swanlound de Grimesby die Iouis proximo post festum sancti Iacobi apostoli anno sexto etc. apud Grimesby vi et armis insidiauit Galfridum Ped de Grimesby et in ipsum ibidem insultum fecit et ipsum verberauit vulnerauit et male tractauit ita quod de vita disperabatur et ipsum . . . mahemiauit et alia enormia etc. et contra pacem domini regis etc.

J. (outlawed) son of W. de S. of Grimsby, at Grimsby, forcibly waylaid G. P. of Grimsby and assaulted him, beating, wounding, and maltreating him so that his life was in danger.

Outlawry for failure to appear before the justices of the peace in Lindsey reported at Lincoln, 18 Dec. 1385; above, p. 129.

[*The last three entries on the membrane are illegible.*]

551. [*In French, may be a repetition of* 550.]

[*A session heading and a jury list.*]

552. Edmundus Squyer de Stalyngburgh' [*a felony, possibly homicide.*]

Process of outlawry for failure to appear before the justices of the peace in Lindsey reported as incomplete at Horncastle, 10 Dec. 1383; above, p. 122; in exigend in the King's Bench, Trin. 1396; K. B. 541, Rex, m. 8d.

553. Simon Byrd' de Humberstone [*a trespass, lying in wait*].

Outlawry for failure to appear before the justices of the peace in Lindsey reported at Louth, 25 Jan. 1384; above, p. 124.

[*Endorsed upside down.*] Coram Iohanne rege Castill' et Legion' duce Lancastr' et socijs suis custodibus pacis in comitatu Lincoln' etc.

N

[*m.* 22 *old numbering* xx]

Placita indictamenta ac presentaciones apud Lincoln' capta die Iouis in septimana Pasche anno regni regis Ricardi secundi sexto [26 March 1383] coram Iohanne rege Castell' et Legion' duce Lancastr' Iohanne dei gratia episcopo Lincoln' Henrico de Percy comite North'umbr' Roberto de Wylughby Willelmo Bardolf Henrico de Beaumound Philipo Darcy Philipo le Despens' Iohanne Cressy Radulpho de Crombwelle Antonio Malore Andrea Loterell' Willelmo de Skipwyth' Henrico Hasty Iohanne de Rocheford Radulpho Paynell' Willelmo Haule Willelmo Fraunk Willelmo de Belesby Roberto Haule Roberto de Leek' Andrea de Leek Iohanne de Touthoby Iohanne de Cobeldyk Simone Symeon Iohanne Pouger Iohanne Bussy Willelmo de Spaigne Willelmo Kelk Roberto de Cumberworth' Thoma de la Laund Iohanne de Rocheford Thoma Claymond Iohanne de Hawe Thoma de Pynchebek Roberto de Westmels Ricardo de la Laund Willelmo Michell' et Willelmo Skipwyth' iuniori iusticiarijs dicti domini regis ad diuersa felonias homicidia incendia roberias prodictiones latrocinia et ad conseruacionis pacis contraria in comitatu Lincoln' et in singulis partibus eiusdem facta tam infra libertates quam extra audienda et terminanda assignatis per commissionem cuius datum est xxj⁰ die Decembris anno regni regis predicti sexto [1382].

Marg: KESTEUEN'

xij^clm de Kesteuen' iurati scilicet Iohannes de Loppyngthorp' Iohannes de Dourne de Amwyk Adam de Manfeld Willelmus de Somerby de Hanworth' Gilbertus Blake Thomas de Hikeham Robertus Leuet Galfridus de Brune Rogerus Harcare Thomas Rose de Poynton' Iohannes de Saperton' de Saperton' Ricardus Almot de Brandon' Andreas de Spaldyng Thomas de Dereham de Dereham.

554. Dicunt super sacramentum suum quod Willelmus (vtlegatur)[1] filius Roberti Chaumberlayn de Segbroke et alij adinuicem confederati die Veneris proximo post festum epiphanie anno vj^to supradicto quemdam Iohannem Barker de Poynton' venientem de sessione iusticiariorum domini regis de Lincoln' pro negocijs domini regis et suis predictis iusticiarijs de assisis et deliberacione tunc sedentibus in insidio iacentes et latitantes dictum Iohannem de Lincoln'[1] vsque Hoberdhoyth' in campo de Botheby persecuti fuerunt et cum eodem Iohanne vt amici cum blandis sermonibus coequitauerunt tunc ibidem in quadam valle in dicto campo vt traditores vnanimi assensu ipsum Iohannem manuceperunt et felonice interfecerunt per dictas falsas confederaciones et malicia precogitata. (*Marg:* Felonia.)

W. (outlawed) son of R. C. of Sedgebrook and others in a confederacy with him waylaid J. B. of Pointon who was on his way from the session of the king's justices in Lincolnshire; they followed him to Hoberdhoyth' at

[1] Read *Poynton'*.

Boothby, rode with him as friends, and then in a valley feloniously killed him according to the aforesaid confederacy and with malice aforethought.

Outlawry for failure to appear before the justices of the peace in Lindsey reported at Lincoln, 18 Dec. 1385; below, p. 197.

555. Item dicunt quod dictus Willelmus (vtlegatur)¹ filius Roberti Chaumberlayn de Segbrok' predictis die loco et anno vnum chape de argento precij xx d. de predicto Iohanne felonice depredauit. (*Marg:* Felonia.)

The said W. (outlawed) feloniously robbed the said J. of an ornament, price 20*d*.

See above no. 554.

556. Item (dicunt)¹ quod Iohannes Soket (vtlegatur)¹ de Sawtre de Sawtre die Dominica proximo ante festum natiuitatis sancti Iohannis baptiste anno regni regis nunc quinto noctanter venit in campum de Careby et ibidem quemdam equum de Thoma Coke furtiue cepit et felonice abduxit. (*Marg:* Felonia.)

J. S. (outlawed) of Sawtry [Hunts.], at Careby, at night feloniously stole a horse from T. C.

Outlawry for failure to appear before the justices of the peace in Lindsey reported at Lincoln, 18 Dec. 1385; below, p. 197.

557. Item dicunt quod Willelmus Cooke (vtlegatur)¹ quondam seruiens Vmfridi Bandes de Hanworth' die Iouis in festo exaltacionis sancte crucis anno regni regis nunc sexto vnum equum precij xx s. et j vaccam precij x s. de Iohanne Stokk de Hanworth' de domo sua noctanter cepit et felonice abduxit et est communis latro et moratur apud Gamulston' in comitatu Notyngh'. (*Marg:* Felonia vtlegantur *bracketed for all four entries.*)

W. C. (outlawed), former servant of U. B. of [Potter] Hanworth, at night feloniously stole a horse, price 20*s*., and a cow, price 10*s*., from J. S. of Hanworth; he is a common thief living at Gamston, Notts.

Outlawry for failure to appear before the justices of the peace in Lindsey reported at Lincoln, 18 Dec. 1385; below, p. 197.

Placita indictamenta ac presentaciones coram prefatis iusticiarijs apud Lincoln' die Mercurij proximo post festum sancti Mathei apostoli et ewangeliste anno regni regis Ricardi secundi septimo [23 September 1383].

Marg: KESTEUEN'

xij^{cim} de Kesteuen' iurati scilicet Willelmus de Somerby Iohannes de Bylynghay Willelmus Graffard' Willelmus Wright de Scaupewyk' Adam othe Lane de eadem Gilbertus Blake Henricus de Botheby Iohannes de More Iohannes Stoile Iohannes Permont' de Dodyngton' Willelmus de More de Normanton' Ricardus at Halle de Cathorp' et Ricardus Bret de Brughton'.

558. Dicunt super sacramentum suum quod Iohannes Pymme de comitatu Cantebr' die Dominica proximo post festum sancti Iacobi apostoli anno supradicto apud Wylyngham iuxta Sixhill'

tres ollas eneas Alani Wright de Wylyngham iuxta Sixhill' precij
iiij s. furtiue cepit et asportauit. (*Marg:* Felonia.)

J. P. of Cambridgeshire at [South] Willingham furtively stole 3 brass
pots, price 4s., from A. W. of Willingham.

In exigend in the King's Bench, Trin. 1396 ; K. B. 541, Rex, m. 8d.

559.   Item dicunt quod Iohannes Herre de Braunston' die
Dominica proximo post festum natiuitatis beate Marie anno regni
regis Ricardi secundi sexto apud Canewyk' cliff' in Thomam Shroto
de Braunston' iuniorem vi et armis insultum fecit et ipsum verberauit vulnerauit et male tractauit ita quod de vita eius disperabatur contra pacem domini regis. (*Marg:* Transgressio.)

J. H. of Branston, at Canwick, assaulted T. S., Jr., of Branston, beating,
wounding, and maltreating him so that his life was in danger.

To be produced before the King's Bench, Hil., Trin. 1397 ; K. B. 542, Rex,
m. 21d. ; 544, Rex, m. 17 ; in exigend in the King's Bench, Trin. 1397 ; *ibid.*, 545,
Rex, m. 3.

560.   Item dicunt quod Iohannes the Shephirdson' de Nokton'
(cum alijs)[1] apud Lincoln' die Dominica in festo sancte trinitatis
anno regni regis Ricardi secundi vj[to] vi et armis in Henricum Pays-
gode de Lincoln' insultum fecerunt et ipsum verberauerunt vulnerauerunt et male tractauerunt ita quod de vita eius disperabatur
contra pacem regis. (*Marg:* Transgressio.)

J. the S. of Nocton with others, at Lincoln, assaulted H. P. of Lincoln,
beating, wounding, and maltreating him so that his life was in danger.

To be produced before the King's Bench, Hil., Trin. 1397 ; K. B. 542, Rex,
m. 21d. ; 544, Rex, m. 17 ; in exigend in the King's Bench, Trin. 1397 ; *ibid.*, 545,
Rex, m. 3.

Placita indictamenta coram prefatis iusticiarijs apud Lincoln'
die Martis proximo post festum sancte trinitatis anno regni regis
Ricardi secundi septimo [7 June 1384].

Marg: DIUERSA WAPPENTACIA DE COMITATU LINC'

xij[cim] wappentaciorum predictorum iurati scilicet Iohannes
West Hugo de Burton' Iohannes de Croftes Iohannes Henrison'
Walterus Neuyll' Iohannes Clerk de Carleton' Thomas Stag Willel-
mus at Welle de Kelyngholm' Iohannes Palmer de Hopham Iohannes
Douyland Radulphus Laurans et Thomas de Yuerthorp' iurati.

561.   Qui dicunt super sacramentum suum quod Ricardus
Wright' de Hotoft Iohannes de Wympole de Eles Willelmus Marche
Iohannes Mercer cum alijs die Lune proximo post festum sancti
Michelis anno regni regis Ricardi secundi quinto domum Roberti
Bernake apud Driby cum alijs ignotis felonice fregerunt et ipsum de
argento et auro et alijs bonis et catallis ipsius Roberti ad valenciam
iiij[c] librarum depredauerunt et Henricum Boteler et Robertum
Peper interfecerunt ibidem. (*Marg:* Felonia.)

4 men with others, at Driby, feloniously broke into the house of R. B.,
robbed him of silver and gold and other goods valued at £400 ; they killed
H. B. and R. P.

All 4 in exigend in the King's Bench, Trin. 1396 ; K. B. 541, Rex, m. 8d.

562. Item dicunt quod Willelmus de Bourne cum alijs die Martis proximo ante festum sancti Luce ewangeliste anno regni regis Ricardi secundi quinto apud Kirkton' in Holand domum Fradrici de Tylnay felonice fregerunt et ipsum de pecunia et alijs bonis depredauerunt ad valenciam xl librarum. (*Marg:* Felonia.)

W. de B. with others, at Kirton in Holland, feloniously broke into the house of F. de T. and robbed him of money and other goods valued at £40. In exigend in the King's Bench, Trin. 1396; K. B. 541, Rex, m. 8d.

[*m. 22d.*]

Placita coram prefatis iusticiarijs apud Lincoln' die Lune proximo ante festum sancti Thome apostoli anno regni regis Ricardi secundi ix° [18 December 1385].

Preceptum fuit Iohanni Pouger vicecomiti Lincoln' (die Veneris in septimana Pasche anno regni regis Ricardi secundi sexto [27 March 1383] apud Lincoln')[1] quod non omitteret propter aliquam libertatem comitatus sui quin caperet Willelmum filium Roberti Chaumberlayn de Segbroke Iohannem Soket de Sawtre Willelmum Coke quondam seruientem Vmfridi Bandes de Hanworth' et manentem apud Gamulston' in comitatu Notyngh' ita quod haberet corpora eorum apud Horncastr' die Mercurij proximo post festum natiuitatis beate Marie virginis tunc proximum sequens videlicet anno regni regis Ricardi secundi predicti vij° [9 September 1383] coram prefatis iusticiarijs etc. ad respondendum dicto domino regi de diuersis felonijs vnde indictati sunt. Ad quem diem idem vicecomes respondit quod non sunt inuenti in balliua sua etc. Ideo preceptum fuit eidem vicecomiti sicut alias quod non ommitteret propter etc. quin illos caperet et saluo etc. ita quod haberet corpora eorum apud Lincoln' die Mercurij proximo post festum sancti Mathei apostoli et ewangelisti tunc proximum sequens videlicet anno regni regis predicti septimo [23 September 1383] coram prefatis iusticiarijs ad respondendum domino regi de diuersis felonijs vnde indictati sunt. Ad quem diem idem vicecomes respondit quod non sunt inuenti in balliua sua etc. Ideo preceptum fuit eidem vicecomiti sicut pluries quod non omitteret propter aliquam libertatem etc. quin illos caperet et saluo etc. ita quod haberet corpora eorum apud Horncastr' die Iouis proximo post festum sancti Nicholai proximum sequens videlicet anno regni regis predicti vij° [10 December 1383] coram prefatis iusticiarijs ad respondendum domino regi de diuersis felonijs vnde indictati sunt etc. Ad quem diem Iohannes Bussy vicecomes Lincoln' respondit quod non sunt inuenti in balliua sua etc. Ideo preceptum fuit eidem vicecomiti adhuc sicut pluries quod non ommitteret propter aliquam libertatem comitatus sui quin illos caperet et saluo custodire ita quod haberet corpora eorum apud Lincoln' die Martis proximo post festum sancte trinitatis proximum sequens videlicet anno regni regis predicti septimo [7 June 1384] coram prefatis custodibus pacis ad respondendum domino regi de diuersis felonijs vnde indictati sunt etc. Ad quem diem idem vicecomes respondit quod non sunt inuenti in balliua sua etc. Ideo ad diem Lune proximum ante festum sancti Thome apostoli anno regni regis predicti nono [18 December 1385] preceptum fuit eidem I. Bussy vicecomiti Linc' quod illos exigi faceret de comitatu in comitatum quousque secundum legem et consuetudinem regni Anglie vtlagati fuerunt si non comparuerint et si comparuerint tunc illos caperet et saluo custodire ita quod haberet corpora eorum apud Lincoln' coram prefatis iusticiarijs die Lune proximo ante festum sancti Bartholomei apostoli tunc proximum sequens videlicet anno regni regis predicti decimo [20 August 1386] ad respondendum domino regi de diuersis felonijs vnde indictati sunt etc. Ad quem diem Lune proximum ante festum sancti Bartholomei apostoli idem Iohannes Bussy vicecomes Lincoln' respondit quod in pleno comitatu Lincoln' tento apud Lincoln' die Lune proximo ante festum sancti Gregorij pape anno regni regis Ricardi secundi nono Willelmus filius Roberti Chaumberlayn' de Segbroke et ceteri in breui isto nominati primo exacti non comparuerunt. In pleno comitatu Lincoln' tento apud Lincoln' die Lune proximo ante festum Pasche proximum sequens predictus Iohannes et ceteri in breui isto nominati secundo exacti non comparuerunt. In pleno comitatu Lincoln' tento apud Lincoln' die Lune proximo ante festum ascensionis domini proximum sequens predictus Iohannes et ceteri in breui isto nominati tercio exacti non comparuerunt. In pleno comitatu Lincoln' tento apud Lincoln' die Lune proximo post festum translacionis sancti Thome martiris proximum sequens predictus Iohannes et ceteri in breui isto nominati quarto exacti non comparuerunt set manucapti fuerunt per Henricum Horne ad saluandum eis comitatum illum prout moris est in eodem comitatu ne vtlagaria in predictum Iohannem et ceteros in breui isto nominatos ad diem illum promulgaretur. In pleno comitatu Lincoln' tento apud Lincoln' die Lune proximo ante festum sancti Bartholomei apostoli proximum sequens predictus Iohannes et ceteri in breui isto nominati quinto exacti non comparuerunt. Ideo ipsi ad comitatum illum vtlagantur.

Venire facias to the sheriff to produce for trial 3 men indicted for felony ; upon their failure to appear they were outlawed in the county court.

[*m.* 23 *old numbering* j]

MAGNA INQUISICIO

Inquisicio capta apud Horncastr' die Martis proxima post festum sancti Hillarij anno regni regis Ricardi secundi decimonono [18 January 1396] coram Radulpho de Cromwell' et socijs suis iusticiarijs domini regis de pace in partibus de Lyndessay per sacramentum Iohannis Ammery Iohannis Wakefeld' de Bolyngbrok Ricardi Trauers de Hareby Thome de Swynnesheued de Sausthorp' Thome de Aswardby de Langton' Iohannis Ward' de Yngoldesmyls

Thome de Stannesby de Wynceby Radulphi de Kellessay de Stepyng'
Hugonis Wryght' de Candelesby' Roberti filij Iohannis de Wyn-
thorp Roberti Wryotsson' de Croft Iohannis Lycest' de Northorp' et
Walteri Alcokson' de Frysskenay.

563. Qui dicunt super sacramentum suum quod Robertus
Smyth' de Frysby Willelmus Smyth' de Candelesby Iohannes
Rosseson' iunior de Halton' Hugo Strange nuper seruiens Iohannis
Braytoft Robertus Smyth' de Welton' iuxta Orby Iohannes Neuyll'
nuper seruiens Thome de Ruston' Robertus seruiens eiusdem Thome
Willelmus Wythestyltefot de Frysby die Iouis proxima post festum
omnium sanctorum anno supradicto domum Ricardi Carter apud
Frysby noctanter furtiue fregerunt et viginti marcas in auro et
argento et alia bona et catalla videlicet linthiamina et lanea ad
valenciam quadraginta solidorum de predicto Ricardo furtiue
ceperunt et asportauerunt. Et quod sunt communes latrones.
(*Marg:* Felonia.)

8 men at night furtively broke into the house of R. C. at Firsby and
stole 20 marks, and sheets and wool valued at 40s.; they are common thieves.
7, R. S. of Welton omitted, in exigend in the King's Bench, East. 1396; K. B.
540, Rex, m. 19d.; W. S. and R. S. of Welton tried before the King's Bench, East.
1396, on indictment before the justices of the peace in Lindsey; acquitted; *ibid.*,
m. 10.

564. Item dicunt quod Willelmus nuper seruiens Roberti
Manslot' die Martis in festo sancti Laurencij martiris anno supradicto apud Waynflet domum Gilberti Toppyng' furtiue fregit et
viginti solidos in pecunia numerata de predicto Gilberto furtiue
cepit et asportauit. Et quod est communis latro. (*Marg:* Felonia.)

W., former servant of R. M., at Wainfleet, furtively broke into the
house of G. T. and stole 20s.; he is a common thief.
In exigend in the King's Bench, East. 1396; K. B. 540, Rex, m. 19d.

[*dorse*] xxxvij^to

[*m.* 24 *old numbering* ij]

GAYRETRE

Inquisicio capta apud Horn'castr' die Martis proxima post
festum sancti Hillarij anno regni regis Ricardi secundi xix° [18
January 1396] coram Radulpho de Cromwell' et socijs suis iusticiarijs
de pace in partibus de Lyndessay per sacramentum Iohannis Maltby
de Edlington' Roberti Caleys de Bammburgh' Hugonis filij Thome
de Myntyng' Roberti Champart de Golseby Hugonis Toures de
Edlyngton' Willelmi de Leek de Stykwold Willelmi Rogerson' de
Horsyngton' Roberti Wryght de Wadyngworth' Rogeri Fraunceys
de Horsyngton' Willelmi Kyngeston' Iohannis Maior de Baumburgh'
et Willelmi Norcotes.

565. Qui dicunt super sacramentum suum quod Rogerus
Stuot' de Connysby Iohannes Cote (fecit finem)[1] de eadem Robertus
Gouk de eadem Iohannes Isabelsson' (fecit finem)[1] de eadem Thomas

Hardepenay de eadem Willelmus Touby de Kirkeby vendiderunt
apud Horncastr' die Sabbati proxima ante festum sancti Martini
in yeme anno supradicto Alano Soutter de Langton' et alijs sutoribus
contra assisam et ordinacionem domini regis sex dakeres de corijs
tannatis videlicet j dakerem pro xxxvj s. vbi ordinatum fuit vnum
dakerem ad precium xxx s. vnde excessu cuiuslibet dakeris vj s.
(*Marg:* Transgressio.)

6 men (2 of whom made fines), at Horncastle, sold to A. S. of Langton
[by Horncastle] and other cobblers illegally ; they sold 6 dickers of tanned
hides at 36s. per dicker instead of 30s. ; excess, 6s. per dicker.

R. S. and R. G. in exigend in the King's Bench, East. 1396 ; K. B. 540, Rex,
m. 32d. ; others made fines before the King's Bench, East. 1396, J. C. and J. I.
for 10s. each, W. T. for 1 mark, T. H. for 20s. ; *ibid.*, Fines, mm. 6, 4.

566.   Item dicunt quod Thomas Wytkrybe de Hemmyngby
in autumpno vltimo preterito cepit de Margareta de Bayne per
diem cum cals' iiij d. contra statutum vnde excessu xij d. (*Marg:*
Transgressio.)

T. W. of Hemingby took 4d. per day with . . . from M. de B. ; excess,
12d.

Made a fine before the King's Bench, East. 1396, for 40d. ; K. B. 540, Fines,
m. 5d.

567.   Item dicunt quod Iohannes Swalnedall' (fecit finem)[1]
forestarius de Brakene in vigilia circumsionis domini anno supradicto
apud Thymelby vi et armis insultum in Iohannem (Taillo')[1] fecit
(ibidem)[1] ipsum verberauit vulnerauit et male tractauit contra
pacem domini regis etc.

J. S., (made a fine) forester of Brakene, assaulted J. T. at Thimbleby,
beating, wounding, and maltreating him.

In exigend in the King's Bench, East 1396 ; K. B. 540, Rex, m. 32d. ; made
a fine before the King's Bench, Mich. 1396, for 20s. ; *ibid.*, 542, Fines, m. 1.

568.   Item dicunt quod Robertus Williamson' de Baumburgh'
capellanus die Dominica proxima post festum natalis domini anno
regni regis Ricardi secundi decimo octauo apud Baumburgh' insultum
in Iohannem Pynder' constabularium villate de Baumburgh' vi et
armis fecit et ipsum verberauit vulnerauit et male tractauit contra
pacem nostram etc. (*Marg:* Transgressio.)

R. W. of Baumber, chaplain, at Baumber, assaulted J. P., constable of
Baumber, beating, wounding, and maltreating him.

In exigend in the King's Bench, East. 1396 ; K. B. 540, Rex, m. 32d. ; made
a fine before the King's Bench, Mich. 1396, for 20s. ; *ibid.*, 542, Fines, m. 2.

nichil de felonijs
[*dorse*] xxxvj[to]

[*m.* 25 *sewn on m.* 26]

WRAGHOWE

569.   Willelmus Merle monstrat domino regi quod Iohannes
de Brunne (fecit finem)[1] de Saxby iuxta Ouneby cum alijs male-
factoribus et pacis domini regis perturbatoribus die Dominica

proxima post octabum sancti Martini anno regni regis Ricardi
secundi decimo nono venit apud Swynthorp' et ibidem Thomam
Osbern' seruientem ipsius Willelmi in seruicio suo existentem (in
officio)[1] carucarij et carectarij vi et armis cepit et abduxit per quod
idem Willelmus seruicium seruientis sui predicti a predicta die
Dominica et deinceps totaliter amisit ad graue dampnum ipsius
Willelmi et contra pacem domini regis. Et hoc petit quod inquiratur
pro rege.

W. M. shows the king that J. de B. (made a fine) of Saxby near Owmby
with other evildoers and disturbers of the peace, at Swinthorpe, abducted
T. O., ploughman and carter of the said W., so that the said W. lost the
service of T., wherefore W. seeks an inquiry.

Made a fine before the King's Bench, East. 1396, for ½ mark; K. B. 540,
Fines, m. 4.

[*dorse*] Wraghow   presentant quod billa est vera.

[*m.* 26 *old numbering* iij]]

WRAGHOWE

Inquisicio capta apud Horncastr' die Martis proxima post
festum sancti Hillarij episcopi anno regni regis Ricardi secundi
xix^mo [18 January 1396] coram Radulpho Cromwell' milite et socijs
suis custodibus pacis in partibus de Lyndsay per sacramentum
Walteri de Brynkell' de Houton' Iohannis Howson' de Sixhill'
Iohannis Donnay de Herwyk' Willelmi Rak' de Westbarkworth'
Gilberti atte Prestes de Keuermond' Roberti Curtays de Lysyngton'
Iohannis Oubray de Panton' Thome del Brygg' de Lysyngton'
Roberti Stures de Hatton' Iohannis Wryght' de Haynton' Henrici
atte Vicars de Lutheford' et Thome Moldson' de eadem iuratorum.

570.   Qui dicunt quod Willelmus Ionson' mylnere de Neubell'
die Dominica proxima ante festum sancti Andree apostoli anno
regni regis Ricardi nunc xix^mo apud Neubell' vi et armis etc.
insultum fecit Henrico Bryster' de Langwath' et ipsum ibidem
verberauit wlnerauit et male tractauit ad graue dampnum predicti
Henrici et contra pacem domini regis etc. (*Marg:* Transgressio.)

W. J., miller of Newball, at Newball, assaulted H. B. of [East] Langworth,
beating, wounding, and maltreating him to his serious injury.

Made a fine before the King's Bench, East. 1396, for 1 mark; K. B. 540, Fines,
m. 4d.

571.   Item presentant quod Rogerus Crowe de Fulnetby xxiij
die Nouembris anno regni regis Ricardi secundi xix^mo apud Fulnetby
vi et armis etc. fregit domum Iohannis de Kechyn de Fulnetby et
ipsum (ibidem)[1] verberare voluisset contra pacem domini regis etc.
(*Marg:* Transgressio.)

R. C. of Fulnetby, at Fulnetby, broke into the house of J. de K. of
Fulnetby to beat him.

Made a fine before the King's Bench, East. 1396, for 1 mark; K. B. 540, Fines,
m. 5d.

572. Item presentant quod Willelmus Schercroft' mylner de Wragby die Martis proxima post festum sancti Nicholai episcopi anno regni regis Ricardi secundi nunc xix^{mo} apud Wragby felonice rapuit Agnetem vxorem Thome Spenser' de Wragby et predictus Willelmus die loco et anno predictis furtiue cepit bona et catalla videlicet aurum et argentum cum lectis ad valenciam xl s. argenti asportauit de prefato Thoma etc. (*Marg:* Felonia.)

W. S., miller of Wragby, at Wragby, feloniously raped A. wife of T. S. of Wragby and stole gold, silver, and beds valued at 40s.

Tried before the King's Bench, East. 1396, on indictment before the justices of the peace in Lindsey; acquitted; K. B. 540, Rex, m. 16d.

[*dorse*] xxxv

[*m. 27 sewn on m. 28*]

573. Presentum est quod Ricardus rector ecclesie de Hameryngham die Iouis proxima post festum sancti Hillarij anno regni regis Ricardi secundi decimo octauo apud Hameryngham venit et domum Iohannis filij Ricardi de Scotland de Hameryngham fregit et bona et catalla dicti Iohannis videlicet pannos lenios et lanios et alias diuersas res cepit abduxit et et assportauit. (*Marg:* Transgressio.)

R., rector of the church of Hameringham, at Hameringham, broke into the house of J. son of R. de S. of Hameringham and took linen and woollen cloth and other goods.

Made a fine before the King's Bench, East. 1396, for 2s.; K. B. 540, Fines, m. 5d.

[*dorse*] billa vera

[*m. 28 old numbering iiij*]

HORNCASTR'

Inquisicio capta apud Hornc' die Martis proxima post festum sancti Hillarij anno regni regis Ricardi secundi decimo nono [18 January 1396] coram Radulpho Crumwell' milite et socijs suis iusticiarijs domini regis de pace in partibus de Lyndesay qui dicunt per sacramentum suum Stephani de Harryngton' de Maring Radulphi South de eadem Henrici filij Roberti de Tonton' Inforerer Radulphi Bowar' de Ruphon' Iohannis de Halstede de eadem Iohannis de Claxby de Holtham Roberti de Holtham de eadem Iohannis de Hole de Morerby Iohannis filij Ade Malet de . . Ricardi Wade de Wylkesby Iohannis de Stokdale de Horncastr' Alani filij Simonis de Enderby.

574. Dicunt quod Robertus (fecit finem)[1] filius Iohannis chalonwebbest' de Esterkele die Lune proxima post festum Pasche anno regni regis Ricardi secundi xviij^{mo} apud Esterkele venit et domum Willelmi filij Roberti Tayllyo' intrauit et dictum Willelmum

male verberauit contra pacem domini regis. (*Marg:* Transgressio.)

R. (made a fine) son of J., blanket weaver, of East Keal entered the house of W. son of R. T. at East Keal and badly beat him.

Made a fine before the King's Bench, East. 1396, for ½ mark; K. B. 540, Fines, m. 3d.

575. Item dicunt quod Willelmus Walker' de Tumby mylne die Iouis proxima post festum sancti Petri apostoli anno regni regis Ricardi secundi septimo decimo apud Kyrkeby oues . . et vnum stak feni precij v s. Iohannis de Claxby de Holtham cepit et abduxit contra pacem domini regis. (*Marg:* Transgressio.)

W. W. of Tumby, miller, at Kirkby [on Bain], took sheep . . . and a haystack, price 5*s.*, from J. de C. of Haltham [on Bain].

Made a fine before the King's Bench, East. 1396, for 40*d.*; K. B. 540, Fines, m. 6.

nichil de felonijs

[*dorse*] xxxiiij

[*m.* 29 *old numbering* v]

HILL'

Veredictum de vapentacio de Hyll' captum apud Horncastr' coram Radulpho Crumwell' et Ricardo Moriell' capitalibus iusticiarijs domini regis et socijs suis xviij° die Ianuarii anno regni regis Ricardi secundi xix° [1396] per sacramentum Ricardi de Northorp' de Sausthorp' Iohannis Fichet de eadem Walteri de Moreby Roberti Pynd' de Enderby Adam Taylour' de Sausthorp' Iohannis Ward' de Ketylsby Iohannis Coke de Walmesgare Thome Woderofe de Enderby Ricardi Skotland de Hameryngham Iohannis filij Iohannis de Askeby Willelmi de Somersby de Foledby et Thome Sprotlyng de Brenkyll'.

576. Isti iuratores presentant quod Willelmus Mannyng' capellanus de Kelecotes ve[nit] vi et armis infra tenementum Ricardi Northorp' de Sausthorp' et duas acras de terra arrabile seminate frumento et pisis et ordeo et vnam acram prati apud Kele de tenemento eiusdem Ricardi metere et falcari fecit et totum fructum et proficuum de dictis terra et prato iam per duos annos vltimo elapsos proueniencia cepit et asportauit et ad opus suum detinuit ad dampnum non modicum eiusdem Ricardi et contra pacem domini regis. (*Marg:* Transgressio.)

W. M., chaplain of Cotes near Keal, forcibly entered the tenement of R. N. of Sausthorpe and mowed 2 acres of grain, pease and barley, and an acre of meadow at Keal and took the whole produce of this land for 2 years to the damage of the said R.

Made a fine before the King's Bench, Mich. 1396, for ½ mark; K. B. 542, Fines, m. 2.

577. Item presentant quod cum Iohannes Ward' conduxit in seruicium suum Willelmum quondam seruientem apud Gaytongraunge fideliter ad seruiendum cum eo in seruicium carucarii a

festo sancti Marti[ni] anno regni regis Ricardi secundi xvj° vsque idem festum deinde proximum sequens et idem Willelmus a seruicio dicti magistri sui recessit sine licencia et dampnum non modicum et grauamem et contra statutum domini regis. (*Marg:* Transgressio.)
    When J. W. hired W. to serve him as ploughman at Gayton for a year, the said W. left J's service to his serious damage.
    W. in exigend in the King's Bench, East. 1396 ; K. B. 540, Rex, m. 32d.

nichil de felonijs

[*dorse*] xxxiij

[*m.* 30 *sewn on m.* 31]

BILLA VERA

578. Memorandum quod Ricardus Gousel de Salfletby die Dominica vicesimo octauo die Nouembris anno regni regis Ricardi secundi decimo nono apud Litelcarleton' Willelmo de Kynyar de Litelcarleton' constabulario dicte ville insultum fecit et ibidem ipsum imprisonauit et in prisona detinuit quousque dictus Willelmus predicto Ricardo finem pro duodecim denarijs fecit contra pacem et contemptum domini regis.
    R. G. of Saltfleetby assaulted W. de K., constable of Little Carlton, at Little Carlton, imprisoned him, and detained him until the said W. made a fine for 12*d.*

[*m.* 31 *old numbering* vj]

CANDELHOW

Inquisicio capta apud Horncastr' xviij^{mo} die mensis Ianuarij anno regni regis Ricardi secundi post conquestum Anglie xix^{mo} [1396] coram domino Radulpho Crumwell' et socijs suis iuratores Willelmus Peticlerk Iohannes filius Hugonis Simon Dand' Simon att Beke Robertus de Linconl' Iohannes de Boston' Robertus de Thorp' Robertus Wythyng' Iohannes Gibson' Robertus Wryth' Willelmus Marth' Willelmus de Barow Iohannes Brian.

579. Qui dicunt super sacramentum suum quod Iohannes Hobneue de Iggoldmels est communis forstalator diuersarum piscium per costeram maris in Skegnes Wynthorp' et Iggoldmels. (*Marg:* Transgressio.)
    J. H. of Ingoldmells is a common forestaller of fish along the coast at Skegness, Winthorpe, and Ingoldmells.
    Made a fine before the King's Bench, East. 1396, for ½ mark ; K. B. 540, Fines, m. 4d.

580. Item dicunt quod Iohannes Handson' cappellanus de Burgh' die Dominica proxima post [festum] omnium sanctorum in Willelmum Peticlerk de Burgh' insultum fecit et dictum Willelmum verberare voluit anno supradicto. (*Marg:* Transgressio.)
    J. H., chaplain of Burgh [in the Marsh], assaulted W. P. of Burgh, wishing to beat him.
    In exigend in the King's Bench, East. 1396 and subsequently ; K. B. 540, Rex, m. 32d. ; 546, Rex, m. 11d.

581. Item dicunt quod Hugo nuper seruiens Iohannis de Braytoft domum Gilberti Harrmane de Braytoft noctanter fregit (in festo sancti Laurencij)[1] et certa ornamenta eiusdem Gilberti precij xxx s. felonice asportauit anno supradicto   (*Marg:* Felonia.)

H., former servant of J. de B., at night broke into the house of G. H. of Bratoft and feloniously stole ornaments, price 30*s*.

In exigend in the King's Bench, East. 1396 ; K. B. 540, Rex, m. 19d.

582. Item dicunt quod Iohannes Bene nuper seruiens Thome de Ruston' domum Alicie Pynder' de Parua Stepyng' noctanter fregit (in crastino omnium sanctorum)[1] et certa ornamenta eiusdem Alicie precij vj s. viij d. felonice asportauit anno supradicto.   (*Marg:* Felonia.)

J. B., former servant of T. de R., at night broke into the house of A. P. of Little Steeping and feloniously stole ornaments, price 6*s*. 8*d*.

In exigend in the King's Bench, East. 1396 ; K. B. 540, Rex, m. 19d.

583. Item dicunt quod Iohannes de Flet de Iggoldmels in festo natiuitatis beate Marie virginis in Willelmum Petiklerk de Burg' insultum fecit noctanter anno supradicto.   (*Marg:* Transgressio.)

J. de F. of Ingoldmells at night assaulted W. P. of Burgh.

Made a fine before the King's Bench, East. 1396, for ½ mark ; K. B. 540, Fines, m. 4d.

[*dorse*] xxxij

[*m.* 32 *old numbering* vij]

CALSEWATHE

Marg: MEMORANDUM

Inquisiscio capta apud Ludam coram domino Radulpho de Crumwell' milite et socijs suis iusticiarijs de pace domini regis in partibus de Lyndesay die Lune proxima post festum sancti Illarij anno regni regis Ricardi secundi decimonono [17 January 1396] videlicet per sacramentum Iohannis de Totill' Roberti Knygth de Swaby Walteri Westhend' de Slotheby Iohannis Millay de Wodthorp' Willelmi Schot de Riston' Willelmi Schaumpnes de Markby Iohannis Geuill' de Thedilthorpe Iohannis Younger' de eadem Iohannis filij Willelmi de Trusthorpe Walteri Beseby de Thoresthorpe Willelmi Trauers de Strubby et Iohannis de Laghton'.

584. Qui dicunt quod Willelmus Northe de Beseby citatus fuit per constabularios dicte ville ad presentandum coram iusticiarijs domini regis ad istum diem et hoc facere recusauit et sic continue est rebellis constabularijs suis faciendis officium suum. (*Marg:* Transgressio.)

W. N. of Beesby [in the Marsh] was summoned by the constables of Beesby to present before the justices at this session but he refused ; he is continuously in rebellion against the constables.

Made a fine before the King's Bench, East. 1396, for 2*s*. ; K. B. 540, Fines, m. 3.

585. Item dicunt quod Iohannes at Bek de Dalby Robertus de Yorke de eadem et Willelmus de Irland' de eadem die Lune proxima post festum sancti Martini in ieme a(n)¹no regni regis Ricardi nunc xix^{mo} noctanter apud finem ville de Partenay insultum fecerunt Thome Doddy' de Calseby et eum vi et armis (ibidem)¹ interfecisse voluerunt contra pacem domini regis. (*Marg:* Transgressio.)

3 men all of Dalby, at night at Partney, assaulted T. D. of Calceby, intending to kill him.

W. de I. made a fine before the King's Bench, East. 1396, for 2*s.*; K. B. 540, Fines, m. 4d.; J. at B. and R. de Y. made fines before the King's Bench, Hil. 1397, for 1 mark each; *ibid.*, 543, Fines, m. 1.

586. Item dicunt quod Alicia filia Walteri de Maysa' de Thoresthorpe die Martis proxima post festum sancti Bartholamei anno regni regis Ricardi nunc xviij^{mo} vi et armis venit in domum Iohannis Sadiller' de eadem et ibidem asportauit vnum loculum contra voluntatem dicti Iohannis et contra pacem. (*Marg:* Transgressio.)

A. daughter of W. de M. of Thoresthorpe forcibly came to the house of J. S. of Thoresthorpe and took a casket.

In exigend in the King's Bench, East. 1396; K. B. 540, Rex, m. 32d.

587. Item dicunt quod villate de Hoggesthorpe Mumby Hellouge debent ve[nire] ad presentandum et non ve[niunt]. Ideo etc. (*Marg:* Misericordia.)

The villages of Hogsthorpe, Mumby, and Belleau ought to present but they did not come.

nichil de felonijs

[*dorse*] xxxj

[*m.* 33 *old numbering* viij]

LOUTHESK'

Inquisicio capta apud Ludam die Lune proxima post festum sancti Hillarij coram Radulpho de Cromwell' milite et socijs suis custodibus pacis in partibus de Lyndessay anno regni regis regis secundi decimo nono [17 January 1396] per sacramentum Ricardi Donnay de Ketyngton' Roberti Helwys de Awthorp' Ricardi atte Wode de Luda Willelmi de Whetecroft' de eadem Roberti filij Iohannis de Manby Willelmi Bonde de Cokeryngton' Roberti filij Henrici de Hagham Willelmi filij Walteri de Tathewell' Iohannis de Fen' de Carleton' Iohannis de Howton' de Cokeryngton' Iohannis Champard' de Rokelond' et Iohannis de Hawardby de Halyngton'.

588. Qui dicunt per sacramentum suum quod Robertus Blert de Garmethorp' et Iohannes filius Roberti Adamson' de Garmethorp' die Veneris proxima ante festum Pasche anno regni regis Ricardi secundi xviij^{o} et die Veneris proxima ante festum epiphanie domini

anno regni regis Ricardi xix° et per multas alias vices annis predictis apud Garmethorp' centum pisces videlicet dyrtes flonders et alias diuersas pisces precij xiij s. iiij d. de Willelmo Dykonson' de Garmethorp' furtiue ceperunt et felonice asportauerunt. (*Marg:* Felonia.)

R. B. and J. son of R. A. both of Grainthorpe many times at Grainthorpe feloniously stole 100 fish, flounders and other kinds, price 13s. 4d., from W. D. of Grainthorpe.

Both tried before the King's Bench, East. 1396, on indictment before the justices of the peace in Lindsey ; acquitted ; K. B. 540, Rex, m. 17d.

589. Item dicunt quod Beatrix vxor Willelmi Paule de Ketyngton' die Lune proxima ante festum sancti Laurencij anno regni regis Ricardi secundi xix° vnum par manitarum precij iij d. vnum rete Anglie kell' precij iiij d. vnum blodeband' precij j d. vnum linthiamen precij xij d. apud Ketyngton' de Isabella de Stampford' de Ketyngton' furtiue cepit et felonice asportauit. (*Marg:* Felonia.)

B. wife of W. P. of Keddington feloniously stole a towel, price 3d., thread, price 4d., a bandage, price 1d., and a sheet, price 12d., at Keddington, from I. de S. of Keddington.

In exigend in the King's Bench, East. 1396 ; K. B. 540, Rex, m. 19d.

590. Item dicunt quod Henricus Graunger (xl d.)[1] de Grympulthorp' constabularius eiudem ville non venit ad inquerendum pro rege. Ideo in misericordia. (*Marg:* Misericordia.)

H. G. (40d.) of Grimblethorpe, constable of the village, is not here for the inquest ; he is amerced.

591. Item dicunt quod Iohannes Gibson' de Gaytton' cepit de Willelmo Polet' per diem in excessu vj d. apud Gaytton' in autupno anno regni regis Ricardi xix°. (*Marg:* Transgressio.)

J. G. of Gayton [le Wold] took 6d. per day in excess in the autumn from W. P. at Gayton.

In exigend in the King's Bench, East. 1396 ; K. B. 540, Rex, m. 32d. ; made a fine before the King's Bench, Mich. 1396, for 2s. ; *ibid.*, 542, Fines, m. 2.

592. Item dicunt quod Iohannes Bakar (xl d.)[1] de Luda' et Iohannes de . . . yrton' (xl. d.)[1] de eadem summoniti fuerunt ad informandum inquisicionem pro rege ad diem precencem et non veniunt sed . . . . . villat' de Luda inrebelionem contemptum. Ideo in misericordia. (*Marg:* Misericordia.)

J. B. (40d.) and J. de . . . (40d.) both of Louth were summoned to be present at this inquest but did not come . . . ; they are amerced.

593. Item dicunt quod Iohannes Fox (ij s.)[1] de Halyngton' spreuit summonitum constabularijs . . . de Halyngton' in contemptum domini regis et non venit ad informandum inquisicionem ad diem presencem. [Ideo in] misericordia. (*Marg:* Misericordia.)

J. F. (2s.) of Hallington did not respond to the summons of the constables of Hallington and is not present ; he is amerced.

[*dorse*] xxx

[*m.* 34 *old numbering* ix]

LOTHEBURGH'

Inquisicio capta apud Ludam die Lune proxima post festum sancti Hillarij episcopi anno regni regis Ricardi secundi nunc xix^mo [17 January 1396] coram Radulpho Cromwell' milite et socijs suis custodibus pacis in partibus de Lyndesay per sacramentum Petri Elfen' de Lotheburgh' Iohannis de Couenham de eadem Ricardi South' de Foterby Willelmi Ranyer' de eadem Radulphi Preste de Vtterby Alani Williamson' forman de eadem Iohannis Rogerneue de Ormesby Iohannis de Parkhous de Wargholm' Roberti Gask' de eadem Roberti de Calthorp' de Couenham Roberti Fransce de eadem et Iohannis Sybson' de Lotheburgh' iuratorum.

594. Qui dicunt quod Willelmus de Derby vocatus cok' de Derby xx^mo die Nouembris anno regni regis Ricardi nunc xix^mo apud Foterby in seruicio Iohannis Donnay de Foterby iunioris in officio carucarij retentus (ibidem die et anno predictis)[1] recessit a seruicio predicti Iohannis sine causa racionabili ad graue dampnum dicti Iohannis xx s. et contra ordinacionem statuti etc. (*Marg:* Transgressio.)

W. de D. called cook of Derby, at Fotherby, having been hired by J. D., Jr., of Fotherby as ploughman, left W.'s service without cause ; damages, 20s. In exigend in the King's Bench, East. 1396 ; K. B. 540, Rex, m. 32d.

595. Item dicunt quod Willelmus Moysand' de Foterby iunior carucarius in festo sancti Martini in hyeme anno regni regis Ricardi nunc xix^mo apud Foterby requestus per Iohannem de Bulcotes balliuum domini Thome Haulay chiualris ad seruiendum dicto domino Thome apud Vtterby a festo Martini predicti vsque predictum festum nunc proximum sequens capiendum prout etc. et hoc videlicet apud Foterby die et anno predictis hoc facere recusauit set exiuit wappentacio de Lotheburgh' sine sigillo officij predicti wappentacij ad hoc ordinationem ad seruiendum apud Ludam a festo sancti Martini (predicti)[1] vsque festum predictum proximum tunc sequens cum Iohanne de Saxtanegate de Lud' in artificio carpentrie que vtitur contra ordinacionem statuti etc. (*Marg:* Transgressio.)

W. M., Jr., of Fotherby, ploughman, being hired by J. de B., bailiff of T. H., kt., to work for a year at Utterby, refused to serve at Fotherby and left the wapentake of Ludborough without permission of the officials, hiring himself as a carpenter to J. de S. of Louth. In exigend in the King's Bench, East. 1396 ; K. B. 540, Rex, m. 32d. ; made a fine before the King's Bench, Hil. 1397, for 40d. ; *ibid.*, 543, Fines, m. 1.

[*dorse*] xxx^o   nichil de felonijs

[*m.* 35 *old numbering* x]

BRADLE

Inquisicio capta apud Castr' coram domino Philipo le Spens' milite et socijs suis iusticiarijs domini regis de pace in partibus de

Lyndesey assingnatis die Sabati proxima post festum sancti Hillarij anno regni regis Ricardi secundi decimo nono [15 January 1396] per sacramentum Ricardi Walker de Paruacotes Iohannis Talifer de Laysceby Willelmi de Waltam de Tetnay Iohannis Curtays de Itterby Iohannis Margerison' de Magnacotes Ricardi Smythe de eadem Iohannis Donceson' de Humberstan Henrici atte Persons de Laysceby Iohannis atte Kirk de Halyng' Willelmi Astyn de Alesby Roberti de Caburn de eadem et Thome de Wolriby de Irby iuratorum.

596. Qui dicunt super sacramentum suum quod Iohannes de Swanland dudum seruiens Iacobi de Cotes militis die Dominica proxima post festum sancti Luce ewangeliste anno regni regis Ricardi secundi decimo nono apud (Paua)ᶜ (Paruam)¹ Cotis noctanter fregit cameram Iohannis de Cotis et ibidem furtiue furatus fuit duo linthiamina de Iohanne de Cotis precij vj s. viij d. et vnum equum de dicto Iohanne precij duarum marcarum. (*Marg:* Felonia.)

J. de S., former servant of J. de C., kt., at Little Cotes at night broke into the chamber of the said J. and furtively stole 2 sheets, price 6s. 8d., and a horse, price 2 marks.

Tried before the justices of gaol delivery, 3 March 1396, on appeal by J. de C.; guilty; plea of clergy allowed; released to the bishop of Lincoln; G. D. R. 177, m. 99; see also G. D. R. 33, Files 6, m. 18; in exigend in the King's Bench, East. 1396; K. B. 540, Rex, m. 19d.

nichil de transgressionibus

[*dorse*] xxix°

[*m. 36 old numbering* xj]

HAWARDESHOWE

Inquisicio capta apud Castr' die Sabati proxima post festum sancti Hillarij episcopi anno regni regis Ricardi secundi nunc xix^{mo} [15 January 1396] coram Philipo le Despenser chiualer et socijs suis custodibus pacis in partibus de Lyndsay per sacramentum Willelmi de Cadenay de Fenby Ricardi de Irford de Waldneuton' Willelmi Iacob de Bernolby Rogeri Delys de Belesby Iohannis Clerk' de Foulestowmersch' Rogeri Merciall' de Waldneuton' Gilberti Ibry de Fenby Willelmi Richardson' de Hawardby Iohannis Perisson' de Wathe Iohannis Redheued de Thoresby Thome de Wathe de Waltham et Willelmi othe Grene de Waltham iuratorum.

597. Qui dicunt quod Elias de Markeby de Belesby die Lune in festo sancti Nicholai episcopi anno regni regis Ricardi nunc xix^{mo} apud Belesby vi et armis etc. insultum fecit Iohanni Cron' de Belesby ita quod predictus Iohannes non ausus fuit exire villam de Belesby predictam causa minacionis predicti Elie ad graue dampnum predicti Iohannis xx s. et contra pacem domini regis etc. (*Marg:* Transgressio.)

E. de M. of Beelsby, at Beelsby, assaulted J. C. of Beelsby so that he did not dare to leave the village; damages, 20s.

Made a fine before the King's Bench, East. 1396, for ½ mark; K. B. 540, Fines, m. 4d.

o

598. Item dicunt quod Henricus de Wlfhow de Foulestowmersch' (saltwellere)¹ quarto die Maij anno regni regis Ricardi
nunc xix^mo apud Foulestowmersch' amonitus (debito modo)¹ per
Iohannem Clerk' constabularium ville de Foulestowmersch' ad
faciendum sacramentum pro custodia statuti prout hoc facere
deberet et tunc ibidem hoc facere recusauit in contemptum domini
regis et contra ordinacionem statuti etc. (*Marg:* Transgressio.)

   H. de W. of Fulstow marsh, salt boiler, at Fulstow marsh, being ordered
by J. C., constable of Fulstow marsh, to swear to keep the statute as he ought,
refused to take the oath.
   Made a fine before the King's Bench, East. 1396, for 10s.; K. B. 540, Fines,
m. 4d.

599. Item dicunt quod predictus Henricus in festo sancti
Petri quod aduincula anno regni regis Ricardi secundi nunc xviij^mo
apud Foulestowmersch' cepit de Willelmo Whyte de Foulestowmersch' pro facturo salis vocato saltwellyng' a festo apostolorum
Philipi et Iacobi proximo ante festum dicti sancti Petri vsque
predictum festum sancti Petri videlicet per xiij septimanas xxvj s.
argenti per septimanam videlicet ij s. vbi consuetudo ibidem est
capiendo per septimanam ante primam pestilenciam xv d. vnde
predictus Henricus cepit per idem tempus in excessu viij s. viij d.
contra ordinacionem statuti domini regis etc. (*Marg:* Transgressio.)

   The said H., at Fulstow marsh, took from W. W. of Fulstow marsh
for making salt, i.e., boiling it, in 13 weeks, 26s., or 2s. per week; whereas
it was customary before the Black Death to take 15d.; excess, 8s. 8d.
   See above no. 598.

600. Item dicunt quod Iohannes West de Askeby senior xxiiij
die Octobris anno regni regis Ricardi secundi nunc xix^mo apud
Askeby insidiandus vi et armis etc. iacuit ad interficiendum
Willelmum de Cadenay de Fenby capitalem constabularium wappentacij de Hawardhowe faciendum et leuandum xv^mam domino regi
hoc anno concessam pro predicta villa de Askeby contra ordinacionem statuti etc. (*Marg:* Transgressio.)

   J. W., Sr., of Ashby [by Fenby], at Ashby, lay in wait to kill W. de C.
of Fenby, head constable of the wapentake of Haverstoe, who was assessing
and levying the 15th in the village of Ashby.
   Made a fine before the King's Bench, East. 1396, for 1 mark; K. B. 540,
Fines, m. 4.

[*dorse*] xxviij°

[*m.* 37 *old numbering* xij]

WALSHECROFT'

   Inquisicio capta coram Radulpho de Cromwell' milite et socijs
suis custodibus pacis in partibus de Lyndessay apud Caster die
Sabati proxima post festum sancti Hillarij anno regni regis Ricardi
secundi post conquestum Anglie decimo nono [15 January 1396]
per sacramentum Laurencij de Wadyngham de Teleby Thome
Fymur de Staynton' Roberti Disnay de Ouresby Alani atte Kar de

Teleby Iohannis Iamesson' de Estrasen' Iohannis de Dryby de Toft' Iohannis Mersshall' de Staynton' Rogeri Harth' de Otteby Iohannis Seriaunt de Croxby Iohannis de Colsyk' de Croxby Iohannis Watson' de Oselby et Willelmi Sterne de Wyllyngham.

601.   Qui dicunt per sacramentum quod Robertus Fawdon' de Rasen' die Iouis in festo anuciacionis beate Marie virginis anno regni regis Ricardi secundi decimo octauo apud Tatessall' octo denarios argenti de Thoma de Baynton' furtiue cepit et felonice asportauit.   (*Marg:* Felonia.)

R. F. of Rasen, at Tattershall, feloniously stole 8d. from T. de B.
In exigend in the King's Bench, East. 1396; K. B. 540, Rex, m. 19d.

602.   Item dicunt quod Iohannes Rykall' de North'kelsay die die Lune proxima post festum sancti Michelis archangeli noctanter apud Walesby anno regni regis Ricardi secundi decimo septimo vnum equum precij xj d. de Iohanne Sheperd' de Walesby furtiue cepit et felonice abduxit.   (*Marg:* Felonia.)

J. R. of North Kelsey, at Walesby, feloniously stole a horse, price 11d., from J. S. of Walesby.
In exigend in the King's Bench, East. 1396; K. B. 540, Rex, m. 19d.

[*dorse*] xxvij°

[*m.* 38 *old numbering* xiij]

YORD'

Inquisicio capta apud Cast' die Sabati proxima post festum sancti Illarij anno regni regis Ricardi secundi post conquestum Anglie xixno [15 January 1396] coram Philipo Spenser (milite)[1] et socijs suis iusticiarijs domini regis de pace in partibus de Lyndesay per sacramentum Willelmi de Wrauby Iohannis Ward Willelmi atte Well' Ricardi Spenser Iohannis de Cotes Roberti Pye Willelmi de Kyrnygton' Thome de Thaumburgh' Stephani Talior Alani Boke Iohannis Nunman et Roberti Bicheke.

603.   Qui dicunt quod Thomas Talior (de)[1] Bekeby est comunis malifactor et perturbator pacis et quod dictus Thomas die Dominica proxima ante festum sancti Nicolai noctanter apud Bekeby anno regni regis Ricardi secundi post conquestum Anglie xixno domum Iohannis de Rasyn in sidiatus fuit Iohannem filium Thome de Thorpe ad interficiendum et vi et armis recussum fecit Iohanni de Rasyn iuniori constabellario villate de Bekeby contra pacem domini regis.   (*Marg:* Transgressio.)

T. T. of Bigby is a common evildoer and disturber of the peace; at night, at Bigby, he watched the house of J. de R. to kill J. son of T. of Thorpe [Kettleby] and he resisted J. de R., Jr., constable of Bigby.
Made a fine before the King's Bench, East. 1396, for 20s.; K. B. 540, Fines, m. 2.

604.   Item dicunt quod Iohannes de Swanland' die Saboti proxima ante festum sancti Nicholai anno regni regis Ricardi

secundi post conquestum Anglie xix^{no} apud Paruam Cotes vnum equum precij viginti solidorum vnum par lynthiaminum et j ridyll' precij decem solidorum (Iohannis de Cotes)[1] furtiue cepit et asportauit. (*Marg:* Felonia.)

J. de S., at Little Cotes, furtively stole a horse, price 20s., a pair of sheets, and a curtain, price 10s., from J. de C.
See above no. 596.

605. Item dicunt quod Iohannes de Houdan dudum seruiens Roberti filij Ricardi de Stalymburg' die Dominica proxima post festum asencionis beate Marie anno regni regis Ricardi secundi post conquestum Anglie xvj apud Stalymburgh' cameram Roberti filij Ricardi de Stalymburgh' fregit et duas vlnas panni lanei precij xl d. et vnam togam precij duorum solidorum (predicti Roberti)[1] ibid furtiue cepit et asportauit. (*Marg:* Felonia.)

J. de H., former servant of R. son of R. of Stallingborough, at Stallingborough, broke into the chamber of the said R. and furtively stole 2 ells of woollen cloth, price 40d., and a tunic, price 2s.
In exigend in the King's Bench, East. 1396; K. B. 540, Rex, m. 19d.

606. Item dicunt quod Willelmus de Grene de Howsu' die Lune proxima post festum sancti Andree apostoli anno regni regis Ricardi secundi post conquestum Anglie xix^{no} (apud Howsu')[1] Matildem vxorem Radulphi Talior de Howsu' abduxit et bona et catalla ad valenciam centum . . . Radulphi ibid furtiue cepit et asportauit. (*Marg:* Felonia.)

W. de G. of Howsham, at Howsham, abducted M. wife of R. T. of Howsham and stole goods valued at 100 . . .
In exigend in the King's Bench, East. 1396; K. B. 540, Rex, m. 19d.

607. Item dicunt quod Iohanna vxor Iohannis filij Simonis de Barow die Lune proxima post festum natiuitatis sancti Iohannis baptiste anno regni regis Ricardi secundi post conquestum Anglie sextodecimo apud Barow domum Mergarete Facuskes fregit et tres libras argenti in pecunia numerata (predicte Mergarete)[1] ibid furtiue cepit et asportauit pro qua fellonia predicta Iohanna se retraxit. (*Marg:* Felonia.)

J. wife of J. son of S. of Barrow [on Humber], at Barrow, broke into the house of M. F. and stole £3; after this felony the said J. withdrew.
In exigend in the King's Bench, East. 1396; K.B. 540, Rex, m. 19d.

608. Item dicunt quod Willelmus filius Thome filij Petri de Barow die Lune proxima post festum sancti Thome anno regni regis Ricardi secundi post conquestum Anglie xix^{no} apud Barw dictam Iohannam receptauit sciens predictam felloniam fecisce (*Marg:* Accessorius.)

W. son of T. son of P. of Barrow [on Humber], at Barrow, received th said J., knowing she had committed this felony.
To be produced before the King's Bench, East. 1397 and subsequently; K. B 543, Rex, m. 5d.; 544, Rex, m. 15d.; 549, Rex, m. 13d.

609. Item dicunt quod Iohannes Sutor de Stalymburgh' di Saboti proxima (post)[1] festum sancti Illarij anno supradicto fui

rebellus et noluit presentare articulos coram iuratores predictos.
(*Marg:* Transgressio.)

J. S. of Stallingborough is a rebel and refuses to present before the jurors.
In exigend in the King's Bench, East. 1396 ; K. B. 540, Rex, m. 32d.

[*dorse*] xxvj^{to}

[*m.* 39 *old numbering* xiiij]

MANLE

Inquisicio capta apud Hospital' super Strat' coram Radulpho
de Cromwell' milite et socijs suis custodibus pacis in partibus de
Lyndessay die Veneris proxima post festum sancti Hillarij anno
regni regis Ricardi secundi post conquestum Anglie decimo nono
[14 January 1396] per sacramentum Oliueri atte Hall' de Askby
Ricardi Bygg' de Burton'stather Iohannis Walker de Wynterton'
Ricardi de Carethorp' de Wyntryngham Roberti Colt' de eadem
Iohannis atte Hall' de Roxby Ricardi atte Vykers de Skalby Thome
Hopper de Rysseby Roberti atte Hall' de Flixburgh' Willelmi
Fyssher de Wadyngham Iohannis de Malton' de Redburne et
Rogeri Leget de Burton'.

610.   Qui dicunt per sacramentum quod Iohannes filius Willelmi
nuper seruientus Thome Lyle de Salteclyff' die Lune proxima ante
festum natalis domini apud Thornholm' de Willelmo de Rysum'
vnum colobium et vnam armilausam precij x s. furtiue cepit et
felonice asportauit anno regni regis Ricardi secundi xix°. (*Marg:*
Felonice.)

J. son of W., former servant of T. L. of Sawcliffe, at Thornholme, feloniously stole a tunic and a cloak, price 10s., from W. de R.
In exigend in the King's Bench, East. 1396 ; K. B. 540, Rex, m. 19d.

611.   Item dicunt quod Iohannes Harpper nuper manentus in
Lee die Lune proxima post festum sancti Michelis anno regni regis
Ricardi secundi xix° Iohannam vxorem Ricardi Byrylot de Belton'
apud Belton' vi et armis cepit et abduxit contra voluntatem dicti
Ricardi et contra pacem domini regis. (*Marg:* Transgressio.)

J. H., formerly living in Lea, abducted J. wife of R. B. of Belton, at
Belton.
Made a fine before the King's Bench, East. 1396, for 40s.; K. B. 540, Fines,
m. 4.

612.   Item dicunt quod Alanus Burdon' webster de Northorp'
die Iouis proxima post festum sancti Michelis anno regni regis
Ricardi secundi xix° apud Northorp' Thomam Colt de Fery verberauit wlnerauit male tractauit et alia enormia ei intulit contra pacem
domini regis. (*Marg:* Transgressio.)

A. B., weaver of Northorpe, at Northorpe, beat, wounded, and maltreated
T. C. of [West Kinnard's] Ferry and did him other injuries.
Made a fine before the King's Bench, East. 1396, for ½ mark ; K. B. 540,
Fines, m. 4d.

[*dorse*] xxv

[*m.* 40 *old numbering* xv]

CORINGHAM

Inquisicio capta apud Hospital' super Strat' die Veneris proxima post festum sancti Hillarij anno regni regis Ricardi secundi a conquestu Anglie xix⁰ [14 January 1396] coram Roberto Tyrwhit et socijs suis iusticiarijs domini regis de pace in partibus de Lyndesey per sacramentum Iohannis Barker de Sprigthorp' Willelmi at Bek de eadem Willelmi at Broke de Corigham Willelmi Torkesey de eadem Iohannis Rog' de Warton' Roberti Rog' de Bliton' Iohannis Drapo' de eadem Iohannis Dawson' de eadem Roberti de Lownde de Laghton' Roberti Magotson' de eadem Iohannis othe Barre de Wylesworth' Habram de Stotton' iuratorum qui dicunt.

613. Qui dicunt super sacramentum suum quod (Iohannes)¹ Pride de Bliton' die Martis proxima post festum exaltationis sancte crucis anno regni regis supradicto latuit insidus vi et armis et contra pacem apud siluam de Warton' pro Iohanne de Holteby de Aseby verberando. Et eum inpediuit de mercandia sua quam debuit fecisse apud Gaynesburgh' ad dampnum predicti Iohannis Holteby xij d. (*Marg:* Transgressio.)

J. P. of Blyton lay in wait for J. de H. of Aisby in the wood at Wharton to beat him and hinder him in his business at Gainsborough; damages, 12*d*.

In exigend in the King's Bench, East. 1396; K. B. 540, Rex, m. 32d.

614. Item dicunt quod Rogerus Tailo' de Kelme bercarius die Martis proxima post festum sancti Iohannis ewangeliste anno (xix⁰)¹ supradicto apud Somerby furatus fuit vnum gowne Rogeri Pye de eadem precij ij s. et asportauit. (*Marg:* Felonia.)

R. T. of Kelme, shepherd, at Somerby, furtively stole a gown, price 2*s.*, from R. P. of Somerby.

In exigend in the King's Bench, East. 1396; K. B. 540, Rex, m. 19d.

615. Item dicunt quod Thomas Cok de Morton' thekere die (Lune)¹ proxima post festum sancte Mergarete virginis anno regni regis Ricardi supradicto apud Sprigthorp' cepit de Thoma Baker' de eadem ij d. pro opere tectorie vnius diei excessiue et contra statutum. Et cepit continue postea cum quocumque operabatur dimidium marce excessiue. (*Marg:* Transgressio.)

T. C. of Morton, thatcher, at Springthorpe, took from T. B. of Springthorpe 2*d*. in excess per day for each job of thatching and afterwards wherever he worked he took ½ mark in excess.

Made a fine before the King's Bench, East. 1396, for 40*d*.; K. B. 540, Fines, m. 3.

[*dorse*] xxiiij

[*m.* 41 *old numbering* xvj]

GAYNESBURGH'

Inquisicio capta apud Hospital' super Stratam coram Gerard' de Suthill' Roberto Tirwhyte et socijs suis iusticiarijs domini

regis de pace die Veneris proxima post festum sancti Hillarij anno
regni regis Ricardi secundi post conquestum Anglie x^{mo} ix^{no} [14
January 1396] per sacramentum Iohannis Wilkinson' de Gaynes-
burgh' Willelmi de Duffeld' de eadem Walteri Torald' de eadem
Iohannis de Toynton' de eadem Ricardi Flessth'hewer de eadem
Ade Godyer de eadem Thome de Brounflett' de eadem Iohannis de
Bankholm' de eadem Roberti de Skidgate de eadem Ricardi de
Askeby de eadem Willelmi de Lincoln' de eadem et Ade Horn' de
eadem.

616. Qui dicunt super sacramentum suum quod die Dominica
proxima ante festum omnium sanctorum anno regni regis Ricardi
secundi x^{mo} ix^{no} apud Gaynesburgh' quidem Ricardus de Goushill'
vnus de balliuis Iohannis de Skipwythe tunc vicecomitis Lincoln'
intrauit infra libertatem de Gaynesburgh' sine waranto domini
regis et domini libertatem fregit in preiudicium domi[n]j ibidem et
cepit per extorcionem de Willelmo de Lincoln' burgense ibidem iij s.
iiij d. ad graue dampnum domini de Gaynesburgh' c s. etc. (*Marg:*
Transgressio.)
    R. de G., one of the bailiffs of J. de S. sheriff of Lincolnshire, entered
the liberty of Gainsborough without warrant and extorted 3s. 4d. from W.
de L., burgess ; damages to the lord of Gainsborough, 100s.
    Made a fine before the King's Bench, East. 1396, for 1 mark ; K. B. 540, Fines,
m. 5.

617. Item dicunt quod Alicia de Neubald' die Veneris proxima
ante festum natiuitatis sancti Iohannis baptiste anno supradicto
apud Gaynesburgh' furata fuit ij vellamina Alicie vxoris Ricardi
Flessth'hewer precij viij d. et felonice asportauit etc. (*Marg:* Felonia.)
    A. de N., at Gainsborough, feloniously stole 2 garments, price 8d.,
from A. wife of R. F.
    In exigend in the King's Bench, East. 1396 ; K. B. 540, Rex, m. 19d.

[*dorse*] xxiij

[*m.* 42 *sewn on m.* 43]
BILLA VERA

618. Inquiratur pro rege si Iohannes Warner de Laghterton'
iuxta Stow in festo assumpcionis beate Marie anno regni regis
Ricardi secundi terciodecimo apud Stow predictam vnum bidentem
Willelmi Tofte de Brotelby precij xij d. in midanis de Stow de
predicto Willelmo minus iuste cepit et abduxit. Et postea eundem
Willelmum vi et armis et octo alios bidentes arestauit et duxit apud
le Tolle borth' ibidem et (maliciri)^c imprisonauit predictum Willelmum minus iuste (ipsum)^c impondendum eidem Willelmo et dicen-
dum quod ipse deberet soluere stallagium. Et postea compertum
fuit quod ipse nec nullus tenens feodi de la Hay nullum stallagium
soluere tenetur vnde idem Willelmus dampnum habuit pro fati-
gacione predicta ad valenciam x marcarum. (*Marg:* Transgressio.)
    It is inquired for the king whether J. W. of Laughterton near Stow, at
Stow, took a sheep, price 12d., belonging to W. T., of Brattleby from the

meadow at Stow and then afterwards arrested the said W., with 8 other
sheep, and took them to the Tolbooth and imprisoned W. there saying that
W. owed him stallage. Afterwards it was found that no tenant of the fief
of la Hay owes stallage; damages to W., 10 marks.
   In exigend in the King's Bench, East. 1396; K. B. 540, Rex, m. 32d.; made a
fine before the King's Bench, Mich. 1396, for 40d.; *ibid.*, 542, Fines, m. 2.

[*m.* 43 *old numbering* xvij]

ASLAK'

   Inquisicio capta apud Spetyll othe Strete die Veneris in crastino
sancti Hillarij anno regni regis Ricardi secundi xix^{no} [14 January
1396] coram Radulpho de Crumwell' et socijs suis iusticiarijs domini
regis de pace in partibus de Lyndesey per sacramentum Iohannis
de Brun de Saxby Iohannis Peresson' Iohannis de Whytchyrche
Iohannis Clerk' Willelmi Oliuer Thome de More Petri Ionesson'
Roberti Goldhyng' Roberti Walter' Iohannis de Netlam Iohannis
de Gayton' et Iohannis de Ryby.

   619.   Qui dicunt super sacramentum suum quod Iohannes
Smyth' de Vpton' die Martis proxima ante festum sancti Martini
anno supradicto apud Vpton' vbi requisitus fuit per Willelmum de
Wyum ad operandum et faciendum sicut communis artifex deberet
in arte sua idem que Iohannes predicto Willelmo omnio recusauit
et constabularijs predicte ville sic per predictum Willelmum ad ei
seruiendum in forma predicta eis rescussum fecit contra statutum
et in regis contemptum. (*Marg:* Transgressio.)
   J. S. of Upton, at Upton, having been hired by W. de W. to work as
a common craftsman, refused, resisting the constables of Upton.
   Made a fine before the King's Bench, East. 1396, for 40d.; K. B. 540, Fines,
m. 4.

   620.   Item dicunt quod Stephanus Thekar' de Sprydlington'
die Lune proxima post festum sancti Andree apostoli anno supradicto de Alicia Watwyff de eadem apud Sprydlington' quinque
denarios per diem cepit ad coperandum domos contra statutum et
sic facit de singulis contra formam inde editam etc. (*Marg:* Transgressio.)
   S. T. of Spridlington, at Spridlington, took 5d. per day from A. W.
of Spridlington for thatching and this he commonly does.
   In exigend in the King's Bench, East. 1396; K. B. 540, Rex, m. 32d.; made
a fine before the King's Bench, Hil. 1397, for ½ mark; *ibid.*, 543, Fines, m. 1.

                       nichil de felonijs
[*dorse*] xxij

[*m.* 44 *old numbering* xviij]

WELLE

   Inquisicio capta coram Radulpho Cromwell' milite et socijs
suis iusticiarijs domini regis de pace in partibus de Lindesay apud
Lincoln' die Iouis in festo sancti Hillarij episcopi anno regni regis

Ricardi secundi a conquestu decimo nono [13 January 1396] per sacramentum Willelmi Grawnt Willelmi Brown' Iohannis Williamson' Iohannis Estgat Willelmi Toke Iohannis Humberston' Iohannis Fechet Roberti Gotte Iohannis Lyle Iohannis Lenyng' Iohannis Walpole (et)[1] Iohannis Martyn.

621. Qui dicunt super sacramentum suum quod quidam Iohannes Oxehird' seruiens prioris et conuentus ecclesie sancti Leonardi de Torkesay conductus cum Iohanne Caldewell' et aliis hominibus villate de Stowe Beate Marie ad festum sancti Swithinni in estate anno regni regis Ricardi xix[o] ad seruiendum eidem villate in officio portarij a festo sancti Martini in yeme anno regni regis supradicto vsque ad idem festum anno reuoluto qui quidem Iohannes Oxehird (apud Stowe ad festum sancti Andree)[1] infra finem termini prescripti absque causa racionabili seu licencia recessit in comtemptum domini regis et statuti inde editi et prouisi. (*Marg:* Transgressio.)

J. O., servant of the prior and convent of St Leonard at Torksey, being hired with J. C. and others of Stow St Mary to work as porter for a year, left before the end of his term without cause.
In exigend in the King's Bench, East. 1396; K. B. 540, Rex, m. 32d.

622. Item dicunt quod Robertus Thekar de Fenton' iuxta Torkesay excessiue recepit de Willelmo Broughton' de Brampton' pro tectura vnius noue domus apud Brampton' predictam anno regni regis Ricardi xviij[o] quolibet die per octo dies iiij d. in excessum et contra ordinacionem statuti. (*Marg:* Transgressio.)

R. T. of Fenton near Torksey received from W. B. of Brampton for thatching a new house 4*d.* a day in excess for 8 days.
Made a fine before the King's Bench, East. 1396, for 40*d.*; K. B. 540, Fines, m. 4.

Iurati supradicti nichil plus ad presencem sciunt presentare.
nichil de felonijs

[*dorse*] xxj

[*m. 45 old numbering* xix]

Wappentacium de Lauriz

Marg: Memorandum

Inquisicio capta apud Lincoln' coram Radulpho de Cromwell' milite et socijs suis custodibus pacis in partibus de Lyndessay die Iouis in festo sancti Hillarij anno regni regis Ricardi secundi post conquestum Anglie decimo nono [13 January 1396] per sacramentum Iohannis Neuell' de Faldyngworth' Willelmi Hannay de Repham Thome Stag' de Dunham Iohannis Furre de Faldyngworth' Willelmi Lange de Carleton' Thome filij Simonis de Thorp' in the Falows Thome Coke de Ingylby Iohannis de Fowlestow de Saxilby Iohannis de Roxston' de Asthorp' Ricardi de Lanu' de Gretewell' Iohannis Cartwryght' de Burton' et Iohannis Coup' de Carleton'.

623. Qui per sacramentum suum dicunt quod Willelmus Margabull' de Cherywyllyngham die Lune proxima post festum sancti Michelis anno regni regis Ricardi secundi xix° (apud Cherywyllyngham)[1] verberauit wlnerauit et male trattauit Gesper' Goldsmyth' de Lincoln' et alia enormia ei intulit contra pacem domini regis. (*Marg:* Transgressio.)

W. M. of Cherry Willingham, at Cherry Willingham, beat, wounded, and maltreated G. G. of Lincoln and did him other injuries.

Made a fine before the King's Bench, East. 1396, for 10*s.*; K. B. 540, Fines, m. 2d.

624. Item dicunt quod Robertus Wilcok capellanus de Scotton' in festo sancti Martini anno regni regis Ricardi secundi xix° apud Rasen procurauit Willelmum Wilcok' seruientem Roberti de Ryby de Rasen' a seruicio eiusdem Roberti sine causa racionabili promittendo eidem Willelmo vj s. viij d. vltra compitens salarium statuti contra pacem et formam statuti. (*Marg:* Transgressio.)

R. W., chaplain of Scotton, at Rasen, procured W. W., servant of R. de R. of Rasen, without cause by offering to the said W. W. 6*s.* 8*d.* in higher wages.

Made a fine before the King's Bench, East. 1396, for 40*d.*; K. B. 540, Fines, m. 5.

625. Item dicunt quod Iohannes Smyth' de Fulnethby et Iohannes de Legburne de eadem die Lune proxima post festum sancti Andree apostoli anno regni regis Ricardi secundi post conquestum xix° noctanter apud Fulnethby cum gladijs et fustibus et alijs armis Rogerum Trawe de Fulnethby verberauerunt wlnerauerunt male trattauerunt et alia enormia ei intulerunt contra pacem domini regis. (*Marg:* Transgressio.)

J. S. and J. de L. both of Fulnetby at night, at Fulnetby, being armed, beat, wounded, and maltreated R. T. of Fulnetby, doing him other injury also.

J. S. made a fine before the King's Bench, East. 1396, for 1 mark; K. B. 540, Fines, m. 2d.

626. Item dicunt quod Thomas Skepper de Lincoln' seriaunt die Veneris proxima ante festum natalis domini anno regni regis Ricardi secundi xix° Willelmum Carter de Skampton' apud Lincoln' verberauit et alia enormia ei intulit ad graue dampnum ipsius Willelmi Carter et contra pacem domini regis. Et idem Thomas Skepp' exstorcionaliter impediuit dictum Willelmum et alios de vicinis suis incontinenter vendere grana sua (videlicet vnum quarterium ordij et vnum bussellum frumenti)[1] et alia victulia ad graue dampnum tocius patrie apud Lincoln' per totum annum predictum et contra pacem domini regis. (*Marg:* Transgressio.)

T. S. of Lincoln, sergeant, at Lincoln, beat W. C. of Scampton and did him other injury; also he impeded the said W. and others of the neighbourhood continually from selling grain, i.e., a quarter of barley and a bushel of grain, and other victuals to the serious damage of the neighbourhood around Lincoln.

Made a fine before the King's Bench, East. 1396, for 20*s.*; K. B. 540, Fines, m. 5.

627. Item dicunt quod Iohannes Lenerot de Saxilby summonitus fuit per Thomam Coke constabularium villate de Saxilby ad
essendum coram iusticiarijs ad inquerendum pro rege et non venit
in (rebelionem)¹ contemptum domini regis. (*Marg:* Transgressio.)
> J. L. of Saxilby was summoned by T. C., constable of Saxilby, to testify
> before the justices but he did not come, being a rebel.
> In exigend in the King's Bench, Mich. 1397 ; K. B. 546, Rex, m. 4d. ; made a
> fine before the King's Bench, Hil. 1398, for 2*s.* ; *ibid.*, 547, Fines, m. 1d.

628. Item dicunt quod Iohannes Personman' de Fyskyrton'
die Dominica proxima ante festum sancti Martinj anno regni regis
Ricardi xix⁰ apud Fyskyrton' Willelmum Kaa de Fyskyrton' et
Robertum Perkyn' de eadem constabularios villate de Fyskyrton'
verberauit wlnerauit male trattauit et alia enormia eis intulit ad
graue dampnum ipsorum Willelmi et Roberti et contra pacem
domini regis et dictus Iohannes est communis perturbator pacis.
(*Marg:* Transgressio.)
> J. P. of Fiskerton, at Fiskerton, beat, wounded, and maltreated W. K.
> and R. P., constables of Fiskerton, doing them other injury ; he is a common
> disturber of the peace.
> In exigend in the King's Bench, East, 1396 ; K. B. 540, Rex, m. 32d. ; made a
> fine before the King's Bench, Hil. 1397, for 20*s.* ; *ibid.*, 543, Fines, m. 2.

629. Item dicunt quod Ricardus Wryght de Newbell' die
Dominica proxima ante festum sancte Lucie virginis anno regni
regis Ricardi xix⁰ apud Newbell' Henricum Dryster de Langwath'
verberauit wlnerauit et male trattauit et alia enormia ei intulit ad
graue dampnum ipsius Henrici et contra pacem domini regis et est
communis perturbator pacis. (*Marg:* Transgressio.)
> R. W. of Newball, at Newball, beat, wounded, and maltreated H. D.
> of [West] Langworth and did him other injury ; he is a common disturber
> of the peace.
> Made a fine before the King's Bench, East. 1396, for 20*s.* ; K. B. 540, Fines,
> m. 5d.

nichil de felonijs

[*dorse*] xx

Presentamenta capta coram Radulpho de Cromwell' et socijs
suis (iusticiarijs)¹ in diversis locis in partibus de Lyndesey in vltima
sessione.

[*m.* 46 *old numbering* xx]

LINCOLN'

Inquisicio capta (apud Lincoln')¹ die Iouis in festo sancti
Hillarij episcopi anno regni regis Ricardi secundi decimo nono [13
January 1396] coram Radulpho de Crumwell' milite Roberto Tirwhit
Ricardo Moriell' Iohanne Poucher et Gerardo Suttell' iusticiarijs
pacis domini regis in partibus de Lyndesey assignatis per sacramen-
tum Thome de Pollyngton' Willelmi Ioliff' Ricardi de Bliton'
Iohannis Sterop' Ricardi Wynloff' Willelmi Dymmok' Iacobi de

Barnaby Iohannis Bestorp' barbour Iohannis Humberston' couper
Roberti Ward' Iohannis Hertishewed' et Willelmi de Burton'
skynner iuratorum.

630. Qui dicunt super sacramentum suum quod de vitillarijs
hostillarijs regratarijs aut de aliquibus personis qui contra statuta
regis (de)[1] laborarijs artificibus edita seu quicquam in abusu men-
surarum et ponderum seu aliorum quorumcumque marescalsiam
domini regis tangencium presentare ad presens nesciunt pro eo
quod maior et balliui ciuitatis Lincoln' per cartas domini regis et
proienitorum suorum quondam regis Anglie omnia huiusmodi
articula marescalciam tangencia ante hec tempora punierunt et
indies puniuunt et de predictis (transgressionibus)[1] contra statuta
de laboriarijs seruientibus et artificibus edita aut de alijs transgressionibus felonijs et de alijs articulis (vnde onerati sunt)[1] ad
presens nesciunt presentare. (*Marg:* Nichil.)

The jurors of the city of Lincoln refuse to present concerning victuallers,
innkeepers, regraters, and violaters of the statute of labourers, the statute
of weights and measures, or other regulations concerning the latter because
the mayor and the bailffs of the city of Lincoln have punished such matters
by virtue of charters from the king and his progenitors. Therefore they
have nothing to present concerning these matters or concerning other trespasses, felonies, or any of the articles of inquiry.
See above, Vol. I, p. xvii.

[*dorse*] xix

[*m.* 47 *old numbering* xxj]]

Marg : LINCOLN' LYNDESEY [*bracketed*] CUSTODES PACIS

Presentamenta de diuersis transgressionibus coram Radulpho
de Cromwell' (Philipo le Despenser)[1] Iohanne Pouger Gerardo de
Sothill' Ricardo Muriell' et Roberto Tirwhit iusticiarijs domini
regis de pace in partibus de Lyndesey in comitatu Lincoln' facta et
nondum terminata.

Marg : LINCOLN'

Inquisicio capta coram Ricardo Moriell' et Roberto Tirwhit'
iusticiarijs domini regis de pace in Lyndesey assignatis die Mercurij
proximo post festum sancti Iacobi apostoli anno regni regis Ricardi
secundi xix° [28 July 1395] apud Lincoln' per sacramentum Roberti
Warde Henrici de Humberstan' Hugonis Lucas Ricardi de Bliton'
armorere Radulphi Paten' Willelmi de Orby Iohannis de Canwik'
Willelmi de Mar' skeppar Thome de Lesyngham Willelmi de Stretton'
litster Iohannis Baxster potter et Ricardi de Mar' iuratorum.

631. Qui dicunt super sacramentum suum quod Willelmus de
Louth' wryght die Lune proximo post festum exaltacionis sancte
crucis anno regni regis Ricardi secundi ix° conductus fuit ad operandum cum quodam Iohanne Baxt' potter de Lincoln' per duos dies

tunc proximos sequentes et predictus Willelmus noluit nec ad huc
vult capere minus quam v d. per diem ad mensam. Et quia predictus
Iohannes Baxter potter non wlt soluere predicto Willelmo per diem
v denarios ad mensam idem Willelmus attachiauit vnam querelam
debiti versus predictum Iohannem in gildaula Lincoln' de quo ad
huc est pendens inquisicio die Mercurij istius inquisicionis capte in
contemptu regis etc. (*Marg:* Transgressio.)

W. de L., wright, being hired by J. B., potter, of Lincoln, worked
for 2 days but he was unwilling to take less than 5d. per day with food, and
because the said J. B. was unwilling to pay this the said W. brought a suit
of debt against the said J. in the Gildhall at Lincoln which inquiry is pending.

Made a fine before the King's Bench, East. 1396, for 1 mark ; K. B. 540, Fines,
m. 5d. ; see also above, Vol. I, p. lix.

632. Item dicunt quod Thomas de Munkton' die Sabbati
proximo post festum omnium sanctorum anno regni regis Ricardi
secundi xviij° cepit de Henrico de Humberston' per diem vj d. ad
tascam et semel in die potum suum et hoc continuando cepit sic
per tres septimanas in excessu vnde in excessu per dictas tres
septimanas iiij s. et sex denarios. (*Marg:* Transgressio.)

T. de M. took from H. de H. 6d. a day for piece work with drink
and so he did for 3 weeks ; excess, 4s. 6d.

In exigend in the King's Bench, East. 1396 ; K. B. 540, Rex, m. 32d.

633. Item dicunt quod Iohannes Clerk keruer et Willelmus
de Morwode carpentarius die Lune proximo post festum Pasche
anno regni regis Ricardi secundi xvij° ceperunt de Iohanne Norman
Roberto de Sutton' Henrico de Humberston' Ricardo de Mar' et
Willelmo de Mar' skepper et alijs diuersis hominibus ad tascam vj d.
et hoc continuando per magnum tempus videlicet cum quodam
eorum per tres septimanas et cum quodam eorum per quindenam
in magno excessu et contemptu statuti. Et nolunt esse cum aliquo
nisi habeant quolibet die ad tascam vj d. contra statutum et in
contemptu regis. (*Marg:* Transgressio.)

J. C., carver of wood, and W. de M., carpenter, took from 5 men and
others, 6d. for piece work and so they did continually for 3 weeks, being unwilling to take less.

Both made fines before the King's Bench, East. 1396, for 1 mark ; K. B. 540,
Fines, m. 5d.

634. Item dicunt quod Thomas Sees poyntour est principalis
et maximus ingrossator omnium huiusmodi artificiarum in ciuitate
Lincoln' et si aliquis tegularius vellet venire ad dictam ciuitatem
ad laborandum in artificio predicto protinus cum predicto Thoma
erit retentus ita quod nullus ciuis Lincoln' aliquem vix huius tegu-
lorium sine licencia ipsius Thome in maximam caristiam huius
artificij. (*Marg:* Transgressio.)

T. S., painter, is the chief engrosser of craftsmen in the city of Lincoln ;
if any roofer wishes to come to Lincoln to work he must make a deal with
the said T. Thus no citizen of Lincoln can get roofing done without the
permission of the said T. and there is a great dearth of such work.

Made a fine before the King's Bench, East. 1396, for 20s. ; K. B. 540, Fines,
m. 3.

Marg: ASLOKHOW

Inquisicio capta apud Pontem Glanneford' die Sabbati proximo post festum sancti Iacobi [apostoli anno regni regis Ricardi secundi xix⁰ [?31 July 1395] coram Gerardo de] Sothehyll' et Roberto Tirwhit custodibus pacis in partibus de Lyndesey per sacramentum Ricardi Warde de Wylughton' Iohannis . . . . . [Iohannis]¹ Dawlyn de Helmeswell' Willelmi Clerk' de Ingham Roberti atte Hall' de eadem Iohannis atte Wode de Spridelyngton' Iohannis de Netilham de eadem Walteri Smyth' de eadem Iohannis Cosyn de Glentham Iohannis de Scothorn' de eadem Willelmi de Broklesby de Norton' et Henrici Alaynson' de Cotes iuratorum.

635. Qui dicunt super sacramentum suum quod Iohannes Bret de Chiriwylyngham die Sabbati proximo post festum omnium sanctorum anno regni regis Ricardi secundi xviij⁰ apud Chirywylyngham retentus fuit cum Roberto de Sotheby ad seruiendum eidem Roberto ibidem in officio opibonis a festo sancti Martini in yeme ex tunc proximo sequente per vnum annum integrum. Predictus Iohannes Bret die Lune proximo post festum corporis Christi anno supradicto in seruicio ipsius Roberti ibidem existens extra eundem seruicium sine causa racionabili vel licencia ipsius Roberti recessit contra formam ordinacionis in huiusmodi casu prouise. (*Marg:* Transgressio.)

J. B. of Cherry Willingham, at Cherry Willingham, was retained to serve R. de S. as workman for a year but he left this service before the end of his term without cause.

In exigend in the King's Bench, East. 1396; K. B. 540, Rex, m. 32d.; made a fine before the King's Bench, Hil. 1397, for 2s.; *ibid.*, 543, Fines, m. 1.

Marg: CORYNGHAM

Inquisicio capta apud Glawmofordbryg' die Sabbati proximo post festum sancti Iacoby apostoli anno regni regis Ricardi secundi a conquestu Anglie xix⁰ [31 July 1395] coram Roberto Tyrwhite et socijs suis iusticiarijs domini regis de pace in partibus de Lyndesey per sacramentum Radulphi Fole de Kyrton' Thome Ionetson' de Scotr' Thome Kegerey de eadem Willelmi de Torkesey de Coryngam Iohannis Taylo' de eadem Iohannis Holteby de eadem Willelmi Henry de Greyngham Iohannis Henry de eadem Galfridi Smyth' de eadem Hugonis Howet' de Laghton' Willelmi Ompo' de eadem Roberti Owstyne' de Fery iuratorum.

636. Qui dicunt super sacramentum suum quod Iohannes Yonge de Stotton' die Sabbati proximo post festum anunciacionis beate Marie virginis anno regni regis Ricardi secundi xviij⁰ apud Hospital' super Stratu' discoperuit consilium xj iuratorum sociorum suorum wapentak' de Corigham coram iusticiarijs domini regis de

¹ Missing name supplied from below, p. 253.

pace iuratorum ad dampnum aliquorum dictorum iuratorum xx solidos. (*Marg:* Contra.)

J. Y. of Scotton, at Spital in the Street, divided the counsel of the 11 other jurors of the wapentake of Corringham before the justices of the peace; damages the other jurors, 20s.

637. Item dicunt quod Ricardus Milner de Northorp fuit communis venator apud Northorp' a festo sancti Michelis archangeli anno regni regis Ricardi secundi xvij° per eundem annum continue ad dampnum communis populi de Northorp' in bladis suis dimidij marce eo quod predictus Ricardus nulla terras et tenementa habet. (*Marg:* Transgressio.)

R. M. of Northorpe is a crafty old fellow who continually damages the crops of the people of Northorpe to the amount of ½ mark; he has neither lands nor tenements.

Made a fine before the King's Bench, East. 1396, for ½ mark; K. B. 540, Fines, m. 5.

638. Item dicunt quod Ricardus Parteney (fecit finem)[1] de Kirkton' die Lune proximo post festum sancti Martini anno regni regis Ricardi xviij° fecit attachiamentum constabularijs de Kirkton' et ibidem cepit ab eis constabularijs vnum seruientem attachiatum Radulphi Fole ad dampnum predicti Radulphi ij s. (*Marg:* Transgressio.)

R. P. (made a fine) of Kirton [in Lindsey] made an attachment on the constables of Kirton and took from them a servant of R. F.; damages to R. F., 2s.

Made a fine before the King's Bench, East. 1396, for ½ mark; K. B. 540, Fines, m. 3.

639. Item dicunt quod Iohannes de Barowe de Kirkton' a festo ascencionis domini anno regni regis Ricardi secundi xviij° vsque festum sancti Iacobi apostoli proximum sequens recusauit facere vigiliam domini regis apud Kirkton' per constabularios de Kirkton' sepius . . (*Marg:* Transgressio.)

J. de B. of Kirton [in Lindsey] refused to keep the watch at Kirton as ordered by the constables of Kirton.

Made a fine before the King's Bench, East. 1396, for 2s.; K. B. 540, Fines, m. 3.

Marg: MANLE

Inquisicio capta apud Glannfordbryg' coram Gerardo Sothill' et Roberto Tirwhit' et socijs suis iusticiarijs domini regis de pace in partibus de Lyndesey assignatis die Sabbati proximo ante festum sancti Petri aduincula anno regni regis Ricardi xix° [31 July 1395] per sacramentum [Willelmi] Daynill' de Garlethorp' Thome Moigne de Appulby Thome de Bekyngham de Manby Simonis de Beltoft de Belton' Ricardi Cole de eadem Iohannis Saule de Epworth Iohannis de Blaktoft' Iohannis [Raynald Nicholai][1] Tebbe Iohannis Walker de Wynterton' Roberti atte Hall' de Flixburgh' et Petri Tochet de Hibaldestowe.

[1] Missing names supplied from below, p. 256.

640. Qui dicunt super sacramentum suum quod Willelmus
Rap' de Althorp' die Lune proximo post festum sancte trinitatis
anno regni regis Ricardi secundi xviij° apud Althorp' domos rectoris
de Althorp' noctanter insidiatus fuit et ibidem in Iohannem Hobson'
capellanum insultum fecit et ipsum verberauit vulnerauit et male
tractauit et est communis vagator noctis et insidiator domorum et
perturbator pacis. (*Marg:* Transgressio.)

W. R. of Althorpe, at Althorpe, at night watched the houses of the rector
of Althorpe and assaulted J. H., chaplain, beating, wounding, and maltreating him; W. is a common night vagrant, watcher of houses, and
disturber of the peace.

641. Item dicunt quod Thomas de Scalby de Wynterton'
summonitus fuit per constabularios ville de Wynterton' apud
Wynterton' die Mercurij proximo post festum sancti Iacobi apostoli
anno regni regis Ricardi secundi xix° essendo coram prefatis
iusticiarijs apud Glannfordbryg' die Sabbati tunc proximo sequente
ad inquirendum pro rege et predictus Thomas non venit set rebellis
fuit. (*Marg:* Transgressio.)

T. de S. of Winterton was summoned by the constables of Winterton
to appear before the justices of the peace at Glanford Brigg but he refused
to come, being a rebel.

Made a fine before the King's Bench, East. 1396, for 2*s.*; K. B. 540, Fines,
m. 2d.

Marg: YORDEBURGH'

Inquisicio capta apud Magnam Lymbergh' coram Philipo le
Despens' chiualer et Roberto Tirwhit iusticiarijs domini regis de
pace in partibus de Lyndesey assignatis die Martis proximo post
festum sancti Petri ad vincula anno regni regis Ricardi secundi
xix° [3 August 1395] per sacramentum Iohannis Crull' de Barton'
iunioris Ioachimi de Feriby Willelmi de Wrauby de Barton' Iohannis
de Neubald de eadem Iohannis Nunman de Kyllyngholm' Iohannis
de Cotes de Melton' Roberti Daump' de Northkelsey Iohannis de
Thorp' de Bekeby Roberti Richecok' Radulphi Ricardson' de Wrauby
Henrici Kyng' de Wotton' Roberti Pye de Ryby.

642. Qui dicunt super sacramentum suum quod Willelmus
Hosier de Grymesby et Iohannes filius dicti Willelmi die Mercurij
proximo ante festum translacionis sancti Thome martiris anno regni
regis Ricardi secundi xix° apud Grymesby tanquam felones domini
regis in insidijs iacuerunt felonice ad interficiendum Willelmum
de Wele de Grymesby et dictum Willelmum tunc ibidem vi et armis
verberauerunt vulnerauerunt et male tractauerunt ita quod de
vita eius desperabatur et ad huc desperatur. (*Marg:* Transgressio.)

W. H. of Grimsby and J. his son, felons, at Grimsby feloniously waylaid
W. de W. of Grimsby to kill him; they beat, wounded, and maltreated him
so that his life was in danger.

Both made fines before the King's Bench, East. 1396, for 40*s.*; K. B. 540,
Fines, m. 2.

Marg: HAWARDESHOWE

Inquisicio capta apud Grymesby die Martis proximo post
festum [? sancti Petri quod dicitur aduincula anno regni regis
Ricardi secundi ? xix⁰ [? 3 August 1395] coram ? Philipo le Despens']
chiualer et Roberto Tirwhit iusticiarijs [de pace domini regis in
partibus de Lyndesey per sacramentum] . . . Iohannis de Irfiorth
de Waldneuton' Iohannis . . . [Ricardi] othe Grene de eadem
Iohannis Heruy de . . . de Hatclif Thome filij Stephani . . .

643. [Qui dicunt super sacramentum suum quod Willelmus
Hosier de Grymesby et] Iohannes filius eiusdem Willelmi die
Mercurij [proximo ante festum translacionis sancti Thome martiris
anno regni regis Ricardi secundi xix⁰ apud Grymesby] tanquam
felones domini regis insidiantes iacuerunt felonice ad interficiendum [Willelmum de Wele de Grymesby et dictum] Willelmum
verberauerunt vulnerauerunt ita quod vita sua [desperabatur] . . .
(*Marg:* Transgressio.)
    W. H. of Grimsby and J. his son, felons, at Grimsby, feloniously waylaid
W. de W. of Grimsby to kill him ; they beat, wounded, and maltreated him
so that his life was in danger.
    See above no. 642. Missing words supplied from no. 642.

Marg: GRYMESBY

Inquisicio capta apud Grymesby die Martis proximo post
festum [? sancti Petri quod dicitur aduincula anno regni regis
Ricardi secundi xix⁰ [? 3 August 1395] coram Philipo le Despens'
et Roberto Tirwhit iusticiarijs de] pace per sacramentum Willelmi
Helmesale Willelmi de Paule Roberti . . . . . Vardrow Roberti
M . . . . . [? Roberti] Carleton' Thome Engoson' Walteri de Swanland
Iohannis . . . . [Ricardi Ba]rbour iuratorum.

644. Qui dicunt super sacramentum suum quod die Mercurij
in festo conuersionis sancti Pauli anno regni regis Ricardi [xix⁰]
Willelmus Hosier de Grymesby et Iohannes filius eiusdem apud
Grymesby ex malicia et cum deliberacione inter ipsos et Willelmum
filium predicti Willelmi Hosier precogitata prelocuta et conspirata
ibidem in insidijs iaciendo ad Willelmum de Wele de Grimesby
felonice interficiendum in ipsum Willelmum de Wele cum cultellis
extractis insultum fecerunt dictus quod Willelmus Hosier ipsum
Willelmum de Wele cum vno cultello vocato dagger inopinate in
fenore iuxta Cor' percussit et enormie wlnerauit contra pacem domini
regis vnde de vita sua desperabatur et ad huc desperatur. (*Marg:*
Transgressio.)
    W. H. of Grimsby and J. his son with malice aforethought and deliber-
ately together with W., son of the said W., lay in wait feloniously to kill
W. de W. of Grimsby in a meadow near Corringham with drawn knives ;
the said W. H. struck W. de W. with a dagger and badly wounded him so
that his life was in danger.
    For W. H. and his son J. see above no. 642. W. son of W. made a fine before
the King's Bench, East. 1396, for 40s. ; K. B. 540, Fines, m. 2.

Marg: BRADLE

Inquisicio capta apud Grymesby coram domino Philipo le Despens' milite et socijs suis iusticiarijs domini regis in partibus de Lyndesey assignatis die Martis proximo post festum sancti Petri quod dicitur aduincula anno regni regis Ricardi secundi xix° [3 August 1395] per sacramentum Roberti de Thrynsco Henrici atte Persons de Laiceby Willelmi de Toynton' de eadem Iohannis Taillo' de Bradle Willelmi Clerk de eadem Willelmi Laund' de eadem Roberti filij Hugonis de Irby Roberti filij Willelmi de Thrynsco Willelmi de Hill' de Swalowe Willelmi Warde de Magna Cotes Willelmi Astyn de Alesby Thome Willuby de Ryby Iohannis Talifer de Laiceby iuratorum.

645. Qui dicunt super sacramentum suum quod Iohannes de Durnby conductus fuit ad seruiendum Roberto de Thrinsco in officio carucarij et carectarij apud Thrinsco a festo sancti Martini in yeme anno regni regis Ricardi secundi xviij° per annum integrum et stetit in officio dicti Roberti a festo predicto vsque festum sancte Katerine tunc proximum sequens et tunc recessit a seruicio dicti Roberti contra ordinacionem domini regis et voluntatem dicti Roberti in contemptum domini regis. (*Marg:* Transgressio.)

J. de D. was hired to serve R. de T. as ploughman and carter at Thrunscoe for a year but he left this service before the end of his term.
In exigend in the King's Bench, East. 1396; K. B. 540, Rex, m. 32d.

646. Item dicunt quod Henricus Gill' qui solebat seruire in officio carucarij et carectarij conductus fuit ad seruiendum Waltero de Manby apud Itterby in officio piscatoris a festo sancti Martini in yeme anno regni regis Ricardi secundi xviij° vsque festum Pentecostes tunc proximum sequens et cepit pro salario sua viij° solidos contra ordinacionem et contemptum domini regis et sic cepit in excessu iij s. (*Marg:* Transgressio.)

H. G. who ought to work as a ploughman and carter was hired by W. de M. at Itterby as a fisherman; he took as wages 8s.; excess, 3s.
H. G. in exigend in the King's Bench, East. 1396; K. B. 540, Rex, m. 32d.; W. de M. made a fine before the King's Bench, East. 1396, for 20s.; *ibid.*, Fines, m. 2d.

647. Item dicunt quod Willelmus Hosier de Grymesby die Mercurij proximo post festum apostolorum Petri et Pauli anno regni regis Ricardi secundi xix° apud Grymesby insultum fecit Willelmo de Wele et ipsum verberauit vulnerauit male tractauit et alia enormia ei intulit contra pacem domini regis ita quod de vita eius desperabatur etc.

W. H. of Grimsby, at Grimsby, assaulted W. de W., beating, wounding, and maltreating him, and doing him other injury so that his life was in danger. See above no. 642.

648. Item dicunt quod Gilbertus Coup' de Parua Cotes die Mercurij proximo post festum sancti Mathei apostoli anno regni regis Ricardi secundi xviij° apud Cotes vi et armis cepit et abduxit

vnam carectatam feni precij v s. de Willelmo de Kychen de Laiceby
ad graue dampnum ipsius Willelmi xl s. et contra pacem.

G. C. of Little Cotes, at Cotes, took a cart load of hay, price 5*s*., from W.
de K. of Laceby; damages, 40*s*.

Made a fine before the King's Bench, East. 1396, for 2*s*.; K. B. 540, Fines, m. 4.

[*m. 47d. written from the bottom up*]

Marg: LOUTHESK'

Inquisicio capta apud Ludam coram Ricardo Moriell' et socijs
suis iusticiarijs domini regis de pace in partibus [de Lyndesey] die
Mercurij proximo post festum sancti Petri aduincula anno regni
regis Ricardi secundi decimo nono [4 August 1395] per sacramentum
Ricardi Donnay de Kedyngton' Ricardi att Wode de Luda Willelmi
Howet de Aluyngham Roberti filij Iohannis de Manby Roberti
Helwys de Authorp' Iohannis filij Thome de Howton' de Cokeryng-
ton' Iohannis de Hawardby de Halyngton' Roberti filij Henrici de
Hagham Nicholai Parkhous de Germethorp' Ricardi Dalison' de
Gayton' Radulphi Ymyngham de Wykeham et Iohannis filij Hum-
fridi de Burwell'.

649.   Qui dicunt quod Willelmus Hosier de Grymesby die
Mercurij proximo post festum apostolorum Petri et Pauli anno regni
regis Ricardi nunc xixº venit apud Grymesby loritatus et vi et
armis et ibidem insidiando insultum fecit Willelmo de Wele de
eadem et ipsum Willelmum wlnerauit et male tractauit contra pacem
domini regis etc.

W. H. of Grimsby, at Grimsby, armed and lying in wait, assaulted W.
de W. of Grimsby, wounding and maltreating him.

See above no. 642.

650.   Item dicunt quod Willelmus de Slotheby de Saltfletby
olier die Lune proximo ante festum sancti Iacobi apostoli anno
regni regis Ricardi nunc xixº venit apud Saltfletby et ibidem
fecit rescussum Iohanni Bradle balliuo domini regis faciendo
officium suum vi et armis et sic conienter est rebellis officarijs
domini regis faciendis officium suum contra pacem. (*Marg:*
Transgressio.)

W. de S., seller of oil, of Saltfleetby at Saltfleetby, resisted J. B., bailiff,
who was performing his duties; W. is continually in rebellion against the
royal officials.

In exigend in the King's Bench, East. 1396; K. B. 540, Rex, m. 32d.

651.   Item dicunt quod Iohannes filius Willelmi Hosier de
Grymesby die Mercurij proximo post festum apostolorum Petri et
Pauli anno regni regis Ricardi nunc xixº venit apud Grymesby vi
et armis videlicet loritatus et ibidem insultum fecit Willelmo de
Wele de eadem et ipsum vulnerauit et male tractauit contra pacem
domini regis.

J. son of W. H. of Grimsby, at Grimsby, being armed, assaulted W. de
W. of Grimsby, wounding and maltreating him.

See above no. 642.

652. Item dicunt quod Iohannes de Hatfeld vicarius de
Kedyngton' die Veneris proximo ante festum natiuitatis sancti
Iohannis baptiste anno regni regis Ricardi secundi xviij° venit apud
Kedyngton' in domum Iohannis de Beseby de eadem vi et armis
et ibidem Matillem vxorem dicti Iohannis abduxit et diuersas
couerlides et alias vestes predicti Iohannis asportauit contra voluntatem dicti Iohannis et contra pacem.

J. de H., vicar of Keddington, at Keddington, forcibly entered the
house of J. de B. of Keddington, abducted his wife M., and took coverlets
and other articles.

In exigend in the King's Bench, East. 1396; K. B. 540, Rex, m. 32d.

Marg: CANDLEHOWE

Inquisicio capta apud Horncastre die Iouis proximo ante
festum sancti Laurencij marterijs (anno regni regis)ᶜ anno regni
regis Ricardi secundi decimo nono [5 August 1395] coram Radulpho
de Cromwell' et socijs suis iusticiarijs de pace in partibus de
Lyndesey assignatis per sacramentum Thome atte Hall' Simonis
Dandy Simonis atte Bekke Roberti West Ricardi de Haryngton'
Willelmi Marche Willelmi Gillotson' Simonis de Lymme Iohannis
Laster Ricardi Awyn Iohannis Thomson' et Roberti Wright.

653. Qui dicunt super sacramentum suum quod die Martis
proximo ante festum Pentecostes anno regni regis Ricardi secundi
xviij° Hugo Baxster de Waynflete vi et armis intrauit domum
Margarete relicte Walteri Baxster de Waynflete apud Waynflet et
in dictam Margaretam insultum fecit et eam verberauit vulnerauit
et maletractauit et eam quasi mortuam dimisit ad graue dampnum
ipsius Margarete et contra pacem domini regis. (*Marg:* Transgressio.)

H. B. of Wainfleet entered the house of M. widow of W. B. of Wainfleet,
at Wainfleet, assaulted her, beating, wounding, and maltreating her, and
left her for dead.

See above no. 243.

654. Item dicunt quod Iohanna seruiens Iohannis filij Thome
de Frisby die Lune proximo ante festum natiuitatis sancti Iohannis
baptiste anno regni regis Ricardi secundi xix° exiuit extra seruicium
dicti Iohannis sine causa rationabili.

J., servant of J. son of T. of Firsby, left the latter's service without cause.

In exigend in the King's Bench, East. 1396; K. B. 540, Rex, m. 32d.

655. (Item dicunt quod Robertus Wyotson' constabularius
villate de Croft die Lune proximo post festum sancti Petri ad
vincula anno regni regis Ricardi secundi decimo nono apud Croft
arestauit Iohannem Hodson' vacabundum et eum posuit in seruicio
suo.)ᶜ

R. W., constable of Croft, at Croft, arrested J. H., a vagrant, and placed
him in his own service.

Marg: BOLYNGBROKE

Inquisicio capta coram Radulpho de Cromwell' et socijs suis
iusticiarijs domini regis de pace in partibus de Lyndesey apud

Horncastre die Iouis proximo post festum sancti Laurencij anno
regni regis Ricardi secundi xix° [12 August 1395] per sacramentum
[Ricardi] Trauers de Hareby Iohannis de Bleseby de Esterkele
Thome Aleynson de [Toynton] . . . . [? Willelmi] Gendebody
Roberti Dantry de Hatton' Roberti Alesson' de eadem Iohannis
. . . . de eadem Iohannis Aubynson' de Westerkele Radulphi
Sodyk' de Kirkeby et Iohannis . . . . [iuratorum.

656. Qui dicunt super] sacramentum suum quod Robertus
Fyssher de Halton' die Dominica proximo . . . [anno regni
regis Ricardi] . . . vi et armis insidiauit Iohannem ? Neuman de
Halton' . . . . quod Iohannes de Mareham de Halton' fuit
ibidem prefatis die et anno . . . . (*Marg:* Transgressio.)

R. F. of Halton [Holgate] waylaid J. N. of Halton. . . .
Made a fine before the King's Bench, East. 1396, for 20s.; K. B. 540, **Fines,**
m. 4.

Marg: HILL'

Inquisicio capta coram domino Radulpho de Cromwell' et
socijs suis [iusticiarijs domini regis de pace in partibus de] Lyndesey
apud Horncastr' die Iouis proximo festum aduinculorum sancti
Petri [anno regni regis Ricardi] [5/12 August 1395] . . . [per sacra-
mentum] . . . Henrici Iohanson' de Hagworthyngham Willelmi
Boydell' de Walmesgarth' Iohannis Coke de eadem Thome Sprotlyng'
de Brynkyll' Iohannis Fychett de Sausthorp' Roberti Burdon' de
Ormesby Thome de Thorp' de Worlyby Willelmi de Somerby de
Foletby Alani de Maidenwell' de Hameryngham Henrici de Stokhill'
de Claxby Ricardi Scotland de Hameryngham et Roberti Clerk de
Langton'.

657. Qui dicunt quod Robertus de Ketelesby persona de
Ketelesby conduxit in seruicium suum Henricum Bereward filium
Willelmi Marchaund quondam trahente moram d in Langton' die
Dominica proximo ante festum sancti Martini episcopi anno regni
regis Ricardi secundi xvij° et cum eo moratur nunc vsque ad idem
festum anno toto reuoluto in seruicium prout alij seruientes dicti
persone facere consueuerunt et debuerunt. Predictus Henricus a
seruicio predicti magistri sui infra suum terminum videlicet ad
festum apostolorum Petri (et)[1] Pauli vltimo preterito recessit per
quod idem Robertus seruicium predictum in defensione seruientis
sui per magnum tempus amisit. (*Marg:* Transgressio.)

R. de K., parson of Ketsby, hired H. B. son of W. M. formerly living
in Langton to serve him for a year as his other servants were accustomed
to do, but the said H. left this service within the term so that the said R.
lost his service.
H. B. in exigend in the King's Bench, East. 1396; K. B. 540, Rex, m. 32d.

Marg: GAIRTR'

Inquisicio capta apud Horncastr' coram domino Radulpho de
Cromwell' et socijs suis iusticiarijs domini regis de pace die Iouis
proximo post festum sancti Petri ad vincula anno regni regis Ricardi

secundi xix° [5 August 1395] per sacramentum Iohannis de Maltby de Edlyngton' Iohannis Woderofe de Tatersale Hugonis filij Thome de Wyspyngton' Willelmi de North'cotes de Hemyngby Roberti Champard' de Golseby Iohannis Fryday de Myntyng' Rogeri filij Iohannis de Stretton' Willelmi de Leke de Stikeswold Willelmi filij Simonis de Edlyngton' Thome filij Isabelle de Screleby Willelmi Warde de Langton' Roberti filij Iohannis de Baumburgh'.

658.   Qui dicunt super sacramentum suum quod Willelmus seruiens Ricardi Webstar de Marketstaynton' die Iouis in festo sancte Marie Magdalene anno regni regis Ricardi secundi xix° apud Staynton' Margaretam Taillo' de eadem verberauit vulnerauit et male tractauit ad graue dampnum ipsius Margarete et contra pacem domini regis. (*Marg:* Transgressio.)

W., servant of R. W. of Market Stainton, at Stainton, beat, wounded, and maltreated M. T. of Market Stainton.

In exigend in the King's Bench, East. 1396; K. B. 540, Rex, m. 32d.

659.   Item dicunt quod Robertus Madour de Marketstaynton' conduxit Walterum filium Elwisse Sewar' a festo sancti Martini anno regni regis Ricardi secundi xviij° per vnum annum vsque ad festum predictum et predictus Walterus exiuit seruicium suum ad Pentecostem.

R. M. of Market Stainton hired W. son of E. S. to serve him for a year but the said W. left R.'s service before the end of his term.

W. son of E. in exigend in the King's Bench, East. 1396; K. B. 540, Rex, m. 32d.

Marg: WELWAPPEN'

Inquisicio capta apud Lincoln' coram Iohanne Pouger et socijs suis iusticiarijs domini regis ad pacem in partibus de Lyndesey assignatis die Lune proximo post festum epiphanie domini anno regni regis Ricardi secundi xviij° [11 January 1395] per sacramentum Iohannis Williamson' de Vpton' Willelmi Hardesfyssh' de Kesseby Thome Calkewell' de Wylyngham Iohannis Eliot de eadem Willelmi Toke de Stowe Iohannis Humberston' de Stretton' Iohannis Robynson' de Fenton' Iohannis Lenyng' de Neuton' Willelmi Broun' de Brampton' Iohannis Kymson' de Marton' Roberti Got' de eadem Iohannis Warde de Knayth' et Rogeri Smyth' de Vpton'.

660.   Qui dicunt super sacramentum suum quod Robertus Habraham de Skeldynghope taillour die Veneris proximo post festum sancte Lucie virginis anno regni regis Ricardi secundi xviij° apud Skeldynghope excessiue recepit de Willelmo de Brotilby de Herwyk' pro opere artificij sui vltra formam statuti inde editi pro duobus singulis tunicis iiij d. in excessu. (*Marg:* Transgressio.)

R. H. of Skellingthorpe, tailor, at Skellingthorpe, received from W. de B. of Hardwick for making 2 tunics 4d. in excess.

In exigend in the King's Bench, East. 1396; K. B. 540, Rex, m. 32d.; made a fine before the King's Bench, Hil. 1397, for 2s.; *ibid.*, 543, Fines, m. 2.

661. Item dicunt quod Iohannes Dandeson' de Estoft' seruiens Walteri Topclif' in officio carectarij et Robertus Thornay de Morton' seruiens eiusdem Walteri in officio carucarij die Dominica in festo sancti Iohannis apostoli anno regni regis Ricardi xviij⁰ apud Somerby iuxta Gaynesburgh' a seruicio predicti Walteri sine causa racionabili recesserunt.

J. D. of Eastoft who served W. T. as a carter, and R. T. of Marton, his ploughman at Somerby, left the service of the said W. without cause.
Both in exigend in the King's Bench, East. 1396; K. B. 540, Rex, m. 32d.

662. Item dicunt quod Iohannes del Hill' seruiens eiusdem Walteri in officio bercarij apud Somerby supradictam die Dominica proximo post festum sancti Martini anno regni regis supradicto a seruicio ipsius Walteri absque causa racionabili sine licencia recessit etc.

J. del H. serving the same W. as shepherd at Somerby left his service without cause.
In exigend in the King's Bench, East. 1396; K. B. 540, Rex, m. 32d.

Marg: MANLE

Inquisicio capta apud Hospital' super Strata' coram Iohanne Pouger et socijs suis iusticiarijs domini regis de pace in partibus de Lyndesey die Martis proximo post festum epiphanie domini anno regni regis Ricardi secundi xviij⁰ [12 January 1395] per sacramentum Oliueri atte Hall' Willelmi atte Kirkgarth Rogeri Leget Iohannis atte Hall' Iohannis Walkar Ricardi Carethorp' Ricardi Cole Iohannis de Blaktoft Willelmi de Shupton' Ricardi atte Vicars Roberti Colt' et Iohannis de Malton' .

663. Qui dicunt super sacramentum suum quod Iohannes Malster (defendens)[1] de Lincoln' Iohannes Gedenay (defendens)[1] de eadem Thomas Ingram potter de eadem Iohannes othe Water seruiens ipsius Thome Robertus Heruy de eadem Iohannes de Markeby tauerner Iohannes Peek seruaunt Iohannes Peek taillour de Lincoln' Robertus Atheryn barbour de eadem Willelmus [Tauerner de eadem Robertus Baker] barbour de eadem et Iuo Pakker de eadem die Veneris in festo circumcisionis anno regni regis [Ricardi secundi decimo octauo apud] Lincoln' noctanter inter horam sextam et septimam post nonam predicti diei ex malicia incidijs precogitatis latentis ibidem vt insidiatores viarum vi et armis et armati modo guerrino hic in terra patrie domini regis preditione falso nequitur et surrectorie in Willelmum Hunt et Nicholaum de la Kychyn seruientes magistri Iohannis de Scheppye decani ecclesie cathedralis beate Marie Lincoln' in pace domini regis apud Lincoln' existentes in quadam venella iuxta prisonam ciuitatis Lincoln' vocatam Hawardby insultum fecerunt verberauerunt vulnerauerunt et maiauerunt et ibidem dimisserunt contra pacem domini regis etc.

J. M. (defendant) of Lincoln, J. G. (defendant) of Lincoln with 10 others at night at Lincoln between 6 and 7 in the evening with malice aforethought, being armed, assaulted W. H. and N. de la K., servants of J. de S. dean of

St Mary's, Lincoln, in a lane outside Lincoln prison called Hawardby; they
beat and wounded them, committed mayheim, and left them.
    All 12 tried before the King's Bench for this offence and nos. 664, 665, East.
1396, on indictment before the justices of the peace in Lindsey; all acquitted
except J. G. who was to appear again; K. B. 540, Rex, m. 14d.; for other versions
of this assault in which the dean of Lincoln Cathedral was accused see *ibid.*, 541,
Rex, m. 25; no judgment was rendered; see also *ibid.*, 543, Rex, m. 10d.; R. de S.
(below no. 664), J. G., and T. I. made fines before the King's Bench, East. 1397,
for 40*d.* each for failure to produce J. M. to respond to W. H.; *ibid.*, 544, Fines,
m. 1. Missing words supplied from K. B. 540, Rex, m. 14d.

[*m.* 48 *old numbering* xxij]

Marg: LAURZ

    Inquisicio capta apud Lincoln' die Lune proximo post festum
epiphanie domini anno regni regis Ricardi secundi decimo octauo
[11 January 1395] coram Iohanne Pouger et socijs suis iusticiarijs
domini regis ad pacem conseruandam in partibus de Lyndesey
assignatis per sacramentum Iohannis Neuyll' de Faldyngworth'
Willelmi Hannay de Refham Thome Stag' de Dunham Iohannis
Furry de Faldyngworth' Thome Simkynson' de Thorp' inthe
Falus Iohannis Gune de Carleton' Thome de Wadyngham de
Faldyngworth' Iohannis de Foulestow de Saxilby Iohannis
Dykonson' de Asthorp' Thome Coke de Ingylby Ricardi de Lanhom
de Gretwell' et Thome atte Bek' de Netilham.

    664.   Qui dicunt per sacramentum suum quod Iohannes Malster
seruiens Roberti de Sutton' de Lincoln' et alij ignoti pacem domini
regis perturbatores die Veneris in festo circumsisionis domini anno
regni regis Ricardi secundi decimo octauo apud Lincoln' vi et armis
in Willelmum Hunt seruientem decani ecclesie beate Marie Lincoln'
insultum fecerunt et ipsum verberauerunt vulnerauerunt et male
tractauerunt contra pacem domini regis etc. (*Marg:* Transgressio.)
    J. M., servant of R. de S. of Lincoln, and other unknown disturbers of
the peace, at Lincoln, assaulted W. H., servant of the dean of Lincoln,
beating, wounding, and maltreating him.
    See above no. 663.

    665.   Item dicunt quod Thomas Ingram de Lincoln' potter
et quidam Iohannes de Gedenay seruiens Roberti de Sutton' de
Lincoln' predicto die Veneris anno supradicto apud Lincoln' vi et
armis in predictum Willelmum Hunt insultum fecerunt verberauerunt
vulnerauerunt et male tractauerunt contra pacem domini domini
regis etc.   Et quod Iohannes Peek' de Lincoln' (de Lincoln')ᶜ
sergeant fuit apud Lincoln' predicto [die] Veneris anno supradicto
abettans auxilians et manutenens predictos Iohannem Malster
Thomam Ingram et Iohannem de Gedenay ad predictam trans-
gressionem faciendam in contemptum domini regis etc.
    T. I. of Lincoln, potter, and J. de G., servant of R. de S. of Lincoln,
at Lincoln, assaulted the said W., beating, wounding, and maltreating him;
J. P. of Lincoln, sergeant, aided and abetted them in this trespass.
    See above no. 663.

Marg: ASLAKHOWE

Inquisicio capta apud Spytill' othe Strete coram Iohanne Pouger et Roberto Tyrwhyte et socijs suis iusticiarijs domini regis de pace in partibus de Lyndesay die Martis proximo post festum epiphanie domini anno regni regis Ricardi secundi post conquestum Anglie decimo octauo [12 January 1395] per sacramentum Iohannis Prokter de Norton' Iohannis de Bruun de Saxby Iohannis Smyth' de Norton' Willelmi Barbur de Ingham Ricardi Byseges de eadem Alani Sparowe de Glentham Thome Fraunceys de Wylughton' Thome Tyne de eadem Iohannis Lowe de Hakthorne Iohannis de Gayton' de Fyrseby Iohannis Smyth' de Norton' et Willelmi Benet de Hakthorne iuratorum.

666.   Qui dicunt super sacramentum suum quod Reginaldus seruiens magistri Iohannis Shepehay decani ecclesie Marie matris Lincoln' apud Glentham in officio carectarij cepit de Rogero Proktur (fecit finem)[1] balliuo eiusdem decani anno regni regis Ricardi secundi sexto decimo xiij s. iiij d. et vnum gow' et capicium precij v s. vbi non deberet habere nisi x s. secundum ordinacionem statuti et sic cepit in excessu viij s. iiij d. (*Marg:* Transgressio.)

R., carter of J. S., dean of Lincoln, at Glentham, took from R. P. (made a fine), bailiff of the dean, 13s. 4d. and a gown and a cap, price 5s., whereas legally he should have had 10s.; excess, 8s. 4d.

Reginald made a fine before the King's Bench, East. 1396, for 40d.; R. P., for 2s.; K. B. 540, Fines, m. 6.

Marg: YORDEBURGH'

Inquisicio capta apud Castre die Mercurij proximo post festum epiphanie domini anno regni regis Ricardi secundi post conquestum Anglie decimo octauo [13 January 1395] coram Philipo le Despenser Iohanne Pouger Roberto Tirwhit et socijs suis iusticiarijs domini regis de pace in partibus de Lyndeseye per sacramentum Iohannis de Cotes de Melton' Roberti de Walesby Roberti Pye Roberti de Cotes Iohannis de Thorp' Iohannis Richardesson' de Vlseby Henrici Martyn Edwardi Hostiler de Barton' Roberti Richecok de Feriby Willelmi Toye de Barowe Iohannis Newebald' de Barton' et Willelmi Horne de Feriby.

667.   Qui dicunt super sacramentum suum quod Iohannes Warde nuper seruiens Willelmi Gascryk et Iohannes Skirley de Wotton' die Dominica proximo ante festum sancte Margarete anno regni regis Ricardi secundi decimo octauo venerunt apud Halton' noctanter et ibidem Rogerum Calf et Iohannem Fichet seruientes abbatis de Neuhous extra seruicium suum ceperunt et abduxerunt contra statutum ad graue dampnum predicti abbatis. (*Marg:* Transgressio.)

J. W., former servant of W. G., and J. S. of Wootton, at [East] Halton, at night abducted R. C. and J. F., servants of the abbot of Newsham, to the abbot's damage.

Both in exigend in the King's Bench, East. 1396; K. B. 540, Rex, m. 32d.

668. Item dicunt quod Ricardus Smyth' de Magna Lymberg die Dominica proximo post festum sancti Bartholomei anno regni regis Ricardi secundi decimo octauo apud Magnam Lymbergh' vi et armis iacuit in insidijs ad interficiendum Iohannem de Neuton' de villa predicta et ad ipsum cum quadam sagitta sagittauit ita quod idem Iohannes vix vnius euasit et alia enormia etc. in contemptum domini regis et contra pacem.

R. S. of Great Limber, at Great Limber, lay in wait to kill J. de N. of Great Limber; he shot at him, barely missing him, and did him other injury.

Tried before the justices of gaol delivery, 31 July 1393, on indictment before the coroner; acquitted; G. D. R. 177, m. 89; in exigend in the King's Bench, East. 1396; K. B. 540, Rex, m. 32d.

Marg: BRADLE

Inquisicio capta apud Grymesby coram Iohanne Pouger et socijs suis iusticiarijs de pace in partibus de Lyndeseye assignatis die Iouis proximo post festum sancti Hillarij anno regni regis Ricardi secundi decimo octauo [14 January 1395] per sacramentum Iohannis Talifer de Laiceby Willelmi de Toynton' de eadem Iohannis Elion' de eadem Thome de Alesby de Bradley Iohannis Taillo' de eadem Willelmi de Skepse de eadem Willelmi de Hill' de Swalowe Iohannis Godelyng de Thirnesco Roberti de Caburne de Alesby Iohannis Woher de eadem et Ricardi Smyth' de Magna Cotes et Willelmi Ryuell' de Tetenay.

669. Qui dicunt super sacramentum quod Rogerus de Messyngham die Iouis proximo . . festum sancti Thome apostoli anno regni regis Ricardi secundi decimo vi et armis insultum fecit Willelmo de Wele de Grymesby apud Grymesby ballio eiusdem ciuitatis ipsum Willelmum cepit et imprisonauit et in prisona ibidem eum detinuit contra pacem domini regis quousque idem Willelmus finem per quadraginta solidos pro deliberacione sua habenda cum prefato Rogero fecisset et alia enormia ei intulit. (*Marg:* Transgressio.)

R. de M. assaulted W. de W. of Grimsby, bailiff of Grimsby, at Grimsby, imprisoned him, and kept him there until he made a fine of 40s.; he did him other injury.

In exigend in the King's Bench, East. 1396; K. B. 540, Rex, m. 32d.; made a fine before the King's Bench, East. 1397, for 20s.; *ibid.*, 544, Fines, m. 1.

670. Item dicunt quod Iohannes Wymark' de Irby conductus fuit ad seruiendum Willelmo . . de Irby apud Irby in officio carucarij et carectarij a festo sancti Martini in yeme anno regni regis Ricardi secundi xvij° vsque idem festum per annum integrum et die Martis proximo post festum sancti Michelis proximum post festum predictum anno supradicto dictus Iohannes recessit ibidem a seruicio dicti Willelmi sine licencia in contemptu domini regis et contra ordinacionem.

J. W. of Irby [upon Humber] was hired to serve as ploughman and carter to W. . . . of Irby, at Irby, for a year but he left before the end of his term.

In exigend in the King's Bench, East. 1396; K. B. 540, Rex, m. 32d.

671. Item dicunt quod Gilbertus Stat' manens in Itterby
Willelmus famulus Iohannis Abbot iunioris Willelmus famulus
Simonis Rumbold de Itterby die Lune proximo (post)ᶜ (ante)¹
festum epiphanie domini anno regni regis Ricardi xviij° apud Clee
noctanter ceperunt et abduxerunt vj manlardes de Thoma Moigne
et Agnete de Laiceby precij ix d.

3 men, at Clee, at night took 6 ducks, price 9d., from T. M. and A. de L.
All 3 in exigend in the King's Bench, East. 1396; K. B. 540, Rex, m. 32d.

Marg: GRYMESBY

Inquisicio capta apud Grymesby coram Iohanne Pouger Roberto
Tirwhit' et socijs suis iusticiarijs domini regis de pace in partibus
de Lyndesey die Iouis proximo post festum sancti Hillarij anno
regni regis Ricardi secundi decimo octauo [14 January 1395] per
sacramentum Willelmi Elmesale Willelmi de Paule Roberti Burton'
Ricardi Couper Willelmi Daudson' Gilberti Smyth' Henrici de
Scarthowe Thome de Grygesley Ade Saresson' Roberti de Bolyngton'
et Ricardi Barbour.

672. Qui dicunt super sacramentum suum quod die Mercurij
proximo ante festum sancte Margarete anno regni regis regis Ricardi
xviij° (per sacramentum)ᶜ Iohannes filius Willelmi Hosier de
Grymesby et Willelmus Walranson' quondam seruiens domini
Walranni rectoris de Calthorp et nuper seruiens Roberti de Carlton'
de Grymesby in cimiterio ecclesie beate Marie de Grymesby steterunt
in quodam angulo iuxta parietem eiusdem ecclesie inuoluti in vno
albo linthiamine quo tempore superuenerunt Iohannes Loksmyth'
de Grymesby et Iohannes Aby seruiens eiusdem Iohannis Loksmyth'
ad videntum qui essent qui ibi stabant et super hoc predicti Iohannes
filius Willelmi Hosier et Willelmus Walranson' in ipsos Iohannem
Loksmyth' et Iohannem Aby vi et armis insultum fecerunt verberauerunt vulnerauerunt et male tractauerunt contra pacem
domini regis. (*Marg:* Transgressio.)

J. son of W. H. of Grimsby and W. W., former servant of W. rector of
Cawthorpe and later of R. de C. of Grimsby, stood in the cemetery of St
Mary's Grimsby in an angle of the church wall clad in white sheets and when
J. L. of Grimsby and J. A. his servant, came to see who was there, they
assaulted the said J. L. and J. A., beating, wounding, and maltreating them.

For J. son of W. see above no. 642. W. W. in exigend in the King's Bench,
East. 1396; K. B. 540, Rex, m. 32d.

673. Item dicunt quod vbi consuetudo ab antiquo fuit et esse
debet in tota villa de Grymesby et in parochia ecclesiarum sancte
Marie et sancti Iacoby eiusdem ville vt cum aliquis parochianus vir
vel mulier dicte ville decesserit rector illius ecclesie cuius ipse . .
que . . . habere in contentum esse retinere deberet de meliori super-
indumento ipsius decedentis nomine [mortuarij finis . . Iohannes
de Kirkeby rector ecclesie sancte Marie de Grimesby] . . Grymesby
extorsiue cepit de Alicia que fuit vxor . . . . couerlyde precij

ij s. nomine mortuarij finis contra consuetudinem . . . . volun-
tatem eiusdem (ville)ᶜ Gilberti die Veneris xij die . . . . . . [dominus]
Ricardus de Thoresby canonicus abbatie de Welhowe iuxta Grymesby
. . . . Iulij anno regni regis nunc xiij° in Grymesby de El
. . . . basenet' cum le ventale precij xl s. nomine [mortuarij
finis] . . . . contra pacem et contra pacem voluntatem dict
. . . . (*Marg:* Transgressio.)
According to ancient custom in the parish churches of St Mary and
St James, in Grimsby, when any parishioner, male or female, dies the rector
. . . [detail of illegal mortuary fees taken].
Both in exigend in the King's Bench, East. 1396; K. B. 540, Rex, m. 32d.;
J. de K. made a fine before the King's Bench, Mich. 1396, for 40d.; *ibid.*, 542, Fines,
m. 1. Missing name supplied from the King's Bench roll.

Marg: LOTHEBURGH'

Inquisicio capta apud Ludam die Veneris proximo [post festum
sancti Hillarij anno regni regis Ricardi secundi xviij° [15 January
1395] coram] Iohanne Pouger et socijs suis iusticiarijs pacis in
partibus de Lyndesey per sacramentum Iohannis [Barton' de
Ormesby Petri]¹ Elfyn de Lutheburgh' Willelmi Taillo' de Wyhu'
Hugonis Cade de Lotheburgh' Willelmi Kyng de Foterby Ricardi
South' de eadem Iohannis Donnay de eadem Rogeri Coup' de Vtterby
Radulphi Preste de eadem Walteri Est de Calthorp' Iohannis
Parkhous de Warghholm' et Ricardi Raynald de Couenham iura-
torum.

674. Qui dicunt Robertus de Castelton' de Graynesby sutor
in festo sancti Luce ewangeliste anno regni regis Ricardi secundi
xviij° apud Marketstaynton' forstallauit decem marcatas cordarum
et sotularum videlicet de Ricardo Redhede sutore de Luda et alijs
diuersis hominibus ibidem. Causa dicte forstallarie Iohannes de
Vlseby de Grymesby et alij homines in partibus de Lyndesey non
potuerunt ocreas nec sotulares emere nec habere nisi ad excessiuum
lucrum precium et minus carnum ad graue dampnum dicti Iohannis
et aliorum hominum in partibus predictis xx s. (*Marg:* Transgressio.)
R. de C. of Grainsby, cobbler, at Market Stainton, forestalled 10 marks
worth of leather and shoes from R. R., cobbler of Louth, and others, wherefore
J. de U. of Grimsby and others of Lindsey could not buy boots or shoes
except at an excessive price; damages, 20s.
Made a fine before the King's Bench, East. 1396, for 10s.; K. B. 540, Fines,
m. 2d.

Marg: LOUTHESK'

Inquisicio capta apud Ludam coram Iohanne Pouger et socijs
suis iusticiarijs domini regis de pace in partibus de Lyndesey die
Veneris proximo post festum sancti Hillarij anno regni regis Ricardi
secundi xviij° [15 January 1395] per sacramentum Roberti Elwis
Willelmi Howet Ricardi atte Wode Iohannis Champard [Roberti]

¹ Missing names supplied from below, p. 249.

filij Margarete Iohannis atte Fenn Roberti Hobshorth' Roberti
Frost' Roberti Parkour Willelmi Fenne et Thome filij Ricardi et
Iohannis [Wale].[1]

675. Qui dicunt quod Iohannes Doket (fecit finem)[1] de Luda
iunior die Lune proximo post festum sancti Martini anno regni
regis Ricardi xviij° recescum [fecit] wapentacio de Loutheshek vsque
North'grymesby absque sigillo domini regis et contra statutum.
(*Marg:* Transgressio.)

J. D., Jr., (made a fine) of Louth, illegally left the wapentake of Louthesk
for North Grimsby.
Made a fine before the King's Bench, East. 1396, for 2s.; K. B. 540, Fines, m. 5.

676. Item dicunt quod Iohannes de Grymesby nuper seruiens
Roberti de Cateby in officio opibonis apud Cateby recentus die
Martis in festo natiuitatis beate Marie anno regni regis Ricardi
xviij° recessit a seruicio dicti Roberti contra voluntatem dicti
Roberti et contra statutum domini regis.

J. de G., former workman of R. de C. at [South] Cadeby, left his service.
In exigend in the King's Bench, East. 1396; K. B. 540, Rex, m. 32d.

Marg: CALSWATH'

Inquisicio capta apud Ludam coram Radulpho de Cromwell'
milite et socijs suis iusticiarijs pacis in partibus de Lyndesey die
Veneris proximo post festum sancti Hillarij anno regni regis Ricardi
secundi xviij° [15 January 1395] per sacramentum Iohannis Mille
de Wythorn' Thome atte Well' de [Hoggesthorp] Willelmi Trauers
de Hoggesthorp' Simonis Elward de Well' Willelmi Polayn de
Riston' Willelmi Whete de Gayton' [Roberti filij][2] Hugonis de
Thetilthorp' Iohannis Yonger de eadem Iohannis Maltson de
Hogesthorp Iohannis Geuill' de Thetilthorp' Iohannis Fres[shmars]
de Sutton' et Iohannis de Laghton' de Enderby.

677. Qui dicunt super sacramentum suum quod Walterus de
Gernetoft et Iohanna vxor eius de Slotheby et Iohannes filij Willelmi
atte Hall' laborarij precepti fuerunt cum constabularijs de Slotheby
et cum alijs de communitatibus eiusdem ville ad tenendum statutum
domini regis et seruiendum sicut solebant seruire in villa de Slotheby
in tempore autumpnali anno regni regis Ricardi xviij° et hoc
recusauerunt et deuillauerunt causa capiendam excessiuam salariam
contra ordinacionem statuti domini regis. (*Marg:* Transgressio.)

3 labourers were ordered by the constables of Sloothby with others to
obey the statute of labourers and work as they ought in Sloothby in the
autumn, but they resisted, left the village, and took higher wages.
All 3 made fines before the King's Bench, East. 1396, for ½ mark; K. B. 540,
Fines, m. 2, 5d.

678. Item dicunt quod Willelmus Heryng de Slotheby in
tempore autumpnali cepit de Thoma filio Thome de Slotheby apud

[1] Missing names supplied from below, p. 249.
[2] Missing names supplied from below, p. 250.

Slotheby anno regni regis Ricardi secundi xviij° ix d. pro falcacione
vnius acre terre prati contra ordinacionem statuti.
W. H. of Sloothby in the autumn took from T. son of T. of Sloothby, at
Sloothby, 9d. for mowing an acre of meadow.
W. H. made a fine before the King's Bench, East. 1396, for ½ mark; K. B.
540, Fines, m. 2; T. son of T. in exigend in the King's Bench, East. 1396; *ibid.*,
Rex, m. 32d.

679. Item dicunt quod Ricardus Coknef' de Slotheby cissor
non wlt operari apud Slotheby in officio (artificio)¹ suo capiendo
per diem minus ij d.
R. C. of Sloothby, tailor, will not work at his trade in Sloothby, except
for 2d. a day.
Made a fine before the King's Bench, East. 1396, for 2s.; K. B. 540, Fines,
m. 2.

[*m. 48d. written from the bottom up*]

Marg: HILL'

Inquisicio capta apud Horncastre die Sabbati proximo post
festum sancti Hillarij anno regni regis Ricardi secundi xviij° [16
January 1395] coram Radulpho de Cromwell' et socijs suis iusticiarijs
domini regis de pace in partibus de Lyndesey per sacramentum
Iohannis [Toure] de Wynceby Henrici filij Iohannis de Hakwor-
thyngham Ricardi North' de Sausthorp' Roberti Burdon' de
Ormesby Iohannis Estkirk' de eadem Iohannis Warde de Ketilsby
Hugonis Iustys de Langton' Thome Sprotlyng' de Brynkill' Rogeri
Couper de Oxcum' Henrici Stokwyth' de Claxby Willelmi de
Somersby de Foletby et [Annindi]¹ Warde de Salmandby.

680. Qui dicunt super sacramentum suum quod die Lune
proximo post festum sancti Laurencij anno regni regis Ricardi
secundi xviij° Iohannes Tasker de Hakworthyngham exiuit extra
seruicium Ricardi de Bradle pro maximo salario capiendo apud
Oxcum. (*Marg:* Transgressio.)
J. T. of Hagworthingham left the service of R. de B. for higher wages at
Oxcombe.
In exigend in the King's Bench, East. 1396; K. B. 540, Rex, m. 32d.

681. Item dicunt quod die Dominica in festo sancte Lucie
virginis anno regni regis Ricardi secundi xviij° Iohannes Piper de
Foletby exiuit extra seruicium Ricardi de Bradle propter lucrum
excessiuum apud Oxcum.
J. P. of Fulletby left the service of R. de B. for higher wages at
Oxcombe.
In exigend in the King's Bench, East. 1396; K. B. 540, Rex, m. 32d.

682. Item dicunt quod die Martis proximo post festum sancti
Iacobi apostoli anno regni regis Ricardi secundi xviij° Iohannes de

¹ Missing names supplied from below, p. 251.

Hotoft seruiens Thome Walkar exiuit extra seruicium dicti Thome pro maiori salario (capiendo)[1] apud Walmesgore.

J. de H., servant of T. W., left the latter's service for higher wages at Walmsgate.

Made a fine before the King's Bench, East. 1396, for 2s.; K. B. 540, Fines, m. 5d.

Marg: LAURIZ

Inquisicio capta apud Lincoln' die Dominica proximo ante Dominicam in ramispalmarum anno regni regis Ricardi secundi xviij° [28 March 1395] coram Gerardo de Sothill' et Roberto Tyrwhit custodibus pacis in partibus de Lyndesey per sacramentum Iohannis Neuill' de Faldyngworth' Willelmi Hannay de Refham Thome Stagge de Dunham Iohannis othe Hill' de eadem Thome Symondson' de Thorp' in the Fallowes Petri filij Hugonis de eadem Iohannis de Wytyngton' de eadem Iohannis Leueryk de Brotilby Iohannis Gun de Carlton' Thome Coke de Ingelby Willelmi filij Hugonis de Burton' et Iohannis Dykonson' de Asthorp'.

683. Qui dicunt super sacramentum suum quod Willelmus othe Werk de Lincoln' cum alijs ignotis in crastino sancti Martini in yeme anno regni regis Ricardi secundi xviij° apud Netilham vi et armis cepit Iohannem seruientem Roberti de Ryby de Estrasen' in seruicio dicti Roberti de Riby existentem et dictum Iohannem abduxit et in seruicio dicti Willelmi othe Werk a die et anno predictis apud Netilham detinuit per xij septimanas proximas sequentes ad graue dampnum predicti Roberti de Riby xv s. et contra ordinacionem statuti etc. (*Marg:* Transgressio.)

W. othe W. of Lincoln with others unknown, at Nettleham, forcibly abducted J. from the service of R. de R. of Market Rasen; he detained the said J. in his service for 12 weeks; damages the said R., 15s.

Made a fine before the King's Bench, East. 1396, for ½ mark; K. B. 540, Fines, m. 5.

Marg: WELWAPPEN'

Inquisicio capta apud Lincoln' coram Gerardo Sothill' et Roberto Tirwhit iusticiarijs domini regis de pace in partibus de Lyndesey assignatis die Mercurij proximo ante Dominicam ramispalmarum anno regni regis Ricardi secundi xviij° [31 March 1395] per sacramentum Iohannis de Lodyngton' de Vpton' Rogeri Smyth' de eadem Willelmi Hardesfyssh' de [eadem Walteri de Glentworth' de Stowe Roberti Gotte de] Marton' Roberti Terry de eadem Willelmi [Broun' de Brampton' Willelmi de Brughton' de eadem] Iohannis de Walpole de Burton' Iohannis Robynson' de Fenton' Willelmi [de Spaldeforth' de Neuton' et Simonis Bullok' de Vpton'.[1]

684. Qui dicunt] super sacramentum suum quod Cecilia Sylok' manens [cum Auota que fuit vxor Iohannis] Remay apud Stowparke ad deseruiandam . . . . festum tunc proximum sequens capiendo pro salario suo . . . . Stowparke infra

---

[1] Missing names supplied from below, pp. 252–253.

comitatu predicto . . . . domini regis et contra formam statuti.
(*Marg:* Transgressio.)

C. S. living with A. widow of J. R. at Stow Park [took excessive wages].
In exigend in the King's Bench, East. 1396; K. B. 540, Rex, m. 32d. Name
supplied from the King's Bench roll.

685. Item dicunt quod [Henricus filius Iohannis Taillo' de
Fenton'] . . . . Quadragesime anno regni regis Ricardi secundi
xviij apud . . . . mortis.

H. son of J. T. of Fenton. . . .
In exigend in the King's Bench, East. 1396; K. B. 540, Rex, m. 32d. Name
supplied from the King's Bench roll.

Marg: GAYNESBURGH'

Inquisicio capta apud Hospitalem super Stratam [? coram
Gerardo Sothill' et Roberto Tirwhit die Iouis proximo ante]
Dominicam in ramispalmarum anno regni regis Ricardi secundi
xviij° [1 April 1395] per sacramentum Rogeri atte Flete de Gaynesburgh' Iohannis [Wi]lkynson' de eadem Willelmi de Duffeld' de
eadem Ricardi Skynn' de eadem Roberti de Skidgate de eadem
Willelmi othe Dils de eadem Ricardi de Askeby de eadem Thome
de Brounflett (de)¹ eadem Henrici atte Broke de eadem Walteri
Symson' de eadem Iohannis Smyth' de eadem et Willelmi Walker
de eadem.

686. Qui dicunt super sacramentum suum quod in festo
epiphanie domini anno regni regis Ricardi secundi xviij° apud
Gaynesburgh' Iohannes Miles de Morton' intrauit tenementum
Henrici at Brok' contra pacem domini regis et iniustius dictum
Henricum et seruientes suos ad verberandum contra pacem domini
regis ad graue dampnum dicti Henrici et preiudicium pacis domini
regis. (*Marg:* Transgressio.)

J. M. of Morton came to the tenement of H. at B. at Gainsborough to
beat H. and his servants.
In exigend in the King's Bench, East. 1396; K. B. 540, Rex, m. 32d.

Marg: CORYNGHAM

Inquisicio capta apud Hospit' super Strata' coram Gerardo
Sothill' et Roberto Tirwhit iusticiarijs domini regis de pace in
partibus de Lyndesey assignatis die Iouis proximo ante Dominicam
in ramispalmarum anno regni regis Ricardi secundi xviij° [1 April
1395] per sacramentum Radulphi Fole de Kirkton' Roberti Chapman
de eadem Iohannis Roger de Warton' Iohannis Leget de Stokhith'
Roberti Olier de Morton' Iohannis Caden' de Walkreth' Ricardi de
Brunby de Cletham Iohannis Wyght'man de Scotton' Iohannis
Yong' de eadem Ricardi atte Tounhend de Hepham Iohannis
Benetson' de Laghton' et Iohannis Bell' de Scotre.

687. Qui dicunt super sacramentum suum quod Iohannes
de Midelton' de Gaynesburgh' plasterere die Lune proximo post
festum sancti Michelis anno regni regis Ricardi secundi xviij°

apud Gaynesburgh' vi et armis in Willelmum Sothewell' de
Gaynesburgh' insultum fecit et ipsum verberauit vulnerauit et male
tractauit contra pacem domini regis. (*Marg:* Transgressio.)

J. de M. of Gainsborough, plasterer, at Gainsborough, assaulted W. S.
of Gainsborough, beating, wounding, and maltreating him.

Made a fine before the King's Bench, East. 1396, for I mark; K. B. 540, Fines,
m. 2d.

688. Item dicunt quod Robertus Hobard de Kirkton' die
Lune proximo post festum purificacionis beate Marie anno regni
regis Ricardi secundi xviijᵒ apud Kirkton' videlicet in molendino
de Kirkton' vi et armis in Emmam filiam Walteri Wryght' de
Kirkton' insultum fecit et ipsam verberauit vulnerauit et male
tractauit et ipsam tantis pouisosis verbis comminatus fuit quod
ipsa nullicubi transire audebat nec ad hic audet contra pacem
domini regis.

R. H. of Kirton [in Lindsey] in the mill of Kirton assaulted E. daughter
of W. W. of Kirton, beating, wounding and maltreating her, and threatening
her so that she is afraid to go anywhere.

Made a fine before the King's Bench, East, 1396, for 2s.; K. B. 540, Fines,
m. 3.

Marg: LOUTHESK'

Inquisicio capta apud Ludam die Sabbati proximo ante Domini-
cam in ramispalmarum coram Iohanne [othe Hagh' et Roberto
Tirwhit iusticiarijs] de pace domini regis in partibus de Lyndesey
anno regni regis Ricardi secundi xviij [3 April 1395] per sacra-
mentum Roberti filij [Iohannis de Manby Willelmi Howet] Willelmi
Gekill' Roberti Helwys Ricardi Parkhous Iohannis Calays Roberti
Doubenay Walteri Baumburgh' Willelmi filij Ricardi de Grymolby
Roberti filij Henrici [de Hagham]¹ Ricardi Dalison' et Iohannis
Calthorp'.

689. Qui dicunt super sacramentum suum quod Willelmus
Baker nuper seruiens Willelmi Neucome de Saltfletby die Lune
proximo post festum sancti Martini in yeme anno regni regis Ricardi
secundi xviijᵒ requisitus fuit ad seruiendum Iohanni filio Willelmi de eadem in officio carucarij capiendo secundum formam
statuti per constabularios dicte villate et hoc facere recusauit
rebelliter recessit de wappentacio de Louthesk' eodem die vsque
ad wapentacium de Lotheburgh' ad seruiendum Iohanni de Vlseby
de Parua Grymesby absque sigillo domini regis et pro stipendio
capiendo de dicto Iohanne de Vlseby xvj s. vnde excessus vj s.
(*Marg:* Transgressio.)

W. B., former servant of W. N. of Saltfleetby, was hired by J. son of W.
of Saltfleetby to serve him as ploughman through the constables of Saltfleetby,
but he refused and rebelliously left the wapentake of Louthesk and went to
the wapentake of Ludborough to serve J. de U. of Little Grimsby illegally;
he took as wages 16s.; excess, 6s.

Made a fine before the King's Bench, East. 1396, for 5s.; K. B. 540, Fines, m. 5.

¹ Missing names supplied from below, p. 255.

Q

Marg: CALSWATH'

Inquisicio capta coram Iohanne othe Hagh' et Roberto Tirwhit' iusticiarijs domini regis de pace in partibus de Lyndesey assignatis apud Ludam die Sabbati proximo (post)ᶜ (ante)¹ festum Dominice in ramispalmarum anno regni regis Ricardi secundi xviijᵒ [3 April 1395] per sacramentum Willelmi Trauers de Wodethorp' Iohannis Mille de eadem Simonis Elward de Well' Willelmi White de Gayton' Iohannis othe Gote de Sutton' Willelmi Chaunpenes de Markeby Thome Wace de Malberthorp' Iohannis Yonge de Thetilthorp' Iohannis Graunt de Trusthorp' Willelmi Raulandson' de Sutton' Willelmi Godefrey de Slotheby et Roberti Herre de Hawcuby.

690. Qui dicunt super sacramentum suum quod Cicilia Whitebred de Welle die sancti Iohannis ewangeliste proximo post festum natalis domini anno regni regis Ricardi secundi supradicto apud Well' vi et armis Iohannem Whiteberd de Welle seruientem (Iohannis)ᶜ (Simonis)¹ Elward de Welle in officio carucarij cum dicto Simone commorantem prouocauit cepit et abduxit ad graue dampnum predicti Simonis et contra pacem. (*Marg:* Transgressio.)

C. W. of Well, at Well, abducted J. W. of Well, ploughman of S. E. of Well, from his master, damaging the latter.

In exigend in the King's Bench, East. 1396; K. B. 540, Rex, m. 32d.

Marg: LOTHEBURGH'

Inquisicio capta apud Ludam die Sabbati in vigilia Dominice in ramispalmarum anno regni regis Ricardi secundi xviijᵒ [3 April 1395] coram Iohanne othe Hagh' et Roberto Tirwhit' custodibus pacis in partibus de Lindesey per sacramentum Iohannis Barton' de Ormesby Petri Elfyn de Lotheburgh' Hugonis Cade de eadem Willelmi Taillo' de Wyhu' Radulphi Preste de Vtterby Rogeri Coup' de eadem Ricardi South' de Foterby Willelmi Ranyer de eadem Walteri Est de Calthorp' Iohannis Rogerneue Iohannis Parkhous de Wargholm' et Iohannis de Houton' de Calthorp' iuratorum.

691. Qui dicunt super sacramentum suum quod Iohannes de Thornton' de Luda et Iohannes Topclif' de eadem seruientes Iohannis Malbys de Luda die Lune proximo post festum sancti Iacobi apostoli anno regni regis Ricardi secundi xviijᵒ apud Ludam in seruicio dicti Iohannis Malbys retenti videlicet in officio carucarij et carectarij recesserunt a seruicio eiusdem eiusdem Iohannis Malbys sine causa racionabili ad graue dampnum dicti Iohannis Malbys c s. et contra ordinacionem statuti. (*Marg:* Transgressio.)

J. de T. and J. T. both of Louth, ploughman and carter of J. M. of Louth at Louth, left this service without cause; damages to J. M., 100s.

Both in exigend in the King's Bench, East. 1396; K. B. 540, Rex, m. 32d.

Marg: CANDELESHOWE

Inquisicio capta apud Horncastr' coram Radulpho de Cromwell' et socijs suis iusticiarijs domini regis de pace in partibus de Lyndesey conseruanda assignatis die Martis proximo post Dominicam in ramispalmarum anno regni regis Ricardi secundi xviijᵒ [6 April 1395] per sacramentum Thome atte Hall' Iohannis de Gunby de Wynthrop' Simonis Michell' Simonis de Lynna Iohannis Grawne Iohannis Batyng' Roberti filij Iohannis de Wynthorp' Thome Thomson' Simonis atte Bek' Iohannis de Langger Walteri Chapman et Ricardi de Fosse.

692.   Qui dicunt super sacramentum suum quod Walterus Bauderyk' est communis laborarius et capit per diem tres denarios per diem et prandeum et sic cepit de Iohanne Bryan die Iouis proximo post festum sancti Martini in yeme anno regni regis Ricardi secundi xviijᵒ apud Frisby vnde in excessu ij s. contra formam statuti. (*Marg:* Transgressio.)

   W. B. is a common labourer who takes 3*d.* per day with food ; this he did from J. B., at Firsby ; excess, 2*s.*
   In exigend in the King's Bench, East. 1396 ; K. B. 540, Rex, m. 32d.

693.   Item dicunt quod Robertus Spelkes flesshewer est communis artifex et vendidit carnes bouinas et ouinas minus care et sic vendidit Iohanni de Gunby die Dominica proximo ante festum Pentecostes anno regni regis Ricardi secundi xviijᵒ apud Burgh' iuxta Waynflet et sic vendidit pro xij d. quod emebat pro vj denarijs vnde excessus xij d.

   R. S., butcher, is a common craftsman who sells the flesh of oxen and sheep without the skins ; he sold to J. de G. at Burgh [in the Marsh] for 12*d.* what he had bought for 6*d.* ; excess, 12*d.*
   In exigend in the King's Bench, East. 1396 ; K. B. 540, Rex, m. 32d. ; made a fine before the King's Bench, Mich. 1396, for 2*s.* ; *ibid.*, 542, Fines, m. 1.

694.   Item dicunt vbi Willelmus filius Ade de Calseby balliuus domini regis die Dominica proximo ante festum anunciacionis beate Marie anno regni regis Ricardi secundi xviijᵒ apud Wynthorp' arestauit Willelmum Kellok per preceptum domini regis ad sectam Willelmi Peticlerk' in quodam breui de transgressione venit quidam Thomas Humbulton' vi et armis die loco et anno predictis et rescussit prefatum Willelmum Kellk contra voluntatem balliui predicti in preiudicium domini regis.

   When W. son of A. of Calceby, bailiff, at Winthorpe, arrested W. K. at the suit of W. P., T. H. rescued the said W. K. from the bailiff.
   T. H. in exigend in the King's Bench, East. 1396 ; K. B. 540, Rex, m. 32d. ; made a fine before the King's Bench, Hil. 1397, for ½ mark ; K. B. 543, Fines, m. 1.

[*m.* 49 *old numbering* xxiij]

Presentamenta de diuersis felonijs coram Radulpho de Cromwell' Philipo le Despenser Iohanne Pouger Gerardo de Sothill' Ricardo

Muriell' et Roberto Tirwhit iusticiarijs domini regis de pace in partibus de Lyndeseye in comitatu Lincoln' facta et nondum terminata etc.

Marg: WELWAPPEN' DE FELONIJS

Inquisicio capta apud Lincoln' coram Iohanne Pouger et socijs suis iusticiarijs domini regis de pace conseruanda in partibus de Lyndesey assignatis die Lune proximo post festum epiphanie domini anno regni regis Ricardi secundi decimo octauo [11 January 1395] per sacramentum Iohannis Williamson' de Vpton' Willelmi Hardefyssh' de Kesseby Thome Calkewell' de Wylyngham Iohanne Eliot' de eadem Willelmi Toke de Stowe Iohannis Humberston' de Stretton' Iohannis Robynson' de Fenton' Iohannis Lenyng' de Neuton' Willelmi Broun' de Brampton' Iohannis Kymson' de Marton' Roberti Gotte de eadem Iohannis Warde de Knaith' et Rogeri Smyth' de Vpton'.

695.   Qui dicunt super sacramentum suum quod Thomas de Burton de Wylyngham iuxta Stowe die Martis proximo ante festum sancte Margarete virginis anno regni regis Ricardi secundi decimo octauo apud Wylyngham iuxta Stowe Willelmum Debenham personam ecclesie de Wylyngham cum quodam baculo precij j obuli felonice interfecit.   Et quod Iohannes Freman de Wylyngham iuxta Stowe fuit predicto die Martis anno supradicto apud predictam villam de Willyngham auxilians manutenens et confortans predictum Thomam ad predictam feloniam faciendam.   Et quod Elena Pyper de Wylyngham iuxta Stowe die Iouis tunc proximo sequente post festum predictum anno supradicto apud predictam villam de Wylyngham recepit et hospitabatur predictum Thomam sciens ipsum predictam feloniam fecisse. (*Marg:* Felonia   accessorij.)

T. de B. of Willingham by Stow, at Willingham by Stow, feloniously killed W. D., parson of Willingham, with a stick, price a halfpenny ; J. F. of Willingham by Stow was accessory to this felony ; E. P. of Willingham by Stow received the said T., knowing he had committed the felony.

T. de B. in exigend in the King's Bench, East. 1396 ; K. B. 540, Rex, m. 19d. ; J. F. tried before the King's Bench, East. 1396, on indictment by the hundred juries; acquitted ; *ibid.*, m. 38 ; E. P. to be produced before the King's Bench, East. 1397 and subsequently ; *ibid.*, 543, Rex, m. 5d. ; 544, Rex, m. 15d.

Marg: LAUREZ

Inquisicio capta coram prefato Iohanne Pouger' et socijs (suis)[1] iusticiarijs de pace in partibus de Lyndesey apud (Lincoln' die Lune proximo post festum epiphanie domini anno regni regis Ricardi secundi xviij)[1] [11 January 1395] per sacramentum Iohannis Neuill' de Faldyngworth' Willelmi Hannay de Refham Thome Stagg' de Dunham Iohannis Furry de Faldyngworth' Thome Symkynson' de Thorp' intheFalughs' Iohannis Gunne de Carleton' Thome de Wadyngham de Faldyngworth' Iohannis de Foulestowe de Saxilby Iohannis Dyconson' de Asthorp' Thome Coke de Ingelby Ricardi de Lanhom de Gretwell' et Thome atte Bek' de Netilham.

696. Qui dicunt super sacramentum suum quod Matillis de Norhampton' seruiens Willelmi Scate de Buslyngthorp' die Lune proximo post festum sancti Bartholomei anno regni regis Ricardi secundi xvij° apud Buslyngthorp' vnum saccum et alia catalla in eodem sacco contenta precij x d. Willelmi de Netilham furtiue cepit et asportauit. (*Marg:* Felonia.)

M. de N., servant of W. S. of Buslingthorpe, at Buslingthorpe, furtively stole a sack and its contents, price 10*d.*, from W. de N.

In exigend in the King's Bench, East. 1396; K. B. 540, Rex, m. 19d.

Marg: MANLE

Inquisicio capta coram prefato Iohanne Powger et socijs suis iusticiarijs (pacis)[1] apud Hospit' super Strat' die Martis proximo post festum epiphanie domini anno regni regis Ricardi (secundi xviij°)[1] [12 January 1395] per sacramentum Oliueri atte Hall' Willelmi atte Kirkgarth' Rogeri Leget Iohannis atte Hall' Iohannis Walkar Ricardi Carethorp' Ricardi Cole Iohannis de Blaktoft' Willelmi de Shupton' Ricardi atte Vicars Roberti Colt' et Iohannis de Malton'.

697. Qui dicunt quod Willelmus Coup' quondam seruiens priorisse de Goukewell' die Lune proximo post festum sancti Michelis anno regni regis Ricardi secundi xviij° domum Iohannis atte Kirkgarth' de Gokewell' apud Gokewell' noctanter fregit et vnum superlectile dicti Iohannis precij iij s. et duo linthiamina precij ij s. furtiue cepit et asportauit et est communis latro. (*Marg:* Felonia.)

W. C., former servant of the prioress of Gokewell, at night broke into the house of J. atte K. of Gokewell, at Gokewell, and furtively stole a coverlet, price 3*s.*, and 2 sheets, price 2*s.*; he is a common thief.

In exigend in the King's Bench, East. 1396; K. B. 540, Rex, m. 19d.

Marg: ASLAKHOWE

Inquisicio capta coram Iohanne Pouger et Roberto Tirwhit et sociorum iusticiariorum domini regis de pace (in partibus de Lyndesey apud Hospitale super Stratam die Martis proximo post festum epiphanie domini anno xviij°)[1] [12 January 1395] per sacramentum Iohannis Prokto' de Norton' (Iohannis Brun' Willelmi Smyth')[1] Willelmi Barbo' de Ingham Ricardi Bysege de eadem Alani Sparow de Glentham Thome Fraunceys de Wylughton' Thome Tyny de eadem Iohannis Lowe de Hakthorn' Iohannis de Gayton' de Frisby Iohannis Smyth' de Norton' et Willelmi Benet de Hakthorn'.

698. Qui dicunt super sacramentum suum quod Henricus Clerk' quondam seruiens Iohannis Sely de Fylyngham et Willelmus Sely clerk die Lune proximo post festum omnium sanctorum anno regni regis Ricardi secundi xviij° apud Fylyngham furtiue et felonice

furati fuerunt vnum bouem precij xiij s. iiij d. de Iohanne Wythornwyk' persone ecclesie de Fylyngham. (*Marg:* Felonia.)

H. C., former servant of J. S. of Fillingham, and W. S., clerk, at Fillingham, feloniously stole an ox, price 13s. 4d., from, J. W., parson of Fillingham.
Both in exigend in the King's Bench, East. 1396; K. B. 540, Rex, m. 19d.

Marg: GAYNESBURGH'

Inquisicio capta apud Hospit' super Strat' coram Radulpho
de Cromwell' Roberto (Tirwhit' Iohanne Pouger et socijs suis
iusticiarijs domini regis de pace die Martis proximo post festum
epiphanie domini anno regni regis Ricardi xviijº)¹ [12 January 1395]
per sacramentum Thome de Skidgate de Gaynesburgh' Willelmi
de Duffeld Willelmi de Rathedale Ricardi Skynner Iohannis de
Toynton' Roberti de Skidgate Ade Godeyer Walteri Torald Iohannis
Syluester Ricardi de Askeby Willelmi Walker et Iohannis Feryman.

699.   Qui dicunt super sacramentum suum quod Iohannes
Elmesale de Gaynesburgh' et Diota vxor Willelmi Baker de eadem
die Veneris proximo ante festum sancti Andree apostoli anno regni
regis Ricardi secundi xviijº apud Gaynesburgh' in domo dicti
Iohannis Elmesale noctanter murdrauerunt Aliciam vxorem dicti
Iohannis Elmesale et vt felones domini regis fugierunt. (*Marg:*
Felonia.)

J. E. of Gainsborough and D. wife of W. B. of the same, at Gainsborough,
at night in the house of the said J. murdered A. wife of J. and fled as
felons.

Both tried before the justices of gaol delivery, 4 March 1395, on indictment
before the coroner; sentenced to be hanged; G. D. R. 177, m. 97; in exigend in
the King's Bench, East. 1396; K. B. 540, Rex, m. 19d.

Marg: CORYNGHAM

Inquisicio capta coram prefatis iusticiarijs ad diem locum et
annum [supradicta per] [12 January 1395] sacramentum Roberti
Lymbergh' de Kirkton' Iohannis Taskell' de eadem Willelmi Henry
de Greyngham Iohannis . . . . Iohannis Raskell' Iohannis Baker
Iohannis Wysen' Henrici Taillo' de Pilham Roberti Rog' de Bliton'
Iohannis Barr' . . . Iohannis Whitman de Scotton' et Thome Malynson' de Scotre.

700.   Qui dicunt super sacramentum suum quod Robertus
Harmeston' de Morton' die Dominica proximo post festum rogacionis
anno regni regis Ricardi secundi xvijº vnam equam Willelmi Personman de Scotton' precij v s. a custodia predicti Willelmi felonice
cepit et abduxit. (*Marg:* Felonia.)

R. H. of Morton feloniously stole a mare, price 5s., from W. P. of Scotton.
In exigend in the King's Bench, East. 1396; K. B. 540, Rex, m. 19d.; tried
before the King's Bench, East. 1396, on indictment before the justices of the peace
in Lindsey; acquitted; *ibid.*, m. 33.

Marg: HAWARDESHOWE

Inquisicio capta apud Castr' die Mercurij proximo post festum
epiphanie domini anno regni regis Ricardi secundi xviijº [13 January

1395] coram Philipo le Spens' (chiualer et socijs suis iusticiarijs domini regis de pace in partibus de Lyndesey assignatis)[1] per sacramentum Willelmi Warde de Neuton' Hugonis filij Roberti de Thoresby Iohannis Bryan de Waltham Thome de Wathe de eadem Willelmi othe Grene de eadem Rogeri Taillo' de eadem Roberti in the Croftes de Askeby Roberti Shephird de eadem Iohannis West de eadem Walteri de Gretham de Brygeslay Willelmi Clerk' de Hawardby et Iohannis de Foulethorp' de eadem.

701. Qui dicunt super sacramentum suum quod Iohannes Hardyng' westreman et Robertus de Bukton' taillour simul cum Iohanne Taillour de Kyllyngholm' et Willelmo atte Appulgarth' de Kylyngholm' die Dominica proximo post festum sancti Laurencij anno xviij° regis nunc domum Iohannis de Goushill' de Thornton' noctanter apud Thornton' super Humbre fregerunt et Margaretam filiam predicti Iohannis de Goushill' felonice rapuerunt et abduxerunt simul cum alijs extraneis et ignotis modo guerrino armatis. (*Marg:* Felonia.)
4 men broke into the house of J. de G. of Thornton, at Thornton [Curtis], and raped and abducted his daughter M.; some unknown strangers who were armed were with them.
All 4 in exigend in the King's Bench, East. 1396; K. B. 540, Rex, m. 19d.; W. atte A. tried before the King's Bench, East. 1396, on indictment before the justices of the peace in Lindsey; acquitted; *ibid.*, m. 26.

Marg: YORDEBURGH'
Inquisicio capta apud Castr' coram Iohanne Pouger et socijs suis (iusticiarijs domini regis in partibus de Lyndesey die Mercurij proximo post festum sancti Hillarij anno regni regis Ricardi secundi xviij°)[1] [13 January 1395] per sacramentum Iohannis de Cotes de Melton' Roberti de Walesby Roberti Pye Roberti de Cotes Iohannis de Thorp' Iohannis Richardson' de Vlceby Henrici [Martyn] Edwardi Hostelar de Barton' Roberti [Richecok] de Feryby Willelmi Toy de Barowe Iohannis Neubald de Barton' [et Willelmi Horne de Feriby.[1]

702. Qui dicunt super sacramentum] suum quod Iohannes Webster' nuper seruiens Willelmi Alweder de Barow . . . . apud Barow Willelmum Horyngham cum quodam cutello precij iij d. . . . . . . (*Marg:* Felonia.)
J. W., former servant of W. A. of Barrow [on Humber], at Barrow [feloniously killed] W. H. with a knife, price 3d.
In exigend in the King's Bench, East. 1396; K. B. 540, Rex, m. 19d.

703. Item dicunt quod Iohannes de Teleby nuper seruiens Ricardi Smyth' de Worleby die . . . . apud Worliby cameram Ricardi Smyth' de Worliby fregit et exinde . . . . in pecunia numerata felonice cepit et asportauit. (*Marg:* Felonia.)
J. de T., former servant of R. S. of Worlaby, at Worlaby, broke into the chamber of the said R. and feloniously stole money.
In exigend in the King's Bench, East. 1396; K. B. 540, Rex, m. 19d.

1 Missing names supplied from above, p. 233.

704. Item dicunt quod Thomas Falkoner de Derby nuper
seruiens [Hugonis Langnys] . . . . . . Hugonis Langnys de Worleby
fregit et exinde dictum . . . . precij ij s. vj. d. felonice cepit
et asportauit. (*Marg:* Felonia.)

T. F. of Derby, former servant of H. L. of Worlaby, broke into . . . and
feloniously stole . . . , price 2s. 6d.
In exigend in the King's Bench, East. 1396; K. B. 540, Rex, m. 19d. Name
supplied from the King's Bench roll.

705. Item dicunt quod Hugo Webster seruiens prioris de
Elsham die Lune . . . . Elshamcotes cameram prioris de
Elsham fregit et exinde dictum . . . . et vnum par de pannis
lineis precij iiij s. felonice cepit et asportauit. (*Marg:* Felonia.)

H. W., servant of the prior of Elsham, at Elsham Cotes, broke into the
prior's chamber and feloniously stole . . . and linen cloth, price 4s.
In exigend in the King's Bench, East. 1396; K. B. 540, Rex, m. 19d.

706. Item dicunt quod Willelmus nuper seruiens Iohannis de
Keleby hoyerw[ise calde lang cok'] . . . . supradicto in campis
de Croxton' vnum par de phighyrnes et vnum . . . . (*Marg:*
Felonia.)

W., former servant of J. de K., at Croxton [feloniously stole] a pair of
fireirons and a . . .
In exigend in the King's Bench, East. 1396; K. B. 540, Rex, m. 19d. Name
supplied from the King's Bench roll.

707. Item dicunt quod Iohannes Hardyng' de Lanu' of Trent'
Willelmus Skynner [nuper commorans in Grymesby et Willelmus
Skynner] . . . . . de Ebor' die Dominica proximo post festum natiuitatis beate Marie anno supradicto Margaretam filiam Iohannis Goushill' de Thornton' felonice rapuerunt et abduxerunt. (*Marg:* Felonia.)

3 men feloniously raped and abducted J. M., daughter of G. of Thornton
[Curtis].
All three in exigend in the King's Bench, East. 1396; K. B. 540, Rex, m. 19d.
Names supplied from the King's Bench roll; above, No. 701.

Marg: BRADLE

Inquisicio capta apud Grymesby coram Iohanne Pouger et
socijs suis iusticiarijs domini regis (die Iouis)[1] [proximo post festum
sancti Hillarij anno regni regis Ricardi secundi decimo octauo [14
January 1395] per sacramentum Iohannis] Talifer de Laiceby
Willelmi de Toynton de eadem Iohannis Elyon de eadem [Thome
de Alesby de Bradley Iohannis Taillo'] de eadem Willelmi Sybsey
de eadem Willelmi de Hill' de Swalowe Iohannis [Godelyng de
Thirnesco Roberti de Caburne] de Alesby Iohannis Woghir' de eadem
Ricardi Smyth' de Magnacotes [et Willelmi Ryuell' de Tetenay.[1]

708. Qui dicunt super sacramentum] suum quod Alicia vxor
Thome de Newton de Ketilby die Iouis proximo post festum
. . . . Swalowe furtiue cepit et asportauit de Thome Smyth'
de Sw[alowe] . . . . voluntatem dicti Thome. (*Marg:* Felonia.)

A. wife of T. de N. of Kettleby furtively stole . . . from T. S. of Swallow.
In exigend in the King's Bench, East. 1396; K. B. 540, Rex, m. 19d.

[1] Missing names supplied from above, p. 234.

ROLL L 249

[m. 49d. written from the bottom up]

Marg: LOUTHBURGH'

Inquisicio capta coram Iohanne Pouger et socijs suis iusticiarijs [domini regis de pace in partibus de Lyndesey] apud Ludam die Veneris proximo post festum sancti Hillarij anno [regni regis Ricardi secundi xviij° [15 January 1395] per sacramentum Iohannis Barton'] de Ormesby Petri Elfyn de Lotheburgh' Willelmi Taillour de [Wyhu' Hugonis Cade de Lotheburgh' Willelmi Kyng] de Foterby Ricardi South' de eadem Iohannis Donnay de eadem [Rogeri Coup' de Vtterby Radulphi Preste de eadem Walteri Est] de Calthorp' Iohannis Parkhous de Wargholm' et Ricardi Raynald [de Couenham.¹

709. Qui dicunt super sacramentum suum quod Robertus filius Iohannis] Coup' de Vtterby secundo die mensis Augusti anno supradicto . . . . ecclesie de Ouseby predicta et ibidem die et anno supradictis furtiue cepit [et asportauit] . . . . (*Marg:* Felonia.)
R. son of J. C. of Utterby . . .
In exigend in the King's Bench, East, 1396; K. B. 540, Rex, m. 19d. Name supplied from the King's Bench roll.

Marg: LOUTHESK'

Inquisicio capta coram prefatis iusticiarijs die loco at anno supradictis [15 January 1395] [per sacramentum Roberti Elwis Willelmi Howet Ricardi atte Wode] Iohannis Champard Roberti filij Margarete Iohannis atte Fenn Roberti [Hobshorth' Roberti Frost' Roberti Parkour Willelmi Fenne¹ et] Thome filij Ricardi et Iohannis Wale.

710. Qui dicunt quod Thomas Mower [manens in Skydebrok'] . . . . sancti Luce ewangeliste anno supradicto venit apud Saltfletby . . . . eadem et furatus fuit xx s. dicti Michelis et felonice asportauit. (*Marg:* Felonia.)
T. M. living in Skidbrook . . . and feloniously stole 20s. from the said M.
In exigend in the King's Bench, East, 1396; K. B. 540, Rex, m. 19d. Name supplied from the King's Bench roll.

711. Item dicunt quod Iohannes filius Matillis del Mare de Luda die . . . . et ibidem furtiue furatus fuit duos boues Iohannis de . . . . (*Marg:* Felonia.)
J. son of M. del M. of Louth feloniously stole 2 oxen from J de . . .
In exigend in the King's Bench, East. 1396; K. B. 540, Rex, m. 19d.

712. Item dicunt quod Thomas Neutwyn de Whitchirche die . . . . venit apud Magnam Carlton et ibidem furtiue furatus fuit vnum . . . . (*Marg:* Felonia.)
T. N. of Whitchirche, at Great Carlton, feloniously stole . . . . . .
In exigend in the King's Bench, East, 1396; K. B. 540, Rex, m. 19d.

¹ Missing names supplied from above, pp. 236–237.

713. Item dicunt quod Willelmus Mawer de Wh[itchirche]
. . . . apud Saltfletby et ibidem furatus fuit du . . . .
(*Marg:* Felonia.)
    W. M. of Whitchirche, at Saltfleetby, feloniously stole . . . . . .
  In exigend in the King's Bench, East. 1396; K. B. 540, Rex, m. 19d. Name
supplied from the King's Bench roll.

Marg: CALSWATH'

    Inquisicio capta coram prefatis iusticiarijs die loco et anno
supradictis [15 January 1395] [per sacramentum Iohannis Mille
de Wythorn' Thome atte Well'] de Hoggesthorp' Willelmi Trauers
de Wodthorp' Simonis [Elward de Well' Willelmi Polayn de Riston'
Willelmi Whete de] Gayton' Roberti filij Hugonis de Thetilthorp'
Iohannis Yonger de eadem [Iohannis Maltson de Hogesthorp'
Iohannis Geuill' de] Thetilthorp' Iohannis Fresshmars de Sutton'
et Iohannis de Laghton' [de Enderby.[1]

    714. Qui dicunt super sacramentum suum quod Robertus
Malet de] Trusthorp' die Dominica proximo post festum sancti
Petri aduincula anno xviij° . . . . Trusthorp' felonice interfecit.
(*Marg:* Felonia.)
    R. M. of Trusthorpe, feloniously killed . . .
  In exigend in the King's Bench, East. 1396; K. B. 540, Rex, m. 19d. Name
supplied from the King's Bench roll.

    715. Item dicunt quod Iohannes Benet iunior de Thetilthorp'
die Dominica proximo ante festum [sancti Michelis anno regni
regis Ricardi secundi decimo octauo noctanter apud Thedylthorp']
Iohannem Bulman de Thetilthorp' felonice interfecit. (*Marg:*
Felonia.)
    J. B., Jr., of Theddlethorpe at night, at Theddlethorpe, feloniously killed
J. B. of Theddlethorpe.
  Tried before the King's Bench, East 1396, on indictment before the coroner;
pardoned; K. B. 540, Rex, m. 1d.; for the payment of 16s. 4d. for this pardon see
Hanaper Roll 213/11, m. 7. Missing words supplied from the King's Bench roll.

Marg: CANDELESHOW

    Inquisicio capta coram prefatis iusticiarijs die Sabbati proximo
post festum sancti Hillarij anno supradicto [16 January 1395]
per sacramentum Simonis Michell' de Waynflete Roberti Mounselot
de eadem Iohannis Batyng' Iohannis Magson' Iohannis . . de eadem
Thome ate Hall' de Fryby Roberti Wiotson' de Croft Roberti Warde
de Skendilby Radulphi Fychet de eadem . . de Grebby Roberti
Wryght de Partenay et Radulphi de Kelsay.

    716. Qui dicunt super sacramentum suum quod Walterus
Bosard de Waynflet Ranulphus filius Hugonis Tomson' et Ricardus
Broun' de eadem die Dominica proximo ante festum decollacionis

  [1] Missing names supplied from above, p. 237.

sancti Iohannis baptiste anno supradicto apud Waynflet Robertum Balderyk' de Irby felonice interfecerunt.
3 men feloniously killed R. B. of Irby [le Marsh], at Wainfleet.
W. B. and R. son of H. tried before the King's Bench, East. 1396, on indictment before the justices of the peace in Lindsey and before the coroner; pardoned; K. B. 540, Rex, m. 15; for the payment of 16s. 4d. each for these pardons see Hanaper Roll 213/11, m. 11; R. B. in exigend in the King's Bench, East. 1396, Hil. 1397; K. B. 540, Rex, m. 19d.; 543, Rex, m. 13d.; in the latter term the sheriff of Lincolnshire made a fine for 40d. because R. B. failed to appear; ibid., Fines, m. 1d.

717.   Item dicunt quod Ranulphus filius Iohannis Helles de Waynflet' predictum Walterum Bosard' post feloniam factam receptauit hospitabatur et sustentauit die ac nocte predictis. (Marg: Felonia.)
R. son of J. H. of Wainfleet received the said W. B. after he committed this felony and gave him hospitality day and night.
Tried before the King's Bench, East. 1396, with principals; sine die; K. B. 540, Rex, m. 15.

718.   Item dicunt quod Willelmus seruiens Thome Chapman de Stepyng' die Lune proximo post festum ascencionis domini anno regni regis Ricardi secundi sexto apud Magnamstepyng' quamdam cistam dicti Thome Chapman fregit et felonice argentum et alia bona ad valenciam decem marcarum cepit et asportauit et postea fugit. (Marg: Felonia.)
W., servant of T. C. of Steeping, at Great Steeping, broke into a chest belonging to T. C., feloniously stole silver and other goods valued at 10 marks, and fled.
See below no. 719.

719.   Item dicunt quod Ricardus de Austhorp' de Stepyng' predicta die et anno predictis dictum Willelmum post feloniam factam receptauit confortauit et sustentauit sciens ipsum predictam feloniam fecisse. (Marg: Accessorius.)
R. de A. of Steeping received the said W. after the felony and comforted him, knowing he had committed this felony.
To be produced before the King's Bench, East. 1397; K. B. 543, Rex, m. 5d.; tried before the King's Bench, East. 1397, on indictment before the justices of the peace in Lindsey, principal having been outlawed; acquitted; ibid., 544, Rex, m 2. No record of when this outlawry was pronounced has been found.

Marg: HILL'

Inquisicio capta coram prefatis iusticiarijs die loco et anno supradictis [16 January 1395] per sacramentum Iohannis Toures de Wynceby Henrici filij Iohannis de Hagworthyngham Ricardi Northorp' de Sausthorp' Roberti Burdon' de Ormesby Iohannis Estkirk' de eadem Iohannis Warde de Ketelesby Hugonis Iustys de Langton' Thome Sprotlyng' de Brynk[ill' Rogeri Couper de Oxcum']¹ Henrici Stokwyth' de Claxby Willelmi Somerby de Foletby et Hannindi Warde de Salmandby.

¹ Missing names supplied from above, p. 238.

720.   Qui dicunt super sacramentum suum quod Willelmus
Chapman manens in Langton' die Martis in festo sancti Martini
in yeme anno xvij⁰ venit apud Sausthorp' et ibidem furtiue furatus
fuit duas aucas et vnum caponem precij ix d. de bonis Ricardi
Northorp'. (*Marg:* Felonia.)

    W. C. living in Langton [by Spilsby] at Sausthorpe furtively stole 2
geese and a capon, price 9d., from R. N.
    Tried before the King's Bench, East. 1396, on indictment before the justices of
the peace in Lindsey; acquitted; K. B. 540, Rex, m. 24d.

Marg: LAUREZ

    Inquisicio capta coram Gerardo de Sothill' et Roberto Tirwhyt
iusticiarijs domini regis de pace in partibus de Lindesey assignatis
apud Lincoln' die Mercurij proximo ante Dominicam in ramispalmarum anno xviij⁰ [31 March 1395] per sacramentum Iohannis
Neuill' de Faldyngworth' Willelmi Hannay de Refham Thome
Stagg' de Dunham Iohannis othe Hill' de eadem Thome Symondson'
de Thorp' in the Falughs Petri filij Hugonis de eadem Iohannis de
Whityngton' de eadem Iohannis Leueryk' de Brotilby Iohannis Gun
de Carleton' Thome Coke de Ingelby Willelmi filij Hugonis de Burton'
et Iohannis Dionison' de Asthorp' iuratorum.

    721.   Qui dicunt super sacramentum suum quod Agnes seruiens
Willelmi Ausyn de Estbarkeworth' die Lune proximo ante festum
sancti Iohannis baptiste anno regni regis Ricardi xvij⁰ apud Barkeworth' predictam felonice fregit domum Ricardi Dalison de Estbarkeworth' et ibidem furtiue cepit et asportauit j goun' et alia bona
et catalla ad valenciam ij marcarum argenti de predicto Ricardo
Dalyson'. (*Marg:* Felonia.)

    A., servant of W. A. of East Barkwith, at East Barkwith, feloniously
broke into the house of R. D. of East Barkwith and furtively stole a gown
and other goods valued at 2 marks.
    In exigend in the King's Bench, East. 1396; K. B. 540, Rex, m. 19d.

    722.   Item dicunt quod predictus Willelmus Ausyn die loco
et anno predictis sciens de felonia predicta felonice receptauit
dictam Agnetem cum dictis goun' et bonis et catallis predictis.
(*Marg:* Accessorius.)

    The said W., knowing of the felony, feloniously received the said A.
with the stolen goods.
    Tried before the King's Bench, Hil. 1397, on indictment before the justices
of the peace in Lindsey, principal having been outlawed; acquitted; K. B. 543,
Rex, m. 6d.

Marg: WELWAPPEN'

    Inquisicio capta coram prefatis iusticiarijs die loco et anno
supradictis [31 March 1395] per sacramentum Iohannis de Lodyngton' de Vpton' Rogeri Smyth' de eadem Willelmi Hardfyssh' de
eadem Walteri de Glentworth' de Stowe Roberti Gotte de Marton'
Roberti Terry de eadem Willelmi Broun' de Brampton' Willelmi
de Brughton' de eadem Iohannis de Walpole de Burton' Iohannis

Robynson' de Fenton' Willelmi de Spaldeforth' de Neuton' et
Simonis Bullok' de Vpton'.

723.   Qui dicunt super sacramentum suum quod Radulphus
de Beltesford de Wylyngham et Margeria vxor eius die Veneris
proximo post festum sancte Margarete virginis anno xviij° apud
Wyllyngham auxiliabantur hospitabantur et receptauerunt Thomam
de Burton' de Wylyngham felonem domini regis qui die Martis
proximo ante festum predictum Willelmum Debenham nuper
personam ecclesie de Wylyngham apud Wylyngham felonice interfecit scientes predictum Thomam predictam feloniam fecisse. (*Marg:*
(Felonia)^c accessorius felonie.)

R. de B. of Willingham [by Stow] and M. his wife, at Willingham, aided
and received T. de B. of Willingham, a felon, who had killed W. D., former
parson of Willingham, knowing the said T. had committed this felony.

R. de B. tried before the King's Bench, East. 1396, on indictment before the
justices of the peace in Lindsey, principal having been outlawed; acquitted; K. B.
540, Rex, m. 17; for indictment of principal see above no. 695.

724.   Item dicunt quod Willelmus Prokto' constabularius
villate de Wylyngham in societate predicti Thome existens die et
anno supradictis apud predictam villam de Wylyngham predictum
Thomam arestare noluit set ipsum euadere permisit. (*Marg:*
Felonia.)

W. P., constable of Willingham [by Stow] refused to arrest the said T.
and allowed him to escape.

Tried before the King's Bench, East. 1396, on indictment before the justices
of the peace in Lindsey; acquitted; K. B. 540, Rex, m. 17.

Marg: ASLOKHOWE

Inquisicio capta coram prefatis iusticiarijs apud Hospitale'
super Strat' die Iouis proximo post festum annunciacionis beate
Marie virginis anno predicto [1 April 1395] per sacramentum Iohannis
Wytchirche de Atherby Iohannis Prokto' de Norton' Petri filij
Iohannis de Spridelyngton' Iohannis Storo' de eadem Rogeri de
Claxby de Hakthorn' Iohannis de Poumfrete de eadem Iohannis de
Goushill' de eadem Iohannis Dawlyn de Helmeswell' Walteri Freman
de Cameryngham Willelmi Perynot de Fylyngham Iohannis
Argent de Herpeswell' et Iohannis Netilham de Spridelyngton'
iuratorum.

725.   Qui dicunt super sacramentum suum quod Robertus Bate
de Norton' apud Norton' die Lune proximo post festum sancti
Nicholai episcopi anno supradicto furatus fuit vnum cocliar argen-
teum precij ix d. et illud cepit et asportauit de domo Iohannis Frost
de eadem quod quidem cocliar fuit predicti Iohannis Frost'.
(*Marg:* Felonia.)

R. B. of [Bishop] Norton, at Norton, stole a silver spoon, price 9*d.*,
belonging to J. F. from the latter's house.

In exigend in the King's Bench, East. 1396; K. B. 540, Rex, m. 19d.

Marg: MANLE

Inquisicio capta coram prefatis iusticiarijs die loco et anno supradictis [1 April 1395] per sacramentum Thome Birthorp' de Wadyngham Ricardi Bygg' de Burton'stather Iohannis Walker de Wyntryngton' Iohannis de Blaktoft' de eadem Rogeri Leget' de Boryngham Roberti Cokes de Boterwyk' Willelmi Fyssher de Wadyngham Thome othe Spitell' de eadem Iohannis de Malton' de Redburn' Iohannis Wryght' de eadem Henrici Olawe de Hilbaldestowe et Willelmi Higdon' de eadem iuratorum.

726.   Qui dicunt super sacramentum suum quod Margeria Tubby vxor Iohannis Tubby de Burtonstather die Lune proximo post festum purificacionis beate Marie anno regni regis Ricardi secundi xviij° apud Burton' predictam felonice et noctanter interfecit Iohannem Tubby virum suum. (*Marg:* Felonia.)

M. T. wife of J. T. of Burton on Stather, at Burton, feloniously at night killed J. T. her husband.

In exigend in the King's Bench, East. 1396; K. B. 540, Rex, m. 19d.

[*m.* 50 *old numbering* xxiiij]

Marg: WALSCROFT'

Inquisicio capta coram Radulpho de Cromwell' et socijs suis iusticiarijs domini regis de pace in partibus de Lyndesey assignatis apud Castre die Veneris proximo ante Dominicam in ramispalmarum anno regni regis Ricardi secundi xviij° [2 April 1395] per sacramentum Roberti Disney de Ouresby Thome Fymmer de Staynton' Iohannis West de Walesby Thome Ionetson' de Normanby Iohannis Driby de Toft' Radulphi Curtais de Walesby Thome Daulyn de Ouresby Henrici Clerk' de Thorgramby Willelmi Stern' de Wylyngham Thome Motkan de Neuton' Willelmi Porray de Wylyngham et Iohannis Louth' de Kelsey.

727.   Qui dicunt super sacramentum suum quod Willelmus Sely de Wylyngham et Henricus filius Alani Dey de eadem die Lune proximo ante festum sancti sancti Martini in yeme anno supradicto apud Fylyngham vnum bouem precij xl d. de Iohanne de Wythornwyk' rectore ecclesie de Fylyngham felonice ceperunt et abduxerunt. (*Marg:* Felonia.)

W. S. and H. son of A. D. both of [North] Willingham, at Fillingham, feloniously stole an ox, price 40*d.*, from J. de W., rector of Fillingham.

See above no. 698.

Marg: HAWARDESHOWE

Inquisicio capta coram prefatis iusticiarijs die loco et anno supradictis [2 April 1395] per sacramentum Willelmi de Hatclif de Hatclif' Willelmi Willelmi North' de Foulestowe Iohannis Clerk de eadem Willelmi Richardson' de (eadem)^c Hawardby Willelmi Iacob de Bernolby Thome de Wathe de Waltham Nicholai Wall' de eadem Iohannis Peresson' de Wathe Roberti de Bokenhale de Rauendale Roberti de Croftes de Askeby Walteri de Croftes de Askeby Semanni Brygeslay de Brigeslay iuratorum.

728. Qui dicunt super sacramentum suum quod Iohannes Astyn filius Iohannis Astyn de Alesby die Mercurij in festo sancti Mathei apostoli anno supradicto apud Alesby felonice interfecit Robertum filium Benedicti Betneff' de Alesby. (*Marg:* Felonia.)

J. A. son of J. A. of Aylesby, at Aylesby, feloniously killed R. son of B. B. of Aylesby.

Tried before the King's Bench, East. 1396, on indictment before the justices of the peace in Lindsey and before the coroner ; pardoned ; K. B. 540, Rex, m. 10.

Marg: BRADLE

Inquisicio capta coram prefatis iusticiarijs die loco et anno supradictis [2 April 1395] per sacramentum Willelmi de Toynton' de Laiceby Iohannis Woher de Alesby Iohannis Warde de eadem Roberti de Caburn' de eadem Walteri Droury Willelmi Skipse de Bradle Iohannis Donceson' de Humberstane Gilberti Den de eadem Willelmi othe Hill' de Swalow Iohannis atte Persons de eadem Iohannis Raynald de Tetenay et Gilberti Coup' de Parua Cotes iuratorum.

729. Qui dicunt super sacramentum suum quod Iohannes filius Iohannis Astyn' de Alesby taillour die Mercurij in festo sancti Mathie apostoli anno supradicto apud Alesby insultum fecit Roberto filio Benedicti filij Rogeri de Alesby vi et armis et dictum Robertum felonice percussit in ventre cum quodam (cultello)^c baslardo vnde habuit mortem. (*Marg:* Felonia.)

J. son of J. A. of Aylesby, tailor, at Aylesby, assaulted R. son of B. son of R. of Aylesby and feloniously struck him in the stomach with a dagger so that he died.

See above no. 728.

730. Item dicunt quod Iohannes Astyn de Alesby senior pater predicti Iohannis et Georgius filius eius die loco et anno supradictis fuerunt presentes consencientes et auxiliantes ad dictam feloniam faciendam. (*Marg:* Accessorij.)

J. A. de Aylesby, Sr., father of J., and his brother G. were accessory to this felony.

Tried before the King's Bench, East. 1396, with principal ; *sine die* ; K. B. 540, Rex, m. 10.

Marg: LOUTHESK'

Inquisicio capta coram prefatis iusticiarijs apud Ludam die Sabbati proximo ante Dominicam in ramispalmarum anno supradicto [3 April 1395] per sacramentum Roberti filij Iohannis de Manby Willelmi Howet' Willelmi Gekill' Roberti Helwis Ricardi Parkhous Iohannis Calais Roberti Doubenay Walteri Baumburgh' Willelmi filij Ricardi de Grymolby Roberti filij Henrici de Hagham Ricardi Dalison' et Iohannis Calthorp'.

731. Qui dicunt super sacramentum suum quod Iohannes Broune de Stanesby commorans in parochia de Askeby iuxta Gretham die Dominica proximo ante festum carnipreuij anno supradicto venit apud Saltflethauen' et ibidem felonice fregit domum Willelmi Staners capellani de eadem et ibidem interfecit tres equos Ricardi Staners de eadem et Roberti de Bolyngton' de Grymesby contra pacem. (*Marg:* Felonia.)

J. B. of Stainsby living in Ashby [Puerorum] near Greetham feloniously broke into the house of W. S., chaplain of Saltfleet Haven, at Saltfleet Haven, and killed 3 horses belonging to R. S. of Saltfleet Haven and R. de B. of Grimsby.

In exigend in the King's Bench, East. 1396 ; K. B. 540, Rex, m. 19d.

Marg: CANDELESHOWE

Inquisicio capta apud Horncastr' coram Radulpho de Cromwell' et socijs suis iusticiarijs domini regis de pace in partibus de Lyndesey conseruanda assignatis die Martis proximo post Dominicam in ramispalmarum anno regni regis Ricardi secundi xviij° [6 April 1395] per sacramentum Thome atte Hall' Iohannis de Gunby de Wynthorp' Simonis Michell' Simonis de Linaa Iohannis Grawne Iohannis Batyng' Roberti filij Iohannis de Wynthorp' Thome [Thomson][1] . . . Simonis atte Bek' Iohannis de Langger Walteri Chapman et Ricardi de Fosse iuratorum.

732. Qui dicunt super sacramentum suum quod Simon Blyssot de Waynflet die Veneris proximo ante festum carnipreuij anno supradicto apud Waynflet felonice interfecit R . . . . (*Marg:* Felonia.)

S. B. of Wainfleet, at Wainfleet, feloniously killed R. . . .

In exigend in the King's Bench, East. 1396 ; K. B. 540, Rex, m. 19d. ; see also above no. 329.

733. Item dicunt quod Walterus Bosard et Radulphus filius Iohannis [Helys noctanter die Dominica proximo ante festum natiuitatis sancti Iohannis] baptiste anno regni regis Ricardi secundi xviij° quatuor viginti dentrices precij [xx s. Walteri Randson' apud Waynflete felonice] furati fuerunt. (*Marg:* Felonia.)

W. B. and R. son of J. H. at night feloniously stole 24 fish, price 20s., from W. R., at Wainfleet.

Both tried before the King's Bench, East. 1396, on indictment before the justices of the peace in Lindsey ; acquitted ; K. B. 540, Rex, m. 1d. Missing words supplied from the King's Bench roll. See also above nos. 716, 717.

Marg: MANLE

Inquisicio capta apud Glannfordbryg' coram Ger[ardo Sothill' et Roberto Tirwhit et socijs] suis iusticiarijs domini regis de pace in partibus de Lyndesey assignatis die Sabbati proximo ante festum [sancti Petri aduincula] anno regni regis Ricardi secundi xix° [31 July 1395] per sacramentum Willelmi Daynell' de Garlthorp' Thome Moigne de Appulby [Thome][2] de Bekyngham de Manby

[1] Missing name supplied from above, p. 243.
[2] Missing name supplied from above, p. 223.

Simonis de Beltoft de Belton' Ricardi Cole de eadem Iohannis Saule
de Epworth' Iohannis de Blaktoft Iohannis Raynald Nicholai Tebbe
Iohannis Walker de Wynterton' Roberti atte Hall' de Flyxburgh'
et Petri Tochet de Hibaldestowe.

734. Qui dicunt super sacramentum suum quod Iohannes
Alanson' de Crull' die Lune proximo post festum sancti Marci
ewangeliste anno regni regis Ricardi secundi xviij⁰ apud Crull'
clausum Rogeri Bunkard intrauit et quandam cistam dicti Rogeri
ibidem fregit et vnam telam panni linij precij x s. furtiue cepit
et asportauit. (*Marg:* Felonia.)
J. A. of Crowle, at Crowle, entered the close of R. B., broke into a chest,
and furtively stole linen cloth, price 10s.
In exigend in the King's Bench, East. 1396; K. B. 540, Rex, m. 19d.

735. Item dicunt quod Thomas Charters de Crull' die Martis
in secunda septimana xˡᵉ anno regni regis Ricardi secundi xviij⁰
apud Crull' truncos Iohannis Wryde de Crull' et aliorum vicinorum
fregit et pissem dicti Iohannis et aliorum precij xx s. ibidem inuentum
furtiue cepit et asportauit et est communis latro. (*Marg:* Felonia.)
T. C. of Crowle, at Crowle, broke into the moat belonging to J. W.
and others of Crowle and furtively stole fish, price 20s.; he is a common thief.
In exigend in the King's Bench, East. 1396; K. B. 540, Rex, m. 19d.

736. Item dicunt quod Iohannes Helwell' taillour nuper
manens in Frothyngham die Martis proximo post festum natiuitatis
sancti Iohannis baptiste anno regni regis Ricardi secundi xviij⁰
apud Askeby iuxta Brunby Aliciam filiam Roberti Couper de Aslakby
ligauit et ipsam ibidem felonice rapuit et corporaliter violauit.
(*Marg:* Felonia.)
J. H., tailor, formerly living in Frodingham, at Ashby near Brumby,
bound and feloniously raped A. daughter of R. C. of Asackby.
In exigend in the King's Bench, East. 1396; K. B. 540, Rex, m. 19d.

Marg: YORDEBURGH'

Inquisicio capta apud Magnam Limbergh' coram Philipo le
Despens' chiualer et Roberto Tirwhit iusticiarijs domini regis de
pace in partibus in partibus de Lyndesey assignatis die Martis
proximo post festum sancti Petri aduincula anno regni regis Ricardi
secundi xix⁰ [3 August 1395] per sacramentum Iohannis de Crull' de
Barton' iunioris Ioachym de Feriby Willelmi de Wrauby de Barton'
Iohannis de Neubald de eadem Iohannis [Nunman] de Kyllyngholm'
Iohannis de Cotes de Melton' Roberti Daump' de Northkelsay
Iohannis de Thorp' de [Bekeby] Roberti [Richecok]¹ Radulphi
Rychardson' de Wrauby Henrici Kyng' de Wotton' et Roberti
Pye de Ryby.

737. Qui dicunt [super sacramentum] suum quod Willelmus
Alwedre de Barowe die Mercurij proximo post festum assumpcionis

¹ Missing names supplied from above, p. 224.

R

beate Marie anno regni regis [Ricardi secundi xviij° noctanter apud Barton'] viginti quatuor stoules garbarum ordei Willelmi Milner de Barton' precij [xx s. furtiue cepit et asportauit]. (*Marg:* Felonia.)

W. A. of Barrow [on Humber] at night, at Barton, furtively stole 24 sheaves of barley, price 20s., from W. M. of Barton.

In exigend in the King's Bench, East. 1396; K. B. 540, Rex, m. 19d.; tried before the King's Bench, Mich. 1396, on indictment before the justices of the peace in Lindsey; pardoned; *ibid.*, 542, Rex, m. 12. Missing words supplied from the King's Bench roll.

738. Item dicunt quod Thomas Bell' de Housom' die Lune proximo post [festum purificacionis beate Marie anno regni regis Ricardi secundi decimo septimo apud] Seuerby barcariam Walteri de Barkeworth' de Seuerby fregit et septem [bidentes predicti Walteri precij xiiij s. ibidem inuentos furtiue] cepit et asportauit. Et quod Robertus Flesshewer de Housum' predictis die [et anno apud Housum' recepit predictum Thomam] sciens ipsum feloniam predictam fecisse. (*Marg:* Felonia accessorius.)

T. B. of Howsham at Searby broke into the sheepfold of W. de B. of Searby and furtively stole 7 sheep, price 14s., belonging to the said W.; R. F. of Howsham, at Howsham, received the said T., knowing he had committed this felony.

T. B. in exigend in the King's Bench, East. 1396; K. B. 540, Rex, m. 19d.; R. F. tried before the King's Bench, East. 1396, on indictment before the justices of the peace in Lindsey; acquitted; *ibid.*, m. 11. Missing words supplied from the King's Bench roll.

Marg: BOLYNGBROK'

Inquisicio capta coram Radulpho de Cromwell' et socijs suis iusticiarijs de pace [in partibus de Lyndesey apud Hornc' die Iouis] proximo ante festum sancti Laurencij anno regni regis Ricardi secundi xix° [? 5 August 1395] per sacramentum Ricardi . . . . . . [? Thome] Elynson' de Toynton' Iohannis Ricardson' Willelmi Gendebody de . . . . Iohannis Goderyk de Bolyngbroke Iohannis Amyson' de eadem Iohannis . . . . et Iohannis Malteby de Esterkele.

739. Qui dicunt super sacramentum suum [quod Ricardus Barogh' de Stykeney die Martis in vigilia] sancti Mathei apostoli anno regni regis Ricardi secundi xvij° apud Stykeneye [vnum equum precij vj s. de Iohanne Thomasson de Kyrkton'] furtiue cepit et abduxit. (*Marg:* Felonia.)

R. B. of Stickney, at Stickney, furtively stole a horse, price 6s., from J. T. of Kirton.

In exigend in the King's Bench, East. 1396; K. B. 540, Rex, m. 19d.; tried before the King's Bench, East. 1396, on indictment before the justices of the peace in Lindsey; acquitted; *ibid.*, m. 27. Missing words supplied from the King's Bench roll.

[*m. 50d. written from the bottom up*]

Rotuli Radulphi de Cromwell' et sociorum suorum [custodium] pacis domini regis comitatu Lincoln' in partibus de Ly[ndesey].

Marg: HORNCASTR'

Inquisicio capta apud Horncastr' die Iouis proximo post festum sancti [Petri aduincula anno regni regis Ricardi secundi xix⁰ [? 5 August 1395] coram] domino Radulpho de Cromwell' milite et socij suis iusticiarijs domini regis de pace [in partibus de Lyndesey per sacramentum] . . . . sayng Stephani Hayington' de eadem Simonis Besse de . . . . Iohannis Sayng de eadem Walteri Peris de Marum Ricardi . . . . de Thymulby Ricardi . . et Iohannis de . . .

740. [Qui dicunt super sacramentum suum quod Iohannes filius Philipi Clerk] de Tynton' die Iouis proximo post festum sancti Martini anno . . . . de villa predicta precij xij d. furtiue cepit et abduxit. (*Marg:* Felonia.)

J. son of P. C. of Toynton stole . . ., price 12*d.*
In exigend in the King's Bench, East. 1396; K. B. 540, Rex, m. 19d. Name supplied from the King's Bench roll.

Marg: WRAGHOWE

Inquisicio capta apud Horncastr' coram domino Radulpho Crom[well' et socijs suis iusticiarijs domini regis de pace in partibus] de Lyndesey die Iouis proximo ante festum sancti Laurencij anno [regni regis Ricardi secundi xix⁰ [? 5 August 1395] per sacramentum] . . . Thome L . . de eadem Iohannis Wryght' de Haynton' Gilberti [atte Prestes de Keuermond] . . . . Lutheford Henrici atte Vicars de eadem Iohannis Bell' de Wylyngham Ricardi . . . . Milner de Newbell' Iohannis filij Stephani de Bardenay et Thome [? Wragby] . . .

741. [Qui dicunt super sacramentum suum quod] quidam Willelmus de Saltfletby nuper seruiens Thome Eyliot [de Haynton'] . . . . sancti Petri anno regni regis Ricardi secundi xix⁰ domum Iohannis Beshauk' de . . . . et vnam tunicam precij xl d. et quinque solidos argento ibidem inuentos . . . . [felonice furatus] fuit et abduxit. (*Marg:* Felonia.)

W. de S., former servant of T. E. of Hainton, entered the house of J. B. and stole . . . and a tunic, price 40*d.*, and 5*s.*
In exigend in the King's Bench, East. 1396; K. B. 540, Rex, m. 19d. Name supplied from the King's Bench roll.

Marg: BOLYNGBROK'

Inquisicio capta apud Horncastr' coram Iohanne Hagh' et Roberto [Tirwhit iusticiarijs domini regis de pace in partibus de Lyndesey] assignatis die Martis proximo post Dominicam in ramis-palmarum anno regni [regis Ricardi] secundi [xviij⁰ [? 6 April 1395] per sacramentum] . . . . Boiland Iohannis filij Ricardi Iohannis de Maltby de Kele Willelmi . . Willelmi Benn . . . . Stikenay Iohannis Goderyk' de Bolyngbroke Alani Coup' Roberti filij Hugonis de L . . . . Ratheby et Roberti de Candelesby de Hundelby.

742. Qui dicunt super sacramentum suum quod W[alter]us . . de Bolyngbrok die Iouis proximo ante festum sancti Petri aduincula anno regni regis Ricardi secundi xvij° apud Bolyngbrok' [in] campis de Bolyngbrok insidiatus fuit Aliciam de Rounce de Bolyngbroke et in ipsam Aliciam ibidem insultum fecit et ipsam verberauit vulnerauit et male tractauit contra pacem domini regis. (*Marg:* Transgressio.)

W. . . . of Bolingbroke waylaid A. de R. of Bolingbroke, at Bolingbroke, and assaulted her, beating, wounding, and maltreating her.

As this offender was not placed in exigend for failure to appear before the King's Bench he may have made a fine before the King's Bench, East. 1396.

743. Item dicunt quod predictus Walterus die Martis proximo ante festum purificacionis beate Marie anno regni regis Ricardi supradicto venit in villa de Bolyngbrok' et ibidem noctanter insidiatus fuit [in] Iohannem de Wilkesby de Bolyngbroke et in ipsum Iohannem ibidem insultum fecit et ipsum verberauit cum quodam cultello vulnerauit et male tractauit. Et quod predictus Walterus de die adhuc insidiatus est predictum Iohannem ita quod ipse nullicubi ausus est transire propter periculum mortis. Et quod predictus Walterus est communis perturbator pacis regis in foris et tabernis et alibi contra pacem regis.

The said W. at night, at Bolingbroke, waylaid J. de W. of Bolingbroke, assaulted and beat him, and wounded him with a knife, and maltreated him ; he did this daily so that the said J. did not dare to go anywhere for fear of death ; W. is a disturber of the peace.

See above no. 742.

744. Item dicunt quod predictus Walterus die Dominica proximo post festum translacionis sancti Thome anno supradicto apud Bolyngbroke in Robertum Mere de Bolyngbrok' vi et armis insultum fecit et ipsum verberauit vulnerauit et male tractauit contra pacem regis etc.

The said W., at Bolingbroke, assaulted R. M. of Bolingbroke, beating, wounding, and maltreating him.

See above no. 742.

Marg: WRAGHOW

Inquisicio capta apud Horncastr' coram Radulpho de Cromwell' milite et socijs suis iusticiarijs pacis in partibus de Lyndesey die Martis proximo post Dominicam in ramispalmarum anno regni regis Ricardi secundi xviij° [6 April 1395] per sacramentum Gilberti atte Prestes de Keuermond Henrici atte Vicars de Lotheforth' Willelmi Taillo' de Bescepthorp' Iohannis Bell' de Wylyngham Ricardi Dandy de Benyngworth' Walteri Rak' de Harewyk Ricardi Dalison de Benniworth' Walteri Dirby de Haynton' Iohannis Heruy de Langton' Nicholai Bartelman' de Sixil' Iohannis . . . . de eadem et Roberti Color de Bardenay.

745. Qui dicunt super sacramentum suum quod Willelmus Mikel' . . . . [die] Martis proximo ante festum sancti Gregorij pape

anno regni regis Ricardi secundi xviij° Matil[lem] . . . . yate apud
Bon'yate verberauit vulnerauit et male tractauit ita quod de vita
eius disperabatur. (*Marg:* Transgressio.)

W. M. at Butyate beat, wounded, and maltreated M. . . . so that her life
was in danger.

Marg: GAYRTR'

Inquisicio capta apud Horn' coram Radulpho de [Cromwell'
et socijs suis iusticiarijs pacis in partibus de Lyndesey] die Martis
proximo post festum sancti Ambrosij episcopi anno regni regis
[Ricardi secundi xviij° [? 6 April 1395] . . . per sacramentum . . . .
Iohannis Woderofe] de Tatersale Thome Page de M . . Iohannis
. . . Hugonis filij Thome de Wyspyngton' Hugonis Toures de
Edlyngton' Roberti Champard de [Golseby] Willelmi Northcotes
de Hemyngby Willelmi filij Iohannis de Asterby Thome filij Iasabelle
de Screlby Roberti filij Iohannis de Baumburgh' et Willelmi Warde
de Langton'.

746. Qui dicunt quod Henricus Lewyn (fecit finem)[1] de
Bokenale carpentarius die Veneris proximo ante festum sancti
Ambrosij episcopi anno regni regis Ricardi secundi xviij° in campis
de Bokenale insultum fecit super Ricardum Taillo' de Tupholm' et
ipsum Ricardum verberauit contra pacem domini regis Anglie.
(*Marg:* Transgressio.)

H. L. (made a fine) of Bucknall, carpenter, at Bucknall, assaulted R. T.
of Tupholme and beat him.

Made a fine before the King's Bench, East. 1396, for ½ mark; K. B. 540,
Fines, m. 4.

INDEX OF PERSONS AND PLACES

NOTE OF EXPLANATION

The numbers in brackets refer to cases.

Place names have been indexed under their modern forms, with a cross-reference from the form or forms found in the text; the name of the wapentake has been added in brackets to the Lincolnshire names.

Where a Christian name is followed by two place names, it has been assumed that the first is the hereditary surname and the second a place of residence. In such cases the person has been indexed under the first name and the second included separately as a place name.

Where a person is designated as *son of* i.e., son of William, he is indexed under William, s. of, or under Williamson, whichever is the more frequent usage in volume I.

Variants of the same surname are indexed under the more common usage and the variants listed. *Son* is represented by *s.*, *wife* by *w.*, *widow* by *wid.*, and *daughter* by *d.*

Abbot, Abotes :
    John, Jr., William, servant of, 235 (671)
    Roger at ye, of Redbourne, John, servant of, 28 (63)
Abbotson, Robert, juror, 106
Aburgh. *See* Haburgh
Aby :
    John, servant of John Loksmyth of Grimsby, 235 (672)
    Richard de, juror, 154
Acros, Acres, Richard de, of Elkington, juror, 73, 80, 111, 138, 141
Adam :
    servant of William Nicolneffe, 158 (434)
    John, s. of., juror, 183
    Robert, s. of (Adamson), John, s. of, of Grainthorpe, 206 (588)
    Thomas, s. of (Adamson), of Faldingworth, juror, 167
    William, s. of, of Calceby, bailiff of the king, 243 (694)
    Williamson, Robert, s. of (Adamson), of East Stockwith, 19 (37)
Adherby. *See* Atterby
Adirby, John de, of Northorpe, juror, 28, 28 (65)
Adriane, Adrian, Simon, of Louth, juror, 74, 139, 141, 156
Aghthorp. *See* Authorpe
Aghthorp, Thomas, of Louth, 101 (299)
    ——, ——, Nicholas s. of Thomas de Bokyngham of Somercotes, servant of, 101 (299)
Agnes :
    servant of William Ausyn of East Barkwith, 252 (721, 722)
    servant of Thomas Clerk of Barton on Humber, 32 (79)

Agnes—*cont.*
    former servant of Robert Dyon of Laceby, 153 (412)
    John, s. of, of Coningsby, 107 (317)
Ailby, Aleby [in Rigsby par.] (Calce.), 77 (223), 85 (247), 98 (289)
Aisby, Aseby, Hasby (Corr.), 12, 18, 33, 177, 183 (513), 214 (613)
Aisthorpe, Asthorp (Law.), 49, 217, 232, 239, 244, 252
Aky, John, Jr., of Upton, former servant of John de Coryngham, 18 (34)
Alan :
    Henry, s. of (Alaynson), of Cotes by Stow, juror, 222
    John, s. of, juror, 13, 166
    ——, s. of (Alanson), of Crowle, 257 (734)
    ——, s. of, of Wragby, 92 (268)
    Richard, s. of (Dalison), of Benniworth, juror, 260
    ——, s. of (Dalison, Dalyson), of East Barkwith, 252 (721)
    ——, s. of (Dalison), of Gayton le Wold, juror, 227, 241, 255
    Stephen, s. of (Alanson), 71 (210)
    Thomas, s. of (Alason), of Barrow on Humber, juror, 8, 164, 165, 178
    William, s. of (Alanson, Dalison), juror, 11, 40, 50, 176, 179
    ——, s. of (Alanson), juror, 94
    s. of (Alanson). *See also* Bret
Alas, John, bailiff of Edmund Iperound, 66 (194)
Alcokson, Alkocson, Alkson :
    Alan, juror, 73, 138
    Walter, of Friskney, juror, 109, 146, 199
    William, juror, 144
Aldenby. *See* Haldanby

Asthorp :
 Thomas de, juror, 27
 ——, ——, 179
 ——, of Sturton by Stow, juror, 189
Asty, Hasty, Sir Henry, justice of the
  peace, 194
Astyn :
 John, Sr., of Aylesby, tailor, 255
  (730)
 ——, ——, ——, ——, George, s.
  of, 255 (730)
 ——, ——, ——, ——, John, s. of,
  255 (728, 729, 730)
 William, of Aylesby, juror, 209,
  226
Aswardby, Thomas de, of Langton,
  juror, 198
Atheryn, Robert, of Lincoln, barber,
  231 (663)
Atterby, Adherby, Atherby, Athirby
  (Asl.), 17, 40, 62, 172, 173 (481),
  186, 253
Aubell. See Oubell
Auburn, Richard, of Sudbrooke, 123, 170
  (472)
Aubynson, John, of West Keal, juror,
  229
Auncell, Aunsell :
 Robert, of Somercotes, juror, 93,
  93 (272)
 William, juror, 89
Austhorp, Richard, of Great Steeping,
  251 (719)
Ausyn, William, of East Barkwith, 252
  (721, 722)
 ——, ——, Agnes, servant of, 252
  (721, 722)
Authorpe, Aghthorp, Authorp, Awthorp
  (Louth.), 81 (234), 98, 101, 141,
  206, 227
Averham, Arum (Notts.), 27 (61)
Awyn, Richard, juror, 228
Aykill, John, juror, 159
Aylesby, Alesby (Bradley), 9, 30, 36 (90),
  54 (153), 63 (187), 66, 66 (196),
  152, 158, 209, 226, 234, 248, 255,
  255 (728, 729, 730)
 rector of. See Henry
Ayremyn, Isabelle, 157 (428)

Bacster, Baghster. See Baxster
Bagenderby. See Enderby, Bag
Baily, Bailly, Baylly :
 Henry, 168 (463)
 John, juror, 171
 Walter, juror, 32, 40
Bairme, John, chaplain, 75 (220)
Baker, Bakar :
 John, juror, 246
 ——, of Louth, 207 (592)
 Richard, juror, 183
 Robert, of Lincoln, barber, 231 (663)

Baker—cont.
 Thomas, juror, 94
 ——, of Scrivelsby, Thomas, s.
  of, 72 (211)
 ——, of Springthorpe, 214 (615)
 William, of Gainsborough, Diota,
  w. of, 246 (699)
 ——, of Searby, former servant of
  Henry de Wotton of Searby,
  122, 165 (454)
 ——, former servant of William
  Neucome of Saltfleetly, 241 (689)
Bakister, Bakstar, Bakster. See Baxster
Balcok :
 Adam, juror, 154
 William, juror, 162
Balderyk, Robert, of Irby le Marsh,
  251 (716)
Balie, John, of Kirmington, constable
  of Kirmington, juror, 180, 180
  (506)
Balle, Alan, of Great Steeping, juror, 78
Ballok, William, juror, 183
Balne, John, juror, 162
Bandes, Umfrey, of Potter Hanworth,
  William Cooke, former servant
  of, 195 (557), 197
Banham, Thomas de, of Lincoln, Robert
  Wright of Lincoln, former servant
  of, 128, 178 (499)
Bankholm, John de, of Gainsborough,
  juror, 215
Barbour, Barbur :
 Richard, juror, 225, 235
 Robert, of East Langworth, living
  in Holton le Moor, chaplain, 102
  (302)
 William, of Ingham, juror, 233, 245
Barde, Bard, John, of North Kelsey,
  juror, 8, 10, 14, 164, 165, 173,
  178
Bardenay, Ralph de, juror, 170
Bardney, Bardenay, Bardeney (Wraggoe),
  72 (213), 259, 260
 abbot of, bailiff of, 106 (315)
 tenant of, 106 (315)
Bardolf, Lord William, justice of the
  peace, 194
Baret, Barot :
 Godwyn, of Stickney, juror, 109
 Thomas, juror, 95, 143
Barker, Barkar :
 Geoffrey, of Thornton, tanner, 69
  (205)
 John, of Burton on Stather, 157
  (428)
 ——, of Newsham, tanner, 69 (205)
 ——, of Pointon, 194 (554), 195 (555)
 ——, of Springthorpe, juror, 214
 Peter, juror, 109
 William, juror, 50
 ——, ——, 170
 ——, of North Willingham, 25 (50)
Barkwith, Barkworth (Wraggoe), 90,
  149

Hampton, Hamptone, Thomas de, of Grainthorpe, 118, 153 (415), 161 (442)

Hamson, Hampson, John, of Gainsborough, juror, 19, 33, 50, 188, 191 (542)

Handson, John, of Burgh in the Marsh, chaplain, 204 (580)

Hannah, Hannay (Calce.), church of, 99 (292)

Hannay, Hanay :
    John, of Fulnetby, 86 (248)
    ——, of Harpswell, juror, 185, 186
    Lambert, 57 (164)
    William, of Reepham, juror, 15, 18, 24, 34, 39, 49, 62, 217, 232, 239, 244, 252

Hanworth :
    Cold (Asl.), 51 (144), 58, 59 (169)
    Potter (Langoe), 194, 195 (557), 197

Harcare, Roger, juror, 194

Hardben, Hardbene :
    Richard, of East Barkwith, labourer, 78 (225)
    William, juror, 73, 81, 136, 145, 148

Hardepenay, Thomas, of Coningsby, 200 (565)

Hardfissh, Hardefyssh, Hardesfyssh, Hardfish, Hardfyssh, William, of Kexby or Upton, juror, 18, 26, 52, 230, 239, 244, 252

Hardgray, Alan, of Mareham, juror, 88, 92

Hardwick, Herdewyk, Herdwyk, Herwyk (Well), 122, 183, 189 (536), 230 (660)

Hardwick, Harewyk, Herdewyk, Herdwyk, Herdwyke, Herwyk (Wraggoe), 75, 78, 90, 143, 147, 201, 260

Hardy :
    Hugh, of Fishtoft, 134 (355)
    John, of Poolham, 136 (361)
    William, juror, 18

Hardyng, John, of Laneham, tailor, 247 (701), 248 (707)

Hareby (Bol.), 79, 109 (327), 147, 198, 229
    parson of. See Thomas

Hareby, Hugh de. See Tomson, Hugh

Harecourt, William, 132 (348), 134 (353, 354, 355)
    ——, John, servant and so-called s. of, 118, 131 (348), 134 (353, 354, 355)

Hariell, Hariel, Haryell, Heriell, Thomas, of Kirton in Lindsey, juror, 12, 28, 33, 62, 177, 182

Harmeston, Robert, of Morton, 246 (700)

Harper, Harpour, Harpper :
    John, juror, 31
    ——, formerly living in Lea, 213 (611)
    ——, servant of John de Feriby, 31 (77)

Harpswell, Herpeswell, Herpeswelle, Herpiswille (Asl.), 12, 17, 58, 172, 185, 186, 253

Harrington, Haryngton (Hill), 95

Harrmane, Gilbert, of Bratoft, 205 (591)

Harryngton. See Haryngton

Harth :
    Robert, of Risby, juror, 64
    Roger, of Otby, juror, 211

Harwode, Henry, of Lincoln, juror, 48

Haryell. See Hariell

Haryngton, Harryngton, Hayington :
    Richard de, juror, 228
    Stephen de, of Mareham, juror, 71, 105, 106, 132, 151, 202, 259

Hasby. See Aisby

Hasty. See Asty

Hatcliffe, Hatclif (Hav.), 8, 35, 162, 225, 254

Hatclyf, Hatclif :
    Nicholas, justice of the peace, 6, 9, 71, 76, 149, 179
    William de, of Hatcliffe, juror, 254
    ——, John, s. of, juror, 30

Hatfeld, John de, vicar of Keddington, 228 (652)

Hatton (Wraggoe), 149, 201
    See also Halton

Hauberman, John, 38 (96)

Haugham, Hagham (Louth.), 206, 227, 241, 255

Hauke, Thomas, 82 (236, 237)

Haukyn, Halkyn, Alan (Hallan), juror, 56, 168

Haule, Haulay, Hauley, Haws :
    Peter, of Utterby, juror, 161
    Richard, juror, 114
    Sir Robert, justice of the peace, 6, 9, 71, 76, 149, 179, 194
    Thomas, juror, 82, 156
    Sir Thomas, 208 (595)
    ——, John de Bulcotes, bailiff of, 208 (595)
    Sir William, of Utterby, justice of the peace, 7, 10, 75, 76, 115, 141, 156 (423), 165, 194
    ——, ——, William, servant of, 155 (422)
    ——, ——, Thomas Wayth, servant of, 161 (444)

Haven :
    Gilbert del, juror, 86, 98
    Stephen del, juror, 37

Haverstoe, Hawardesh, Hawardeshowe, Hawardhowe, Hawardosh, Hawordesh, Hawordeshowe, Hawordshou, Howordeshowe, Howordsh, wapentake of, 8, 30, 35, 56, 64, 116, 137, 153, 162, 168, 209, 225, 246, 254
    chief constable of. See Cadenay, William de

Hawardby, Hawordby, John de, of Hallington, juror, 80, 101, 206, 227

Horncastle—*cont.*
143 (383n.), 145 (389n.), 147, 148, 149, 150, 151, 152 (410), 162, 163, 164, 165 (453n., 454n.), 166 (456n., 457n.), 167 (458n., 460n.), 168 (461n., 462n.), 169 (464n., 467n.), 171 (472n., 473n., 474n., 475n.), 172 (476n.), 173 (480n., 482n.), 189 (533n., 534n., 535n.), 190 (536n., 537n., 538n.), 191 (540n., 542n.), 192 (545n., 546n., 547n.), 193 (552n.), 197, 198, 199, 200 (565), 201, 202, 203, 204, 228, 229, 238, 243, 256, 258, 259, 260, 261

Horncastre :
Robert de, 82 (237)
Thomas de, juror, 175
Hornsea, Hornsee (Yorks.), 40 (105)
Horsington, Horsyngton (Gartree), 103, 106 (316), 107, 108 (324), 199
Horstall, Horstalle, Lucy, of West Halton, 124, 125, 126, 172 (477)
Horyngham, William, 247 (702)
Hosier, William, of Grimsby, 224 (642), 225 (643, 644), 226 (647), 227 (649)
——, ——, John, s. of, 224 (642), 225 (643, 644), 227 (651), 235 (672)
——, ——, William, s. of, 225 (644)
Hospital super Stratam. *See* Spital
Hostiler, Hostelar, Edward, of Barton on Humber, juror, 233, 247
Hothun, John de, of Owmby, juror, 185, 186, 188
Hotoft. *See* Huttoft
Hotoft, John de, servant of Thomas Walkar, 239 (682)
Houdan, John de, former servant of Robert s. of Richard of Stallingborough, 212 (605)
Houflet, Holflete [in Stallingborough par.] (Yarb.), 22 (45)
Houlet, Howlot, John, of North Cotes, 35 (89), 37 (94)
Hounton. *See* Holton
House, Housse, John at, of Sibsey, juror, 72, 88, 96, 134
Housom. *See* Howsham
Houson. *See* Hugh, s. of
Houton. *See* Holton
Houton, Howton :
Geoffrey de, of Cockerington, juror, 101
John de, of Caister, juror, 180
——, of Cawthorpe, juror, 47, 53, 69, 242
—— (s. of Thomas), of Cockerington, juror, 206, 227
Nicholas, William, s. of, of Donington on Bain, 96 (282), 98 (289)
William de, juror, 56, 162

Houty. *See* Oucy
Howdan, Thomas de, juror, 27
Howeson. *See* Hugh, s. of
Howet, Hewet :
Hugh, of Laughton, juror, 222
Thomas, juror, 73, 101, 138
William, of Alvingham, juror, 227, 236, 241, 249, 255
Howlot. *See* Houlet
Howlynson, Walter, 97 (284)
Howneby [unidentified *query* Hundleby], 79, 148
Howordeshowe. *See* Haverstoe
Hows. *See* Ouse
Howsham, Housom, Howsu (Yarb.), 212 (606), 258 (738)
Howson, Howsom. *See* Hugh, s. of
Howton. *See* Houton
Hudleston, John de, juror, 175
Hudson, John, juror, 80
Hugh :
John, s. of, juror, 204
——, ——, of Burgh upon Bain, juror, 75, 143, 149
——, —— (Hughson), of Coningsby, juror, 97
——, —— (Howson), of Sixle, juror, 201
——, ——, former servant of John de Fresthorp of Owmby, 123, 173 (482)
Peter, s. of, of Bransby, juror, 189
——, —— (Hweson), of Kettlethorpe, juror, 168
——, ——, of Thorpe in the Fallows, juror, 239, 252
Philip, s. of (Hughson), of Toynton, juror, 96
Richard, s. of (Howson, Howsom), juror, 11, 176
Robert, s. of, juror, 259
——, —— (Hughson), of Irby upon Humber, juror, 9, 46, 158, 226
——, ——, of Theddlethorpe, juror, 237, 250
Thomas, s. of (Houson), of Kettlethorpe, juror, 189
Walter, s. of (Hughson), of Willoughton, juror, 12
William, s. of (Husone), juror, 162
——, —— (Hughson), of Blyborough, juror, 40
——, —— (Howeson), of Burton by Lincoln, juror, 34, 39, 239, 252
——, —— (Hughson, Huson), of Skendleby, juror, 76, 78, 85, 90, 91, 94, 94 (277), 133, 144, 152, 164
——, —— (Hughson), of Snitterby, juror, 40, 42
Hulbulday, John, 71 (210)
Hull :
John, 181 (508)
William, of Gainsborough, juror, 19 (37), 188

T

Nevyll, Walter—*cont.*
——, of Atterby, juror, 17, 62, 172,
186, 196
——, of Bishop Norton, juror, 40,
51
Newark, Newerk (Northants.), 22 (45)
Newball, Neubell, Newbell (Wraggoe),
201 (570), 219 (629), 259
Newbell, William, juror, 170
Newebald. *See* Neubald
Newland. *See* Neuland
Newsham, Neuhous, Neuson, Neusum,
Newsom (Yarb.), 69 (205), 162
(445)
abbot of, 179 (501), 233 (667)
——, Roger Calf, servant of, 233
(667)
——, John Fichet, servant of, 233
(667)
Newtom, Newton. *See* Neuton
Newton :
by Toft (Walsh.), 254
le Wold, Neuton, Nuton, Vetera
Neuton, Waldneuton, Waldnew-
ton (Hav.), 8, 8 (4), 35, 44, 45
(125), 64, 138 (367), 168, 209,
225, 247
upon Trent, Neuton (Well), 52,
230, 239, 244, 253
Neyll, Neel, Neill, Nelle :
John, of Kirmond le Mire, 90 (263)
Thomas, of Wadingham, juror,
11, 21, 27, 40, 51, 60, 61 (178),
176
Nicholas :
. . . , 23 (45)
former servant of John de Coryng-
ham of Upton, 189 (535)
Henry, s. of, juror, 21, 40
John, s. of, of Scawby, 185 (522)
William, s. of. *See* Houton
Nicolneffe, William, 158 (434)
——, Adam, servant of, 158 (434)
Nicolson, William, of Great Cotes, juror,
46
Nitton. *See* Neuton
Nocton, Nokton (Langoe), 196 (560)
Nolle :
Robert, of Barnoldby le Beck, 118,
153 (414)
——, of North Thoresby, 123, 169
(467)
Norby, John de, of Baumber, 103 (306)
——, ——, Elena d. of Richard
Carter of Louth, servant of, 103
(306)
Norcotes. *See* Northcotes
Noreson, Ralph, of Ailby, 85 (247)
Norffolk, Geoffrey de, living in Norwich,
118, 134 (355)
Norfolk, co. of, 157 (429)
Norhampton, Mathilda de, servant of
William Scate of Buslingthorpe,
245 (696)
Norman, John, 221 (633)

Normanby (Man.), 21 (14), 27 (60),
157 (430)
by Spital (Asl.), 12 (12), 51, 172,
185, 186, 188
——, constables of, 12 (12)
le Wold, iuxta Claxby (Walsh.),
167 (460), 254
——, parson of. *See* William
Normanby, William de, of Snitterby,
juror, 12, 41, 172
Normanton (Love.), 195
North, Northe :
John, juror, 113
——, of Bolingbroke, juror, 72, 88,
96, 104, 109, 134
Mathilda de, of Horncastle, 72 (212)
Thomas, of Brigsley, tailor, 64 (191)
William, of Beesby in the Marsh,
205 (584)
——, of Fulstow, juror, 254
——, of Newton le Wold, juror, 8,
35
North Carleton. *See* Carlton, North
Northcelsay. *See* Kelsey, North
Northcotes. Nortcotes. *See* Cotes, North
Northcotes, Norcotes, Nortcotes :
John, juror, 135
William de, juror, 30, 56, 64, 137,
162
——, of Hemingby, juror, 199, 230,
261
Northelkyngton. *See* Elkington, North
Northgrymesby. *See* Grimsby, North
Northholm, Northolm :
Andrew de, of Saltfleetby, juror, 73,
80, 86, 89, 98, 138, 141, 161
Roger de, of Gainsborough, juror, 191
Northiby :
John de, juror, 135, 148, 163
Richard, juror, 40
Northkelsay, Northkelsey. *See* Kelsey,
North
Northolme, Nordholm (Cand.), 110
(331, 333)
chapel of St Thomas, 149 (401)
Northormesby. *See* Ormsby, North
Northorpe, Northorp, Notthorp (Corr.),
12, 18, 28, 33, 52, 58 (166), 177,
213 (612), 223 (637)
Northorpe (Louth.), 199
Northriston. *See* Reston, North
Northsomercotes, North Somercotes. *See*
Somercotes, North
Norththoresby, Norththorsby. *See*
Thoresby, North
Norththorpe, Norththorp, Northorp :
John de, of Sausthorpe, juror, 80,
86, 87, 95, 95 (279), 143, 145, 150
——, ——, ——, Johanna Shepherd
of Claxby, servant of, 95 (279)
Richard de, of Sausthorpe, juror,
105, 203, 203 (576), 238, 251, 252
(720)
Northumberland, earl of. *See* Percy,
Lord Henry de

Stokbrig, John de, of Barrow on Humber, 32 (78)
Stokdale, John de, of Horncastle, juror, 202
Stoketh, Stokhet, Stokheth, Stokhill, Stokhith, Stokhyth, Stokkyth, Stokwyth, Stokyth :
  Henry de, of Claxby Pluckacre, juror, 111, 229, 238, 251
  John de, juror, 15, 62
  ——, of Stainsby, juror, 80, 87, 92, 95, 105, 111, 135, 150
  Richard de, of East Stockwith, juror, 7
  Robert de, juror, 58, 182
Stokk, John, of Potter Hanworth, 195 (557)
Ston. See Gun
Stopworth, Stafforth, William de, of Louth, fisherman, 87 (252), 93 (275), 99 (293)
Storour, Storor, Storur, Stowr :
  John, of Goulceby, juror, 150, 150 (405), 163, 164 (450)
  ——, ——, ——, John Leryna, servant of, 164 (450)
  ——, of Spridlington, juror, 253
  Robert, of Elsham, juror, 67
Stoter, William, 38 (96)
Stotevill, Walter, of Wainfleet, 84 (243)
Stotton. See Scotton
Stotton, Habram de, juror, 214
Stouris, Stures, Robert, of Hatton, juror, 99, 201
Stow St Mary, Stowe (Well), 62 (182), 84 (242n.), 124, 168 (463), 183, 189, 190 (537), 215 (618), 217 (621), 230, 239, 244, 244 (695), 252
  Park, Stowparke (Well), 239 (684)
Stowe, William de, of Brattleby, juror, 11, 24, 176
Strange, Strang, Straung, Straunge :
  Hugh, former servant of John Braytoft, 199 (563), 205 (581)
  Thomas, juror, 74, 139
  ——, of Yarborough, 47 (131)
Strangeman :
  John, of Sutterby, William, servant of, 83 (241)
  William, of Ailby (William de Aleby), chaplain, 77 (223), 96 (282), 98 (289)
Strayfeld. See Scrafield
Stretton. See Sturton
Stretton :
  Richard de, of Louth, 99 (291)
  William de, dyer, juror, 220
Strippis, Scrippes, John, of Immingham, 126, 174 (487)
Strubby, Strulby (Calce.), 114 (345), 116, 160 (441), 205
Strynger, Isold, 43 (116)
Strytton. See Sturton
Stuot, Roger, of Coningsby, 199 (565)
Stures. See Stouris

Sturmy, John, of Mareham, constable of Mareham, juror, 71, 85, 106, 132, 151 (409)
Sturton, Stretton (Gartree), 86, 96, 230
Sturton, Stirton, Stretton, Strytton (Man.), 60 (175), 62 (180), 118, 184 (516)
Sturton by Stow, Stirton, Stretton (Well) 189, 230, 244
Stuton. See Stewton
Stuton, William de, of Keddington, 112 (338)
Stykeney, Stykeneye. See Stickney
Stykwold. See Stixwould
Styneton. See Stainton
Stynton, John, Henry Carter of West Keal, former servant of, 88 (255)
Suarry, William, of Somercotes, 112 (340)
Sudbroke, John de, juror, 183, 190
Sudbrooke, Sudbrok, Sudbroke (Law.), 60 (171), 123, 170 (472)
  rector of, Thomas, former servant of, 59 (171)
Sugur, Robert, of Humberstone, juror, 34
Supp, John, of Winterton, shepherd, 62 (181)
Susthorp. See Sausthorpe
Suthill. See Sothill
Suthorp. See Southorpe
Sutor. See Souter
Suttell. See Sothill
Sutterby, Soterby (Cand.), 83 (241)
Sutton :
  in the Marsh (Calce.), 100, 237, 242, 250
  upon Derwent (Yorks.), 180 (503)
Sutton :
  Fouk de, juror, 103
  Robert de, of Lincoln, 221 (633)
  ——, ——, John de Gedenay, servant of, 232 (665)
  ——, ——, John Malster, servant of, 232 (664)
  Simon de, of Friskney, 152 (411)
  Thomas de, of Sutton upon Derwent, former servant of Robert de Beverlaco of Elsham, 118, 180 (503)
Swaby (Calce.), 80, 205
Swaby, John de, of Lincoln, 62 (182)
  ——, ——, Agnes de Refham, w. of, 62 (182)
Swag, Robert, of Roughton, cobbler, 85 (245)
Swallow, Swalowe (Bradley), 9, 30 (73), 34, 44 (118), 54, 66, 158, 226, 234, 248, 248 (708), 255
  constables of, 43 (118)
Swalnedall, John, forester of Brakene, 200 (567)
Swalowe, John de, of Habrough, 116, 181 (508)

William—*cont.*
    servant of Sir William Hauley, 155
        (422)
    former servant of John de Keleby,
        248 (706)
    former servant of Robert Manslot,
        199 (564)
    servant of Simon Rumbold of Itter-
        by, 235 (671)
    servant of John Strangman of Sut-
        terby, 83 (241)
    servant of Thomas Tailour of Fil-
        lingham, 116, 186 (524)
    former servant of John Ward
        of Ketsby, 203 (577)
    servant of Richard Webstar of
        Market Stainton, 230 (658)
    Adam, s. of, juror, 183
    Alan, s. of (Williamson), of Stickney,
        juror, 104, 144
    ——, s. of (Williamson), of Utterby,
        foreman, juror, 208
    Henry, s. of, of Clee, 20 (39)
    John, s. of, juror, 135
    ——, —— (Williamson), of Barrow
        on Humber, juror, 35
    ——, ——, of Girsby, 36 (90)
    ——, ——, of Hallington, juror, 83
    ——, ——, of Heapham, juror, 28
    ——, ——, of Northorpe, juror, 33
    ——, ——, of Saltfleetby, 241 (689)
    ——, ——, of Southorpe, juror, 52
    ——, ——, of Stickford, juror, 72,
        79, 88, 109, 134, 148
    ——, ——, of Trusthorpe, juror, 205
    ——, —— (Williamson), of Upton,
        juror, 217, 230, 244
    ——, ——, former servant of Thomas
        Lyle of Sawcliff, 213 (610)
    Ralph, s. of (Wilkynson), of Wal-
        kerith, juror, 12, 177
    Richard, s. of, of Scawby, juror, 176
        (494), 183
    Robert, s. of (Williamson), of Baum-
        ber, chaplain, 200 (568)
    ——, ——, of Keelby, 9 (6), 159
        (435)
    ——, ——, of Thrunscoe, juror, 226
    ——, —— (Williamson), Adamson,
        of East Stockwith, 19 (37)
    Thomas, s. of (Williamson), juror,
        99, 102
    ——, ——, of Strubby, 114 (345)
    William, s. of, of Keelby, juror,
        181
    ——, ——, s. of Simon, of Edling-
        ton, 106 (316)
Williames, Robert at, wife of, 17 (30)
Willingham, Wilyngham, Wylyngham :
    Cherry, Cherywyllyngham, Chery-
        wylyngham, Chery Wylyngham,
        Chiriwylyngham, Chirywylyng-
        ham (Law.), 49 (137), 118, 122,
        123, 139 (373), 140 (374), 192
        (545, 546), 218 (623), 222 (635)

Willingham—*contd.*
    North, Wolyngham, Wyllyngham,
        Wylughton (Walsh.), 25 (50),
        36, 64, 64 (188), 211, 254, 254
        (727)
    South, Welyngham (Wraggoe),
        163 (448), 195 (558), 259, 260
    by Stow, Welyngham, Willyngham,
        Wyllyngham (Well), 52, 52 (146),
        122, 189, 190 (537), 230, 244, 244
        (695), 253 (723, 724)
    ——, constable of. *See* Proktor,
        William
    ——, parson of. *See* Debenham,
        William
Willoughby in the Marsh, Wylughby
    (Calce.), 116
Willoughby, Willuby, Wylughby :
    John de, juror, 81, 148
    Lord Robert de (Lord Willoughby
        d'Eresby), justice of the peace, 2,
        6, 7, 9, 10, 11, 12, 13, 14, 15, 17,
        18, 19, 20, 21, 29, 30, 31, 32, 33,
        34, 35, 36, 37, 38, 39, 40, 41, 42,
        43, 44, 45, 46, 47, 50, 53, 54, 55,
        56, 57, 58, 59, 60, 62, 64, 65, 67,
        69, 71, 75, 76, 76 (221), 77, 78,
        80, 81, 82, 83, 84, 85, 86, 87, 88,
        89, 90, 91, 92, 94, 95, 96, 97, 98,
        99, 100, 101, 102, 103, 104, 105,
        106, 107, 109, 111, 113, 114, 115,
        133 (352), 141, 149, 165, 179,
        194
    Thomas, of Riby, juror, 226
    William de, justice of the peace,
        7, 10, 24, 25, 26, 27, 28, 75, 76,
        115, 141, 165
Willoughton, Wylughton (Asl.), 12, 17,
    41, 42, 51, 185, 222, 233, 245
Winceby, Vynceby, Wykynby, Wynceby
    (Hill), 80, 85, 87, 105, 105 (314),
    111, 111 (334), 150, 182 (512), 199,
    238, 251
Winteringham, Wynteryngham, Wyn-
    tryngham (Man.), 33 (81), 213
Winterton, Wynterton, Wyntryngton
    (Man.), 61 (177), 62 (181), 63
    (184, 185, 186), 124, 128, 157
    (427), 172 (478), 176 (493), 213,
    223, 224 (641), 254, 257
    constables of, 224 (641)
    ——. *See also* Blaktoft, John de
Winthorpe, Wynthorp, Wynthrop
    (Cand.), 78, 91, 109, 199, 204
    (579), 243, 243 (694), 256
Wiotson. *See* Whiotson
Wispington, Wyspyngton (Gartree), 230,
    261
Witham, Withem, Withome, Withorn,
    Wythom, Wythum, river, 79
    (229), 135 (356), 144 (387)
    East Fen, Estfen, Estfenne, 135
        (356), 144 (387)
    West Fen, Westfen, 135 (356), 144
        (387)

INDEX OF SUBJECTS

Constable—*cont.*
of Gate Burton, 169 (465)
of Glentham, 186 (525)
of Great Cotes, 66 (194)
of Great Steeping, 103 (304)
of Grimblethorpe, 207 (590)
of Hallington, 207 (593)
of Holme, 18 (33)
of Holton le Clay, 13 (13)
of Ingham, 172 (479)
of Kirmington, 180 (506)
of Kirton in Lindsey, 223 (638, 639)
of Little Carlton, 204 (578)
of Little Cotes, 153 (413)
of Ludborough wapentake, 173
of Mareham, 151 (409)
of Normanby by Spital, 12 (12)
of Ranby, 103 (305)
of Saltfleetby, 241 (689)
of Saxilby, 219 (627)
of Sibsey, 73 (214)
of Skegness, 133 (350)
of Skendleby, 102 (303)
of Sloothby, 237 (677)
of Swallow, 43 (118)
of Theddlethorpe, 98 (288), 114 (344)
of Upton, 216 (619)
of Walshcroft wapentake, 173
of Welton le Marsh, 94 (277)
of Willingham by Stow, 253 (724)
of Winterton, 172 (478), 224 (641)
of Withcall, 111 (336)
of Wragby, 92 (268)
of Yarborough wapentake, 173
Constable, chief:
of Bradley wapentake, 173
of Haverstoe wapentake, 173, 210 (600)
Convent. *See* Abbey; Priory
Cook, 208 (594), 248 (706)
Cooper, 220
Coroner, 179
Cottager, 122, 167 (458, 459)
Court:
of the abbot of Revesby, 108 (325)
Lincoln, co. of, 23 (48), 117, 119, 120, 121, 122, 125, 127, 129, 131, 198
of the official of the archdeacon of Lincoln, 8 (3)
riding, 63 (187)
Craftsman, *or* craftsmen, 216 (619), 221 (634), 243 (693)
Custom, of England, 92 (268)

Dean:
of Calcewaith, 74 (217)
of the cathedral church of Lincoln, 231 (663), 232 (664), 233 (666)
of the Christianity of Lincoln, 84 (242n.)
of Manlake, 115, 157 (427, 428, 429, 430, 431)

Debt, plea of, 24 (48), 221 (631)
Dyer, 220

Engrosser, 221 (634)
Escheator. *See* Feriby, John de

Felons, *or* felonies, 5, 6
Fisherman, *or* fishermen, 87 (252), 226 (646)
Foreman, 208
Forestaller, *or* forestallers, 22 (45), 29 (70, 71), 31 (75), 50 (140), 61 (179), 65 (192, 193), 70 (208), 87 (252), 94 (275), 99 (293), 150 (404), 204 (579), 236 (674)
Forester, of Brakene, 200 (567)
Friar, 22 (44)
Fuller, 92 (270), 94 (276), 120, 140 (376)

Gaol. *See* Grimsby; Lincoln, bishop of; Lincoln, city of
See also Prison
Gaol delivery, justices of, 20 (40), 54 (151), 60 (174), 91 (266), 104 (309)
Garthwoman, 21 (42), 181 (506)

Handmaiden, 35 (88)
Hayward, 153 (413)
Holland roll, 1

Indictments, 1, 2, 3, 4, 5
Inwoman, 180 (505)
Ironmonger, 171 (472)
Iron worker, 157 (426)

Joiner. *See* Wright
Jury, 2, 3, 4, 5
Justices:
of assize. *See* Assize, justices of
of gaol delivery. *See* Gaol delivery, justices of
of the peace:
——, in co, Lincoln, 4, 193, 194, 194 (554)
——, in Lindsey, 2, 3, 4, 5, 6–261, *passim*, 12 (12), 56 (160), 132 (348), 205 (584), 219 (627), 222 (636), 224 (641)
——, records of, 1, 2, 5, 6
——, ——. *See also* Holland roll; Kesteven roll; Lindsey roll
——, trials before, 2, 3, 4